CHRISTINE GRÄFIN VON DER PAHLEN

MODERNE UMGANGSFORMEN VON A–Z

Christine Gräfin von der Pahlen

MODERNE UMGANGSFORMEN VON A–Z

NAUMANN & GÖBEL

Redaktion: Ursula Buchheister
Herstellung: Wolfgang Nebeling
Grafische Gestaltung: Ruth Esser
Umschlaggestaltung: Rincón Partners, Köln
Satz: Atelier Vogel, Korneuburg
Gesamtherstellung: Ueberreuter Buchproduktion, Korneuburg
Printed in Austria

ISBN 3-625-10434-2

VORWORT

Heutzutage will jeder schick sein und schön. Und natürlich auch schlank. Zu keiner Zeit wurde so viel Wert gelegt auf eine möglichst attraktive, gepflegte Erscheinung. Frauenzeitschriften und Männermagazine diktieren ihren Lesern regelmäßig, wie sie das Beste aus ihrem Typ machen. Wobei Kosten und Mühen nicht gescheut werden.

Eine geschmackvoll gekleidete, gut frisierte Frau beziehungsweise der entsprechende männliche Zeitgenosse sind nicht nur für die Umwelt ein erfreulicher Anblick – sie zeigen auch mehr Selbstbewußtsein und persönliche Sicherheit im gesellschaftlichen Auftreten.

Doch was nützt der perfekteste Anzug, wenn man ihn zum falschen Zeitpunkt trägt? Was nützt der teuerste Schmuck, wenn man zuviel davon zur falschen Gelegenheit anlegt?

Mit anderen Worten: Zur schönen Form gehört auch der richtige Inhalt: das korrekte Verhalten, das gute Benehmen, die tadellosen Manieren, der richtige Ton – das ganze „gewußt wie" spielt eine ebenso große Rolle wie der modische Haarschnitt, der gutsitzende Anzug und die passenden Socken zu den Schuhen. Oberflächlich betrachtet, gibt es heute mehr denn je Menschen, die Messer und Gabel oder sogar Stäbchen manövrieren können. Geschäftsessen, Cocktailpartys, Clubfeste, Premierenfeiern – Ereignisse dieser Art stehen heute auf fast jedem Terminkalender. Auf den zweiten Blick betrachtet, kommen die Dauerkämpfer um Bar und Büffet allerdings schon weniger gut weg. Natürlich sind Essen und Trinken nicht die einzigen Gelegenheiten, um einem lieben Mitmenschen schlechtes Benehmen nachzuweisen. Aber es sieht einfach besonders schlimm aus, wenn Leute mit offenem Mund kauen und gleichzeitig den neuesten Bürotratsch verbreiten – wenn Nimmersatts und Gierhälse ihre Teller mit Süßem und Saurem gleichzeitig überladen und das Ganze hastig wegschaufeln, als ob es ab morgen Lebensmittelkarten gäbe. Und damit es noch schneller geht, werden die halbzerkauten Happen mit einem großen Schluck Champagner hinuntergespült.

Ja, zweifellos sind das die Momente, in denen die schlimmen Manieren der Mitmenschen besonders auffallen. Zugegeben, viele von denen, die sich bei solchen Gelegenheiten auf beschriebene Art um ihr leibliches Wohl sorgen, sind nicht mit dem silbernen Löffel im Mund geboren, und das läßt sich trotz Edelschmuck und Designermode nicht verheimlichen. Wer allerdings wirklich Wert auf soziale Anerkennung oder gar sozialen Aufstieg legt, kommt an gewissen Spielregeln der feinen Lebensart nicht vorbei.

Es kommt nicht darauf an, sich beim korrekten Zerlegen von Meerestieren die Finger zu brechen. Es wäre auch jammerschade, eine eh schon überbezahlte bayerische Kirchweihgans nur oberflächlich mit Messer und Gabel abzufieseln. Und keine weibliche Begleitung legt Wert darauf, daß ihr Tischherr jedesmal aufspringt, wenn sie zur Toilette muß. Aber, wie gesagt, gewisse eiserne Gesetze gelten auch heute noch ohne Einschränkung. Man könnte noch eher sagen: Es sind viele neue Verhaltensregeln hinzugekommen. Die Menschen werden allgemein mobiler und damit auch neugieriger auf das Kulturgut anderer Länder. Man ist nicht nur experimentierfreudig beim Kennenlernen fremder exotischer Küchen – man bemüht sich auch, die andere Erziehung, die andere Mentalität, die andere Religion durch entsprechendes Verhalten zu respektieren.

Zusammenfassend läßt sich sagen: In einem Zeitalter der ständigen Begegnung mit neuen modernen Lebensformen – u. a. bedingt durch die veränderte Stellung der Frau –, in einer Zeit des verschärften geschäftlichen Wettbewerbs, die wie nie zuvor krasse gesellschaftliche Fluktuation möglich macht, und in einer Welt, deren Dimensionen auf die Geschwindigkeit von Düsenflugzeugen zusammengeschrumpft sind, ist es wichtig, sich durch sicheres, souveränes Auftreten private Sympathien und geschäftliche Vorteile zu verschaffen.

Um den Zugang zu den entsprechenden Informationen zu erleichtern, haben wir ganz bewußt die Form eines Lexikons gewählt. Es hat nicht nur die umfassende Funktion eines Lehrbuchs, sondern bringt auch schnelle Hilfe – auf der Suche nach der passenden Krawatte, bei der Klärung eines exotischen Küchenbegriffs oder bei der Streitfrage um den richtigen Stil.

Christine Gräfin von der Pahlen

A

ABENDANZUG Wenn man beim berühmten Wiener Opernball darum bitten würde, daß all diejenigen männlichen Gäste vortreten sollen, die sich für diesen Abend einen Frack ausgeliehen haben, würde es auf dem blankpolierten Parkett zu einem ganz schönen Gedränge kommen. Das heißt: Der Frack, die eleganteste Version der männlichen Abendgarderobe, gehört heutzutage nicht mehr zur klassischen Grundausstattung. Als Faustregel gilt: Besser ein gutsitzender Leihfrack mit anständigem Zubehör (→ Frack), als ein mit Mottenpapier über die Jahre frischgehaltenes Monstrum, das eigentlich nur bei der eigenen Hochzeit richtig gesessen hat.

Feierliche Anlässe mit Frack sind seltener geworden. Sie werden normalerweise auf der entsprechenden Einladungskarte als Kleidervorschrift so deutlich vermerkt, daß es keine Mißverständnisse gibt: „Frack oder Smoking", „Frack mit Orden", „Großer Gesellschaftsanzug" oder „cravate blanche". Mögliche Anlässe: Große kirchliche Trauung, abendliche Hochzeitsfeste, Staatsempfänge, feierliche Theater- und Opernpremiere.

Der Smoking gilt nach wie vor als der klassische Abendanzug. Obwohl allgemein weiter verbreitet als der Frack, wird auch er – bei näherer Betrachtung – von vielen Männern als Stiefkind behandelt. Zwei klassische Orte der Tat: Die beiden Münchener Filmbälle, die jedes Jahr im Januar – zuerst im Malthäser Filmpalast und drei Tage später im Bayerischen Hof – für die Beschäftigung der lokalen Presse sorgen. Erstaunlich viele der so ziemlich auf alles Foxtrott tanzenden Kavaliere halten es wie bei der Bundeswehr: Es gibt nur zwei Größen – zu groß oder zu klein. Pardon, zu lang nicht zu vergessen. Das bezieht sich in erster Linie auf die Hosenbeine und läßt sich vor allem bei kleinen Männern beobachten. Die Hose sollte nicht das Parkett fegen, obwohl einige Herren gut beraten wären, wenn ihre abenteuerlichen Schuh- und Sockenkombinationen beim Walzer tanzen nicht ins Scheinwerferlicht gerieten.

Da der Smoking in jedem Fall länger als eine Saison halten soll, ist es ratsam, eine schlichte, klassische Form zu wählen. Dabei ist der Zweireiher, der statt dem traditionellen Schalkragen ein Seidenrevers hat, inzwischen schon als zweite mögliche Form neben den klassischen Einreiher getreten (→ Smoking).
Wer äußerlich gerne aus dem Rahmen fällt, kann das auf dezente Art tun und wie Modezar Karl Lagerfeld (der angeblich farbenblind ist) zum schwarzen Smoking dunkelblaue Socken tragen. Wer wirklich auffallen will, ersetzt das schlichte Smokinghemd durch ein spätromantisches Rüschenteil und zeigt Mut zur Farbe mit einem knalligen Kummerbund. Mit Tennisschuhen und weißen oder roten Socken schießt man allerdings weit übers Ziel hinaus: Das sollte man doch besser Thomas Gottschalk und Bernd Eichinger überlassen. Ebenfalls indiskutabel sind weiße Seidenrollis.
Wie dem auch sei: Ein Smoking im Schrank lohnt sich, denn es gibt genug Gelegenheiten, ihn zu tragen – auch wenn es nicht ausdrücklich schriftlich verlangt wird durch das klassische Kleingedruckte, wie „Abendgarderobe", „Gesellschaftsanzug" oder „cravate noire". Wer unsicher ist, macht keinen Fehler, wenn er sich – rechtzeitig vor der Einladung, Premiere, Familienfeier etc. – telefonisch erkundigt.
Eins sollte man jedenfalls wissen: Der Smoking ist ein reiner Abendanzug und hat – was leider immer noch falsch gemacht wird – auf Standesämtern nichts zu suchen.
Das klassische Dinnerjacket war ursprünglich nichts anderes als eine ein- oder zweireihig geknöpfte Smokingjacke, die man zu schwarzen oder dunkelgrauen Hosen kombinierte. Heutzutage wird das etwas lässiger interpretiert. Es darf statt schwarz auch mitternachtsblau sein und taucht – vor allem bei jungen Männern – auch in Kombination mit Jeans auf. Zum Beispiel bei Sommerfesten, in eleganten Bars oder beim obligatorischen Captains-Dinner.
Junge Männer gehen inzwischen immer mehr dazu über, für festliche Anlässe statt Smokings klassische schwarze Anzüge mit entsprechendem Zubehör wie schlichte weiße Hemden und schmale dunkle Krawatten zu kombinieren, das sie durchaus salonfähig macht.
Ein sogenannter dunkler Anzug – er kann schwarz, dunkelblau oder dunkelgrau sein – ist überhaupt unentbehrlich. Er paßt auf

Cocktailpartys, auf Empfänge, ins Theater und wirkt selbst bei einem kleinen, feinen Abendessen nicht overdressed. Es gilt nach wie vor als gentlemanlike, daß die Knopflöcher am Revers sowie an den Ärmeln durchgenäht, also echt sind. Bei allen anderen Anlässen, die fein, aber nicht festlich sind, ist ein klassisch geschnittener dunkler Blazer – gegebenenfalls auch mit Goldknöpfen – absolut ausreichend. Wichtig: Egal, ob man ihn mit dunkelgrauen Flanellhosen oder Jeans kombiniert, es sind ausschließlich dunkle Socken erlaubt, die in jedem Fall so lang sind, daß man vom Bein nichts zu sehen bekommt. Zum Thema Mantel: Wer den passenden Abendmantel (schlicht und dunkel, eventuell mit Samtkragen) nicht im Kleiderschrank hat, kann sich auch mit einem Trenchcoat retten. Daß er nie einen Pelz besessen hat und Ledermäntel ablehnt, wird vorausgesetzt.

ABENDESSEN Ob es um eine kleine private Einladung unter Freunden geht oder um ein offizielles Essen außer Haus – gewisse Grundregeln müssen immer beachtet werden. Für den Gastgeber heißt das zunächst: Er sollte sich – gerade bei kleinen Gruppen – sorgfältig überlegen, wen er gemeinsam an einen Tisch setzt. Auch wenn man nicht vorhat, seinen Tennispartner mit der besten Freundin seiner Frau zu verkuppeln, sollte man darauf achten, daß das Verhältnis zwischen männlichen und weiblichen Gästen einigermaßen ausgeglichen ist. Auch eine spontane telefonische Einladung muß dem Gast die Zeit lassen, früh genug abzusagen und dem Gastgeber die Gelegenheit geben, bei eventuellen Absagen die Gästeliste neu zu ergänzen.
Seit so viel mehr Frauen als früher berufstätig sind und dementsprechend nicht die Zeit haben, eine Einladung perfekt vorzubereiten, haben sich – speziell, wenn es um ein kleines Essen unter Freunden geht – die Formen etwas gelockert. Das heißt: Es wird weder erwartet, daß das Essen bei Ankunft der Gäste parat auf dem Herd steht, noch, daß die Gastgeber den ganzen Abend dienstbeflissen mit leeren Flaschen oder vollen Aschenbechern in die Küche springen. Man sollte seinen Freunden einerseits das Gefühl geben, daß man sie wie Gäste behandelt, kann ihnen aber auch durchaus zumuten, hier und da mitzuhelfen, ohne sich unbeliebt zu machen.
Für den Gast bedeutet die unkomplizierte Art ein Abendessen zu organisieren aber nicht, daß er seine klassischen Pflichten ver-

nachlässigen darf. Das beginnt mit dem korrekten rechtzeitigen Ab- und Zusagen sowie dem pünktlichen Erscheinen. Da es in den letzten Jahren mehr und mehr eingerissen ist, sich damit „interessant“ zu machen, indem man möglichst spät bei einer Party auftaucht, sind neuerdings einige dieser Sonderlinge (die selten oder nie Leute zu sich einladen) dazu übergegangen, auch zu einem warmen Abendessen zu spät zu kommen. Nicht nur, daß man nicht lange auf sie warten sollte bevor man sich zu Tisch setzt, man sollte sie – vorausgesetzt, es gibt keine triftige Entschuldigung – einfach nicht mehr einladen.

Auch bei kleinen Einladungen erscheint der Gast mit Blumen beziehungsweise Konfekt oder der obligatorisch gewordenen Flasche unter dem Arm. Allerdings: Es ist besser am nächsten Tag eine kleine Aufmerksamkeit nachzureichen, als sich – meist aus Zeitnot – mit einem sogenannten „Wanderpokal“ zu blamieren (einzelnen Weinflaschen undefinierbarer Herkunft, die ständig kreisen, weil keiner Wert auf sie legt). Auf keinen Fall vergessen: ein kurzes telefonisches Dankeschön im Laufe des nächsten Tages.

Bei der Vorbereitung festlicher Abendessen zu Hause sollte der Gastgeber sich Gedanken machen, ob seine Räumlichkeiten respektive der Vorrat an Geschirr, Besteck etc. dafür ausreicht. Es ist in einem solchen Rahmen absolut unzulässig, das gute Geschirr mit Tellern aus dem Küchenschrank aufzufüllen oder die fehlenden Stoffservietten durch Papierservietten zu ersetzen. Bitte bei der Tischdekoration darauf achten, daß sich die Gäste trotz Kerzen und Blumen noch in die Augen sehen können.

Ein wichtiges Thema bei jeglicher Art von Abendessen ist der richtige Umgang mit Getränken. Es gehört zum angemessenen Empfang des Gastes, daß man ihm – sobald er den Mantel abgelegt und Gastgeber wie Gäste (hoffentlich in der richtigen Reihenfolge) begrüßt hat – möglichst bald etwas zu trinken anbietet. Dabei sollte man ihn nicht mit einem fertigen Cocktail in der Form überrumpeln, daß er anschließend nicht mehr um ein Glas Wasser bitten kann.

Im Laufe des Abends müssen die Gastgeber, auch wenn sie nicht jede Flasche persönlich entkorken, immer ein Auge auf die Getränke halten. Übrigens: Wer nicht in der Lage ist, die verschiedenen flüssigen Begleiter der Speisenfolge in der richtigen Form beziehungsweise Temperatur auf den Tisch zu bringen,

sollte sich für einen solchen Abend entweder Personal (plus Leihgläser) ins Haus holen oder die Gesellschaft lieber ins Restaurant verlegen.
Gäste, die trotz schriftlicher Einladung nicht wissen, was sie anziehen sollen, dürfen sich telefonisch vergewissern.

ABENDKLEID Noch in den sechziger Jahren war es üblich, daß ein junges Mädchen mit dem Abschluß der Tanzstunde im Besitz des ersten langen Abendkleides war. Heute ist es normal, vollständig darauf zu verzichten, denn die Rocklängen haben sich – nicht nur tagsüber – gründlich verschoben. Inzwischen ist es durchaus erlaubt, den Saum eines eleganten Ballkleides an der halben Wade enden zu lassen. Um so wichtiger sind natürlich die farblich Ton in Ton abgestimmten Pumps und Seidenstrümpfe. Modische Miniröcke gehören allerdings genausowenig auf einen Ball wie ein noch so feiner Hosenanzug. Bei der Dekoration des Ganzen gilt: Je auffälliger das Kleid, desto schlichter das Zubehör, und umgekehrt. So wie sich manche Männer nicht die Gelegenheit nehmen lassen, an solchen Abenden alles, was nicht aus Gold ist und trotzdem glänzt, in Form von Orden an die stolze Brust zu kleben, scheinen einige Frauen entschlossen zu sein, aber auch wirklich alles zu zeigen, was in der Hausratversicherung normalerweise unterversichert ist. Wie so oft stimmt auch hier der Grundsatz: Weniger wäre mehr. Das gleiche gilt für zuviel Make-up, zu starkes Parfum und eine zu bombastische Frisur zu einem eh schon auffallenden Kleid. Auf andere Sachen sollte man jedoch streng achten: Gepflegte, für solche Abende passend zur Farbe des Kleides lackierte Nägel, das sorgfältige Entfernen von Körperhaaren und die richtige Abendtasche mit dem richtigen Inhalt. Da man nicht für jedes Kleid eine neue anschaffen kann, liegt man mit einer kleinen schwarzen Lacktasche in jedem Fall richtig. Achtung: Besser eine, die man unauffällig in der Hand trägt, als ein schräg um die Figur baumelndes Paillettenbeutelchen, das die Wirkung des Kleides kaputtmacht. Ganz zu schweigen von scheußlichen Stolen, Boas, Boleros und Marabujäckchen, die sich jahrzehntelang unter Plastikhüllen im Kleiderschrank halten und immer wieder einmal hervorgeholt werden, um das nächste Abendkleid zu verschandeln. Natürlich kann man nicht erwarten, daß mit dem Ball- oder großen Abendkleid auch noch ein passender langer Mantel angeschafft wird.

Seit Pelze verpönt sind, ist eigentlich auch die neutrale Nerzjacke aus dem Rennen. Bleibt für mittlere Temperaturen nur eine kurze, schlichte (meist schwarze) Abendjacke (darf man auch einmal von der Freundin ausleihen) oder in kalten Winternächten ein dezenter Mantel aus Wollstoff, den man sich um die Schultern hängt, bevor man eine Lungenentzündung riskiert. Für ältere Damen sind Nerzstolas weiterhin erlaubt. Und noch etwas: Ein großes Abendkleid heißt noch lange nicht, daß man mollige Arme oder schlaffe Muskeln, eine unreine oder welke Haut (ein Körperpeeling kann hier Abhilfe schaffen) oder auch eine sehr üppige Oberweite freilegen muß. Ein möglichst kritischer Blick in einen möglichst großen Spiegel wirkt oft Wunder!

ABHOLEN Bevor man die Dame seines Herzens zur verabredeten Zeit abholt, ist es angebracht – vor allem, wenn man sich länger nicht gesprochen hat – eine Stunde vorher telefonisch zu klären, ob es bei der Verabredung bleibt. Bei dieser Gelegenheit können auch Modalitäten besprochen werden wie zweimal klingeln und im Wagen warten – was bei heutigen Parkverhältnissen nichts Ungewöhnliches ist.
Weibliche Begleitungen, die Schwierigkeiten haben, pünktlich mit dem Zurechtmachen fertig zu werden, verschaffen sich etwas zusätzliche Luft, indem sie rechtzeitig ankündigen, daß man vor dem Verlassen des Hauses noch gemeinsam ein Glas trinkt. Übrigens: Bei jungen Mädchen, die noch im Elternhaus wohnen, ist es immer noch üblich, kurz hineinzugehen und die Familie zu begrüßen. Achtung: Hupen vor der Haustür paßt besser zu südländischen Machos und macht selten den gewollt lässigen Eindruck.

ABSAGEN Im Zeitalter des Telefons und der Anrufbeantworter sollte es möglich sein, eine Einladung zur rechten Zeit in höflicher Form abzusagen. Es zeugt von mangelnder Erziehung und absoluter Respektlosigkeit gegenüber jeglicher Art von Gastfreundschaft, mit Terminen schlampig umzugehen. Und: besser ein offenes Wort, auch wenn einem der echte Grund der Absage peinlich erscheint, als eine faule, fadenscheinige Ausrede. Wer seine Absage auf Anrufbeantworter hinterläßt, sollte – nicht allzuviel später – mit dem Gastgeber noch einmal persönlich sprechen.

ABSCHIEDSBESUCH Er ist gewöhnlich mit einem Umzug oder besser gesagt mit einem Ortswechsel verbunden. Leider ist es heute etwas aus der Mode geraten, sich bei Lehrern, Nachbarn, Kollegen und Geschäftsleuten zu verabschieden.

ABSCHIEDSBRIEF Wer es zur Klärung persönlicher Angelegenheiten für wichtig hält, einen Abschiedsbrief zu schreiben, sollte dabei zwei wesentliche Dinge beachten: 1. den Brief in einer Form zu übermitteln, daß nur der Empfänger ihn zu sehen bekommt und somit nicht kompromittiert wird; 2. den Brief mit dem Bewußtsein zu verfassen, einen anderen Menschen nicht zu verletzen sowie mit dem Wissen darüber, daß man ein geschriebenes Wort nicht so leicht rückgängig machen kann.

ADEL Zunächst vorausgeschickt: Titel sind in Deutschland abgeschafft und gelten seit Ende des Ersten Weltkriegs als Bestandteil des Namens. Deshalb der entscheidende Unterschied: Man nennt sich heute nicht mehr Baron Max von Münchhausen, sondern Max Baron von Münchhausen. Eine weitere wichtige Grundregel: „Frau Gräfin" und „Herr Baron" sagt in der direkten Anrede, wenn überhaupt, nur das Personal. Gleichgestellte Gesprächspartner titulieren Adlige mit „Gräfin" oder „Baron". Eine Ausnahme bilden Freiherr und Freifrau: Sie werden als „Herr von X" und „Frau von X" angesprochen. Grundsätzlich nimmt kein „normaler" Adliger es übel, wenn man „Herr von X" zu ihm sagt. Als schlechte Erziehung gilt allerdings, das „von" auch noch wegzulassen. Das passiert nur, wenn Adlige sich am Telefon melden, sich gegenseitig an- oder übereinander sprechen. Bitte nicht wundern: Unter Adligen ist es Tradition, sich spontan zu duzen, auch wenn man sich gerade erst kennenlernt.
Am Beispiel des Grafen zeigen wir, was auch für Prinzen, Herzöge, Fürsten und Barone gilt. Briefanschrift: Dr. Hugo Graf von Dracula; mündliche Anrede: Dr. Graf Dracula. Eine Ausnahme macht wieder der Freiherr: Dr. Freiherr Fritz von Falkenstein (Briefanschrift); Sehr geehrter Dr. von Falkenstein (schriftliche Anrede); Dr. von Falkenstein (mündliche Anrede).

ÄQUATORTAUFE Feuchtfröhliches Ritual – meist zur Belustigung der Mitreisenden – wenn jemand zum ersten Mal per Schiff den Äquator überquert.

AKADEMIKER Bezeichnung für eine Person mit abgeschlossenem Hochschulstudium. Der akademische Grad (Titel), wie Magister, Doktor etc., wird auf Visitenkarten berücksichtigt und taucht auch im persönlichen Anzeigenverkehr häufig auf, um ausdrücklich darauf hinzuweisen, daß der Auftraggeber beziehungsweise der Gesuchte eine akademische Ausbildung hat.

ALKOHOLGENUSS Im täglichen Leben werden wir ständig, ja fast regelmäßig mit alkoholischen Getränken konfrontiert. Obwohl Abstinenz und Wasser trinken inzwischen als populär gelten, macht man sich immer noch unbeliebt oder stößt auf nachhaltigen Protest, wenn man ein selbst noch so kleines Schlückchen ablehnt. Schlimmer noch: Man kommt leicht in Verdacht, ein trockengelegter Alkoholiker zu sein.
Weniger trinken oder Wasser trinken sollte kommentarlos akzeptiert werden. Man muß sich allerdings als Gastgeber rechtzeitig um diejenigen bemühen, die offensichtlich zuviel Feuerwasser erwischt haben. Nicht so sehr aus Sorge um ihre Gesundheit, als in erster Linie aus Sorge um das Wohl der anderen Gäste. Lautes Randalieren, alkoholbedingtes Geschwätz und unflätiges Benehmen (mit Vorliebe weiblichen Gästen gegenüber) tut der allgemeinen Stimmung nicht gerade gut. So manches fröhliche Fest wurde in dem Moment zum Desaster, als der Hausherr mit den üblichen Wünschen zur Verdauung eine Flasche Schnaps auf den Tisch stellte. Wer seine Pappenheimer kennt, kann schon im Vorfeld der Katastrophe durch gezieltes Weglassen von Hochprozentigem das Schlimmste vermeiden. Wer am Anfang einer langen Nacht gleich exotische Cocktails verteilt, die harmlos schmecken, aber verheerende Folgen haben können, tut sich und seinen Gästen keinen Gefallen damit. Zur Entschärfung solcher Bomben sollte man zumindest ein paar Häppchen mitliefern. Im Falle, daß es doch zu Alkoholleichen im eigenen Haus kommt, ist der Griff nach dem Autoschlüssel angebracht oder vielmehr der Griff zum Telefon, um den lästigen Gast möglichst schnell und konsequent per Taxi zu entfernen.
Wer sich selbst als Alkoholleiche unbeliebt gemacht hat, sollte sich nicht hinter einem Eisbeutel verschanzen, sondern – sobald der Kopf wieder klarer ist – sich beim Gastgeber mit passenden Worten und bei der Gastgeberin mit Blumen entschuldigen.

ALLWETTERMANTEL Wie der Name schon sagt: ein Mantel für alle Fälle, nicht zu warm und nicht zu kalt, sozusagen für jedes Wetter geeignet. Ein klassischer Begleiter auf Reisen und ein ständiger Begleiter im Kofferraum so manchen Geschäftsmannes. Es handelt sich in der Regel um schlichte, sportliche Trenchcoats oder andere klassische Mantelschnitte in neutralen, zurückhaltenden Farben, die im Idealfall wasserabstoßend sein sollten.

ALTERSUNTERSCHIED Fangen wir im ganz persönlichen Bereich an: Ältere Männer verbinden sich mit wesentlich jüngeren Frauen, junge Männer mit deutlich älteren Frauen. Obwohl es durchaus Beispiele dafür gibt, daß solche Verhältnisse genauso gut oder schlecht funktionieren wie konventionelle, hält die Gesellschaft im allgemeinen an Klischees und Vorurteilen fest. Das heißt zum Beispiel: Ein älterer Mann mit einer blutjungen Frau gilt oft als toller Hecht, der auf diese Weise in einen Jungbrunnen fällt und seine Kräfte neu mobilisiert. Eine ältere Frau mit einem jungen, womöglich noch finanziell schwächeren Lebensgefährten „muß wahrscheinlich dafür zahlen" und macht sich meistens lächerlich. Tatsache ist, daß es heute mehr denn je interessante Frauen gibt, die selbständig sind und erfolgreich im Beruf und durch andere Dinge attraktiv wirken als durch einen kurzen Rock mit langen Beinen darunter. Jüngere, modern erzogene Männer haben dafür oft mehr Verständnis und auch eine größere Schwäche als manch alter Chauvi, der im Umgang mit solchen Frauen bestenfalls unsicher wird und ihnen vorsichtshalber aus dem Weg geht und schlecht über sie redet.
Im täglichen Umgang von alten und jungen Menschen sollten beide Seiten bereit sein, aufeinander Rücksicht zu nehmen und füreinander Verständnis zu haben. Der Respekt des jungen Menschen vor dem älteren liegt bereits in der Erziehung und bewirkt automatisch entsprechende Formen der Höflichkeit wie Türe aufhalten, Sitzplatz überlassen oder Tasche tragen. Das Verständnis der älteren Menschen für die Jugend verbindet sich mit der Erfahrung, daß junge Leute noch neugieriger, unreifer und ungestümer auf vieles reagieren und alte Leute damit – meist ungewollt – vor den Kopf stoßen.
Im Geschäftsleben kommt es heutzutage immer häufiger vor, daß junge, erfolgreiche Senkrechtstarter nach kurzer Zeit in der Fir-

men-Hierarchie wesentlich höher angesiedelt sind als ihre älteren Kollegen. Es ist eine Frage von Takt und Fingerspitzengefühl, auf beiden Seiten den richtigen Ton zu treffen und weder den „jungen Schnösel“ noch den „alten Pfeffersack“ in Verlegenheit zu bringen.

AMERICAN BAR Auf den langen Getränkelisten der klassischen American Bar tauchen zwar auch Bier, Wein, Wasser und Champagner auf – an sich dreht sich hier jedoch alles um Cocktails. Wobei internationale Mixturen wie trockener Martini, Whiskey Sour, White Russian oder Gin Gimlet vorausgesetzt werden – jeweils ergänzt von mehr oder weniger bekannten Exoten wie „Harvey's Wallbanger“ oder „The Unexpected“. Dazu kommt üblicherweise eine kleine standardisierte Speisekarte mit internationalen Snacks wie Chili con Carne oder Club-Sandwiches. Kein Barkeeper erwartet, daß sich seine Gäste mit ständig wechselnden Cocktails zuschütten. Er hat auch Verständnis für Stammgäste, die zwischendurch kurztreten oder sogar ganze „Wasser-Wochen“ einlegen. Gäste, die jedoch notorisch für Stunden hinter einem ewig halbvollen Glas Wasser sitzen, gehören nicht als Stammgäste in eine American Bar. Man geht ja auch nicht ins Hofbräuhaus und bestellt eine Karaffe Rotwein.

AMUSE GUEULE Ein kleiner Teller mit feinen, appetitanregenden Häppchen, die der Koch beziehungsweise Kellner den Gästen zum Aperitif auf den Tisch stellt. Das können Schmalz- oder Pastetentöpfchen sein, winzige gefüllte Blätterteighörnchen, feiner Schinken mit Oliven etc. Vieles davon läßt sich leicht mit der Hand greifen und gleich in den Mund schieben. Oder: Man benutzt für die allerersten kleinen Vorspeisen einen dafür vorgesehenen Teller (→ Besteck).

ANBIETEN Ein Gastgeber muß nicht ständig mit vollen Schüsseln um den Tisch kreisen, damit seine Gäste genug zu essen bekommen. Es ist jedoch angebracht, sie – nachdem sich der Teller zum ersten Mal geleert hat – dezent aufzufordern, sich noch einmal zu bedienen. „Nun kratzen Sie den Rest doch auch noch raus“-Bemerkungen stempeln den Gast zum unbeherrschten Vielfraß oder klingen, als ob man sich den Abwasch erleichtern wollte. Wenn Gäste einmal aber entschieden abgelehnt haben, sollte man das respektieren und ihnen nicht immer wieder die Schüsseln vorhalten oder bei leeren Gläsern einfach nachschenken.

ANGEWOHNHEITEN Ob gute oder schlechte, sie machen den Menschen oft genug liebenswert. Singen in der Badewanne, Pfeifen vor Begeisterung oder Preiselbeeren zum Camembert zum Beispiel. Daneben gibt es allerdings einiges, wogegen man ankämpfen und sich besser abgewöhnen sollte. Wie unmotiviertes Kratzen auf dem Kopf, Nägelkauen, penetrantes Kaugummi knatschen, ewig lang am selben Zahnstocher nuckeln oder andere nicht ausreden lassen. Unter Gleichaltrigen und guten Freunden ist es gar nicht peinlich, den Wiederholungstäter auf seine kleine Schwäche aufmerksam zu machen. Er hat es womöglich noch gar nicht gemerkt.

ANKLOPFEN Ob es um eine Behörde geht, den Besuch beim Arzt oder um eine kurze Besprechung mit dem Vorgesetzten – es gibt viele Situationen im Leben, bei denen man nicht mit der Tür ins Haus fällt. Besser etwas mehr Zurückhaltung zeigen, als wie der Elefant im Porzellanladen auftreten.

ANORAK Ein Kleidungsstück aus wetterfestem Material, meist mit Kapuze, das eigentlich nur auf die Skipiste gehört. Man sieht es aber auch immer wieder als umfunktionierte Freizeitjacke bei Männern, die nur passiv mit Sport zu tun haben, wie zum Beispiel Fußballtrainer, Sportkommentatoren oder Eishockeyfunktionäre. Eine echte Todsünde: Statt Pulli oder Flanellhemd ein ganz normales Hemd mit Krawatte unter dem halboffenen Reißverschluß.

ANREDE Bei der schlichten Form der Anrede geht es lediglich um Herrn oder Frau X – das altjüngferliche Fräulein geistert immer seltener durch den Sprachgebrauch der deutschen Provinz. Ganz Gründliche halten sich neuerdings kompromißbereit an das Richtalter 30 – das endgültige Ende des Fräuleinwunders ist jedoch absehbar. Offizielle Anredeformen (→ Titel, → Protokoll).

ANRICHTEN Damit sich die Gastgeberin mit ihren Gästen

nicht überwiegend von der Küche aus unterhalten muß, empfiehlt es sich, die geplanten Speisen so früh und so sorgfältig wie möglich vorzubereiten. Das heißt: Nach dem Eintreffen der Gäste bleiben nur noch Handgriffe zu tun wie Fleisch tranchieren, Beilagen in Schüsseln verteilen und bereits angerührte Dressings mit den Salaten vermischen.

ANRUFBEANTWORTER Der Prozentsatz der Anrufer, die, sobald sich ein Tonband meldet, den Hörer auf die Gabel werfen, ist in den letzten Jahren deutlich zusammengeschrumpft. Man hat sich allmählich daran gewöhnt, Nachrichten zu hinterlassen, auch wenn man mit niemandem sprechen kann. In letzter Zeit haben sich auch die zum Teil sehr karnevalistischen Formulierungen und musikalischen Gags der Ansagetexte auf ein normales Maß reduziert. Die Ansage sollte kurz und sachlich sein. Und zurückhaltend. Daß er laut und deutlich sprechen soll, will der Anrufer bestimmt nicht hören, und daß er ganz bestimmt allerschnellstens zurückgerufen wird, ist vielleicht gar nicht verlangt. Übrigens: Man sollte, bevor man zu viel Persönliches ausplaudert, bedenken, daß es womöglich mehrere Leute gibt, die das Band abhören können.

ANSICHTSKARTEN Eine sympathische Art, sich bei Freunden und Verwandten aus dem Urlaub bemerkbar zu machen. Allerdings, wenn möglich, nicht mit lauter gleichen Karten und demselben Wortlaut. Lieber kein Kartengruß als ein lapidarer, oberflächlicher „Viele Grüße aus Dingsda"-Text.

ANSPRACHE Bei dem vielen Quatsch, der allgemein geredet wird, sollte man gut überlegen, bevor man mit dem Kaffeelöffel gegen sein Weinglas klopft. Ansprachen im privaten Kreis sind meistens mit Familienfeiern verbunden wie Geburtstag, Taufe oder Hochzeiten. Um eines klarzustellen: Keiner ist protokollarisch verpflichtet zu reden – weder der Bräutigam, noch der Brautführer, noch der Schwiegervater etc. Kurze herzliche Dankesreden, vielleicht sogar im Namen aller Gäste, können sehr positiv aufgenommen werden. Langwieriges Begrüßen, Bedanken und Beweihräuchern leicht angeheiterter Vetter oder Onkel ist den Angesprochenen oft unangenehm und den Ehefrauen peinlich.

Auf Betriebsfesten können sentimentale Ansprachen zu später Stunde unter dem Motto: „Was ich Ihnen immer schon mal sagen wollte", das Betriebsklima für die nächsten Wochen verschlechtern. Also lieber nach dem Sprichwort: „Reden ist Silber, Schweigen ist Gold".

ANSPRECHEN Wer keine andere Möglichkeit sieht, eine Person, die ihm interessant erscheint, kennenzulernen, sollte sie ruhig ansprechen. So wie man sich in vielen anderen Dingen des Lebens auf sein Gefühl verlassen muß, kommt es auch hier darauf an, mit Charme, Humor und Einfühlungsvermögen einen möglichst positiven Eindruck zu machen. Eine Frau oder auch ein Mädchen ist heutzutage aufgeschlossen genug erzogen, auf einen Annäherungsversuch dieser Art ganz normal zu reagieren. Man muß weder im Flickflack übers Trottoir springen noch eine Beule in ihren Kotflügel fahren. Ein kleiner, origineller Spruch tut's auch.

ANSCHRIFT Bei Briefen an Ehepaare war es früher üblich, den Vornamen der Frau wegzulassen, indem man an Herrn und Frau Karl X schrieb. Heutzutage werden beide angesprochen: Herrn Karl X und Frau Maria X.
Titel und Amtsbezeichnungen werden für Frauen in weiblicher Form verwendet – Frau Regierungsrätin X. Mit Ausnahme derer, die aus dem Lateinischen stammen, wie Frau Doktor oder Frau Professor X.

ANSTANDSBESUCH Gerade weil junge Mädchen und Frauen heute sehr viel schneller erwachsen werden als ihre Mütter, ist es besonders wichtig, daß die Eltern einen jungen Mann persönlich in Augenschein nehmen, bevor er zum ersten Mal mit ihrer Tochter ausgeht. Wenn man als neuer Gast in ein fremdes Haus kommt – sei es als Freund der Tochter, als neuer Nachbar oder zukünftiger Mitarbeiter – sollte der Besuch knapp bemessen sein. Handelt es sich um eine Einladung zum Essen, springt man natürlich nicht gleich nach dem Dessert vom Stuhl – eine halbe Stunde kann man schon noch sitzenbleiben.

ANSTEHEN Es gibt nicht viele Situationen im Leben, wo wir anstehen müssen, und vielleicht können gerade deshalb viele

Leute damit nicht umgehen. Statt eine für neu Hinzukommende leicht erkennbare Reihe zu bilden, wird immer wieder versucht – speziell beim Einkauf an langen Theken –, sich seitlich einzufädeln und vorzudrängen. Wenn es passiert und anderen auffällt, gibt es weder für den, der sich im Nachteil fühlt, noch für den, der sich vorgeschoben hat, einen Grund, wütend zu werden. Man wundert sich immer wieder, welche Aggressionen, ja welcher Haß sich in solchen Momenten entlädt.

ANSTOSSEN Es ist – speziell in Deutschland – üblich, erst dann zu trinken, wenn die Gastgeber ihr Glas erhoben haben. Ob er nur leicht mit dem Kopf nickt oder „Ich freue mich, daß Sie gekommen sind" sagt, verpflichtet noch keinen zum Anstoßen. Es kann eine kleine Geste zwischendurch sein – eventuell verbunden mit einem kurzen Toast auf den Gastgeber –, kann aber auch zur lästigen Gewohnheit ausarten. Sei es, um andere zum Trinken zu animieren, einen dummen Spruch loszuwerden oder einer gegenübersitzenden Frau zum wiederholten Mal tief in die Augen zu schauen. Zur äußeren Form des Anstoßens: Es ist grundsätzlich nur mit (klingenden) Wein- und Sektgläsern erlaubt – mit Ausnahme von Bayern, wo das stetige Anschlagen der Bierkrüge eine wichtige Tradition ist. Die Gläser werden beim Anstoßen am Stiel gehalten, und man achte darauf, daß man bei dem Versuch, auch mit Herrn X am anderen Ende des Tisches die Gläser klingen zu lassen, nicht andere Gäste behindert oder mit dem Ärmel durch die Teller fegt.
Eine besondere Variante des Anstoßens beobachtet man vornehmlich in Herrenrunden und an Stammtischen: Erst anstoßen, dann trinken, anschließend noch einmal das Glas heben und mehr oder weniger bedeutungsvoll in die Runde blicken. Sollten Frauen dazwischen sitzen, dürfen sie den letzten Teil einfach weglassen.

ANTIAUTORITÄRE ERZIEHUNG Der Begriff ist aus der Mode gekommen, sein Inhalt ist nach wie vor aktuell. Das heißt im wesentlichen: Kleinkinder – noch ganz am Anfang ihrer Erziehung – werden in den ersten Monaten schon, wenn sie normalerweise die Autorität der Eltern spüren und anerkennen sollten, sich selbst überlassen. Bestes Beispiel: keine festen Zeiten für die Mahlzeiten – keine festen Zeiten zum Schlafen. Eltern, die auf diese Weise einen ersten Beitrag zur modernen Erziehung leisten wollen, schießen damit nicht nur ein Eigentor (sie haben sich nach dem Stundenplan der Kinder zu richten), sie machen sich auch bei Freunden und Verwandten unbeliebt. Kaum hat man sich zum Essen gesetzt, kugeln die ersten Kinder aus ihren Betten, die Treppe herunter und mitten ins Tischgespräch. Während die meisten Gäste genervt sind, scheinen einige Eltern – besonders, wenn sie ihre Kinder erst spät bekommen haben – den Auftritt ihres kleinen Lieblings zu genießen. Doch auch Eltern haben Nerven, und wenn sie dann zum soundsovielten Mal die Früchte ihrer laschen Erziehung ernten und Fritzchen wieder einmal den Breiteller durchs Zimmer schmeißt, sieht man auch sie die Geduld verlieren. Fritzchen wird durchgeschüttelt, brüllt wie am Spieß und versteht die Welt nicht mehr. Dafür können wir Fritzchen verstehen.

ANTHURIE Eine lachsfarbene exotische Blume, die in den sechziger Jahren einzeln oder zu zweit in deutschen Wohnzimmern auftauchte. Wer sie verschenken will, sollte sich vorher Gedanken machen, ob sie dem Stil des Hauses als Dekoration entspricht.

ANZEIGE Bei Anzeigen, die im privaten Bereich verschickt werden, handelt es sich normalerweise um Familienangelegenheiten wie Geburt, Taufe, Verlobung, Hochzeit sowie Trauerfälle. Als allgemeiner Trend – was den Inhalt solcher Anzeigen betrifft – läßt sich feststellen, daß immer mehr junge Leute von traditionellen Formen Abstand nehmen und sich andere, meist originellere Texte einfallen lassen. Speziell, wenn es um ihre Hochzeit geht. Die textliche Beteiligung der Eltern „Die Vermählung unserer Tochter X mit Herrn Y beehren wir uns bekanntzugeben“ ist inzwischen ein alter Hut. Phantasie und Humor sind erlaubt, Klamauk sollte vermieden werden. Wer im Zweifel ist, setzt eine ähnlich schlichte Anzeige in die Tageszeitung: „Wir haben geheiratet, Fritz und Helga X geb. Y“.
Eine Anzeige ist übrigens noch lange keine Einladung. Wer trotzdem persönlich zur Hochzeit gratulieren will, tut dies gleich nach der offiziellen Trauung (Kirche oder Standesamt) oder – falls auf der Anzeige vermerkt – beim allgemeinen Sektempfang. Bei der Bestimmung der äußeren Form einer Anzeige beraten die

darauf spezialisierten Druckereien. Grundsätzlich sollte berücksichtigt werden, daß schwarze Schrift auf weißem Grund Trauerfällen vorbehalten ist.
Wer aus privaten oder geschäftlichen Motiven in der Zeitung annonciert, sollte – auch wenn er sich oder etwas anderes verkaufen möchte – sich weitmöglichst an die Tatsachen halten. Auch für den angeblich jünger aussehenden Mittfünfziger aus der Kontaktanzeige kommt die Stunde der Wahrheit. Außerdem macht es einen seltsamen Eindruck, sich selbst als „warmherzig" zu bezeichnen. Wer behauptet, eine Fremdsprache zu beherrschen, sollte mehr als die Speisekarte lesen können – ein Reihenhaus ist keine „Villa". Um die Öffentlichkeit zu reduzieren und sich wirklich nur an die Leute zu wenden, die man auch erreichen möchte, ist es – besonders bei persönlichen Angelegenheiten – besser, unter Chiffre zu annoncieren.

ANZUGSORDNUNG Bis vor wenigen Jahren war der Anzug eine Strenge und Förmlichkeit ausstrahlende, korrekte Hülle. Er ist zwar nach wie vor ein ernstzunehmendes Kleidungsstück, hat jedoch seit einigen Jahren in Stoff und Schnitt revolutionäre Veränderungen erlebt. Italienische Designer waren die ersten, als es darum ging, leichte und weichere Stoffe in lockere Formen zu schneiden. Es gab plötzlich mehr Platz um die Schultern, weniger Abnäher um die Brust, das Futter wurde im Sommer einfach weggelassen, und so entstand der neue Typ der sogenannten „unkonstruierten" Anzugjacke. Parallel dazu bekam die Hose mehr Spielraum durch Bundfalten und damit auch mehr Platz in den Hosentaschen. Deutsche Herrenkonfektionäre haben längst nachgezogen (allen voran die Gebrüder Boss) – die avantgardistischsten Anzugformen schneidern inzwischen die Japaner.
Ob man es nun mehr oder weniger modern mag – die Grundausstattung eines Gentleman ist immer noch dieselbe. Sozusagen unentbehrlich ist dabei der klassische dunkelgraue Anzug aus feinem Tuch oder Flanell. Er paßt in jede Büroetage, etikettiert den First-class-Passagier und eignet sich für viele Einladungen tagsüber und abends. Da es wenige Männer gibt, die bei der Wahl von Hemd und Krawatte eine glückliche Hand haben, lassen sich unnötige Experimente vermeiden, wenn man eine fachkundige Beratung in einem Konfektionsgeschäft in Anspruch nimmt (→ Herrenhemd, → Krawatte).

Braune Anzüge sind nicht beliebt, aber auch nicht verboten und werden, wenn, nur tagsüber getragen. Dunkelblaue sollten tagsüber nicht zu „feingemacht" wirken. Die meisten Männer bevorzugen sie für abends.
Junge, modisch orientierte Männer, Künstler und Kreative haben, seit die Farbe Schwarz eine Art Weltanschauung geworden ist, den schlichten schwarzen Anzug rund um die Uhr wiederentdeckt. Sie kombinieren ihn, wie ihre Vorbilder in mediterranen Ländern, vorzugsweise mit weißen Hemden, die man bis oben zuknöpft und am liebsten ohne Krawatte trägt.
Alle in Frage kommenden Muster wie Glencheck, Fischgräten, Hahnentritt, Pfeffer und Salz oder Nadelstreifen sind der jeweiligen Mode unterworfen. Speziell beim Nadelstreifen ist Vorsicht geboten: Er kann, vor allem bei kleinen Männern, zu dick aufgetragen, leicht zum Al-Capone-Look ausarten.
Herauszufinden, wem was am besten steht, ist letztlich eine Frage des guten Geschmacks und des persönlichen Stils. Man kann sich von modischen Experimenten fernhalten, weil man sie sich geschmacklich nicht zutraut. Man kann aber auch – wie Cary Grant – lebenslänglich schmale Revers und die gleiche klassische Hosenweite beibehalten, weil es ganz einfach dem persönlichen Stil entspricht. Oder können Sie sich Berthold Beitz mit langen Kragenecken und einer papageiengemusterten Krawatte vorstellen?
Wenn man sich die Stammgäste der Lufthansa ansieht, die mehrmals pro Woche zu innerdeutschen Geschäftsflügen antreten, wird man den Verdacht nicht los, daß diese Männer entweder zum größten Teil keinen Spiegel zu Hause haben oder eine eifersüchtige Ehefrau, die sie bewußt unvorteilhaft kleidet. In Ordnung, die Socken sind zu kurz und zu weiß, und die Hose ist zu lang; die Jacke steht offen, weil sie nicht sitzt, und die Hemdknöpfe spannen. Weitaus schlimmer aber sind die vielen häßlichen und oft falsch kombinierten Krawatten.

APERITIF Eine schöne Tradition vor dem Essen. Im privaten Kreis kann man ihn auf ungezwungene Art bei der Hausfrau in der Küche genießen oder man leistet dem Hausherrn im Wohnzimmer Gesellschaft und nimmt seinen Aperitif mit Blick auf die Tagesschau. Im Restaurant sitzt man bereits am Tisch oder überbrückt mit einem Aperitif die Wartezeit an der Bar. Bei offiziellen Anlässen trinkt man das erste Glas im Stehen – ähnlich wie bei einer Cocktailparty. Aperitif heißt nichts anderes als: ein leichtes Getränk zum Appetitanregen – auf ziemlich nüchternen Magen. Staubtrockene Martinis und harte Schnäpse sind also fehl am Platz. Genauso süße, klebrige Cocktails, die zum falschen Zeitpunkt den Magen schließen. Von Geschmack und Wirkung her die besten Stimmungsmacher sind ohne Zweifel ein bis zwei Flöten eiskalten Champagners, wahlweise durch trockenen Sekt oder Prosecco zu ersetzen. Als Damengetränk eventuell ausgebaut mit einem kleinen Schuß frisch gepreßten Orangensaft oder ein paar Tropfen Cassis zum Kir Royale. In der zweiten Reihe folgen trockener Sherry, trockener Martini (auch als leichter Cocktail), Campari und Gin Tonic. In sogenannten guten, in jedem Fall teuren Restaurants sieht der Wirt im Aperitif eine günstige Gelegenheit, den Umsatz zu steigern. Davon sollte man sich als Gast nicht beirren lassen. Nicht vergessen: Der Gast ist König, und wenn Sie – aus welchen Gründen auch immer – vor dem Essen Lust auf ein „schnelles Pils" haben, spricht wirklich nichts dagegen. Wer keine Lust auf einen Aperitif hat, sollte sich zu nichts überreden lassen. Man kann durchaus gleich mit dem Getränk starten, das man zum Essen ausgesucht hat.

APFEL SCHÄLEN Bei festlichen Gelegenheiten werden Äpfel mit Messer und Gabel gegessen. Während man ihn mit der Gabel hält, schneidet man seitlich das erste Viertel heraus. Viertel am Gehäuse aufspießen, abschälen, dann andersherum. Geschältes Stück mit Messer und Gabel verzehren. Es folgt das nächste Viertel etc. Bei weniger feierlichen Anlässen schneidet man den Apfel auf die gleiche Art – beim Schälen und Essen darf man die einzelnen Viertel in die Hand nehmen.

APFELSINE Sie wird mit einem scharfen Messer von oben nach unten kreuzweise eingeschnitten und anschließend vorsichtig abgeschält. Die freigelegte Frucht läßt sich leicht in der Mitte teilen und Rippe für Rippe mit der Hand in den Mund schieben.

APPETITHAPPEN Kleine, mundgerecht zugeschnittene herzhafte Sachen für vorher oder zwischendurch. Erscheinen öfter auf großen Tabletts als Begleiter von Cocktailpartys. Wenn vorgesehen, gleichzeitig eine Serviette, eventuell auch einen kleinen Teller nehmen. Bevor man sie unbesehen verschlingt, bitte taxieren. Lieber einmal vorsichtig abbeißen (möglichst, ohne dem Gegenüber das Gürkchen auf die Krawatte zu katapultieren) als den Mund zu voll nehmen. Auch wenn die kleinen Dinger prima schmecken und man gerne noch mehr davon verdrücken würde – irgendwann ist Schluß. Wie der Name schon sagt, sie sollen Appetit machen und keine volle Mahlzeit ersetzen. Als Gastgeber sollte man darauf achten, daß die Verteilung von Wurst, Käse, Fisch etc. ausgewogen ist, und daß die verschiedenen Geschmacksrichtungen nicht unmittelbar aneinanderpappen.

APRES-SKI Gemeint sind die ein bis zwei Stunden nach der letzten Abfahrt des Tages, das erste Aufwärmen, ein heißer Tee mit Rum und das Austauschen der neuesten Pisten-Storys. Weder eine passende Gelegenheit, anderen Leuten mit den schweren Skischuhen auf die Füße zu treten, noch der Zeitpunkt für massiven Alkoholkonsum, verbunden mit dem schmutzigsten Witz des Tages, geschweige denn der richtige Ort, auf plumpe Art ein Skihaserl für die nächste Nacht aufzureißen.

APRILSCHERZ Lachen ist gesund, aber nicht, wenn es auf Kosten anderer geschieht. Ein gemeinsam ausgebrüteter Aprilscherz, mit dem man gute Freunde ins Bockshorn jagt, kann ein Riesenspaß für alle sein. Aprilscherze, mit denen man sich bei verfeindeten Nachbarn oder unbeliebten Vorgesetzten rächen will, gehen allerdings oft als Schuß nach hinten los.

AQUAVIT Der Klare aus dem Norden präsentiert sich als ein aus Kümmeldestillat hergestellter Branntwein mit 38prozentigem Alkoholgehalt. Man schätzt ihn als willkommenen Digestif nach fettem Aal und deftiger Speckscholle.

ARBEITSANTRITT Der Tag, an dem der oder die Neue kommt. Zunächst mal kommt es mehr auf „die Alten“ an, denn es liegt an ihnen, mit dem richtigen Entrée das Ganze in die geeigneten Bahnen zu lenken. Ein leidvolles Thema in deutschen Büroetagen. Wem wäre es noch nie passiert, in der täglichen Konferenz plötzlich neben einem neuen Kollegen zu sitzen, dessen Namen man noch nicht kennt und mit dem einen keiner bekannt gemacht hat? Oft genug werden solche lästigen „Vorstellungstouren" von einem Büro zum anderen auf Lehrlinge oder Sekretärinnen abgewälzt. Dafür taucht nach wenigen Tagen schon die Frage auf, wann der Neue endlich seinen Einstand gibt. Eigentlich sollte es umgekehrt sein: Die lieben Kollegen spendieren eine Flasche und machen es leichter für den Neuen, sich in der ungewohnten Umgebung zurechtzufinden.

ARBEITSPLATZ Nicht nur, daß man – in Wochenstunden gerechnet – am Arbeitsplatz die meiste Zeit verbringt, man bleibt womöglich mit den gleichen Leuten am gleichen Platz über Jahre zusammen – manchmal ein halbes Leben. Wenn einem daran liegt, von Kollegen und Vorgesetzten akzeptiert beziehungsweise respektiert zu werden und, wie man so schön sagt, mit allen gut auszukommen, muß man vom ersten Tag der Zusammenarbeit an die Weichen richtig stellen. In welcher Form man das tut, hängt von jedem selbst ab. Es gibt Leute, die sich am ersten Tag mit allen verbrüdern und das womöglich nie bereut haben. Es gibt andere, die größten Wert darauf legen, von allen gleichermaßen gesiezt zu werden, und es käme ihnen in 20 Jahren kein privates Wort über die Lippen. Zu welcher Haltung man auch tendiert, ein gesunder Abstand kann nicht schaden. Übertriebene Redseligkeit dient oft als Zündstoff für übles Gerede und Spekulationen. Außerdem ist man als eventuelle Vertrauensperson ganz schnell aus dem Rennen. Gemäß dem treffenden Spruch „Neid muß man sich verdienen – Mitleid bekommt man geschenkt", richtet sich das Zielfeuer des Bürotratsches selten auf die Unscheinbaren und Erfolglosen, sondern mit Vorliebe auf die Hübschere oder den Erfolgreicheren oder auf den, der privat in den vermeintlich besseren Verhältnissen lebt. Auch wenn man einen guten Kontakt zu seinen Kollegen hat: Man muß nicht jeden Mittag mit ihnen in der Eckkneipe hocken oder nach Büroschluß noch schnell eine Flasche auf den Schreibtisch stellen. Schon manch einer hat mit vom Alkohol gelockerter Zunge Dinge erzählt, die ihm am nächsten Morgen leid getan haben.
Die Tatsache, daß man anderen vorgesetzt ist, bedeutet noch lange nicht, daß man sie nach Belieben respektlos behandeln kann oder sie mit Dienstleistungen degradiert, die mit dem normalen Arbeitsbereich gar nichts zu tun haben. Aus Angst oder Unsicherheit, ihren Job zu verlieren, lassen sich viel zu viele Angestellte wie persönliche Lakaien behandeln. Schleppen Ein-

kaufstüten und Wäschesäcke, bringen das Auto vom Chef in die Reparatur und die Hose zum Schneider. Das alles soll jedoch nicht heißen, daß man ausschließlich für Dinge zur Verfügung steht, die schwarz auf weiß im Vertrag stehen. Besonders Frauen sind, nachdem sie jahrelang für ihren Boß die Knöpfe angenäht haben, extrem empfindlich und nicht bereit, das neuerworbene Selbstbewußtsein durch das Zubereiten einer einzelnen Tasse Kaffee gefährdet zu sehen.

Das richtige Verhalten zwischen Männern und Frauen im Büro ist nach wie vor ein heikles Thema. Das fängt bei kleinen anzüglichen Witzen an und hört bei einem eindeutigen Antrag meist noch nicht auf. Weibliche Mitarbeiterinnen, die sich dieser Art von Belästigung nicht aussetzen wollen, sollten allen halbprivaten Veranstaltungen von vornherein fernbleiben und, wenn es nötig ist, den Mut aufbringen, statt eine gequälte „gute Miene“ zu machen, in netter, aber entschlossener Form klarzustellen, was ihnen nicht paßt.

In größeren Betrieben steht nach dem notorischen Mahlzeit-Wünschen der Geburtstagsterror gleich an zweiter Stelle. Ständig steht einer mit dem berühmten offenen Briefumschlag neben dem Schreibtisch und fragt nach dem Obulus für das nächste Geschenk. Nicht nur, daß es ganz einfach lästig ist, viele fühlen sich auch finanziell weit überfordert, trauen sich aber nicht, etwas zu sagen. Es gehört zu den Aufgaben des Chefs, diese Dinge auf ein normales Maß zu reduzieren oder aber, wenn es wirklich einen Anlaß für ein größeres Geschenk gibt, die finanziell Schwächeren zu entlasten, indem er selbst etwas tiefer in die Tasche greift.

Übrigens: Man muß den Kollegen zwar nicht jeden Morgen die Hand schütteln, aber ein freundlicher Gruß – auf dem Flur, in der Kantine oder im Aufzug – ist absolut angebracht.

Zum Schluß noch ein unangenehmes Thema: Das Rauchen am Arbeitsplatz. Bei allem Verständnis für die persönliche Freiheit sollte ein Raucher einsehen, daß er einem nichtrauchenden Kollegen den ständigen Qualm im Zimmer nicht zumuten kann. Wenn es keine Möglichkeit gibt, die beiden Lager räumlich zu trennen, ist es angebracht, in einem freundlichen Gespräch mit den Kollegen einen gemeinsamen Modus vivendi zu finden. Zu den schlechten Angewohnheiten gehört, sich in einem fremden Büro ungefragt eine Zigarette anzuzünden sowie mit brennendem Glimmstengel von einem Büro ins nächste zu laufen. Andererseits sollten auch die Nichtraucher keine Jagd auf Aschenbecher machen. Verständnisvolle Vorgesetzte finden immer eine Möglichkeit, beide Parteien friedlich zu vereinen.

ARBEITSVERTRAG Wer sich mit juristischen Dingen nicht auskennt, sollte – bevor er einen Arbeitsvertrag unterschreibt, der ihn auf unbestimmte Zeit bindet – lieber noch einen auf Arbeitsrecht spezialisierten Anwalt konsultieren. Je präziser die jeweiligen Aufgabenbereiche beschrieben sind, desto seltener kommt es später zu Mißverständnissen. Ein wichtiges Thema ist auch die zwischen den beiden Parteien festgelegte Kündigungsfrist. Sie kann für den Arbeitnehmer, im Falle, daß man ihn loswerden will, einen wichtigen Schutz bedeuten.

ARMAGNAC Hochwertiger Cognac aus dem Departement Gers, einem berühmten Anbaugebiet in Südfrankreich. Er reift in Fässern aus altem Kastanien- oder Eichenholz und enthält mindestens 38 Prozent Alkohol. Er ist der passende Abschluß für ein festliches Menü und ergänzt die Reihe der klassischen Digestifs wie Calvados, Grappa oder Whisky.

ARMBANDUHR Für Männer wie für Frauen längst mehr als ein einfacher Zeitmesser. Ob modisches Accessoir aus buntem Plastik oder hochkarätiges Statussymbol – die meisten Leute haben heutzutage mehr als eine Uhr zur Auswahl. Dementsprechend ist es ihnen auch zuzumuten, daß sie während der Freizeit eine sportliche Version tragen und die gute goldene entsprechend abends. Es hat sich allerdings eingebürgert, die teuer bezahlte Damenuhr, deren jeweiliges Markenzeichen Insider von weitem erkennen, selbst am Strand oder beim Fensterputzen nicht abzulegen. Dazu läßt sich nichts weiter sagen, als daß die teuren Dinger in der Regel stoß- und wasserfest sind. Für Männer gibt es zusätzliche Varianten: Zum Frack trägt er die flache Taschenuhr ohne Deckel in der Tasche, mit Kette oder als „Frackuhr“ am goldgefaßten Bierzipfel, den Mitglieder von Eliteclubs oder Studentenverbindungen am Gürtel hängen haben. Reinrassige Abend- und Brillantuhren sollten Frauen aber wirklich nur dann tragen, wenn die Sonne untergegangen ist.

ARTISCHOCKEN Das distelartige Edelgemüse mit seinen

fleischigen Blättern, die sternförmig über einem knollenähnlichen Boden angeordnet sind, stammt ursprünglich aus Nordafrika; später wurde es in Italien, seit dem 17. Jahrhundert in Frankreich, inzwischen auch in Spanien und Griechenland angebaut. Die stilgerechte Art, es zu verspeisen: Blätter einzeln ausrupfen, in die dazu gereichte Sauce stippen, durch die Zähne ziehen und ablutschen. Zum Schluß wird der Boden mit einer Gabel zerteilt und gegessen. Unbedingt Fingerschalen bereitstellen!

ARZTBESUCH Vorausgegangen ist die Überlegung, welcher Arzt beziehungsweise Spezialist für die jeweiligen Beschwerden der richtige ist. Wer das nicht selbst feststellen kann, konsultiert zunächst den Hausarzt oder einen Internisten, der an Fachärzte überweist. Arztbesuche sind allerdings auch ohne akute Beschwerden angebracht. Zu Vorbeugeuntersuchungen, zur Zahnhygiene oder, um den allgemeinen Gesundheitszustand feststellen zu lassen. Das gilt für Zähne zirka zweimal im Jahr. Die Häufigkeit des Generalchecks muß man selbst bestimmen – es sollten aber nicht mehr als fünf Jahre dazwischenliegen.
Wer mit seinem Arzt nicht zufrieden ist, sollte ihn schleunigst wechseln – das unbedingte Vertrauen zu ihm ist eine wichtige Voraussetzung. Es gibt allerdings Leute, die wechseln die Wartezimmer wie die Hemden. Auf diese Weise bekommt man zu keinem Arzt ein wirklich gutes Verhältnis, und man nimmt ihm auch die Möglichkeit, eine eventuell vorliegende Krankheitsgeschichte über einen längeren Zeitraum zu verfolgen.
Vorausgesetzt, man hat einen gefunden, ist es ratsam, sich telefonisch anzumelden, um unnötige Wartezeiten zu vermeiden. Viele Patienten betrachten vereinbarte Arzttermine als nicht besonders verbindlich. Wenn es ihnen plötzlich nicht mehr ausgeht oder sie – wie es beim Zahnarzt öfter vorkommt – Angst vor Schmerzen bekommen, bleiben sie ganz einfach weg, ohne den Termin abzusagen. Das ist nicht nur ganz schlechtes Benehmen, es ist auch hochgradig unsozial. Wenn nur die Hälfte aller Patienten sich so benähme, könnte man ganz damit aufhören, Termine zu verteilen.
Eigentlich müßte es überflüssig sein, zu erwähnen, daß man sich vor dem Arztbesuch gründlich pflegt und frische Wäsche anzieht. Wenn man jedoch die Kommentare der Betroffenen hört – am schlimmsten geht es Zahnärzten, Frauenärzten und Orthopäden

– scheint auch im Zeitalter der modernen Hygiene noch einiges im argen zu liegen. Übrigens: Wer unsicher ist, ob er die Schuhe ausziehen oder die Wäsche anlassen soll, fragt lieber den Arzt oder die Sprechstundenhilfe.

ASCHENBECHER Zunächst mal muß geklärt werden, daß Aschenbecher nur für Raucher da sind und nicht zum Ablegen von Kaugummi, Obst- oder Olivenkernen. Auch in einem Haus, wo normalerweise nicht geraucht wird, sollte es einen geben. Für Einladungen und große Feste gilt: Je mehr Aschenbecher verteilt werden, desto weniger Brandflecken gibt es im Teppich. Bei einem starken Raucher wäre es vermessen, anzunehmen, die Hausfrau müßte ständig seine Kippen entfernen. Kein Gast, selbst wenn er selbst nicht raucht, vergibt sich was, wenn er ab und zu einen Aschenbecher in die Küche trägt. Übrigens: Hotel-Aschenbecher klauen ist out.

ASTI SPUMANTE In den frühen sechziger Jahren, als der deutsche Tourist sich entschlossen hatte, Italien zu einem neuen Lieblingsziel für sonnige Urlaubswochen zu erklären, kam im Gegenzug, gemeinsam mit Pizza, Parmesankäse und Grappa, auch der Asti Spumante flaschenweise über den Brenner. Der damals noch überwiegend süßliche Schaumwein aus dem Piemont hat sich inzwischen den neuen Geschmacksrichtungen angepaßt und wird am liebsten trocken und in eisgekühltem Zustand getrunken.

AUFFORDERUNG ZUM TANZ Auch wenn es heutzutage keinen Grund mehr gibt, die Hacken zackig zusammenzuschlagen, wenn man der Kandidatin Auge in Auge gegenübersteht – ein Minimum an guter Erziehung sollte auch hier noch spürbar sein. Das heißt: Hände aus den Hosentaschen, Zigarette weg und aufrechter Gang. Seitliches Anschleichen, Kaugummi kauen oder ein oberlässiges „Na, woll'n wir mal" kommen selbst im Kirmeszelt nicht gut an. Man muß seine Tanzpartnerin nicht unbedingt am Arm führen – auf dem Weg zum Parkett geht sie allerdings grundsätzlich voraus.

AUFGEBOT Früher dauerte es wesentlich länger – heute hängt das Aufgebot noch ganze acht Tage im Schaukasten des

Standesamts, um der alten Sitte genüge zu tun, daß jeder, der etwas gegen diese Ehe vorzubringen hat, noch rechtzeitig gehört werden kann.
Im wesentlichen geht es beim Aufgebot darum, die für die Trauung nötigen Dokumente rechtzeitig zusammenzuhaben. In verschiedenen Bundesländern sind die Bestimmungen unterschiedlich. Schon manches heiratswillige Paar hat im strengen Bayern eine Hochzeit im Wonnemonat Mai verpaßt, weil einer der Schwiegerväter seinen Staatsbürgerschaftsnachweis nicht rechtzeitig vorweisen konnte.

AUFSCHNITT Diverse Scheiben von Fleisch, Geflügel, Wild und Wurst werden fächerförmig auf einer oder mehreren Platten angerichtet. Als Dekoration beliebt sind Cornichons, Cocktailtomaten, Radieschen, Maiskölbchen, Petersilie und Kopfsalat. Aufschnitt mit verschiedenen Brotsorten und Butter eignet sich vorzüglich als Zwischenmahlzeit oder als kaltes Abendessen. Man bedient sich nicht mit den Fingern, sondern mit einer Fleischgabel.

AU-PAIR-MÄDCHEN Junge Mädchen, die in einem ausländischen Haushalt leben, um eine Fremdsprache zu lernen. Dafür, daß sie bei Kost und Logis und etwas Taschengeld in Privathäusern untergebracht sind, kann man ihnen die Betreuung von Kindern sowie einige leichte Hausarbeiten zumuten. Allerdings werden sie immer wieder mit billigem Personal verwechselt und mit Dingen beauftragt, die absolut nicht zur Vereinbarung gehören.

AUSLADEN Wenn es Gründe gibt, einen Gast von der Einladungsliste zu streichen, sollte man den Mut haben, es ihm erstens rechtzeitig mitzuteilen – er könnte sonst schon die Blumen gekauft haben – und zweitens unbedingt persönlich und offen mit ihm zu sprechen, statt sich hinter faulen Ausreden zu verstecken.

AUSLEIHEN Es gibt Dinge, die kann man problemlos ausleihen: eine hohe Leiter, einen Einkochkessel, einen Picknickkorb oder einen Christbaumständer. Bei Büchern und Schallplatten wird es schon kritisch (kommen selten zurück), bei

Kleidungsstücken reagieren viele Leute empfindlich – schließlich trägt man sie direkt auf dem Körper. Über Frauen und Autos sagt man sogar, man dürfte sie gar nicht verleihen. In welchem Zustand man eine Frau zurückbringt, sollte man sich von demjenigen erklären lassen, der bereit ist, sie auszuleihen. Autos sollten jedenfalls vollgetankt und frisch gewaschen sein, wenn man sie wieder abgibt.
Hingegen ist es völlig normal, sich für einen einmaligen Anlaß gegen Gebühr den passenden Frack, Cut oder Stresemann zu leihen. Was einige Damen der Gesellschaft sich neuerdings angewöhnt haben, ist weniger schön: Sie nehmen zwei bis drei Kleider zur Auswahl mit nach Hause, tragen eines davon auf dem Ball und bringen die volle Kleidertüte am Montagmorgen wieder ins Geschäft zurück.

AUSSPRACHE Eine klärende Unterhaltung zwischen zwei Menschen, deren Kontakt durch Streit oder Mißverständnisse abrupt abgebrochen ist, reinigt unter Umständen spontan die Luft und verhindert, daß eine Affäre dieser Art größere Kreise zieht. Um das Gespräch auf eine möglichst neutrale Ebene zu stellen, empfiehlt sich für das entsprechende Treffen ein Ort außer Haus, an dem man sich ungestört unterhalten kann.

AUSSTEUER In früheren Zeiten waren die Eltern der Braut dazu aufgerufen, ihrer Tochter im Fall einer Heirat eine Aussteuer mitzugeben, genauer gesagt, eine mehr oder weniger komplette Haushaltsausstattung. Inzwischen gibt es Aussteuer-Versicherungen, die meist schon im Kindesalter abgeschlossen werden und in einem bestimmten Alter auszuzahlen sind. Häufig heiraten Frauen erst dann, wenn sie selbst schon berufstätig sind und einen eigenen Hausstand haben. Außerdem ist es längst selbstverständlich, daß Brautpaare oder Paare, die zusammenleben wollen, den gemeinsamen Haushalt auch gemeinsam einrichten.

AUSTERN Schon die alten Römer legten Austernzuchten an, weil sie das zarte, würzige Fleisch dieser Muschel zur Delikatesse erklärt hatten. Das wahre „Land der Austern" ist jedoch Frankreich. Die Franzosen verspeisen rund 55 000 Tonnen Austern im Jahr, also mehr als ein Kilogramm pro Kopf. Es wird empfohlen, sie nur in den Monaten, die ein „r" enthalten (September bis

April) zu essen, da sie während der Sommerzeit leicht verderben. Man kann sie grundsätzlich auch kochen, normalerweise werden Austern jedoch roh serviert. Im halben oder im ganzen Dutzend liegen sie offen auf einer Schale mit Eis. Mit der Austerngabel, die so ähnlich aussieht wie eine Kuchengabel, trennt man sie am Bart (das sind die Kiemen) von der Schale und legt sie somit gänzlich frei. Nach Belieben Zitrone oder Pfeffer aus der Mühle dazugeben und dann von der Schale (möglichst geräuschlos) in den Mund schlürfen. Manche Leute benutzen statt dessen lieber die Austerngabel. Als Beilage gibt es dunkles Brot mit kühler Butter.

AUSTRINKEN Wenn während einer Menüfolge der Wein gewechselt wird, kann man versuchen, es so einzurichten, das eine Glas zu leeren, bevor das nächste eingeschenkt wird. Allerdings: Wer das zweite Glas schon angetrunken hat, darf nicht nochmals zum ersten Wein zurück und davon weitertrinken. Übrigens: Austrinken im Sinne von Ex-Trinken ist absolut verpönt. Auch die Bemerkung „Von mir aus können wir gehen – ich will nur noch schnell mein Glas austrinken" ist wirklich nur ein dummer Spruch.

AUTOBIOGRAPHIE Der schriftliche Rückblick eines Autors auf sein eigenes Leben. Viele, die eigentlich gar nicht so viel zu sagen haben, fangen schon ziemlich früh damit an – andere, deren Leben mehr von Skandalen als von wichtigen Ereignissen geprägt ist, sollten es besser ganz lassen.

AUTOBUS Sie sind seltener geworden, im Nahverkehr schon fast ganz ausgestorben. Da es in Bussen mehr schaukelt als in Straßenbahnen oder in der Metro, ist es absolut angebracht, daß junge Fahrgäste den älteren ihren Sitzplatz überlassen.

AUTOFAHREN Die Statistik sagt: Frauen sind die besseren Autofahrer. Was sicher nicht heißt, daß sie Haarnadelkurven besser ausfahren oder überhaupt schneller sind, sondern vielmehr, daß sie im Verkehr vorsichtiger sind und auch mehr Rücksicht auf andere nehmen. Männer neigen erfahrungsgemäß eher dazu, sich laut schimpfend Luft zu machen, die Körpersprache zu benutzen (wobei das traditionelle Vögelchen heute schon

harmlos ist) und auch hin und wieder handgreiflich zu werden. Lauter schlechte Angewohnheiten, die sich nur schwer austreiben lassen. Genau wie penetrantes Dauerhupen auf der Autobahn oder messerscharfes Auffahren, um einen PS-Schwächeren auf die rechte Fahrbahn zu zwingen. Weit weniger dramatisch erscheint im Vergleich, wenn ein Mann seiner Begleiterin beim Ein- oder Aussteigen einmal nicht den Wagenschlag aufreißt. Seit Frauen selbst am Steuer sitzen und nicht mehr Gefahr laufen, mit Stöckelabsätzen in einem langen Kleid hängenzubleiben, kann man ihnen ruhig etwas mehr zumuten. Ausnahmen sind natürlich ältere Menschen und Situationen, in denen das Aus- und Einsteigen am Straßenrand nicht ungefährlich ist. Frauen sollten, speziell bei kurzen Röcken, darauf achten, sich beim Einsteigen erst seitlich hinzusetzen und dann die Beine nachzuziehen. Beim Aussteigen umgekehrt: erst die Beine geschlossen zur Seite schwingen, dann aufstehen.
Was die Verteilung von Vorder- und Rücksitzen angeht, sollte man sich im Zweifelsfall mit den Beifahrern besprechen. Der eine hat vorne Angst, dem andern wird es hinten schlecht, Verliebte wollen Händchen halten. Allerdings: Älteren Leuten oder gehandikapten Personen sollte man auf keinen Fall zumuten, in einem zweitürigen Auto nach hinten zu krabbeln.

AUTOTELEFON Um sich damit wichtig zu machen, haben es jetzt schon zu viele. Autofahren und Telefonieren gleichzeitig erfordert erhöhte Konzentration. Schon deshalb sollte man es nur benutzen, wenn es nötig ist, und nicht ständig zu Hause anrufen, um zu fragen, ob die Schnitzel schon in der Pfanne sind.

AVOCADO Birnenförmiges grünes Gemüse. Es wird mit Vorliebe roh gegessen: zunächst in zwei Hälften längs vom Kern lösen und – sobald man es mit Salz, Pfeffer und Zitronensaft gewürzt hat – mit einem kleinen Löffel das Innere aus der Schale essen. Beliebteste Beilagen: Krabben und Sauce Vinaigrette.

B

BABYAUSSTATTUNG Die bange Frage, ob es ein Junge oder ein Mädchen wird, hatte neben der größeren Freude über einen männlichen Stammhalter früher noch einen anderen Hintergrund. Mädchen kleidete man in Rosa – was man für kleine Jungen nähte, strickte und häkelte, war normalerweise hellblau. Ob es ein Sohn oder eine Tochter wird, können die Ärzte jetzt schon Monate vor der Geburt feststellen – die Mütter nehmen es inzwischen mit den Farben nicht mehr so genau. Obwohl sich bestimmt nach wie vor noch einige weigern, ihr Fritzchen in rosa Rüschen zu stecken. Früher erbten Geschwister vieles voneinander – heute hat man kaum mehr Geschwister. Deshalb ist es auch naheliegend, eine immerhin sehr teure Babyausstattung von Freunden oder Verwandten zu übernehmen. Kinderwagen, Bettchen und vieles andere mehr findet man auch unter Kleinanzeigen in der Tageszeitung.

BADESCHLAPPEN Trotz allem Verständnis dafür, daß Füße Luft brauchen und Schuhe möglichst bequem sein sollten: Badeschlappen sowie jegliche andere Art von losen Latschen sind ausschließlich für Schwimmbad, Strand, Haus und Garten bestimmt. Ansonsten – sowohl im Büro als auch auf der Straße – streng verboten.

BADEZIMMER Es gehört zu den Aushängeschildern eines gepflegten Haushalts und wird täglich – neben der Küche – am meisten strapaziert. Badezimmer müssen deshalb pflegeleicht sein – mit gekachelten Wänden und möglichst auch gekacheltem Fußboden. Teppichboden läßt sich im Bad wohl kaum sauberhalten.
Die vielen kosmetischen Utensilien, die zur täglichen Pflege gehören, sollte man soweit wie möglich in dafür vorgesehenen Badezimmerschränkchen verschwinden lassen. Vorsicht im Umgang mit der Beleuchtung: Wenn gedämpftes Licht links und

rechts vom Spiegel am frühen Morgen auch schmeichelt, für das Auftragen von Make-up am Abend kann es fatal sein. Gäste, die sich zwischendurch mal frisch machen wollen, sollten ein kleines Handtuch, einen Kamm, Kleenex und Deo-Spray vorfinden.

BAGUETTE Das stangenförmige französische Weißbrot, das in Frankreich bei keiner Mahlzeit fehlen darf, hat auch bei uns inzwischen viele Liebhaber gefunden. Es paßt hervorragend zu Suppen und Eintöpfen sowie als Beilage zu Salaten. Es ist jedem selbst überlassen, ob er es als Ganzes auf den Tisch bringt, um es je nach Bedarf zu brechen oder es vorher in Scheiben zu schneiden. Die kleinen handlichen Scheiben lassen sich auch gut mit Aufschnitt belegen und auf Platten fertig anrichten.

BALL Abgesehen davon, daß ein wirklich gepflegter Mensch jederzeit in der Lage sein sollte, Fingernägel und Socken vorzuzeigen, sind große gesellschaftliche Termine mit besonderen Vorbereitungen verbunden. Allerdings sollte man nicht erst am gleichen Tag oder gleichen Abend damit beginnen. Frauen, die berufstätig sind, reservieren sich zumindest den Abend vor dem großen Ereignis, um einige kosmetische Pflichten von der Checkliste abzuhaken und sich – mit zusätzlichem Schlaf und einem entspannenden Abend (inklusive Bad) – auf eine lange Ballnacht einzustellen. Zum Pflegeprogramm gehört das sorgfältige Entfernen überflüssiger Körperhaare, Pediküre und Maniküre mit Nagellack – bereits farblich zum Kleid passend. Die meist winterliche Körperhaut wird mit einem Peeling und anschließendem Einmassieren von seidigem Öl oder feuchtigkeitsspendender Körpermilch in Bestform gebracht. Das Gesicht erholt sich unter einer Maske, die Haare unter einer Packung. Apropos Frisur: Wer seinen festlichen Kopfputz lieber von Fachleuten kreieren lassen will, melde sich rechtzeitig an. Termine bei guten Friseuren sind an solchen Tagen verständlicherweise knapp. Damit der Friseur Kopf und Kleid harmonisch aufeinander abstimmen kann, empfiehlt sich im Zweifelsfall ein Polaroid der Ballrobe. Und denken Sie daran: Auch wenn man als Frau versucht ist, wenigstens einmal im Jahr das ganze Lametta öffentlich vorzuführen: weniger ist – wie üblich – mehr.
Noch ein paar Handgriffe, die man am Abend vorher erledigen sollte: Legen Sie in aller Ruhe das Zubehör zurecht – für sich und

möglicherweise auch für Ihren Mann. Man muß sich nicht unbedingt die gute Laune verderben, indem man eine Stunde vor Ballbeginn feststellt, daß im einzigen Paar Seidenstrümpfe eine Laufmasche steckt. Aspirin, Augentropfen etc. kann man auch schon vorsorglich in die Abendtasche packen. Die letzte Stunde, bevor man das Haus verläßt, ist dazu da, in die richtige Stimmung zu kommen. Am besten gelingt das mit ein paar Takten Ihrer Lieblingsmusik und einem Glas Champagner (→ Abendgarderobe).

BARBECUE Die Cowboys im Wilden Westen waren bestimmt nicht die ersten, die ihr Fleisch im Freien brieten. Als Beilage gab es die unvermeidlichen gebackenen Bohnen und hinterher einen kräftigen Schluck aus der Flasche. Inzwischen geht es beim Barbecue – im eigenen Garten, in Gottes freier Natur oder am Swimmingpool eines Nobelhotels – im allgemeinen etwas weniger wild zu. Es scheint, daß sich das noch nicht überall herumgesprochen hat. Die Tatsache, daß man im Schatten eines Baumes sitzt und von einem Pappteller ißt, gibt einem noch lange nicht das Recht, den fettigen Teller (mit den Knochen) hinter sich zu werfen. Lockere Sitten dieser Art beobachtet man nicht nur beim Beach-Barbecue. Es ist immer wieder erstaunlich, wie wenigen Leuten man es selbst überlassen kann, sich etwas auf die Teller zu nehmen. Entweder haben sie seit Tagen nichts mehr gegessen oder panische Angst, es könnte in den nächsten zehn Minuten alles abgeräumt sein. Der Effekt ist, außer einem unappetitlichen Anblick, der gleiche wie beim Büffet: Die Augen sind größer als der Magen. Oder, man hat alles nur mal probeweise aufgeladen und zum Schluß aber nur das gegessen, was am besten schmeckte.

BARDAME Obwohl eine Bardame für ein Gespräch unter vier Augen aufgeschlossener ist als eine Politesse, machen bundesdeutsche Barthekensteher immer wieder den Fehler zu glauben, sie könnten sich Frechheiten herausnehmen oder besser gesagt gleich zur Sache kommen. Eine Bardame ist natürlich auch dafür da, einen Gast zu unterhalten und ihn zum Trinken zu animieren – sie ist aber mit Sicherheit keine Prostituierte.

BARGELD Im Zeitalter des bargeldlosen Zahlungsverkehrs mit Hilfe von Schecks und Kreditkarten ist es absolut unüblich, mit Stapeln von Geldscheinen durch die Gegend zu laufen. Es ist aber auch auf der anderen Seite übertrieben, für jeden kleinen Betrag einen Scheck auszustellen. Auf Reisen sollte man für Trinkgelder, Gepäckträger, Telefon, Taxi etc. immer Bargeld bereit haben. Im Ausland natürlich in der entsprechenden Währung. Man erspart sich Wartezeiten und Ärger.

BARHOCKER Es gibt Leute, die würden sich niemals auf einen Barhocker setzen. Andere halten es nicht länger als zehn Minuten im Stehen an der Theke aus. Für alle, die sich setzen wollen, gilt: Auch der Barhocker ist eine normale Sitzgelegenheit und verlangt eine anständige Haltung. Auch von Frauen mit kurzen Röcken und Stöckelabsätzen, die man keinesfalls am Gestell des Barhockers einklemmen sollte. Übrigens: Selbst, wenn man seinen Nachbarn nicht kennt und auch nicht kennenlernen möchte, die Bar ist ein kommunikativer Treffpunkt, und es wäre unhöflich, ihm stundenlang den Rücken zuzuwenden.

BARKEEPER In den sechziger Jahren spielte man den Mann von Welt, indem man in diversen Bars und Diskotheken seine „eigene“ Flasche mit Namen deponiert hatte. Das sieht man inzwischen Gott sei Dank selten. Positiv wirkt allerdings ein persönlicher Kontakt zum jeweiligen Barkeeper, dessen Namen man sich merkt und der sich dafür den Namen Ihres Standarddrinks einprägt. Übrigens: Wer nicht in der Lage ist, im Kopf zu behalten, wie viele Cocktails er bestellt hat, sollte sich peinlichen Diskussionen um die Rechnung dadurch entziehen, daß er entweder dem Barkeeper vertraut oder sich Notizen macht.

BART Während es Länder gibt, in denen die Barttracht der Männer einen ursprünglichen Sinn hat – religiöse Motive oder einfach nur große Kälte –, haben deutsche Männerbärte nur dekorative Zwecke. Daß sie sich damit für Frauen schön machen wollen, kann man sich nur schwer vorstellen, denn alle Statistiken beweisen, daß Frauen Männer ohne Bart lieber mögen. Da wäre dann noch das Prinzip: „Je weniger Haare auf dem Kopf ...“ Aber das kann auch nicht das ausschlaggebende Motiv sein, denn so viele Glatzen gibt es doch gar nicht! Was auch immer der Grund dafür sein mag, daß Männer verschiedene Stellen ihres Gesichtes nicht mit dem Rasierapparat bearbeiten – Bärte müssen genauso sorgfältig gepflegt werden wie Frisuren. Sie werden regelmäßig gestutzt und in Form geschnitten und selbstverständlich auch in die tägliche Gesichtswäsche mit einbezogen.

BASAR Eine orientalische Ladenpassage, die dem Fremden die Möglichkeit gibt, der Kultur eines Landes und der Mentalität seiner Bewohner auf engstem Raum näherzukommen. Damit der Kontakt nicht zu eng wird, sollten weibliche Basarbesucher darauf Rücksicht nehmen, daß Frauen sich in orientalischen Ländern auch bei größter Hitze nicht halbnackt ausziehen. Wer sich auf dem Basar belästigt fühlt, weil ihn die Händler ansprechen und ihm womöglich hinterherlaufen, sollte das nächste Mal besser in ein Warenhaus gehen. Auch wenn es manchmal schwerfällt, denken Sie bitte daran: andere Länder – andere Sitten!

BAUCHTANZ Ob man es in deutschen Landen als Schwangerschaftsgymnastik betrachtet oder als ernsten Versuch, mit vermeintlich erotischem Hüftschwung Suleika Konkurrenz zu machen – es wirkt genauso seltsam deplaziert, als ob eine Indianerin Wiener Walzer tanzt.

BAUERNFRÜHSTÜCK Eine deftige Mahlzeit, die aus den Alpen stammt: kleingeschnittene Kartoffeln, Zwiebel, Speck und Schinken – mit Eiern in der Pfanne verquirlt.

BAUHAUS Neuerdings wiederentdeckte Design-Richtung der 30er Jahre. Fungiert bei der Einrichtung von Chefetagen und schicken Praxisräumen als Ersatz für Le-Corbusier-Sessel und Eileen-Grey-Couches.

BEAUJOLAIS Ein von der Qualität her ziemlich durchschnittlicher französischer Rotwein, der in Deutschland als normaler Tischwein sehr beliebt ist. Jedes Jahr im Herbst wird der neue Jahrgang, der „Nouveau Beaujolais", in der Gegend von Lyon der Öffentlichkeit vorgestellt. Nach einer gemeinsamen Weinprobe, bei der die Winzer aus dem Burgund ihre neuen Produkte vorstellen, beginnt noch in der gleichen Nacht der Transport und damit die Verteilung der Flaschen. Als blutjunger Wein ist der Beaujolais leicht und wird auch gerne in gekühltem Zustand zu Fisch serviert.

BEDANKEN Einem Kleinkind muß man noch sagen, daß es sich für die mitgebrachten Bonbons zu bedanken hat. Bei Erwachsenen sollte das eigentlich nicht nötig sein. Dennoch sind viele am „Tag danach“ unsicher, ob sie sich beim Gastgeber noch einmal bedanken sollen oder nicht. Auch wenn man nur ein Gast unter vielen war: Ein Griff zum Telefon und ein kurzes Dankeschön sollte selbstverständlich sein. Umgekehrt gilt das auch für Leute, die zu ihrem Geburtstag oder ihrer Hochzeit Geschenke bekommen haben. Mit dem Wort Dankeschön am nächsten Morgen hat noch keiner etwas falsch gemacht.

BEERDIGUNG Es kommt hin und wieder vor, besonders bei Familien, die Presserummel oder Massenaufläufe vermeiden wollen, daß eine Beerdigung im engsten Kreis stattfindet. In diesem Fall, oder auch, wenn man selbst verhindert ist zu kommen, schickt man vor der Beerdigung eine Beileidskarte, Blumen oder eine Kranzspende.

Teilnehmer einer Beerdigung treffen sich üblicherweise vor der Friedhofskapelle – enge Freunde und Verwandte in einem Nebenraum, wo normalerweise auch das Kondolenzbuch ausliegt. Nach der Einsegnung bewegt sich der Trauerzug – Priester, Sarg mit Sargträgern und Angehörige voran – in Richtung Grab. Trauergäste, die dem Toten nicht sehr nahegestanden haben, halten sich bewußt im Hintergrund. Sie können ihren letzten Blumengruß bereits vorher an die Friedhofskapelle schicken oder nach der Beerdigung selbst aufs Grab legen. An sich ist es üblich, den nächsten Angehörigen, die direkt neben dem Grab eine Reihe bilden, im Anschluß zu kondolieren, das heißt, stumm die Hand zu drücken. Es gibt allerdings immer mehr Menschen, die davon Abstand nehmen, um den Schmerz der Familie nicht noch zu verstärken.

Zum Beerdigungskaffee (Leichenschmaus) erscheint nur, wer ausdrücklich gebeten ist. Daß man nicht ungebührlich lange bleibt, versteht sich von selbst. Noch ein Wort zur Kleiderordnung: Bei großen, offiziellen Beerdigungen tragen Männer Cut (→ Cut) mit schwarzer Weste und langem schwarzen Binder. Frauen sind ganz in Schwarz, tragen schwarze Strümpfe und Hut. Normalerweise sind die Vorschriften weniger streng – die Kleidung sollte allerdings einheitlich dunkel sein.

BEERENAUSLESE Dieser besonders wertvolle und seltene bernsteinfarbene Wein aus edelfaulen, oberreifen Trauben ist kein Tischwein. Er gehört zu den sorgsam gehüteten Einzelstücken, die ein Weinliebhaber von Zeit zu Zeit in seinen Keller trägt. Er wird niemals zum Essen gereicht, sondern zu einem besonderen Anlaß – in kleinen Mengen und ohne alles.

BEGLEITUNG Zu diesem Stichwort läßt sich Verschiedenes sagen. Zunächst einmal gibt es Situationen, in denen Frauen besser in Männerbegleitung erscheinen. Alleine oder mit einer Freundin zusammen eine Bar oder ein Nachtlokal zu betreten, ist eine Frage der persönlichen Einstellung. Bei offiziellen Anlässen, die mit Musik und Tanz verbunden sind, sollte eine Frau nicht alleine erscheinen. Wer keinen festen Partner hat, sollte keine Hemmungen haben, einen guten Freund oder Kollegen um Begleitung zu bitten oder ganz einfach einen Bekannten, der sich schon als guter Tänzer qualifiziert hat. Übrigens: Egal, ob ein Mann eine Frau begleitet oder umgekehrt, es ist ein Zeichen für ganz schlechten Stil, die möglicherweise als „Notlösung" mitgebrachte Person ihrem Schicksal zu überlassen, sobald man etwas Besseres gefunden hat.

BEGRÜSSUNG Überall da, wo Menschen auf Menschen treffen, steht an erster Stelle die Begrüßung. Im gleichen Maß, wie sich das ewige Händeschütteln reduziert hat, nimmt auch der allgemeine Begrüßungs- und Verbeugungsterror ab. Das heißt: In Büros und Behörden ist es überflüssig, den Mitarbeitern täglich die Hand zu schütteln. Es ist allerdings eine nette Geste vor oder nach dem Urlaub, einer längeren Geschäftsreise beziehungsweise einem Krankenhausaufenthalt. Auf Partys ist es Gefühlssache. Die ersten Gäste begrüßen sich persönlich – von später Ankommenden kann man nicht erwarten, daß sie Shakehands in allen Räumen machen.
Bei aller Lässigkeit, mit diesem Thema umzugehen, gibt es ein paar eiserne Grundregeln, falls es zu einer persönlichen Konfrontation kommt. Grüßen tut immer zuerst derjenige, der einen geschlossenen Raum betritt – dazu gehören auch Busse, Flugzeuge, Theater und Wartezimmer. Leute, die anonym bleiben, wie Nachbarn im Flugzeug oder Zug, werden mit einem freundlichen Kopfnicken bedacht.

Wer Freunde besucht, begrüßt zunächst die Gastgeber, dann die anderen Gäste. Immer zuerst die Frau und immer zuerst die ältere. Vorgestellt wird man ausschließlich älteren oder Respektspersonen. Gleichaltrige oder Gleichgestellte werden grundsätzlich nur bekanntgemacht. Also Vorsicht mit dem „Darf ich vorstellen?" Beim Nennen der Namen erfährt die Frau als erste den Namen des Mannes, die ältere den Namen der jüngeren Person.
Und nun zu der wichtigen Frage: Wer steht wann auf? Frauen haben es leichter: Sie dürfen fast immer sitzen bleiben. Die Ausnahmen: eine ältere beziehungsweise Respektsperson oder eine allgemeine Begrüßungs-Euphorie, in der man auf dem Stuhl untergehen würde. Männer stehen immer auf. Wie die Erfahrung lehrt, leider keine Selbstverständlichkeit. Wenn eine Frau das Restaurant betritt, das heißt, zu einer Gesellschaft stößt, bleiben von sechs Männern am Tisch im Durchschnitt zwei sitzen.

BEIGNET Der Begriff kommt aus dem Französischen: beigne = Ohrfeige. Der phantasievolle Vergleich liegt darin, daß die kleinen Blätterteighörnchen beim Backen anschwellen wie die Wange nach einer Ohrfeige. Es gibt sie mit und ohne Füllung, zu Tee und Kaffee oder in südlichen Ländern auch als Frühstücksersatz. Bei den sogenannten Beignets soufflets handelt es sich um Auflaufkrapfen, deren Brandteig so lange im schwimmenden Fett gebacken wird, bis die kleinen Häufchen zerplatzen. In verfeinerter Form kennt man sie als „Nonnenfürzchen" – mit Orangenblütenwasser parfümiert und mit Konfitüre oder Creme gefüllt – oder als „Schlosserbuben" – mit Pflaumenmus gefüllt, in Schokolade gewälzt und mit Puderzucker bestäubt. Beignets werden mit den Händen gegessen.

BEILEID Im Gegensatz zur Todesanzeige haben Beileidschreiben oder Kondolenzbriefe keinen schwarzen Rand. Ob oder wann man einen Beileidsbesuch macht, muß man von Fall zu Fall selbst entscheiden. Im Mittelpunkt steht der Gedanke, den Schmerz der Angehörigen zu lindern und nicht zu vergrößern.

BEKANNTSCHAFTEN Sie haben einen loseren Charakter als Freundschaften, und dementsprechend haben Bekannte auch weniger Rechte als gute Freunde. Obwohl es in der heutigen Gesellschaft als Aufwertung betrachtet wird, möglichst viele

Leute zu kennen, sollte man sich vorsehen. Einerseits gilt das Sprichwort „Sage mir, mit wem du umgehst, und ich sage dir, wer du bist“, andererseits die Erfahrung, durch zu große Vertrauensseligkeit vielen Personen gegenüber eine gute Portion Zündstoff für Klatsch und Tratsch zu liefern.

BELEIDIGUNG Im Laufe eines langen Lebens wird wohl beides irgendwann vorkommen: Man hat sich selbst hinreißen lassen, einen anderen Menschen im Gespräch zu verletzen, oder aber ist selbst von anderen beleidigt worden. Bei Menschen, die man nicht weiter kennt und denen man wahrscheinlich nie wieder begegnet, kann man sich jeden zusätzlichen Ärger ersparen. Ernsthafte Beleidigungen im Büro oder im privaten Kreis dürfen jedoch nicht einfach hingenommen werden. Bevor man überstürzt reagiert, sollte man sich darüber im klaren sein, ob man in Zukunft mit dieser Person immer wieder zu tun hat, ob man ihr nachdrücklich aus dem Weg gehen will oder ob sie zu einem gemeinsamen Freundeskreis gehört. Doch egal, ob man versöhnlich oder unversöhnlich auftritt – man sollte niemals Gleiches mit Gleichem vergelten und sich womöglich im Ton vergreifen. Übrigens: Schon so manche spontane Beleidigung ist zum gerichtlichen Wasserkopf aufgeschwollen. Das läßt sich nicht immer verhindern. Deshalb der gute Rat: Heben Sie eine eventuelle Korrespondenz und alles andere Schriftliche für den Notfall auf.

BELEUCHTUNG Zuviel Licht kann genauso schlimm sein wie zuwenig. Viel und gutes Licht brauchen Schreibtisch, Herd und Badezimmer. Etwas spezifizierter werden Wattzahlen in Wohnräumen eingesetzt. Das heißt zum Beispiel: mehr Licht auf die Leseecke, weniger zum Fernsehen. So gut Kerzenbeleuchtung beim Essen wirkt, es darf nicht so weit gehen, daß man den Rotwein ins Wasserglas gießt. Apropos romantische Stimmung: Fallenstellen mit schummrigem Licht hat schon manchen Wunschkandidaten in die Flucht geschlagen. Allerdings: Wer zum ersten Mal eine junge Dame zum Essen auffordert, sorgt sicher nicht für Entspannung, wenn er sie unter eine 100-Watt-Birne setzt. Wenn es ein wichtiger Abend ist, lieber 24 Stunden vorher die Örtlichkeit begutachten.

BELLINI Eine sommerliche Drink-Kreation von Arigo Cipriani, dem Gründer von Harry's Bar in Venedig. Der frische Saft von weißen (!) Pfirsichen wird mit Champagner zum Cocktail aufgegossen.

BELUGA Dieser besonders großkörnige, milde Kaviar wird von vielen Feinschmeckern bevorzugt, die ihn am liebsten pur oder mit einer knusprigen Scheibe Toast und Butter essen (→ Kaviar).

BERMUDAS Sie werden von Engländern, Amerikanern und Golfspielern getragen – von Männern wie von Frauen. Sie reichen bis knapp übers Knie. Es gibt sie mit und ohne Aufschlag, im klassischen Karo und vielen anderen Mustern. Obenherum werden sie mit T-Shirts, Polos und Golfblazern kombiniert. Untenherum mit Socken oder Kniestrümpfen, Tennisschuhen oder Slippers.

BESCHERUNG Die zentrale Frage: Werden auch Kinder beschenkt oder ist es ein Weihnachten unter Erwachsenen? Wenn Kinder dabei sind, sollte man vor dem Essen bescheren – zuviel Geduld zu verlangen wäre eine Quälerei. Erwachsene erhöhen die Spannung beim Päckchen aufmachen, indem sie bis nach dem Essen warten. Wichtig: Nicht nur auf den Inhalt, auch auf eine liebevolle Verpackung kommt es an.

BESCHILDERUNG Hier geht es hauptsächlich um die korrekte Kennzeichnung von Büro- und Wohnungstüren, Klingelschild, Einfahrt beziehungsweise Gartentor. Überall da, wo der Name die Privatperson bezeichnet, werden akademische oder Adelstitel weggelassen. Man schreibt auch nicht „Direktor" oder „Vorstandsmitglied" an die eigene Haustür. Im Geschäftsbereich sieht das anders aus. Speziell bei Publikumsverkehr muß möglichst klar zu erkennen sein, wer hinter der jeweiligen Tür sitzt und welche Position er hat. Das gleiche gilt für Praxisschilder, Anwaltskanzleien etc. „Einfahrt freihalten"-Schilder wirken unsozial, wenn die angebliche Einfahrt längst eine normale Haustür ist. Vor bissigen Hunden sollte ruhig gewarnt werden; „Betteln und Hausieren verboten" finde ich übertrieben.

BESCHWERDE Im kleinen, ganz privaten Kreis kann man

unter Anwendung des gesunden Menschenverstandes eigentlich nichts falsch machen. Bei allem, was juristisch Kreise ziehen könnte, fragt man besser einen Anwalt. Ein offizieller Brief wirkt oft schon Wunder.

BESPRECHUNG Das ursprüngliche Prinzip dieser kleinen Gesprächsrunden kommt aus Amerika. Man reagiert schneller, wenn spontan geschäftliche Entscheidungen getroffen werden müssen, und umgeht durch das kurze, direkte Gespräch möglicherweise ein umständliches bürokratisches Procedere. Wenn größere Besprechungen angesetzt sind, muß vom Termin her gewährleistet sein, daß sich alle Teilnehmer in ausreichendem Maß darauf vorbereiten können. Je weniger in den meist doch etwas beengten Konferenzzimmern geraucht und je mehr Frischluft hereingelassen wird, um so besser sind die Voraussetzungen für schnelle und präzise Entscheidungen.

BESTECK Der richtige Umgang mit Messer und Gabel ist ein Meilenstein des guten Benehmens. Für alle, die diese Dinge noch nicht richtig im Griff haben, ist es zunächst einmal wichtig, das grundsätzliche Gefühl dafür zu bekommen. Es ist weit weniger schlimm, nach einer falschen Gabel zu greifen, als – egal, was gerade vom Teller muß – notorisch zu fuchteln und zu schaufeln. Auf der anderen Seite ist es genauso schrecklich anzusehen, wenn jemand sich offensichtlich bemüht, besonders fein und vornehm zu essen, indem er bei jeder Gelegenheit den kleinen Finger (→ social finger) zierlich abspreizt oder Besteckteile wie Federhalter zwischen Mittel- und Zeigefinger balanciert. Solange man daran denkt, beim Halten des Bestecks niemals eine Faust zu machen oder die Fingerspitzen auf Messerrücken, Gabelzinken oder Löffelblatt zu legen, geschweige denn in dieser Position Druck auszuüben, ist schon eine Menge gewonnen.
Die richtige Körperhaltung – möglichst gerade sitzen, die Arme anwinkeln und keinesfalls auf den Tisch legen – unterstützt den richtigen Umgang mit Messer und Gabel ganz automatisch.
Beim Anblick eines perfekt gedeckten Tisches ist schon manch einem der Schreck in die Glieder gefahren. Es sieht allerdings komplizierter aus, als es ist und läuft im wesentlichen nach einem einfachen Prinzip ab: von außen nach innen. Bevor man in medias res geht, klärt ein kurzer Blick über den Tisch die Frage nach dem

Brot. Bei privaten Abendessen wird es oft vorgeschnitten und (ohne Butter) in einem Korb herumgereicht. Wer eine Scheibe möchte, bedient sich, deponiert sie neben seinem Teller und zerteilt sie nach Bedarf in kleine Stücke, die er einzeln in den Mund schiebt. Abbeißen ist nicht üblich – das Herumkrümeln auf dem (dafür nicht vorgesehenen) Teller nicht angebracht. Gibt es Butter zum Brot, so findet man oben links vom Gedeck einen Brotteller mit einem eigenen Messer (Klinge nach innen) darauf. Auch beim Brot schmieren oder Toast bestreichen, selbst beim Brötchen buttern kommt es nicht in Frage, das Brot vorher mit dem Messer zu zerschneiden. Es wird ausschließlich gebrochen, geteilt und in kleinen Stücken bearbeitet. Ist zusätzlich ein Salatteller aufgedeckt, so nimmt er den Platz des Brottellers ein, der daraufhin weiter nach unten rutscht. Das Ganze hat seinen Sinn: Es soll den Weg zu den Gläsern auf der rechten Seite freihalten. Noch ein letztes Wort zum Brotteller. In vielen Restaurants ist es üblich geworden, ein paar kostenlose Appetithäppchen (→ Amuse gueule) zum Aperitif auf den Tisch zu stellen. Sie werden mit der Hand gegessen oder auf einen Extra-Teller gelegt, auf keinen Fall jedoch auf den Brotteller. Denken Sie immer daran, ihn sauberzuhalten; er wird noch länger gebraucht.

Nun zum eigentlichen Essen: Messer liegen grundsätzlich (mit der Klinge nach innen) rechts vom Teller, Gabeln (mit den Zinken nach oben) links davon. Der Suppenlöffel rechts neben dem Messer, das versammelte Dessert-Besteck oberhalb des Tellers. Ein paar Worte zur Suppe: Obwohl man annehmen sollte, es hätte sich bereits herumgesprochen, daß der Löffel zum Mund und nicht der Mund zum Löffel geführt wird, sieht man immer noch erstaunlich viele gebeugte Rücken über Tellern und Tassen. Wenn man den Löffel nicht randvoll macht und am Tellerrand vorsichtig abstreift, müßte es zu schaffen sein, aufrecht sitzen zu bleiben. An der Form des Löffels – vorne leicht zulaufend – erkennt man, daß er mit der Spitze voraus zum Mund geführt wird. Daß man den Inhalt weder herunterschlürft noch den ganzen Löffel im Mund verschwinden läßt, versteht sich von selbst. Wird eine Suppe in der Tasse serviert, läßt man niemals den Löffel darin stecken. Während des Essens und nachher wird er auf die Untertasse gelegt. Suppentassen mit Henkeln dürfen zum Austrinken an den Mund geführt werden. Auf keinen Fall die letzten Tropfen Suppe aus der Tasse auf den Löffel gießen!

Im Restaurant wird einem die Suppe vorgesetzt, bei privaten Essen kommt oft die Terrine auf den Tisch. Wenn sie nicht herumgereicht wird, übernimmt eine Person (zum Beispiel die Hausfrau) das Verteilen. Die Teller werden aufmerksam an- und weitergereicht, man hält die Augen nicht nur auf dem eigenen und fuchtelt auch nicht mit überlang ausgestreckten Armen auf dem Tisch herum.
Auch andere Speisen kommen nicht unbedingt vollautomatisch auf den Teller. Wenn Schüsseln und Platten herumgereicht werden, achtet man darauf, daß auch die Nachbarn versorgt werden. Großes oder schweres Geschirr hält man fest, während sich die anderen bedienen. Beim Auflegen benutzt man das Vorlegebesteck. Besteht es aus Löffel und Gabel, die ein Kellner ganz locker mit einer Hand führt, darf ein Gast ruhig beide Hände benutzen, bevor das Blumenkohlröschen im Ausschnitt der Tischdame landet. Erst wenn von allem etwas, aber nicht zuviel, reihum aufgelegt ist, geht das Essen den Weg des Vergänglichen. Dabei gilt: Alles, was sich mit der Gabel zerteilen läßt, muß man nicht mit dem Messer schneiden. Zum Beispiel: Feste Knödel darf man schneiden, mürbe Kartoffeln dagegen lassen sich leicht mit der Gabel bewältigen.
Am häufigsten geschnitten wird Fleisch. Es ist verboten, es in kleine Stücke zu zersägen (wie für Kinder) und anschließend aufzupicken. Es macht auch keinen guten Eindruck, es pingelig hin- und herzudrehen und – wie mit einem Seziermesser – jedes Fäserchen und jedes vermeintliche Fettstückchen in Richtung Tellerrand zu schieben. Alles in einem richtigen Maß: Es gibt keinen Grund, ein zähes Stück Fleisch mit Todesverachtung vom Teller zu putzen. Die überempfindlichen Sezierkünstler täten allerdings besser daran, in der Öffentlichkeit etwas Vegetarisches zu bestellen.
Für Kartoffeln und Gemüse gilt: Wenn man es nur schwer mit der Gabel zerkleinern kann, darf man ruhig mit dem Messer ran. Auch wenn es um die Frage geht, ob man das Rosenkohlröschen auf einmal in den Mund schiebt, ist es immer besser zu schneiden, als den Mund zu voll zu nehmen. Auch Spargel darf man heutzutage mit dem Messer bearbeiten. Wenn er von guter Qualität und perfekt geschält ist, kommt man gut zurecht. Wenn er dicke Fasern hat und weniger gut geschält ist, wird es schwieriger. Man kann ihn auch, wie früher üblich, mit den Fingern essen (Finger-

schale nicht vergessen). Oder: mit der Gabel aufspießen, mit dem Kopf voraus zum Mund führen, die Spitze abbeißen und so Stück für Stück weiter nachschieben. Man kann die Stange aber auch unterhalb des Kopfes halten, das andere Ende mit der Gabel stützen.

Nun zum Salat: Wer hätte nicht schon – selbst im feinsten Restaurant – überdimensionale Tomatenstücke oder regelrechte grüne Heckenblätter auf dem Teller gehabt? Bevor man versucht, sie im Ganzen in den Mund zu zwingen oder die großen Blätter mit Messer und Gabel zu kleinen Paketchen zusammenzufalten, ist es besser, man schneidet den Salat etwas zurecht. Das geht natürlich nur auf einem flachen Teller. Wer eine Salatschüssel bestellt hat und sich den genannten Problemen gegenüber sieht, sollte ruhig den Kellner bitten, den Salat etwas zu zerkleinern, bevor er mit dem Messer in die Schüssel sticht.

Wer zu Hause Fisch serviert und kein Fischbesteck hat, kann es auch durch zwei Gabeln ersetzen. Ansonsten reicht man zu Fisch und Schalentieren hierfür gedachte Utensilien (→ Fisch, → Hummer, → Krebse, → Schnecken, → Austern, → Schalentiere). Wenn zu Fleisch oder Fisch Saucen gereicht werden, gehören sie grundsätzlich darüber oder daneben und werden nicht über Kartoffeln oder andere Beilagen verteilt.

Noch ein Wort zum Thema Knochen: Laut Vorschrift darf man sich nur beim Picknick oder Volksfest darüber hermachen. Nach dem Motto „Das beste Fleisch sitzt an den Knochen" würden einem Feinschmecker die Tränen in die Augen treten, wenn er seine Lammkotelettchen nur mit Messer und Gabel bearbeiten dürfte. Keiner, der das geringste Gefühl für gutes Benehmen entwickelt hat, würde sich bei einem festlichen Galadiner mit fettigen Knochen (vorausgesetzt, es gibt sie) im Gesicht herumschmieren. Andererseits gibt es genug Gelegenheiten, einen Knochen oder ein Geflügelbein anständig in die Hand zu nehmen und genüßlich abzuknabbern. Man wird nicht gleich mit der Ausdauer eines Schäferhundes daran nagen und selbstverständlich darauf achten, Mund und Finger anschließend sorgfältig mit einer extra großen Serviette oder per Fingerschale zu reinigen.

Zum Dessert: Obst und Käse werden mit Besteck serviert (→ Obst, → Käse), das Besteck für Süßspeisen findet man über dem oberen Tellerrand. Für Kuchen eine Kuchengabel, für Pudding oder Cremes einen kleinen Löffel etc. Wer Verschiedenes auf

einem großen Dessertteller vorfindet, gebraucht Löffel und Gabel gleichzeitig. Das gilt auch für Obstsalat: Größere Stücke werden mit der Gabel, kleine mit dem Löffel gegessen.
Wichtig: Während des Essens – egal ob es sich nur um einen Gang oder um eine ganze Menüfolge handelt – wird das Besteck mehrmals zwischendurch abgelegt, gewechselt oder endgültig niedergelegt. Wer zwischendurch trinkt oder Pausen macht, legt das Besteck (Messerklinge wie immer nach innen) von links und rechts an den Tellerrand, wobei die Griffe nach außen zeigen. Besteck über kreuz heißt im eigentlichen Sinn „bitte nachservieren", wird heutzutage aber auch beim einfachen Ablegen praktiziert. Bei der Antwort auf die Frage, ob man Messer und Gabel zwischendurch links und rechts an den Teller lehnen darf, wobei nur die unbeschmutzten Griffe das Tischtuch berühren, scheiden sich die Geister. Strenggläubige Besteckakrobaten warnen davor, daß das Messer abrutschen und häßliche Flecken auf das weiße Tischtuch machen könnte. Großzügig denkende Menschen sehen das entsprechend unkomplizierter. Womöglich sieht es manchmal sogar besser aus, das Besteck seitlich anzulehnen, als es in den vollen Teller zu stecken. Beim Abschluß eines Ganges und am Ende des Essens gibt es jedoch keine Mißverständnisse. Messer und Gabel werden parallel und mit der Spitze zur Mitte des Tellers zeigend abgelegt. Das Messer rechts (mit der Klinge nach innen zeigend), die Gabel links (→ Linkshänder).
Noch etwas zum Schluß: Kaviar und Frühstückseier kommen niemals mit Silber in Berührung, sondern werden mit Löffeln aus Horn oder Perlmutt, zur Not auch aus Plastik, gegessen.

BESTECKBÄNKCHEN Kleine Stege aus Porzellan oder Metall zur Ablage des Bestecks neben dem Teller. Auch Messerbänkchen genannt.

BESTELLUNG Hier geht es um korrektes Benehmen im Restaurant. Beim Betreten des Lokals sowie bei der Plazierung des Gastes ist es üblich, daß Geschäftsführer oder Personal auf den Gast zugehen und nicht umgekehrt. Auch wenn der Gast sitzt, bleibt er zunächst einmal passiv und wartet, daß man sich um ihn kümmert. Läßt man ihn über Gebühr lange sitzen, darf er natürlich auf sich aufmerksam machen. Aber nicht, indem er lauthals nach dem Ober schreit. Man macht ein leichtes Zeichen mit der

Hand oder spricht ihn im Vorbeigehen an. Wenn das alles nicht fruchtet, steht man auf und wendet sich – immer noch freundlich – an den Geschäftsführer oder Oberkellner. Bevor ein Restaurantbesuch in Streß oder Ärger ausartet, sollte man lieber wieder gehen. Was allerdings ohne Rücksprache mit dem Geschäftsführer nicht möglich ist, wenn man bereits die Serviette auf dem Schoß hatte, Wasserglas und Aschenbecher benutzt und den Oliventeller leergeräumt hat. Aber gehen wir vom Normalfall aus. Der Kellner tritt an den Tisch. Während er (eine ausreichende Zahl von) Speisekarten verteilt, kommt normalerweise die Frage nach dem Aperitif. Es interessiert in diesem Moment keinen, daß man nur einen Salat essen will. Jetzt geht es erst einmal nur um die Getränke. Ein Mann fragt seine Begleiterin nach ihren Wünschen. Es ist übrigens eine unhöfliche Gewohnheit von Geizhälsen und Wassertrinkern, die Frage nach dem Aperitif für alle mit „Nein, danke" zu beantworten. Keiner soll zum Trinken gezwungen werden; für viele ist jedoch der Aperitif ein schöner, vielleicht sogar stimmungsfördernder Einstieg ins gemeinsame Essen.
Auch bei der Bestellung der Speisen sollte man nicht nur an sich denken. Nehmen Sie sich ruhig etwas Zeit – auch wenn der Kellner mit gezücktem Notizblock und genervtem Gesichtsausdruck neben Ihnen wartet. Sind Sie allerdings mehr als unschlüssig, ist es besser, sich mit dem Kellner kurz zu beraten oder ihn später wiederkommen zu lassen. Mit endlosem Zögern, Nachfragen und Umbestellen kann man auch seinen besten Freunden ganz schön auf die Nerven gehen. Sei es, daß man beharrlich nach Dingen fragt, die nicht auf der Speisekarte stehen, oder wieder mal ganz genau wissen will, ob der Hering auch frisch ist. Was erwartet der Gast vom Personal? Daß der Kellner den Koch in die Pfanne haut?
Natürlich darf man fragen, was der Küchenchef besonders empfiehlt. Wenn er einen mag (oder schon länger kennt), wird der Kellner gerne behilflich sein. Ansonsten empfiehlt er auch schon mal die Gerichte, die dringend aus der Küche müssen. Auch wenn man grundsätzlich davon überzeugt ist, daß der Gast König ist, gibt es Momente, in denen es schwerfällt, daran zu glauben. Mancher Kellner bewahrt nur mit Mühe seine gute Miene, wenn zum Hummer Coca Cola oder zum Hühnerfrikassee Bratkartoffeln mit Speck bestellt werden. Auf der anderen Seite sollte der

Gast aber auch den Mut haben, Rotwein zum Fisch zu bestellen, auch wenn für den Kellner eine Welt zusammenbricht (→ Wein).

BESUCHSZEITEN Die strengen Regeln stammen noch aus einer Zeit, als es kein Telefon gab und man bei spontanen Besuchen keine Zeit hatte, sich anzumelden. Aus diesem Grund arrivierte auch der Sonntag zum Hauptbesuchstag, denn da hatte man die größte Chance, jemanden zu Hause anzutreffen. Die klassischen Besuchszeiten: von 12 bis 13 und von 17 bis 18 Uhr. Sie sind weiterhin verbindlich, ansonsten hat sich einiges geändert. Es ist heute fast selbstverständlich, einen Besuch vorher telefonisch anzukündigen. Und vor allem: Der Sonntag fällt als Besuchstag ziemlich flach – er ist den meisten Leuten heilig.

BETRIEBSFEST Der ursprüngliche Sinn dieses außerordentlichen Feiertags gibt der Geschäftsleitung größerer Betriebe die Möglichkeit, sich für die allgemeine Kollegialität und gemeinsam erbrachten Leistungen in feierlicher Form bei den Mitarbeitern zu bedanken. Die Mitglieder des Betriebsrats und auch einzelne Angestellte machen Vorschläge, wie man so einen Tag am besten gestalten sollte: Mit einem gemeinsamen Theaterbesuch, einer Fahrt ins Grüne, einem festlichen Konzertabend oder einem geselligen Abend in einem Landgasthof vor den Toren der Stadt. In jedem Fall bekommen Kollegen, die sich zum Teil nur im Treppenhaus oder in der Kantine begegnen, die Chance, sich als Tischnachbarn – oder auch als Tanzpartner – ein bißchen näherzukommen.
Dazu muß man leider feststellen: Es hätte manch einem besser getan, es bei dem Kontakt im Treppenhaus zu belassen und zum allgemeinen Mahlzeit-Murmeln (in den meisten Betrieben zwischen zwölf und zwei Uhr zur lieben schlechten Gewohnheit geworden) weiterhin gute Miene zu machen. Statt dessen hat man womöglich bei der Firmenfeier nicht nur zuviel getrunken, zu laut gelacht und zu deftige Witze erzählt – man hat auch ausgerechnet der Sekretärin vom Chef beim Apfelsinentanz zu tief ins Rückendekolleté gefaßt. Fazit solch kollegialer Entgleisungen: Übles Gerede, verlegene Verklemmtheit am nächsten Morgen und zum Katzenjammer noch die Ungewißheit, ob man Frau Meier duzen oder siezen soll. Und noch schlimmer: Mehr als eine vielversprechende Karriere hat nach dem Betriebsfest ihr jähes Ende genom-

men, weil Herr Müller einen Scherz auf Kosten seines Vorgesetzten gemacht hat.
Um solchen oder ähnlichen Mißstimmungen aus dem Weg zu gehen, sollte man sich ein bißchen besser vorbereiten:
1. Wer glaubt, eine stille Vorliebe für alten Cognac und junge Damen nicht unter Kontrolle halten zu können, bleibt besser gleich zu Hause und denkt sich rechtzeitig eine passende Entschuldigung aus (Hexenschuß, Grippe, Familienfeier).
2. Vorsicht bei den ersten Begrüßungsdrinks! Es handelt sich oft um tückische Cocktails, die – vor allem auf nüchternen Magen genossen – eine fatale Wirkung haben können.
3. Bleiben Sie nicht den ganzen Abend auf dem gleichen Stuhl sitzen. Unterhalten Sie sich mit möglichst vielen Leuten – auch mit denen, die in der Firmen-Hierarchie unter Ihnen stehen. Ein Thema, das Sie vermeiden sollten: das Geschäft.
4. Wenn es um Spaß oder Spiel geht (einige Veranstalter schrecken auch vor Hula-Hoop-Tanz oder Sackhüpfen nicht zurück), machen Sie nicht den Vereinsmeier und lassen Sie die Trillerpfeife zu Hause.
5. Auch wenn Sie zu den trinkfesten Mitarbeitern gehören, bleiben Sie nicht am Tisch kleben, bis die Stühle hochgestellt werden. Verlassen Sie die Feier möglichst vor Mitternacht.
6. Weibliche Mitarbeiter sollten darauf achten, äußerlich nicht aus dem Rahmen zu fallen. Egal, ob im Biergarten oder im Nobelrestaurant gefeiert wird, alles was zu kurz, zu eng, zu dekolletiert oder zu grell ist, bleibt von vornherein im Kleiderschrank. Überladen Sie sich nicht mit Schmuck, das gleiche gilt fürs Make-up. Besser gar nicht geschminkt, als ein Gesicht, das sich allmählich auflöst. Betriebsfeste fangen oft schon morgens an und dauern bis nach dem Abendessen. Mit einem perfekt geschnittenen klassischen Kostüm, das mehr durch sein edles Material als durch einen kurzen Rock auffällt, sammeln Sie auf jeden Fall mehr Pluspunkte. Wobei letztendlich immer ausschlaggebend ist, welche Art von Programm auf dem Veranstaltungskalender steht. Wenn Wandern angesagt ist, ist sportliche Kleidung gefragt. Wenn das Betriebsfest mit einem Theaterbesuch beginnt, variiert die Kleiderfrage entsprechend. Eine Frau, die sich vor dem Abendessen noch kurzfristig verschönern möchte, trägt ein Paar attraktive Ohrclips oder eine elegante Perlenkette in der Handtasche bei sich. Dort verwahrt man auch

Kamm, Spiegel und Puderdose, um sich zwischendurch wieder in Form zu bringen.
Übrigens: Ein Mensch, dem sich bei der Aussicht auf ein feuchtfröhliches Beisammensein mit den Kollegen die Nackenhaare senkrecht stellen, findet mit Sicherheit rechtzeitig eine passende Ausrede, um von dieser Art von Veranstaltung gänzlich verschont zu werden.

BETRIEBSGEHEIMNIS Daß man über bürointerne Dinge nicht spricht, gilt nicht nur innerhalb großer Firmen, sondern selbstverständlich auch außerhalb. Im Haus gehören unter anderem die Gehaltslisten und Spesenkonten zu den Tabu-Themen; außer Haus geht es mehr um Fusionen, Preispolitik etc.

BETRIEBSKLIMA Die allgemeine Stimmung im Büro nennt man das Betriebsklima. Eine harmonische, entspannte Zusammenarbeit, die eine positive Atmosphäre zur Folge hat, ist für viele Mitarbeiter ein Motiv für langjährige Treue. Spannungen im Büro sind für viele eine Belastung, für einige sogar ein Grund zur Kündigung.

BETRINKEN Wer sich zu Hause – aus welchen Gründen auch immer – mit Alkohol vollaufen läßt – hat es nur mit der eigenen Gesundheit zu tun. Wer das gleiche in Gesellschaft tut, fällt weit aus dem allgemeinen Rollenverhalten und damit unangenehm auf. Auch wenn das nur einmal oder ganz selten passiert: Das, was er an Achtung und Respekt verloren hat, ist kaum wieder gutzumachen. Betrunkene werden in Gesellschaft nicht nur als äußerst lästig empfunden – sie machen sich ganz einfach lächerlich. Das gilt für Männer genauso wie für Frauen. Wer mit Alkohol nicht umgehen kann beziehungsweise seine Grenzen nicht rechtzeitig spürt, sollte im Beisein anderer Leute lieber darauf verzichten (→ Alkoholgenuß).

BETTELN Büroangestellte, die (zum Beispiel aus Krankheitsgründen) ausnahmsweise eine ganze Woche zu Hause verbringen, wundern sich oft gewaltig, was im Laufe dieser Zeit so alles an der Türe klingelt: Scherenschleifer, Honigmänner, Zeitschriftendrücker, das Blindenheim oder Muttergenesungswerk und natürlich auch „richtige“ Bettler. Wer darauf nicht reagiert oder besser gesagt die Türe erst gar nicht aufmacht, ist keineswegs unsozial. Die Statistik der tagtäglichen Wohnungseinbrüche spricht für sich. Außerdem reicht in Deutschland das Netz der Sozialfürsorge so weit, daß keiner an der Türe betteln muß. Und auch nicht auf der Straße. Eine spezielle Variante haben sich neuerdings Jugendliche ausgedacht: Unter dem Vorwand, sie hätten ihre Fahrkarte verloren, versuchen sie auf Bahnhöfen und U-Bahn-Stationen auf flotte Art ein paar Mark zusammenzukratzen. Eine ganz andere Sache aber, auf die man auch anders reagieren sollte, ist Betteln im Ausland, vor allem in Ländern der dritten Welt.

BEWERBUNG Um die Mitarbeit in einer Firma kann man sich aufgefordert oder unaufgefordert bemühen. Die zweite Version steht oft am Abschluß einer Ausbildung und am Anfang der beruflichen Laufbahn. Es ist ausgesprochen legitim, Unternehmen, für die man gerne arbeiten möchte, anzuschreiben. Auf einem möglichst neutralen Briefbogen (eventuell mit gedrucktem privaten Briefkopf) in sachlicher knapper Form mit der Schreibmaschine. Der sogenannte Lebenslauf ist ein Teil des Schreibens und beschränkt sich auf die wesentlichen Daten. Überschrift: „Sehr geehrte Damen und Herren" (wenn man niemand direkt ansprechen möchte); Unterschrift: „Mit freundlichen Grüßen".
Wer sich auf ein Inserat hin bewirbt, wird darin – was Form und Inhalt betrifft – oftmals schon festgelegt. Das heißt: Einige Firmen bestehen auf handschriftlicher Bewerbung, einem separaten, meist tabellarischen Lebenslauf, Zeugnissen und Foto. Egal, welche Form vorgeschrieben wird, es ist in jedem Fall wichtig, den Bewerbungsbrief knapp, präzise und sachlich zu formulieren. Feuilletonistisch verfaßte Lebensgeschichten sind eine Belastung für denjenigen, der sie lesen soll, und wandern meist in den Papierkorb.

BIERZELT Auch wenn man nicht in Bayern wohnt, hat man eine gute Chance, irgendwann im Leben der feuchtfröhlichen Stimmung eines Bierzeltes ausgesetzt zu sein. Auch wenn viele mit guten Vorsätzen anreisen – man hat schon manchen bierernsten Preußen nach kurzer Zeit mit dem Maßkrug auf den Tisch schlagen sehen. Wer ist es denn schon gewohnt, so schnell und so viel zu trinken? Das haut selbst den stärksten Japaner um. Wer sich vor den eigenen Heiterkeitsausbrüchen fürchtet, sollte erst eine kräftige Brotzeit zu sich nehmen, bevor er größere Mengen trinkt, beim ständigen Zuprosten und Anstoßen nicht gleich den Maßkrug leermachen und Schnapseinlagen gänzlich vermeiden. Bliebe noch die Fröhlichkeit der anderen, die man überhaupt nur aushält, wenn man selbst schon etwas getrunken hat. Wenn einem das Schunkeln, Grölen und Anbiedern zu viel wird, sollte man schleunigst das Weite suchen. Manch einer ist auf diese Weise einer derben Rauferei aus dem Wege gegangen.

BLAZER „Alleinstehende" Jacken im Schnitt eines klassischen Sakkos, die inzwischen in jedem Kleiderschrank zu finden sind, nennt man heutzutage Blazer. Er ist ein wahrhaft universelles Kleidungsstück, paßt zu vielen – auch offiziellen Gelegenheiten – und sieht, je nachdem, wie man ihn kombiniert, immer wieder anders aus. In der Urlaubsgarderobe ersetzt er auf lässige Art den Anzug. Vor allem dann, wenn in Hotel-Restaurants Krawattenzwang ausgeübt wird.

BLINIS Blinis sind kleine, warme Pfannkuchen aus Buchweizenmehl. Mit einem kühlen Klecks Sauerrahm werden sie zu Kaviar gereicht. Dazu trinkt man Wodka oder Champagner aus zierlichen Flöten, die nicht mehr als einen großen Schluck enthalten.

BLOUSON Eine sportliche Jacke mit Bund, die man nur in der Freizeit trägt und auf keinen Fall mit Hemd und Krawatte.

BLUMEN Im Laufe eines langen Lebens bekommt man eine Menge Blumensträuße zu sehen, von denen einige recht seltsame Blüten treiben. Per saldo läßt sich sagen: Obwohl Männer häufiger in die Verlegenheit kommen, Blumen zu schenken, haben doch die Frauen beim Zusammenstellen der Sträuße eine etwas glücklichere Hand. Was allen zugute kommt, ist die Tatsache, daß es heute keine Schwierigkeiten gibt, ein Geschäft zu finden, in dem eine gute Beratung selbstverständlich ist. Es hat sich eine regelrechte Blumen-Kultur entwickelt inklusive einer neuen, veredelten Art der Verpackung. In transparentes Cellophan gewickelte Sträuße haben den Vorteil, daß man sie vor dem Über-

reichen nicht auspacken muß. Was allerdings nicht heißt, daß man sie – so wie sie sind – in die Vase steckt. Das sieht nicht nur scheußlich aus, die Blumen sind auch schneller verwelkt.
Doch zurück in den Blumenladen. Es gibt Männer, die haben sich seit der Tanzstunde nicht mehr von der magischen Zahl sieben getrennt – das Ganze möglichst langstielig und in der Farbkombination Rosa mit Lila. Zugegeben, Schlange stehen im Blumenladen und dann nicht wissen, was man nehmen soll, ist für viele eine lästige Pflicht. Aber es lohnt sich. Frauen honorieren geschmackvolle Blumensträuße und sind überaus beeindruckt, wenn man auf dezente Art herausgefunden hat, daß weiße Lilien ihre Lieblingsblumen sind. Obwohl sie angeblich penetrant riechen und eigentlich auf den Friedhof gehören. Experimente mit exotischen Sträußen können auch ins Auge gehen. Oft ist ein „Arm voll“ weißer Tulpen oder ein bunter Feldblumenstrauß mit zartem Schleierkraut mehr wert als ein bizarres, unpersönliches Blumengebinde für viel Geld.
Der romantische Geheimcode, durch den man früher Blumen sprechen ließ, ist heute nicht mehr aktuell. Mit Ausnahme der roten Rose.
Übrigens: Mit Rücksicht auf Gastgeber, die bei größeren Gesellschaften mit dem Blumenauswickeln nicht mehr nachkommen, ist es durchaus üblich, den Strauß mit einem entsprechenden Dankeschön am nächsten Tag nachliefern zu lassen. Geburtstagskindern, Jubilaren etc. sollte man schon am Vormittag mit Blumen gratulieren (→ Topfpflanzen).

BOARDING CARD Einsteigekarte fürs Flugzeug mit Sitzplatzvermerk.

BOCKSBEUTEL Kleine, bauchige Flasche zur Abfüllung von Frankenwein. Man sagt ihm nach, daß die fränkischen Weinbauern seinen Bestand bewußt niedrig halten und wenig davon nach auswärts verkaufen. Der Grund: Sie trinken ihren Wein am liebsten selbst!

BORDEAUX Die meisten Leute verbinden das Stichwort Bordeaux automatisch mit Rotwein, dabei liefert das berühmte südfranzösische Anbaugebiet Gironde auch qualitativ außergewöhnliche Weißweine. Die vier besten Anbaugebiete: Médoc,

Graves, Saint Emilion und Sauternes. Je nach Anbaugebiet und der speziellen Qualität eines bestimmten Jahrgangs variieren die Preise von gut und teuer bis sozusagen unerschwinglich. Die überwiegend schweren roten Bordeaux-Weine passen vorzüglich zu kräftigem Lammbraten oder Wild.

BOTTLEPARTY Unkompliziertes Get-Together, zu dem jeder etwas mitbringt. Zu viele verschiedene Weinetiketten lassen sich vermeiden, wenn sich die Spender rechtzeitig absprechen.

BOUILLABAISSE Das Rezept für diese traditionelle französische Fischsuppe stammt aus Marseille. In verschiedensten Variationen findet man sie überall da, wo es frischen Fisch gibt. Zu einer Auswahl an Seefischen, die mit Kopf und Schwanz in den Topf gehören, gesellen sich diverse Gemüse, Zwiebel, Knoblauch, Lorbeerblätter, Pfefferkörner, Nelken, Salz und reichlich Safran. Als Beilage gibt es normalerweise geröstetes Weißbrot und Knoblauchmayonnaise.

BOULEVARD-PRESSE Das täglich beziehungsweise wöchentlich erscheinende Medium der regionalen und überregionalen Kaffeehausgesellschaft. Es macht nicht nur einen schwachen Eindruck, diese oberflächlichen Klatschspalten regelmäßig zu konsumieren, man sollte auch tunlichst vermeiden, selbst namentlich in ihnen erwähnt zu werden.

BOWLE Sommerliches Mixgetränk aus Wein, Sekt und frischen Früchten. Wird aus einem bauchigen Glasgefäß mit der Schöpfkelle in Gläser gefüllt, die Früchte werden mit Plastik-Stickers oder kleinen Löffeln herausgefischt.

BOWLER Aus England stammender klassischer Herrenhut, auch Melone genannt. Trägt man, wenn überhaupt, als korrekte Kopfbedeckung zum Stresemann (→ Stresemann).

BRÄUNE Während der Wintermonate braungebrannt zu sein, heißt heutzutage noch lange nicht, daß man aus den Tropen kommt. Höhensonne, Solarien und Sonnenbänke findet man in jedem Fitneßcenter. Ob natürliche Sonne oder künstliche UV-

Bestrahlung – zuviel davon tut dem Körper nicht gut. Dauergebräunte Sonnenanbeter sind out; sie gelten als unvernünftig und unbelehrbar und riskieren außer Hautkrebs auch eine trockene, im Alter besonders faltige Haut.

BRATHÄHNCHEN Darf man sie nun in die Hand nehmen oder nicht? Die korrekte Antwort lautet: Nein. Wenn überhaupt, dann als Ausnahme in Hähnchenbratereien oder auf Volksfesten. Leider wäre das für viele Leute nur der halbe Spaß. Ich meine, man kann es riskieren. Solange man nicht den ganzen Flattermann mit beiden Händen hochstemmt, sondern kleine, vorher tranchierte Teile vorsichtig abfieselt, ist wirklich nichts dagegen zu sagen. Bitte eine große Serviette und wenn möglich Fingerschalen bereithalten.

BRIEFE Oben rechts erscheint das Datum, die jeweilige Anrede gehört nach links.
Was den Inhalt von Geschäftspost betrifft, hat sich als neutrale Anrede „Sehr geehrte Damen und Herren“ durchgesetzt. Statt „Hochachtungsvoll“ beschränkt man sich auf „Mit freundlichen Grüßen“. Dazwischen liegt die Betonung auf einem präzisen, möglichst kurz und sachlich formulierten Inhalt.
Turbulenzen gibt es bei privater und geschäftlicher Post bei der Formulierung der korrekten Anschrift auf dem Briefumschlag, wenn Titel, akademische Grade oder Doppelnamen im Spiel sind. Gegen die immer noch geläufige Form „Herrn Fritz X und Gemahlin“ spricht die Tatsache, daß auch Frau X einen Vornamen hat und nicht eine Art Anhängsel ihres Mannes ist. Deshalb schreibt man heute immer häufiger „Herrn Fritz X und Frau Franziska X“. Komplizierter wird es, wenn sich die Titel häufen. Dann gilt folgende Reihenfolge: Berufsbezeichnung, militärischer Rang, akademischer Titel und zum Schluß Adel. Ein extremes Beispiel: „An den Konsul General a. D. Dr. Fritz Graf von X“.

BRIEFESCHREIBEN So wie man gefürchtet hat, der Fernsehapparat würde das Kino verdrängen, bangte man in Anbetracht des Telefons um die weitere Existenz der privaten Post. Zumindest um einen großen Teil davon. Doch genauso wie der beschränkte Bildschirm ein breitwandiges Kinoerlebnis nicht ersetzen kann, hat auch der Brief im Kampf mit dem Telefon seinen traditionellen Platz behauptet. Im Zuge der allgemeinen Zeitnot sind ausführliche Schreiben, die über den kurzweiligen Inhalt einer Ansichtskarte weit hinausgehen, sicherlich seltener geworden. Um so mehr freut man sich, wenn man eines bekommt.

BRIEFPAPIER Wenn es um persönliche Schreibutensilien geht, kann man ruhig etwas mehr Phantasie beweisen, was Format und Farbe betrifft. Für Geschäftspapier gelten strenge Regeln. Es ist im Normalfall schlicht und weiß im DIN-A4-Format. In der Mitte oben steht ein sachlicher Briefkopf, der alle wichtigen Informationen enthält wie Adresse, Telefon, Fax oder Telex, die es dem Empfänger so leicht wie möglich machen, den Absender zu identifizieren beziehungsweise zu erreichen. Adressen von Filialen, Kontoverbindungen etc. gehören an den unteren Rand des Geschäftsbogens.

BRILLANT Geschliffener Diamant. Man sollte ihn, vor allem in massiveren Karatzahlen, erst glänzen lassen, wenn die Sonne untergegangen ist. Wobei ein schöner, schlicht gefaßter Stein oft eine größere Wirkung hat als eine große Portion Lametta.

BRILLEN Beim Stichwort Brille hatte man früher automatisch ein häßliches Kassengestell vor Augen. Diese Zeiten sind gründlich vorbei. Nicht nur, daß die Brille längst zum modischen Accessoire avanciert ist – es gibt sogar Leute, die Brillen mit „Fensterglas“ tragen, um sich ein vermeintlich interessanteres Aussehen zu geben. Rhetorikkünstler gehen noch einen Schritt weiter: Im Gespräch mit Geschäftspartnern oder auch bei Ansprachen vor größerem Publikum verschafft das „richtige“ Hantieren mit dem Brillengestell Distanz und zusätzliche Denkpausen. Übrigens: Nach Sonnenuntergang sind dunkle Sonnenbrillen in geschlossenen Räumen ziemlich überflüssig.

BRÜDERSCHAFT TRINKEN Schnelles Duzen und allgemeine, kumpelige Verbrüderung sind heute gang und gäbe. Eine eher bedauernswerte Entwicklung als eine angenehme, denn damit ist auch vielen Leuten eine formelle Distanz verlorengegangen. Dennoch sollte man die Spielregeln einhalten: Die ältere Person bietet der jüngeren, der gleichaltrige Mann der Frau das Du an. Sollte es tatsächlich noch zum traditionellen Brüderschaft trinken kommen, darf man den anschließenden Kuß getrost weglassen, wenn einem nicht danach zumute ist.

BRUNCH Zusammengesetzt aus Breakfast und Lunch. Eine kalt-warme Mahlzeit, meistens als Büffet offeriert. Wesentlich später als das normale Frühstück und etwas früher als das Mittagessen.

BUCHSTABIEREN Zur Spezifizierung der richtigen Schreibweise am Telefon. In der Reihenfolge: Anton, Ärger, Berta, Cäsar, Charlotte, Dora, Emil, Friedrich, Gustav, Heinrich, Ida, Julius, Kaufmann, Ludwig, Martha, Nordpol, Otto, Ökonom, Paula, Quelle, Richard, Siegfried, Schule, Theodor, Ulrich, Übermut, Viktor, Wilhelm, Xanthippe, Zeppelin.

BÜCHERWAND Lieber eine unsortierte, lebendige Bibliothek als eine sterile, scheinbar unberührte Bücherwand.

BÜFFET Die beste Voraussetzung für Todsünden aller Art. Die wichtigsten Regeln, um sie zu verhindern:
1. Nicht als erster darauf losstürzen, als ob man seit Tagen nichts gegessen hätte;
2. nicht alles auf einen Teller packen;
3. nicht mehr als die Hälfte liegenlassen;
4. sich dem allgemeinen Tempo anpassen. Das heißt: Nicht schon den Pudding löffeln, wenn andere noch bei der Vorspeise sind.

BÜGELFALTE Ein empfindlicher Knick in der Hose, der – je feiner der Anlaß, desto weniger eine Beule am Knie zeigen darf.

BUKETT Damit der Wein seinen individuellen Duft, also sein Bukett, entfalten kann, spielt die richtige Temperatur eine wichtige Rolle. Spritzige, säurehaltige Weine müssen kühler serviert werden als vollfruchtige, denn Säure wird durch Kälte gemildert. Frische, fruchtige Rotweine sollten kälter sein als gerbstoffreiche ältere. Die allgemeinen Regeln als Anhaltspunkte: Champagner trinkt man bei acht Grad, spritzige Weißweine bei acht bis zehn Grad, junge Rotweine bei zehn Grad, körperreiche Weißweine bei zehn bis zwölf Grad und vollmundige Rote bei 16 bis 18 Grad. Rotwein wird vor dem Servieren dekantiert, das heißt, von der Flasche in eine Karaffe umgefüllt, damit er seine Blume voll entfalten kann. Vorsicht mit altem Burgunder, er sollte nicht viel Luft bekommen. Er könnte oxydieren und ungenießbar werden.

BUNDFALTENHOSE Schmale eingelegte Falten links und rechts vom Hosenverschluß sorgen für eine weniger strenge Optik und lassen mehr Spielraum in den Taschen.

BUSINESS-KOFFER Ein treuer Begleiter für Geschäftsreisende. Er ist stabiler und geräumiger als eine Aktentasche und hat auf Kurzreisen unter Umständen Platz für ein Hemd zum Wechseln. Ansonsten ist er nicht geeignet, als Gepäckstück umfunktioniert zu werden. Schon das einzelne Hemd sollte in Papier oder Cellophan gewickelt sein, um nicht ungeschützt zwischen Kugelschreibern und Taschenrechner zu liegen. Speziell unter Karrierefrauen, die viel unterwegs sind, gibt es einige, die auf das coole Design der modernen Busineß-Koffer empfindlich reagieren. Sie retten sich hin und wieder mit einer entsprechend geräumigen antiken Aktentasche.

BUSINESS-LUNCH Ein leichtes Mittagessen mit wenig Alkohol zur Besprechung geschäftlicher Angelegenheiten.

BUTLER Auf einer Spezialschule ausgebildeter persönlicher Betreuer, der in privaten Haushalten sehr selten geworden ist. Einige traditionelle Grandhotels bieten ihn unter außerordentlichen Serviceleistungen mit an.

BUTTERDOSE Ideal zur Aufbewahrung und zum Servieren der empfindlichen, leicht außer Form geratenden Butter.

BUTTERMESSER Wer in der eigenen Küche frühstückt, darf es sich leicht machen und die Butter ohne Umstände vom Butterteller aus direkt auf sein Brötchen streichen. Ansonsten transferiert man kleine Butterportionen mit einem eigens dafür vorgesehenen Messer an den Rand seines Tellers.

C

CAFE AU LAIT Er steht im Mittelpunkt der französischen Kaffeehauskultur und am Beginn eines jeden Tages. Damit der cremefarbene Milchkaffee nicht zu schwach und nicht zu stark wird, gießt der Kellner so lange Milch dazu, bis er die gewünschte Farbe erreicht hat. In Frankreich ist es üblich (und erlaubt), sein Croissant in die Tasse zu stippen (→ Croissant).

CALYPSO Traditionelle Musik in Südamerika und in der Karibik, Hauptbegleiter des Karnevals.

CAMPING Ferien auf dem Zeltplatz oder – soweit es gestattet ist – in der freien Natur. Verlangt jedoch besondere Rücksicht und gedämpfte Lautstärke – Zeltwände sind hellhöriger als Hotelzimmer.

CANAPES Kleine kalte Häppchen für zwischendurch oder zur Cocktailparty.

CAPPUCCINO Italienischer Kaffee mit aufgeschlagener Milchhaube. Eine entsetzliche Unart, die sogar schon von Italienern in Deutschland unterstützt wird: An Stelle der aufgeschlagenen Milch verunziert man den Kaffeeklassiker mit einer dicken Sahnehaube und streut obenauf auch noch Kakaopulver.

CARNET Schriftliche Erklärung für Ein- und Ausfuhr von Waren. Formulare gibt es bei der Industrie- und Handelskammer.

CARPACCIO Hauchfein geschnittenes rohes Fleisch – Rinderlende, Stierlende, Lachs. Wird mit Olivenöl und gemahlenem Pfeffer serviert und gehört in italienischen Restaurants zu den beliebtesten Vorspeisen. Genauso wie der Bellini, eine kulinarische Kreation von Arigo Cipriani, dem Besitzer der berühmten Harry's Bar in Venedig (→ Bellini).

CARTOON Parodistisch gezeichnete Bildergeschichten mit Sprechblasen-Humor. Sie gefallen Kindern genauso gut wie Erwachsenen.

CASHEWNUSS Ölhaltiger, leicht gekrümmter Kern der Nierenbaumfrucht. Früher wuchsen Nierenbäume ausschließlich in Südamerika und Westindien. Heute kultiviert man sie auch in Zentralamerika, Ägypten und auf Hawaii.

CASSATA Die Heimat dieser köstlichen und besonders kalorienreichen Eisbombe ist Sizilien. Zum Selbermachen: Man schichtet abwechselnd Vanille-, Himbeer- und Schokoladeneis in eine gut gekühlte Form und setzt eine stark gezuckerte Masse aus geschlagenem Eiweiß und Sahne mit kandierten Früchten darauf. Sobald sie gefroren ist, wird die Bombe gestürzt, mit noch mehr Schlagsahne und Früchten verziert und vor dem Servieren in Scheiben geschnitten.

CATERING Party-Service auf Bestellung. Wer ein größeres Fest plant, sollte sich ruhig die Mühe machen, ein paar Kostenvoranschläge einzuholen, bevor er sich selbst in die Küche stellt. Die Auswahl ist größer als man denkt. Neben den bekannten Nobeladressen der exklusivsten Feinkostlieferanten gibt es auch wesentlich weniger kostspielige Angebote. Heutzutage sind auch die Lebensmittelabteilungen der großen Kaufhäuser auf Catering eingestellt sowie kleine Spezialitätenrestaurants oder Edelimbißstände. Der neue Trend: Man holt sich einen Sushi-Koch ins Haus und genießt schon die Zubereitung von rohen, kunstvoll präparierten japanischen Fischvariationen.

CHABLIS Edler französischer Weißwein aus dem Herzen Burgunds. Man trinkt ihn mit besonderer Vorliebe zu edlem Fisch und zu Austern. Er verfeinert Saucen und ausgefallene Süßspeisen.

CHAMPAGNER Nur wenn er aus einer der Kellereien der französischen Champagne stammt, hat er das Recht, diesen Namen zu tragen. Die meisten Häuser, die klassische Marken herstellen, wie Veuve Cliquot, Pommery oder Taittinger, liegen in der Gegend von Reims. Seit sich fast jeder leisten kann, für sich und seine Freunde „Champus“ zu spendieren, hat die Kultur des Champagnertrinkens sichtlich gelitten. Man trinkt ihn aus falschen Gläsern, nämlich flachen Schalen, und bestellt ihn zum falschen Zeitpunkt, nämlich nach dem Essen, wenn der volle Magen alles möchte, nur keine Kohlensäure. Früher die klassische Art ihn zu trinken: aus der eisgekühlten Flöte, die mit einem großen Schluck geleert wurde. Flöten gibt es immer noch, auch wenn sie inzwischen größer geworden sind und nicht mehr auf einen Zug geleert werden. Der richtige Moment für ein eisgekühltes Glas von dem edlen Schaumwein: vor dem Essen oder überhaupt auf nüchternen Magen.

CHAPEAU CLAQUE Ein im Aussterben befindlicher Zylinder, der sich zusammenklappen und per Sprungfeder öffnen läßt.

CHARMEUR Liebenswerter Geschichtenerzähler, dem alle Herzen zufliegen.

CHARTER-REISEN Durch besondere Konditionen fixierte Flugreisen inklusive Hotel.

CHEFARZT Seine exponierte Stellung im Krankenhaus berechtigt ihn zur Abrechnung erhöhter Honorare, die der Patient mit seiner Versicherung rechtzeitig abstimmen muß. Auch wenn sein Ruf als „Gott im weißen Kittel“ von der Einsicht korrigiert wurde, daß auch ein Arzt nur ein Mensch ist und deshalb auch Fehler macht, haben viele seiner Patienten auch heute noch in einem Maße Respekt vor seiner Person, daß sie ihm mit zu wenig Selbstbewußtsein gegenübertreten. Man sollte im rechten Moment den Mut haben, die vermeintliche Qualität einer Therapie in Frage zu stellen und lieber einmal mehr den Arzt wechseln, bevor man kein Vertrauen mehr hat.

CHEFSEKRETÄRIN Eine besondere Vertrauensperson in der oberen Firmenetage. Verbringt – in Stunden gerechnet – mehr Zeit mit dem Chef als seine eigene Frau. Weiß entsprechend viel über ihn, versteht ihn zu nehmen und hält ihm, wenn sie geschickt ist, unnötigen Ärger vom Hals. Man sagt nicht umsonst: Der Weg zum Chef führt durch sein Vorzimmer.

CHIANTI Ursprünglich ein einfacher roter Landwein aus der Toskana, der in den letzten zwanzig Jahren eine starke Veredelung durchgemacht hat.

CHICOREE Vielseitiges, leicht bitter schmeckendes Knollengewächs, das überwiegend als Salat zubereitet wird.

CHIFFRE Zeitungsanzeigen, bei denen der Auftraggeber anonym bleibt. Personen, die Kontakt aufnehmen wollen, tun dies über eine Chiffre-Nummer.

CHRISTBAUMSCHMUCK Eine schöne Tradition: Das Weitergeben von Kugeln, Ketten und altem Spielzeug zur Dekoration des Weihnachtsbaumes von einer Generation zur anderen.

CHRYSANTHEMEN Ihr unverdienter Ruf als klassische Trauerblumen hat sie beim Zusammenstellen von Glückwunsch-Sträußen ins Hintertreffen gebracht.

CHUTNEY Orientalische Paste aus Früchten und Gewürzen. In der indischen Küche serviert man sie zu kaltem Fleisch und Geflügel und zur traditionellen Reistafel. Bekannte Sorten: Mango-Chutney, Apfel-Chutney, Tomaten-Chutney.

CIDRE Der nicht zu süße und nicht zu saure, leicht moussierende Apfelmost aus der Normandie paßt hervorragend zu leichten Käseomeletts oder zu einer Vielzahl unterschiedlichster Crêpes, die für diese Gegend ebenfalls typisch sind (→ Crêpes).

CLOCHARD Erwerbsloser Stadtstreicher, der von der Sozialfürsorge lebt.

CLUBKRAWATTE Ursprünglich gab es sie nur im konkreten Zusammenhang mit Sportclubs, Eliteschulen und anderen Vereinigungen. Heute versteht man sie eher als Sammelbegriff für schmale, dezente Krawatten, vorzugsweise in der Farbkombination Marine mit Bordeaux, mit oder ohne Phantasie-Clubzeichen.

COCKPIT Die Pilotenkanzel in der Spitze eines jeden Flugzeugs mit festen Plätzen für Pilot und Copilot. Eventuell als dritte Person im Cockpit: der Bordmechaniker. Speziell auf klassischen Charter-Strecken kommt es häufig vor, daß dieser dritte Platz kurz vor der Landung mit einem Passagier besetzt wird, der als Gast im Cockpit die Landung aus einer völlig neuen Perspektive erleben darf.

COCKTAILKLEID Der Sammelbegriff für alle kurzen Abendkleider, die durch elegante Schnitte und besonders edle Stoffe gekennzeichnet, aber niemals so aufwendig sind, daß man sie zu einem Ball tragen würde.

COCKTAILPARTY Da sie als ungezwungene Stehparty nach Büroschluß definiert wird, kann man von ihren Gästen keine besonders elegante Kleidung erwarten. Das heißt: Männer erscheinen im Straßenanzug, Frauen im Kleid oder Kostüm. Der Beginn einer Cocktailparty liegt entsprechend zwischen 17 und 18 Uhr, das Ende zirka zwei Stunden später. Zum geistigen Inhalt einer solchen Veranstaltung sagte Gabriele Henkel, deren spektakuläre Party-Inszenierungen weit über die Grenzen Düsseldorfs hinaus bekannt sind: „Vermeiden sie ernste Diskussionen, besonders die politischen. Beweisen Sie auf der Cocktailparty Ihr Talent zum amüsanten Small talk." Im gleichen Zusammenhang ist es wichtig, darauf hinzuweisen, daß es eine speziell deutsche Unart ist, sich mit einem guten Freund in eine Ecke zurückzuziehen und über Stunden ganz private Dinge zu besprechen.
Wer sich selbst überlegt, nach Büroschluß einzuladen, sollte seine Gästeliste möglichst bunt zusammenwürfeln, so gut wie keine Stühle bereitstellen und dafür sorgen, daß die gereichten Drinks und Cocktails durch kleine flankierende Häppchen entschärft werden. Eine Cocktailparty ist keine Einladung zum Abendessen!

COCKTAIL Es ist eine nette Geste, auch bei einem kleinen privaten Abendessen, die Gäste mit einem Cocktail zu begrüßen. Er lockert die Stimmung und überbrückt die Zeit, bis alle Gäste eingetroffen sind. Er darf vor dem Essen nicht zu schwer oder zu süß ausfallen – das verdirbt den Appetit. Besonders anregend – manchmal sogar leichter verträglich – sind tropische Cocktails, die man auf Reisen kennenlernt. Ein eisgekühlter Rum-Punsch mit exotischen Früchten ist die ideale Ergänzung zu einem romantischen Sonnenuntergang.

COGNACSCHWENKER Bauchige Gläser aus klingendem Glas, in denen der edle Weinbrand sein Bukett am besten entfalten kann. Beim Trinken hält man ihren Stiel zwischen Mittel- und Zeigefinger.

COGNACWÄRMER Er reguliert die Temperatur des Cognacs, so daß er in optimalem Zustand getrunken werden kann.

CONCIERGE Er ist die unentbehrliche Seele einer gut organisierten Hotel-Rezeption. Er kennt die besten und geheimsten Adressen in der Stadt, reserviert Tische und organisiert Theater- und Opernkarten. Da man seine Dienste fast täglich in Anspruch nimmt, bekommt er kein Trinkgeld auf Raten. Man bedankt sich vor der Abreise mit einem dezent überreichten Briefumschlag (→ Trinkgeld).

CORNICHONS Kleine eingelegte Gürkchen, die gut zu deftigen Landpasteten passen.

CREME DE CASSIS Johannisbeer-Likör, der als Aperitif mit Weißwein zum Kir, mit Champagner zum Kir Royale aufgegossen wird.

CREPES Hauchdünne Pfannkuchen nach einem Rezept der bretonischen Küche. Noch heute ist es in manchen Orten der Bretagne Sitte, daß eine Braut an ihrem Hochzeitstag vor Zeugen einen solchen Pfannkuchen zelebriert. Gelingt es ihr, ihn mit einem eleganten Schwung zu wenden, bedeutet das Glück für die Ehe. Ursprünglich wurden Crêpes nur mit süßen Sachen gefüllt oder bestrichen. Neuerdings gibt es auch viele herzhafte Variationen. Als Getränk empfiehlt sich Cidre (→ Cidre).

CROISSANT Leichtes französisches Frühstückshörnchen. Gibt es neuerdings auch mit Schinken oder Käse gefüllt.

CROUPIER Er wirft am Roulette-Tisch die Kugel, reguliert den Spielverlauf, kassiert verlorene Chips, zahlt Gewinne direkt aus und wechselt Bargeld in verschiedene Arten von Chips ein.

CROUTONS Man kennt sie als geröstete Brotwürfel, die auf der Suppe schwimmen oder als geröstete Weißbrotscheiben zu Fischsuppen oder Fleisch. Oder man sieht sie in den verschiedensten Formen – rund, oval, herz- oder halbmondförmig – als Unterlage zu kleinen Fleischstücken.

CUMBERLANDSAUCE Süß-saure Cocktailsauce auf Johannisbeer-Basis – sie paßt am besten zu Wildpasteten. Ein Küchenmeister am Hof von Hannover soll sie dem Sohn von König Georg V. von Hannover, dem Herzog von Cumberland, gewidmet haben.

CURLING Amerikanische Version des Eisstockschießens, Mannschaftssport mit Meisterschaftskämpfen.

CUT Er kam um die Jahrhundertwende aus England und hieß ursprünglich Cutaway. Als offizieller Anzug für große Tagesgesellschaften trägt man ihn heutzutage überwiegend auf Hochzeiten beziehungsweise Beerdigungen. Zum schwarzen Rock mit runden Schößen gehört eine gestreifte Hose ohne Umschlag und eine schwarze oder graue Weste. Die perfekte Ergänzung sind ein steifes weißes Hemd mit Umlegekragen und Manschetten, eine graue Seidenkrawatte und schlichte, schwarze Schuhe. Zur Beerdigung trägt man zur schwarzen Weste einen langen schwarzen Seidenbinder.

D

DACHSHAARPINSEL Die Quintessenz der nassen Rasur: Pinsel aus echtem Dachshaar.

DAMENSATTEL In der Zeit, als die Männer noch die Hosen anhatten und die Frauen im Reitkleid den Rücken ihres

Pferdes bestiegen, saßen sie sittsam im Damensattel. Das heißt, mit beiden Beinen zu einer Seite. Wenn es heute noch vorkommt, beispielsweise auf traditionellen englischen Fuchsjagden, ist es nichts anderes als eine Erinnerung an die „good old times“. Gertrud Höhler, Professorin der Universität Paderborn und Verfasserin verschiedener zeitkritischer Bücher, antwortete beim Ausfüllen des Fragebogens im FAZ-Magazin auf die Frage „Welche Reform bewundern Sie am meisten?“ mit dem Statement „Die Abschaffung des Damensitzes für Reiterinnen“.

DAMENWAHL Trotz der Auflösung vieler Traditionen zwischen Mann und Frau ist es nach wie vor üblich, daß der Mann die Frau zum Tanz auffordert. Es sei denn, es wird speziell zur Damenwahl aufgerufen, wobei Frauen auch mal die Chance erhalten, öffentlich zu zeigen, mit wem sie am liebsten eine Runde aufs Parkett legen würden.

DART In allen Ländern, die eine britisch inspirierte Tradition haben, also auch in Australien und Neuseeland, ist Dart zu spielen so selbstverständlich wie bei uns Billard oder Kegeln. Man zielt gemeinsam auf eine Wurfscheibe, die an der Wand befestigt ist. Jeder Spieler versucht, mit seinen drei kleinen Wurfspießen so nahe an die Zwölf zu kommen wie möglich. In vielen Pubs werden regelrechte Turniere ausgetragen.

DEKOLLETE Voraussetzung für Ausschnitte aller Art, die nicht nur ein Kleidungsstück luftiger, sondern eher die Trägerin attraktiver machen sollen, ist eine entsprechend gute Figur. Das heißt: Eine gute Portion Selbstkritik ist angebracht – auch ein freizügiges Rücken-Dekolleté sollte sorgfältig im Spiegel kontrolliert werden, bevor man den ersten Schritt in die Öffentlichkeit macht. Auch auf die richtige Wäsche kommt es an. Sie sollte weder unter dem Stoff zu erkennen sein, noch macht es einen guten Eindruck, wenn Spitzen hervorlugen oder Wäscheträger ins Rutschen geraten. Bei stark ausgeschnittenen Ärmeln oder schulterfreien Kleidern müssen Körperhaare sorgfältig entfernt werden.

Wer auf großen Gesellschaften bereits am Nachmittag stark dekolletiert erscheint, sollte eine kleine Jacke oder Stola tragen, bevor die Sonne untergegangen ist.

DEODORANT Zur täglichen Pflege eines modernen Menschen gehört auch das Benutzen des Deosticks oder Deosprays. Dennoch gerät man immer wieder in die Nähe von Leuten, für die eine Körperhygiene dieser Art nicht selbstverständlich ist. Wer gezwungen ist, auf engem Raum mit anderen zu leben und zu arbeiten, hat ein Recht, sich lautstark zu wehren, wenn er regelmäßig mit spürbarem Mangel an Hygiene, das heißt mit anderen Worten Körpergeruch, konfrontiert wird.

DESSERTWEIN Schwere, süße, ausgereifte Weine wie Madeira oder Malvasia, die man – in kleinen Mengen – zusammen mit Gebäck zum Dessert reicht.

DIENSTJUBILÄUM Langjährige Mitarbeit in derselben Firma ist für Arbeitgeber und Arbeitnehmer ein guter Grund zum Feiern. Nach fünf Jahren, nach zehn Jahren oder auch nach 25 Jahren. Die Art und Weise, wie man so ein Jubiläum feiert, ist nicht für alle verbindlich. Manche Mitarbeiter werden mit zusätzlichen Urlaubstagen honoriert, andere mit einer Geldzulage, wieder andere mit einem großen Fest für die ganze Belegschaft.

DIENSTMANN Ein anderes, aus Österreich stammendes Wort für Gepäckträger. Er sollte immer mit Trinkgeld belohnt werden.

DIGESTIF Ein starker Schluck nach dem Essen, der positiv auf die Verdauung wirken soll. Gemeint sind alle hochprozentigen Kräuterschnäpse und -liköre.

DINNER-DANCING Eine amerikanische Erfindung, die sich in Europa leider nicht durchgesetzt hat: Restaurants und Clubs, in denen gegessen und gleichzeitig getanzt wird. Früher mit Vorliebe zu Big-Band-Songs – in jedem Fall zu Live-Musik.

DINNERJACKET (→ Abendgarderobe)

DIPLOMAT Der ehemalige Protokollchef der Bundesregierung, Graf von Finckenstein, definierte seinen Wirkungsbereich sehr treffend: „Unter Protokoll versteht man die in zwischenstaatliche Umgangsformen gegossene Außenpolitik." Benimmt sich

ein Diplomat, das heißt ein Repräsentant des Staates, gegen die Regeln des Protokolls, fällt das weniger auf ihn persönlich zurück als auf den Staat.
Für die Festlegung des Protokolls ist in der Bundesrepublik das Auswärtige Amt zuständig (→ Protokoll).

DIPS Stammt von dem englischen Verb „to dip", was soviel heißt wie eintunken. Dips sind lauter kalte, meist dickflüssige Saucen, in die man alles mögliche hineinstippt, vor allem kleingeschnittenes rohes Gemüse.

DIRNDL In vielen alpenländischen Gemeinden tragen die Frauen – der jeweiligen Tradition ihrer Gemeinde entsprechend – nach wie vor Trachten. Neben Janker und Lodenmantel nimmt das Dirndl einen ganz zentralen Platz ein. Tagsüber präsentiert es sich als baumwollenes Schürzenkleid mit wechselnden Blusen – abends gibt es die schönsten Phantasie-Dirndl aus kostbar bestickter Seide. Zur Hochzeit träg man ein langes festliches Abenddirndl – der Bräutigam erscheint entsprechend im Trachtenanzug.

DOKTORTITEL Wenn verschiedene Leute miteinander bekannt gemacht werden, ist es selbstverständlich, den Doktortitel gemeinsam mit dem Namen zu nennen. Das Herr vor dem Doktor läßt man allerdings weg. Das tut man genauso, wenn man über diese Person spricht und in der persönlichen Briefansprache: „Sehr geehrter Dr. X". Wer beim Kennenlernen oder am Telefon selbst seinen Namen nennt, bezeichnet sich nicht selbst als Doktor und schon gar nicht als Herr Doktor.

DOKUMENTENKOFFER Groß genug, daß man Dokumente und Akten verstauen kann – klein genug, daß er als Handgepäck reist. Früher aus möglichst hartem Leder, heute aus Gründen der Stabilität aus Kunststoff oder Leichtmetall. (→ Busineß-Koffer)

DOPPELZIMMER Bis vor wenigen Jahren war es in vielen Hotels auf der ganzen Welt für Paare sehr schwierig, ein Doppelzimmer zu bekommen, wenn man nicht verheiratet war. Inzwischen sind die Sitten – in Anbetracht der Tatsache, daß immer mehr Paare ohne Trauschein zusammenleben – sehr viel lockerer geworden. Die dumme Gewohnheit, daß nur der Mann sich mit Namen einträgt, stammt noch aus der Zeit, als man ein zumindest nicht miteinander verheiratetes Paar als klassischen Seitensprung deklarierte. Gutes Hotelpersonal sollte darauf eingestellt sein, auch den Namen der Frau zu notieren – selbst wenn sie nicht die Rechnung bezahlt.

DREHTÜR Der Mann geht aus zwei Gründen immer voraus: Erstens um die schwere Tür in Schwung zu bringen, zweitens um auf der anderen Seite, die man von draußen nicht überblicken kann, das Terrain zu sondieren.

DREITAGEBART Bewußt inszeniertes Stadium zwischen „unrasiert" und Bart. Gibt vor allem dunkelhaarigen Männern ein gewollt rauhes Macho-Image.

DRESSING Das amerikanische Wort für Salatsoße. Gibt es inzwischen auch bei uns als Fertigprodukt – in Beuteln und Flaschen.

DRESSMAN Männliches Vorführmodell. Sobald der Dressman für Werbung oder Zeitschriften fotografiert wird, nennt man ihn Model.

DRINKS Ein gemeinsamer Drink ist für alle Beteiligten eine lockere Art des Zusammenseins. Man trifft sich auf einen Drink nach Büroschluß oder vor einem gemeinsamen Restaurantbesuch oder einfach nur so – auf unbestimmte Zeit in irgendeiner Bar. Die Aufforderung „Kommen Sie doch auf einen Drink vorbei" heißt ganz deutlich, daß der Besuch nicht zu lange ausgedehnt werden sollte (es sei denn, man wird ausdrücklich gebeten zu bleiben) und daß es außer herzhaftem Knabberzeug nichts zu essen gibt.

DRUCKSACHE Wer schriftliche Einladungen an einen größeren Personenkreis verschickt, versucht verständlicherweise Porto zu sparen, indem er sie als Drucksachen deklariert. Dabei muß man sich im klaren sein, daß Drucksachen bis zu 14 Tagen unterwegs sein können. Gegebenenfalls entscheidet man sich für

Briefdrucksachen oder – um die persönliche Note der Einladung zu unterstreichen – für zugeklebte Umschläge.

DRUGSTORE In seiner klassischen Form verbindet er Essen, Trinken und Einkaufen. Was das Einkaufen betrifft, geht es normalerweise um unkomplizierte Take-away-Lebensmittel, also lauter Artikel für den täglichen Bedarf. Zum Drugstore gehört meistens noch ein kleiner Stehimbiß oder eine Bar, an der man gerne eine kurze Kaffeepause einlegt, obwohl man eigentlich nur Zigaretten und eine Zeitung kaufen wollte.

DUFFLECOAT Sportlicher, kniefreier Mantel, normalerweise mit Knebelverschluß. Der klassische Überzieher für College-Schüler, Studenten und Marinesoldaten.

DUFTWASSER Es sollte so zurückhaltend benutzt werden – von Männern wie von Frauen –, daß man die Person unter Umständen am Geruch wiedererkennt, jedoch nicht von ihm erschlagen wird. Daß Person und Parfum möglichst zusammenpassen, ist wünschenswert, aber leider nicht immer der Fall. Mit dem „falschen Geruch“ versuchen Leute oft etwas darzustellen, was sie leider gar nicht sind, oder sie kaufen ganz einfach den neuesten Insider-Duft. Lassen Sie sich von Fachleuten beim Einkauf beraten, damit es in Zukunft weniger Sportsmänner gibt, die sich mit exotischem Moschus beträufeln, und weniger Karrierefrauen, die mit einer Überdosis Veilchenduft daran erinnern wollen, daß sie weiblichen Geschlechts sind. Übrigens: Wer verschiedene Flakons in seinem Badezimmer hortet, sollte darauf achten, daß er die unterschiedlichen Düfte nicht auf die gleichen Klamotten sprüht.

DUMPLINGS Chinesische Ravioli, das heißt Teigtaschen mit Füllungen wie Krabben, Gemüse, Hackfleisch etc. Die verschiedenen Sorten werden in dampfenden Körben serviert und normalerweise zusammen mit Tee verspeist.

DUTY-FREE-SHOP Seit Reisen häufiger und damit auch normaler geworden ist, hat auch die überstürzte Begeisterung für zollfreies Einkaufen nachgelassen. Flugpassagiere greifen zwar noch regelmäßig zu ihrer Lieblingsflasche oder -zigarette, ansonsten halten sie sich mehr zurück. Den nach wie vor großen Run auf alles, was sich an zwei Armen heraustragen läßt, beobachtet man vornehmlich in den riesigen, auf Kaufwut ausgerichteten Duty-free-Shopping-Centers in den Standard-Häfen der internationalen Kreuzfahrtschiffe. Wer längerfristig Preise vergleicht, wird bald feststellen, daß – außer Alkohol und Zigaretten – dort nur bestimmte Waren preisgünstiger sind.

DUZEN (→ Brüderschaft trinken)

E

EHEPAAR Sobald Mann und Frau sich gegenseitig schriftlich versichert haben, daß sie sich treu bis in den Tod bleiben wollen, gelten sie nicht nur vor dem Gesetz als Ehepaar, sondern auch in den Augen der Gesellschaft als Einheit. Das hat – speziell im Zusammenleben mit Freunden und Verwandten – sichtbare Konsequenzen. Zum Beispiel, wenn es um Einladungen geht, ist es, mit Ausnahme der speziell als solche deklarierten Herrenabende beziehungsweise Damenkränzchen, von vornherein klar, daß er und sie gemeinsam erscheinen. Die allzu konventionelle Art, mit dem Status Ehepaar umzugehen, offenbart sich beispielsweise, wenn zur Betriebsfeier auch die Partner mitgebracht werden sollen. Unter der schriftlich formulierten „Begleitung" rangieren Ehepartner an vorderster Front, Lebensgefährten werden wohl oder übel akzeptiert, feste Verhältnisse in getrennten Wohnungen werden schon mit Argwohn zur Kenntnis genommen. Da muß man sich beim nächsten Mal womöglich schon wieder an ein neues Gesicht gewöhnen.

EHERING Ein Ehepartner ohne Ring war in den Augen der Gesellschaft früher offensichtlich auf Abwegen. Inzwischen hat man sich daran gewöhnt, daß es sowohl Männer als auch Frauen gibt, die das äußere Zeichen ihres Standes aus beruflichen Gründen nicht immer tragen können oder aus geschmacklichen Gründen nicht immer tragen wollen.

EHEVERTRAG In Anbetracht der aktuellen Scheidungsgesetze sowie bei den oft stark divergierenden finanziellen Verhältnissen der Partner ist es ratsam, auch einen Vertrag aufzusetzen, der den Vorstellungen beider Betroffenen entspricht und im Falle einer Trennung sehr viel Ärger verhindern kann.

EHRENGAST Wird zu Ehren eines einzelnen Gastes ein Fest veranstaltet, so wird dieser Person auch besondere Aufmerksamkeit geschenkt. Sie wird – vor allen Gästen – besonders begrüßt und genießt natürlich auch einen Ehrenplatz. Ein Prinzip, dem man heute nicht mehr gleichermaßen streng folgt: Der Ehrengast muß sich als erster verabschieden.

EHRENPLATZ Im Falle, daß der Ehrengast weiblich ist, sitzt er üblicherweise rechts vom Gastgeber. Ein männlicher Ehrengast nimmt den Platz links neben der Hausfrau ein.

EHRENTANZ Wenn Paare im Rahmen einer Veranstaltung geehrt werden, gibt es den sogenannten Ehrentanz. Das heißt: Das betreffende Paar eröffnet mit einem gemeinsamen Tanz nach dem Essen den allgemeinen Tanz. Bei Hochzeiten ist es üblich, daß die Frischvermählten anschließend ihre Eltern zum Tanz auffordern.

EIER Die Freude am wachsweich gekochten Frühstücksei ist schon manchem vergangen, wenn es um die Klärung der Frage ging, wie man stilistisch einwandfrei an sein Innenleben kommt. Es gibt wohl auch immer noch Leute, die entsetzt die Augen verdrehen, wenn ihr Tischnachbar besagtem Ei mit einem kurzen kräftigen Schlag per Messerschneide den Kopf abtrennt. Ganz falsch. Das Verbot, dem Ei mit dem Messer auf die Schale zur rücken, stammt aus der Zeit, als die Messer in solchen Momenten noch oxydierten. Das ist heute nicht mehr so. Also: Ganz nach Belieben darf man den Kopf abschlagen oder denselben mit dem Löffelrücken anklopfen, bevor man ihn seitlich abhebt.
Übrigens: Spiegeleier, Omeletts und Rühreier werden grundsätzlich nicht mit dem Messer gegessen.

EINLADUNG Auch wenn man keinen speziellen Grund zum Feiern hat, wird heute oftmals eingeladen. Wobei man unge-

zwungene private und größere offizielle unterscheidet. Die private wird – ihrem losen Charakter entsprechend – mündlich, das heißt am Telefon ausgesprochen. Was aber nicht heißt, daß man ihr unentschuldigt fernbleiben kann. Die offizielle Einladung kommt normalerweise per Post, die dazugehörige Antwortkarte ist meistens beigelegt. Kleidervorschriften richten sich oft nur an den Mann. Für Frauen bedeutet „dunkler Anzug" die Wahl zwischen elegantem Kostüm, Kleid oder dezentem Cocktailkleid; als Ergänzung zum Smoking oder Frack in jedem Fall ein Abendkleid.
Für die offizielle Einladung gibt es verschiedene Formen – zu den gängigsten zählt der Empfang. Sei es am Vormittag zwischen 11 und 13 Uhr oder abends im Anschluß an eine Premiere, Eröffnung und ähnliches. Der Empfang meint immer eine ein- bis zweistündige Stehparty mit Getränken und eventuell auch kaltem Büffet.
Wer zum Frühschoppen bittet, meint damit einen geselligen Trunk am Vormittag. Der Brunch beginnt um zirka 11.30 Uhr und ersetzt das Mittagessen.
Geschäftsleute treffen sich häufig zum Mittagessen – zirka zwischen 12 und 14.30 Uhr (→ Busineß-Lunch). Zu Kaffee oder Tee erscheinen die Gäste von 15 bis 17 Uhr und bleiben äußerstenfalls bis 18 Uhr. Um diese Zeit beginnen schon die Cocktailpartys und dauern bis etwa 20 Uhr. Darauf folgt das offizielle Abendessen, das – wenn es vor 20 Uhr beginnt – auch Cocktails vorgesehen hat und etwa bis Mitternacht dauert. Unter Party versteht man – auch wenn schriftlich eingeladen wird – ein zwangloses privates Fest (oft auch mit Musik und Tanz) mit häufigem Kommen und Gehen. Zum gemeinsamen Katerfrühstück am nächsten Tag sollte man nicht vor Mittag einladen – man weiß nie im voraus, wann eine Party zu Ende ist.

EINREIHER Anzug, Sakko oder Mantel mit schlichter, einreihiger Knopfstellung. Gelten optisch als besonders vorteilhaft für kleine kräftige Männer.

EINRICHTUNG Früher war es üblich, daß Möbel und andere Einrichtungsgegenstände von einer Generation zur anderen weitergereicht wurden. Auch wenn heute noch vieles davon in Ehren gehalten wird, sind es doch meistens nur einzelne, besonders liebgewonnene Erbstücke. Ansonsten folgen heute viel mehr Leute mit Form und Farbe ihrer Einrichtung den allgemein diktierten Trends. Nach Teppichboden folgt Parkett, nach coolem Schwarzweiß wird es plötzlich wieder bunt, nach wieder aufgelegten Design-Klassikern gibt es nun wieder Raritäten vom Trödlermarkt. Die uniforme Art, seine ganz persönliche Umgebung mit Dingen zu füllen, die anderen auch gefallen, führt in vielen Fällen dazu, daß man über Mitmenschen die Nase rümpft, die offensichtlich aus der Reihe tanzen. Wie kann man bloß noch Bilder an die Wand hängen (und was für welche), wo doch jeder weiß, daß sie auf dem Fußboden zu stehen haben ... Den ungeschriebenen Gesetzen der Gruppendynamik entsprechend, gibt es nichts Häßlicheres als Leute, die ihr Minimum an Selbstbewußtsein aus der Anpassung beziehen und über alle die Nase rümpfen, die sich anders verhalten. Das heißt mit anderen Worten: Auch wenn Sie die Wohnzimmergarnitur ihres Gastgebers für Gelsenkirchener Barock halten, lassen Sie sich weder ihm noch anderen Gästen gegenüber zu dementsprechenden Bemerkungen hinreißen!

EINSCHENKEN Es ist eine absolute Unsitte, auch wenn es der Gastgeber gut meint, Gläser zu voll zu machen. Nachdem man sich vorher erkundigt hat, ob der Gast noch etwas trinken will, gießt man vorsichtig nach. Lieber weniger und dafür öfter! Und man sollte mit dem Nachschenken warten, bis der Gast das Glas leergetrunken hat. Im Restaurant gilt es als unhöflich, um nicht zu sagen unverschämt, wenn der Kellner ständig bemüht ist, noch halbvolle Gläser bis an den Rand nachzugießen – damit möglichst schnell die nächste Flasche bestellt wird.
Wer dem Gastgeber beim Verteilen von Kaffee oder Tee entgegenkommen will, reicht die Tasse grundsätzlich mit der Untertasse an.

EINSTAND Bevor man die neuen Kollegen zum Umtrunk bittet, muß zunächst geklärt werden, ob es in der Firma grundsätzlich üblich ist, gemeinsam zu trinken oder besser gesagt zu feiern. Wenn ja, lädt man – in einem kleinen Büro die ganze Belegschaft, in einem großen Unternehmen die unmittelbaren Mitarbeiter plus Firmenleitung – auf ein gemeinsames Glas ein. Wenn der Platz es zuläßt, ins eigene Zimmer, ansonsten in die

Kantine. Von hochprozentigen Getränken sollte man mit Rücksicht auf alle Abstand nehmen.

EINSTECKTUCH Das kleine dekorative Stückchen Stoff, das modebewußte Männer geschickt in Muster und Farbe ihrer jeweiligen Krawatte anpassen, war ursprünglich ein weißes Taschentuch. Es ging dabei weniger ums gute Aussehen, als vielmehr um die ständige Bereitschaft des Kavaliers, es im rechten Moment zum Einsatz zu bringen, zum Beispiel um der Dame des Herzens die Tränen zu trocknen. Wie sagte doch Rhet Butler zu Scarlett O'Hara: „Immer in den entscheidendsten Momenten deines Lebens hattest du kein Taschentuch bei dir . . ."

EINSTELLUNGSGESPRÄCH Der äußere Eindruck ist der erste Eindruck, und der ist bekanntermaßen wichtig. Dementsprechend ist es naheliegend, sich besonders sorgfältig anzuziehen, wenn man einen guten Eindruck machen möchte. Wichtig ist, daß man dabei nicht übers Ziel hinausschießt, sondern natürlich bleibt und damit auch glaubwürdig. Zu viel Schmuck, zu viel Make-up, ein zu kurzer Rock oder ein zu großes Dekolleté verfehlen meist die gewünschte Wirkung. Natürlich kommt es auch auf die Stellung an, um die man sich beworben hat. Ein zukünftiger Bankangestellter erscheint nicht in Jeans zum Einstellungsgespräch, ein angehender Friseurlehrling nicht mit ungewaschenen Händen.
Dem dezenten äußeren Auftritt entspricht auch eine innere Zurückhaltung. Es ist weder der richtige Zeitpunkt das große Wort zu führen, noch seine ganze Vergangenheit auszubreiten. Antworten Sie auf Fragen präzise, aber nicht zu ausführlich. Und machen Sie nicht Ihre Gehaltsvorstellungen zum Thema Nummer eins.

EISBEHÄLTER Wer einen Kühlschrank besitzt und hin und wieder Gäste hat, achtet darauf, daß Sommer wie Winter Eiswürfel vorrätig sind. Vor dem Servieren läßt man sie in eine Schale purzeln. Wer es sich leisten kann, besitzt einen speziellen Eisbehälter aus Kristall, mit Henkel zum Herumreichen. Eisbehälter in Hotelzimmern, die regelmäßig nachgefüllt werden, haben aus hygienischen Gründen einen Deckel.

EISZANGE Sie hat ein ähnliches Format wie die Zuckerzange und kann notfalls, wenn im Haushalt nicht vorhanden, durch einen Löffel ersetzt werden. Immer noch besser, als eventuelle Eiswürfel mit den Fingern ins Glas zu befördern.

ELEGANZ Es gibt Menschen mit natürlicher Eleganz, von denen man sagt, sie könnten sich einen Kartoffelsack als Kleid zurechtschneiden und sähen immer noch gut darin aus. Es gibt ihn wirklich, diesen sicheren Griff nach guten Stoffen, perfekten Schnitten und dem edlen, aber unaufdringlichen Zubehör. So wie man guten Geschmack und Sicherheit in stilistischen Fragen nicht lernen kann, ist es auch mit der Eleganz. Aber zumindest kann man sich annähern, wenn man ein paar Regeln beachtet. Zunächst einmal: Lieber weniger im Schrank, aber qualitativ hochwertige Sachen. Lieber einen schönen Kaschmirpullover in einer dezenten Farbe als lauter bunte Fummel, die nach zweimal Waschen aus der Form und nach einer Saison aus der Mode sind. Besonders für Männer gilt: Lieber zwei Paar anständige Schuhe als zehn Paar flotte Treter, die nach kurzer Zeit schiefgelaufen sind. Ganz wichtig sind auch weibliche Accessoires wie Gürtel, Handtaschen und vor allem Schmuck. Auch hier gilt der gleiche Grundsatz: wenig aber hochwertig. Eine schlichte Perlenkette macht möglicherweise mehr her als jede Menge Klunker. Das gleiche gilt für die Frisur: Lieber ein paar hellere Strähnen im Haar, als ein wasserstoffgebleichter Blondschopf – lieber ein paar natürlich fallende weiche Wellen als ein zu stark dauergewellter Krauskopf.
Zur äußerlichen Eleganz gehört natürlich auch die entsprechende Haltung und ein angenehmer Gang. Ballettunterricht in frühen Jahren oder regelmäßige Gymnastik und Jazztanz haben eine ganz bessere Körperbeherrschung zur Folge und machen Bewegungen jeglicher Art von vornherein viel harmonischer.

EMPFANG (→ Einladung)

EMPFEHLUNG Ein Restaurant, ein Hotel, ein Arzt oder Friseur – sie werden oft guten Gewissens weiterempfohlen. Doch nach dem alten Spruch: „Was dem einen seine Eule ist, ist dem anderen seine Nachtigall“, ist es schon schwer genug, den Erwartungen eines anderen Menschen gerecht zu werden. Dazu spielen noch viele Zufälle eine Rolle – von schlechtem Wetter bis zum falschen Bein, auf dem jemand aufgestanden ist –, die eine gute Sache momentan im schlechten Licht erscheinen lassen.

ENTKORKEN Flaschenöffnen war früher Männersache. Seitdem es genug Frauen gibt, die ganz gerne einen Schluck trinken, auch wenn keine Männer dabei sind, trauen sie sich selbst an die knallenden Korken und profitieren ansonsten von einer neuen Generation Korkenzieher, die auch ohne den Einsatz von körperlicher Kraft den Korken aus der Flasche lösen. Doch egal, wer sich um Getränkenachschub kümmert, wenn es sich einrichten läßt, sollte man Flaschen bereits in der Küche entkorken: Weißwein und Champagner nach Bedarf, Rotwein möglichst schon eine Stunde bevor die Gäste kommen, damit er sein Bukett entfalten kann. Auch wenn das nicht immer gelingt – sollte er wenigstens vor dem Servieren in eine Karaffe umgefüllt werden.

ENTLOBUNG Nach der sexuellen Befreiung der sechziger Jahre und dem bewußten Freibleiben von partnerschaftlichen Verpflichtungen in den Jahren danach, ist Heiraten wieder in und auch die Verlobung erlebt eine gewisse Renaissance als sogenannter erster Schritt in ein gemeinsames Leben. Für den Fall, daß ein Partner oder beide es sich noch kurzfristig anders überlegen, das heißt, die Verlobung gelöst wird, hat der Gesetzgeber Vorsorge getroffen. Derjenige, der sein Versprechen nicht einhält, ist verpflichtet, den eventuell entstandenen materiellen Schaden auszugleichen (Anschaffung von Hochzeitsgarderobe, Haushaltsgegenständen etc.). Geschenke, die man zur Verlobung erhalten hat, werden üblicherweise zurückgegeben.

ENTSCHULDIGUNG Den meisten Erwachsenen geht es nicht besser als ihren Kindern: Es kostet sie förmlich Überwindung, ein Unrecht oder besser gesagt ein schlechtes Benehmen zuzugeben und sich dafür zu entschuldigen. Ein offenes Wort des Bedauerns sowie eine zur Versöhnung ausgestreckte Hand sind noch selten zurückgewiesen worden. Wer dennoch Angst hat vor einer persönlichen Konfrontation, entschuldigt sich lieber schriftlich – gegebenenfalls mit einem großen Blumenstrauß.

ENTREE Es meint den ersten Schritt des Kennenlernens. Eine häufig benutzte Redewendung „jemand ein gutes Entree verschaffen“ bedeutet, für eine andere Person durch einen positiven Leumund die besten Voraussetzungen zu schaffen, bevor sie der Beurteilung dritter ausgesetzt ist.

ERBFOLGE Mit oder ohne Testament, der Tod eines Verwandten hat schon in vielen Familien zu schlimmen Auseinandersetzungen oder gar zum endgültigen Bruch geführt. Im Fall, daß kein gültiges Testament vorliegt, tritt die gesetzliche Erbfolge ein. Es muß übrigens nicht unbedingt von einem Notar beglaubigt sein. Vorausgesetzt werden Ort, Datum, Unterschrift und eine handschriftliche Form. Wenn Ehepaare gemeinsam die Erbfolge bestimmen, können auch nur gemeinsam Änderungen vorgenommen werden. Das heißt: Nach dem Tod eines Partners bleibt das Testament in dieser Form rechtskräftig.

ERSTKOMMUNION Katholische Kinder empfangen mit zirka neun Jahren ihre erste heilige Kommunion. Sie werden über einen Zeitraum von einigen Wochen im Religionsunterricht darauf vorbereitet. Die Erstkommunion wird dementsprechend auch in der Gruppe vorgenommen, an einem Sonntag in der Osterzeit, den man Weißen Sonntag nennt. Weiß, weil die kleinen Mädchen hübsche weiße Kleider tragen, weiße Strümpfe und weiße Handschuhe. In der rechten Hand Gebetbuch und Rosenkranz, in der linken die Kommunionskerze. Statt des Kranzes aus weißen Stoffblumen, der früher üblich war, haben die Mädchen heutzutage meist weiße Blumen oder eingeflochtene Myrthen im Haar. Jungen tragen Jacken und Hosen (unter Umständen auch kurze) in Dunkelblau oder Schwarz, ein Myrthensträußchen zur Zierde und ebenfalls Gebetbuch, Rosenkranz und Kerze.
Der organisatorische Ablauf der Erstkommunion ist genauestens festgelegt: Die Kinder werden von Eltern und anderen Verwandten zur feierlichen Messe begleitet; nach dem Kirchgang folgt eine festliche Familienfeier zu Hause oder in einem Restaurant. Von allzu aufwendigen Geschenken sollte man tunlichst Abstand nehmen.

ESPRESSO Er entsteht maschinell, das heißt unter großem Druck, aus extrafeinem Kaffeepulver. Wie in südlichen Ländern beschließt er eine ausführliche Mahlzeit. Da sich die Deutschen nicht daran gewöhnen können, daß die kleinen dicken Espresso-

Tassen traditionsgemäß nur bis zur Hälfte eingeschenkt werden, bestellen sie neuerdings von vornherein einen Doppelten. Mit Vorliebe noch dazu: Grappa oder Amaretto.

ESSKULTUR Von Land zu Land verschieden: Die über Jahrhunderte von einer Generation zur anderen weitergegebene Art zu essen und zu trinken. Was in einem Land als schlechtes Benehmen ausgelegt wird, kann in einem anderen Land zum guten Ton gehören und umgekehrt. Was man hier womöglich als Delikatesse feiert, würde anderswo keiner wagen in den Mund zu nehmen. Also Vorsicht mit vorschnellen Urteilen. Als Fremder sollte man die Landessitten respektieren und sich der anderen Eßkultur so weit wie möglich anpassen.

ESS-STÄBCHEN Nicht nur, daß es der Tradition des Landes entspricht, chinesische Küche und andere asiatische Spezialitäten schmecken ganz einfach besser, wenn man sie mit Stäbchen ißt. Kleingeschnittenes Fleisch oder Gemüse läßt sich – wenn man bereits etwas geübter ist im Umgang mit diesem Besteck – viel gezielter und viel geschickter mit den Stäbchen greifen. Wie man sie hält, lernt man im Handumdrehen. Am besten läßt man es sich „vor Ort" von Freunden oder vom Kellner zeigen. Die Eßschalen stehen nicht umsonst auf Untertellern: Es gilt in China als unfein, während des ganzen Essens seine Stäbchen verkrampft in der Hand zu behalten. Man legt sie zwischendurch parallel über den Rand des Untertellers, genießt die Pause zur Unterhaltung und für einen Schluck Reiswein. Wenn es darum geht, den letzten Rest aus der Schüssel zu kratzen, kann man es machen wie die Chinesen. Die Schale mit der einen Hand an den Mund heben und die Reste mit den Stäbchen auf kurzem Weg in den Mund schieben.

ETIKETTE Die Summe der guten Umgangsformen, in schriftlicher Form und als eiserne Gesetze festgelegt.

ETUIKLEID Eng an den Körper geschnittenes Kleid, das die Figur wie eine zweite Haut umschließt.

EXAMENSFEIER Eine bestandene Prüfung, der Abschluß eines Studiums und vor allem das Erlangen eines akademischen

Titels sind gute Gründe zum Feiern. Und gute Gründe – schriftlich oder mündlich – zu gratulieren. Geschenke machen allerdings normalerweise nur Familienangehörige. Wie intim oder wie aufwendig die Feier stattfindet, ist eine Frage des persönlichen Budgets.

F

FAHRRAD Auch Radfahrer gehören offiziell zu den Verkehrsteilnehmern und haben außer Rechten auch ein paar Pflichten. Sowohl den Stärkeren (Autofahrern) als auch den Schwächeren (Fußgängern) gegenüber. Es wäre schon viel gewonnen, wenn Radfahrer auf den Radwegen oder aber ganz rechts auf der Straße bleiben würden. Und zwar einzeln und nicht – wie viele Schüler auf dem Heimweg und Ausflügler auf der Landstraße – zu zweit nebeneinander. Es wird außerdem keiner dafür belohnt, daß er an roten Ampeln um jeden Preis im Sattel bleibt. Kurz mal abzusteigen zeigt mehr Rücksichtnahme als hautnah an den Seitenspiegeln der Autos vorbeizuschlingern. Der Fußweg ist und bleibt kein Fahrradweg – wenn Radfahrer gemeinsam mit Fußgängern den Zebrastreifen benutzen, müssen sie vorher absteigen. – Besondere Vorsicht ist angesagt, wenn Spaziergänger und Radfahrer in großen Parks die gleichen Wege frequentieren.

FAMILIENFEIER Für viele im Lauf der Jahre in alle Himmelsrichtungen verstreuten Großfamilien eine willkommene Gelegenheit, sich wiederzusehen. Man sollte sich allerdings bei der Planung von Hochzeits- oder Geburtstagsfeiern von keinen falsch verstandenen Traditionen unter Druck setzen lassen. Bloß weil Tante Erna eine zehnköpfige Trachtenkapelle bestellt hat, muß man noch lange nicht das gleiche tun. Feiern Sie grundsätzlich in dem Rahmen, der Ihnen Spaß macht und der auch Ihren finanziellen Möglichkeiten entspricht.

FAMILIENWAPPEN Adlige Familien sind in vielen Fällen im Besitz eines eigenen Wappenzeichens. Das Wappen auf einem Siegelring zu tragen, versteht man auch heute noch als schöne Tradition, während es wohl inzwischen nicht mehr zeitgemäß ist, sein „Krönchen“ auf jedes Kopfkissen zu sticken.

FARBKOMBINATIONEN Bei der Zusammenstellung der eigenen Garderobe, beim Zusammenspiel von Tapeten und Teppichböden, ja selbst beim Aussuchen eines Blumenstraußes – wir sind immer wieder aufgerufen, Farben richtig, daß heißt harmonisch miteinander zu kombinieren. Wobei die falsche Tapete natürlich verheerendere Folgen hat als ein etwas zu schrill geratener Geburtstagsstrauß. Bei der Wohnungseinrichtung kann man sich – wie im Blumenladen – von Fachleuten beraten lassen. Der falsche Griff in den Kleiderschrank läßt sich nicht immer damit verteidigen, daß man behauptet, man sei farbenblind. Während dunkelhäutige Menschen in knalligen Farben mitunter sehr attraktiv aussehen können, wird ein winterlich blasser Mensch von einem kanariengelben Pullover zur kräftigen roten Hose förmlich erschlagen. Genauso schlimm kann es aussehen, wenn Frau Müller meint, ihre Urlaubsbräune erst recht zur Geltung zu bringen, wenn sie zum grasshopper-grünen Hosenanzug feuerrote Lackschuhe und ein Täschchen in der gleichen Farbe trägt. Also: Bevor man sich auf modisches Glatteis begibt, bleibt man lieber bei dezenten unaufdringlichen Farben, die – Ton in Ton miteinander kombiniert – auf angenehme Art für Aufsehen sorgen können.

FASTENZEIT Der christlichen Tradition entsprechend beginnt am Aschermittwoch die Fastenzeit. In den Wochen bis Karfreitag, das heißt bis zum Osterfest, appelliert die Kirche an bewußte Zurückhaltung und Besinnung auf die einfachen Dinge des Lebens. Auch wenn für viele Menschen der religiöse Zusammenhang in der Form nicht mehr existiert, nutzen sie diese Zeit, sich durch strenge Diäten, weniger Alkohol und Zigaretten körperlich wieder zu regenerieren.

FAX Die neue Art, mit der Geschwindigkeit einer Telefoneinheit schriftlich zu korrespondieren. Der entscheidende äußere Unterschied zum konventionellen Briefverkehr: Faxe erreichen den Empfänger in offener Form, das heißt ohne Umschlag. Dementsprechend sollte sich der Absender darüber im klaren sein, daß seine Nachricht unter Umständen auch von anderen Leuten gelesen werden kann. Ansonsten hat sich zwischen Privathaushalten mit Faxgerät eine neue Kultur des Kurzschreibens entwickelt: Geburtstagsgrüße werden übermittelt, Essenseinladungen verschickt und der neueste Witz des Tages mitgeteilt.

FENSTERPLATZ Das Wort steht stellvertretend für alles, wovon man sich einen persönlichen Vorteil verspricht. Zwar nicht unbedingt auf Kosten, aber doch zu Lasten anderer. Der Beifahrersitz im Auto, die beste Reihe im Kino, der schönste Tisch im Restaurant, der größte Schreibtisch, das Hotelzimmer mit dem besten Blick. Gerade in den Momenten, wo Dinge innerhalb einer Gruppe verteilt werden, die nicht alle gleichwertig sind, kommt es darauf an, sich richtig zu verhalten. Von vornherein immer auf Vorteile zu verzichten ist genauso falsch, wie sich immer nach vorne zu drängen. Ein guter Spieler operiert vom Mittelfeld aus.

FERNET BRANCA Ein italienischer Magenbitter, der in den letzten Jahren in Deutschland Furore gemacht hat. Als Varianten für den frischeren Atem: Fernet Menta.

FERNREISEN Wenn man die Erfolgszahlen der deutschen Reiseveranstalter betrachtet, fällt es schwer, sich vorzustellen, daß der echte Reiseboom erst in den sechziger Jahren angefangen hat. Man fuhr mit dem Auto nach Italien und Spanien, später mit dem Flugzeug nach Mallorca und Mikonos. In den siebziger Jahren riskierten immer mehr Touristen den Sprung über den Teich – in die Freiheit Kaliforniens und die ewige Sonne Floridas. Heute muß man schon Ostern buchen, wenn man Weihnachten im Schatten der Pyramiden erleben möchte. Die Welt scheint geschrumpft, Entfernungen spielen keine Rolle mehr. Je weiter, desto lieber. Und der Tourist ist dabei, allmählich etwas mündiger zu werden. War er in den sechziger Jahren an der Adria noch auf der Suche nach Eisbein mit Sauerkraut, so ist er heute förmlich wild darauf, in Marokko Kuskus mit den Händen und in Japan rohen Fisch mit Stäbchen zu essen. Dennoch gibt es immer wieder Kollisionen mit fremden Kulturen und jede Menge Fettnäpfchen, in die man unter dem Motto „andere Länder, andere Sitten“ treten kann (→ Reisen, → Trinkgeld).

FERNSEHEN Es gibt inzwischen erschreckend viele Zeitgenossen, die eher auf ihren Kühlschrank als auf ihre Flimmerkiste verzichten würden. Ein Leben ohne Fernsehen kann man sich kaum noch vorstellen. In vielen Familien läuft er schon fast rund um die Uhr: Frühstücksfernsehen beim Bettenmachen, Mittagsmagazin in der Küche, Nachmittagsprogramm für die Kinder, Nachrichten bei Büroschluß, Krimiserie zum Abendessen, Channel-Hopping bis Mitternacht und kurz vor dem Einschlafen noch etwas Hausfrauen-Sex im Privatkanal. Selbst wenn man nicht hinsieht, bleibt der Apparat auf Sendung – wie ein allgegenwärtiger Zeuge des verkümmerten Familienlebens. Echte Fernsehfanatiker treiben es so weit, daß sie der Familie bei der Sportschau Sprechverbot erteilen und Freunde überhaupt erst eingeladen werden, wenn man vorher gründlich das Programm studiert hat. Fällt die Dallas-Folge auf einen Geburtstag, nimmt man keinerlei Rücksicht – J. R. Ewing ist beim Feiern mit von der Partie. Notorische Fernsehsucht sollte da ihre Grenzen haben, wo Kinder davon betroffen sind, das Familienleben leidet und der Gast vergewaltigt wird.

FESTREDE Bei großen offiziellen Anlässen gehört die Festrede normalerweise mit ins Programm. Egal ob eine oder mehrere Personen auf der Rednerliste stehen, der Gastgeber beziehungsweise Veranstalter ist verpflichtet, den Ablauf der Veranstaltung vorher genau durchzusprechen, den Termin der Rede und – in groben Zügen – auch ihren Inhalt mit den Rednern zu besprechen. Man verhindert so unliebsame Unterbrechungen zum falschen Zeitpunkt, inhaltliche Wiederholungen sowie zu viele und zu lange Ansprachen.

FETTNÄPFCHEN Manche Leute haben ein besonderes Talent, mit beiden Füßen gleichzeitig in jedes erdenkliche Fettnäpfchen zu treten: den gerade Geschiedenen nach seiner Frau zu fragen, die mollige Frau um ihren Appetit zu beneiden, dem ehemaligen Alkoholiker einen Schnaps anzubieten. So viel Pech auf einmal gibt es wohl kaum. Der Betroffene sollte sich Gedanken machen, ob er im Umgang mit anderen nicht zu gedankenlos auftritt oder sich womöglich einen heimlichen Spaß daraus macht, andere Leute in peinliche Situationen zu bringen. In Wirklichkeit ist nämlich er es, der sich peinlich benimmt.

FEUER GEBEN Im Zuge der Gleichberechtigung legen viele Frauen keinen Wert mehr darauf, daß ein Mann ihnen Feuer gibt, geschweige, daß er dabei aufsteht. Grundsätzlich ist nichts dagegen zu sagen, wenn sie sich ihre Zigarette selbst anzündet. Es wirkt allerdings albern, wenn sie flink ihr Feuerzeug zum Einsatz bringt, während der Mann offensichtlich ihr zuliebe gerade nach Streichhölzern fahndet. Wenn es doch noch dazu kommt, daß einer dem anderen Feuer gibt (es kann auch durchaus mal umgekehrt passieren), muß man als Mann heutzutage nicht mehr aufstehen. Man sollte allerdings darauf achten, das Feuerzeug beziehungsweise Streichholz so zu halten, daß der andere sich nicht aufrecken oder vorbeugen muß. Zigarrenrauchern reicht man die offene Streichholzschachtel, Pfeifenraucher setzen ihre Pfeife prinzipiell selbst in Brand.

FEUERWERK Jedes Jahr werden – in erster Linie zu Silvester – mehrere Millionen in die Luft geschossen. Nicht selten werden dabei auch Menschen verletzt. Wenn man auf die Knallerei nicht ganz verzichten möchte, so kann man sie doch wenigstens etwas einschränken und sich darauf besinnen, daß harmlose Knallbonbons und andere Scherzartikel bei Tisch genausoviel Spaß machen. Und wesentlich weniger kosten.

FEUERZANGENBOWLE Eine Tradition zu Weihnachten und Silvester und überhaupt eine schöne Abwechslung an langen Winterabenden. Für Neulinge das Rezept: Eine halbe Flasche möglichst hochprozentigen Rum, zwei Flaschen Rotwein, zwei bis drei Apfelsinen und ein Zuckerhut. Als erstes wird der Rotwein (wenn möglich im Kupferkessel) erhitzt, dann die ausgepreßten Orangen dazugeben. Zuckerhut in eine Feuerzange klemmen, über den Topf legen, löffelweise mit Rum begießen und anzünden. So lange Rum nachgießen, bis der Zucker vollständig geschmolzen ist.

FINGERSCHALE Wenn Brathähnchen mit der Hand gegessen, Krebse oder Artischocken serviert werden, findet man links vom Gedeck normalerweise eine Fingerschale. Sie ist zur Hälfte mit warmem Wasser gefüllt. Bratenfett an den Fingerspitzen löst sich besser mit Hilfe einer Zitronenscheibe. Wilde Wasserspiele sind überflüssig – es werden wirklich nur die Fingerspitzen eingetaucht und mit der Serviette getrocknet. Bei abendfüllenden Knabbereien sollte das Wasser zwischendurch gewechselt werden.

FIRMUNG Zirka drei bis vier Jahre nach der Erstkommunion folgt dem katholischen Glauben entsprechend die Firmung. Ähnlich wie bei der Taufe wird auch zu diesem Anlaß ein Pate bestimmt. Er begleitet den Firmling in die Kirche und legt ihm eine Hand auf die rechte Schulter, während der Bischof oder Weihbischof den kirchlichen Akt der Firmung vornimmt. Nach einem zweiten Kirchgang am Nachmittag trifft sich die Familie zu einer kleinen Feier. Das klassische Geschenk des Paten an seinen neuen Schützling ist nach wie vor die Armbanduhr.

FISCH Wer selten ein Fischgericht auf seinen privaten Küchenzettel schreibt, kann sich die Anschaffung eines Fischbestecks sparen. Man rückt dem Tier ersatzweise mit zwei Gabeln auf den Leib. Dabei hat es sich eingebürgert, mit der rechten Hand zu essen, während die linke den Fisch zerteilt. Im Restaurant und bei Einladungen ist Fischbesteck selbstverständlich. Wer beim Tranchieren keine Routine hat, überläßt das lieber dem Kellner. Im privaten Kreis übernimmt es die Hausfrau oder derjenige, der es am besten kann. Hat jeder seinen eigenen Fisch auf dem Teller, hat man die wenigsten Schwierigkeiten, wenn man die anderen genau (aber unauffällig) beobachtet. Im Prinzip ist es ganz einfach: Nachdem man zuerst den Kopf vorsichtig abgetrennt hat, folgt der entscheidende Schnitt über die Mitte bis zum Schwanz. Kleine Seitenflossen abtrennen und die beiden freigelegten Filets nach oben und unten ablösen. Grätengerüst mit Kopf und Schwanz auf einen bereitgestellten Teller legen. Leider sind damit noch nicht immer alle Gräten entfernt. Gelangt eine in den Mund, schiebt man größere mit der Zunge auf die Gabel und dann an den Tellerrand; kleinere entfernt man mit den Fingerspitzen.
Übrigens: Feste Fische wie Bücklinge, Rollmöpse oder Bismarckheringe werden mit Messer und Gabel gegessen.

FKK Bis vor wenigen Jahren wurde die sogenannte Freikörperkultur im wesentlichen unter Ausschluß der Öffentlichkeit praktiziert. In großen Freibädern entblätterte man sich hinter mannshohen Schilfzäunen, ansonsten blieben passionierte Nudi-

sten am FKK-Strand ganz unter sich. Inzwischen hat sich einiges geändert, daß heißt, einige Sitten haben sich stark gelockert. Was damit anfängt, daß Frauen jeden Alters und egal welcher Figur ihr Bikinioberteil weglassen. Nicht genug damit, daß sie im Liegestuhl ihre Oberweite der Sonne aussetzen – sie sitzen neuerdings auch ganz ungeniert im Strandlokal und kleckern die Fischsuppe direkt auf die nackte Haut. Doch damit nicht genug. Die Münchener (und viele schaulustige Besucher) haben sich seit Jahren an die „Nackerten" im Englischen Garten gewöhnt. Das heißt: Keiner wundert sich mehr, wenn blasse Büroangestellte um die Mittagsstunde ihr Radl an den Baum lehnen und sich in Windeseile bis auf die Brille von ihren Klamotten befreien, um am Isarufer ein schnelles Sonnenbad zu nehmen.
Was man im eigenen Garten und im eigenen Land macht, ist die eine Sache. Was man aber auf Reisen anderen Menschen zumutet, steht auf einem ganz anderen Blatt. Das fängt an mit Kirchenbesichtigungen in knappen Shorts über Basarbummel im Minirock und mit nackten Schultern bis hin zu Frauen, die selbst in orientalischen Ländern „topless" am Swimmingpool liegen. Wer unbedingt nahtlos braun werden will, sollte wenigstens soweit Rücksicht auf andere Moralvorstellungen nehmen (von ästhetischen Vorstellungen ganz zu schweigen), daß er sich ein paar Meter vom Massengrill entfernt und sich für sein Sonnenbad in eine einsame Bucht zurückzieht.

FLAMBIEREN Offene Flammen können leicht ins Auge gehen. Deshalb Vorsicht beim ersten Versuch mit der Flambierpfanne. Bei den meisten Leuten hat man beobachtet, daß sie den erwärmten Alkohol (nicht überhitzen) mit einem Streichholz entzünden. Fachleute machen das anders. Sie stellen zwei Kupferpfannen nebeneinander und lassen das Feuer von einer zur anderen überschlagen. Egal wie man es macht – Flambieren macht Spaß und verfeinert den Geschmack von Früchten, feinen Pfannkuchen (Crêpe Suzette) und Steaks (Tournedos).

FLAMENCO Traditioneller spanischer Tanz mit Gesang, dessen Ausübung man doch den Spaniern selbst überlassen sollte. In spanischen Touristenhochburgen ist es an der Tagesordnung, mit organisierten Flamenco-Shows in den großen Hotels für Abwechslung zu sorgen, und man scheut nicht davor zurück,

Tänzer und Touristen der Lächerlichkeit preiszugeben, indem man die Amateure zur Nachahmung auf die Bühne bittet.

FLASCHEN ÖFFNEN Es gab Zeiten, als man Weinflaschen noch zwischen die Knie nahm und bei dem Versuch, mit aller Kraft den Korken zu entfernen, puterrot anlief. Heute gibt es Korkenzieher aller Art. Sie funktionieren nach verschiedenen Systemen und haben alle eins gemeinsam: Man kriegt den Korken mit Leichtigkeit aus der Flasche. Auch für Sekt- und Champagnerflaschen, deren Korken beim Drehen nur mühsam nachgeben, gibt es inzwischen eine Hilfestellung: Spezielle Zangen, in deren Öffnung man den Korken klemmt und im Handumdrehen herausdreht.

FLECKEN ENTFERNEN Auch wenn der Fettspritzer wieder einmal mitten auf der seidenen Lieblingskrawatte landet, lautet die Devise „Nerven behalten". Nichts wirkt lächerlicher als ein hysterischer Ausbruch, verbunden mit dem lauten Schrei nach einem Tuch mit heißem Wasser, bloß weil man sich ein bißchen bekleckert hat. Man nimmt die Sache gelassen, womöglich mit Humor hin, und wenn es wirklich sein muß, geht man dem kleinen Malheur – möglichst ohne Augenzeugen – an einem ruhigen Ort mit einem Lappen zu Leibe.

FLEISCH Normalerweise wird es mit Messer und Gabel gegessen, wobei man immer nur so viel abschneidet, wie man gerade essen möchte. Ist es schon bei der Zubereitung kleingeschnitten oder geschnetzelt worden, wird es nur mit der Gabel gegessen. Als Ausnahme gilt, wenn Gulasch so grob gewürfelt ist, daß man die Stücke nicht problemlos in den Mund bekommt. Weiches Fleisch wie Hackbraten oder Frikadellen werden mit der Gabel zerteilt und gegessen. Vorsicht mit Fleischspießen! Sie werden am Anfang des Essens am Tellerrand – die Spitze nach unten – vorsichtig mit der Gabel bearbeitet. Wobei man Fleischstücke und Zutaten peu à peu von oben nach unten abzieht.

FLEISCHGABEL In kleiner Form dient sie als Vorlegebesteck für Aufschnittplatten und geschnittenen Käse. Die große Fleischgabel wird beim Tranchieren eingesetzt und zum Verteilen der einzelnen Fleischstücke.

FLIEGE Was wäre die Karikatur eines verschrobenen Gelehrten ohne Propeller unter dem Kinn? Zweifellos, die Fliege oder auch Schleife ist in den letzten Jahren zu Strickwesten oder Sportsakko immer mehr aus der Mode gekommen. Wer sie noch trägt, trägt sie mit Leidenschaft oder gar als Markenzeichen (Riesenhuber, Lukoschik). Man begegnet ihr in Verbindung mit dem Smoking – längst nicht mehr nur schmal und auch nicht mehr nur schwarz.

FLUCHEN Heute nehmen Männer wie Frauen mit Gelassenheit Worte in den Mund, die unseren Großmüttern die Schamröte ins Gesicht getrieben hätten. Ohne daß sie an dieser Stelle wiederholt werden müßten, weiß jeder, welche gemeint sind. Nicht, daß man sie ganz aus seinem Vokabular streichen müßte, man sollte sich zumindest darum bemühen, sie nicht ganz so gedankenlos einzusetzen. Es macht schließlich noch einen Unterschied, ob einem im Fußballstadion ein grobes Wort entrutscht oder im Gespräch mit einem Vorgesetzten.

FLUGZEUG Bereits beim Einsteigen scheinen einige Passagiere zu befürchten, ihr Platz wäre weg, wenn sie nicht als erste die Gangway hochkletterten. Kaum daß die Falttüren der Zubringerbusse aufspringen, drängen sie – ohne Rücksicht auf Verluste – vorwärts. Haben sie ihren Platz erreicht, folgt die Schlacht mit dem Handgepäck. Daß andere auch noch einen Hut zu verstauen haben, interessiert sie überhaupt nicht. Sollte man ihnen doch zuvorgekommen sein, wird der Hut oder was sich sonst noch in den Weg stellt, mit entsprechender Kraft plattgedrückt. Die Sache beim Einsteigen bereits auf die Spitze zu treiben heißt, während die Hälfte der Passagiere noch draußen im Regen steht, den ganzen Verkehr aufzuhalten, indem man in den Ablagefächern nach Zeitschriften wühlt.
Bei Langstreckenflügen, die einen für viele Stunden mit fremden Menschen auf engem Raum zusammenwürfeln, fällt keinem ein Zacken aus der Krone, wenn er – zumindest mit einem freundlichen Kopfnicken – die Nachbarn begrüßt. Er muß ihnen ja nicht unbedingt die Hand schütteln und sich vorstellen. Falsch verstandene Nächstenliebe ist allerdings auch, wenn man meint, der Nachbar im Flugzeug wäre dazu da, daß man sich die Zeit vertriebe, indem man ihm seine ganze Lebensgeschichte auf-

drängt. Es verlangt etwas Fingerspitzengefühl und Rücksicht, auch wenn es darum geht, die Tageszeitung aufzuklappen. Man tut dies nicht, als ob man zu Hause im Wohnzimmer säße, oder läßt beide Ellenbogen gemütlich über die Armlehnen hängen.
Die Rückenlehnen sind bekanntermaßen mobil. Dennoch muß man sich nicht gleich nach dem Start mit voller Wucht nach hinten werfen oder eine extreme Schlafstellung einnehmen, wenn der Hintermann noch nicht mit dem Essen fertig ist.
Ja, die Sache mit dem Essen hat es überhaupt in sich. Ich kann verstehen, daß es Leute gibt, die seit Stunden nichts mehr gegessen haben oder ganz einfach froh über eine Abwechslung sind, wenn die Plastiktabletts verteilt werden. Trotzdem wundere ich mich immer wieder, mit welcher Gier in kürzester Zeit alles verschlungen wird, was nicht niet- und nagelfest ist. Man macht sich erst gar keine Mühe, das Besteck-Set zu sortieren, sondern schlägt gleich mit dem größten Löffel los. Bis das Bordpersonal mit den Getränken erscheint, ist längst alles verputzt – Salztütchen und Zahnstocher längst in der Handtasche verschwunden.
Ein Wort zu den Getränken. Speziell dann, wenn es nichts extra kostet, scheinen sich einige Herrschaften regelrecht einen Sport daraus zu machen, bis zur Landung alles wegzukippen, was die Vorderzähne halten. Alkoholische Entgleisungen dieser Art sind auf Langstreckenflügen besonders unangenehm. Einen Schlummertrunk in Ehren (bei mir wirkt Bloody Mary am zuverlässigsten) kann ich nur befürworten. Lieber weniger von den angebotenen Mahlzeiten, die oft lediglich den Bauch aufquellen lassen, und dafür aber ein bis zwei Gläschen Wein oder Sekt, die als Einstieg in ein mehrstündiges Schläfchen an Bord oft Wunder wirken.

FOLKLORE Das Wort faßt alles zusammen, was ein Volk an Brauchtum nach außen trägt: Kirchweih, Almabtrieb, Volkstänze, Trachtenparaden, Blasmusik und Stierkampf. Die Art, seine Religiosität auszudrücken, seine Trauer zu zeigen oder sich bei einem traditionellen Fest gehen zu lassen, sagt vieles über die jahrhundertelang überlieferte Kultur eines Volkes aus. Geschäftstüchtige Reiseveranstalter profitieren immer wieder auf ihre Art von der Faszination einer fremden Mentalität und fremden Brauchtums, indem sie ihren Kunden in billigen Show-Programmen exotische Illusionen verkaufen.

FONDUE Eine beschauliche, kommunikative Form des gemeinsamen Essens. Das entsprechende Geschirr wird allerdings vorausgesetzt. Man braucht einen Fonduetopf mit Rechaud, Spieße oder Fonduegabeln und eventuell auch Fondueteller mit Vertiefungen für die diversen Saucen.
Als Grundlage eignen sich Fleisch, Gemüse, Geflügel oder Käse. Je nach Gusto wird Öl oder Brühe im Fonduetopf zum Sieden gebracht. Das in mundgerechte Stücke zerkleinerte Fleisch, Gemüse oder Geflügel wird aufgespießt und für ein bis zwei Minuten in die siedende Flüssigkeit getaucht. Anschließend mit den verschiedenen Saucen verfeinert und gegessen. Die meisten der zum Teil sehr pikanten Saucen kann man fertig kaufen. Wenn man Zeit hat, sollte man sie allerdings selber machen.
Käse-Fondue hat eine eigene Art der Zubereitung: Der schmelzfreudige Käse wird – unter Zugabe von Gewürzen und Weißwein – im Fonduetopf erhitzt. Man spießt Weißbrotstücke auf die Fonduegabel und umwickelt sie mit flüssigem Käse, ähnlich wie man Spaghetti aufdreht. Vorsicht mit größeren Portionen: Käse-Fondue liegt meistens sehr schwer im Magen.

FOTOGRAFIEREN AUF FESTEN Welcher Gastgeber hätte sich nicht schon irgendwann im nachhinein geärgert, daß er von einem gelungenen Fest nicht ein einziges Erinnerungsfoto hat. Und wieviel Spaß macht es, noch nach Jahren im Bild festgehalten zu sehen, wie Tante Erna mit dem Oberkellner Schuhplattler tanzt. Das heißt: Es lohnt sich, rechtzeitig vor dem Fest einen Gast, der sich mit der Kamera auskennt, oder sogar einen professionellen Fotografen zu bitten, das Fest und damit vor allem die Gäste abzulichten. Wobei die Begeisterung des Kameramannes nicht so weit gehen darf, daß die Gäste sich ständig beobachtet fühlen und sich nicht mehr zu essen trauen.

FOTOGRAFIEREN AUF REISEN Einen Touristen ohne Koffer kann man sich noch eher vorstellen als einen Touristen ohne Kamera. Wobei man leicht vergißt, daß der Einsatz eines Fotoapparates nicht nur allgemein indiskret wirken kann, sondern daß man dem Lieblingssport der internationalen Touristen in verschiedenen Ländern mit sehr gemischten Gefühlen gegenübersteht. Vor allem in Ländern der dritten Welt fühlen sich Menschen offenbar diskriminiert oder besser gesagt in gewisser

Weise zur Schau gestellt. So manches „Objekt" fühlt sich in seinem persönlichen Stolz verletzt. Wer unsicher ist, wie er sich verhalten soll, kann sich und anderen das Leben mit einer kurzen höflichen Frage leichter machen. Sei es, daß die Leute mit einem Foto einverstanden sind, sei es, daß sie aus der Not ein Geschäft machen wollen und auf einem kleinen Trinkgeld bestehen. Sollten sie abwehrend reagieren, muß das unbedingt respektiert werden. Auch in Deutschland kann man nicht wahllos seine Kamera auf andere Menschen halten. Jeder hat laut Gesetz ein Recht am eigenen Bild und damit das Recht zum Widerspruch. Mit anderen Worten: Erst ab einer bestimmten Anzahl von Personen ist das Prinzip der Öffentlichkeit erfüllt und man kann sich nicht dagegen wehren, fotografiert zu werden. In Kirchen, Tempeln und bei religiösen Festen ist ebenfalls Zurückhaltung verlangt und der Ehrgeiz, ein außergewöhnliches Foto zu machen, fehl am Platz.

FOYER Der Weg zu einer offiziellen Veranstaltung in entsprechend großzügigen Räumen führt normalerweise durchs Foyer. Ein Ort, an dem sich Theaterbesucher vor der Aufführung treffen, ein Ort, seine Garderobe abzugeben und mit einem kurzen Blick in den Spiegel sein Äußeres noch einmal zu überprüfen.

FRACK Eine der letzten Gelegenheiten für neuzeitliche Gentlemen, mit makellos weißer Weste aufzutreten. Man fragt sich, wie lange noch, denn der Frack ist nach 200 Jahren öffentlichen Auftretens mehr und mehr eine Art Dinosaurier unter den Klassikern im Kleiderschrank. Vor mehr als 100 Jahren, als der Frack noch als normaler Straßenanzug galt, schneiderte man ihn mit Begeisterung in hellen freundlichen Farben, oft auch im modischen Pastell. Der Frack arrivierte zum Feiertagsgewand, stabilisierte sich farblich ausschließlich in Schwarz und nur noch die Länge seiner – für den Träger oft unbequemen – Schöße war der jeweiligen Mode unterworfen. Die Revers sind grundsätzlich aus schwarzer Seide, die Hose hat keinen Aufschlag und ist seitlich mit doppelten Galons (Litzen) gepaspelt. Unter der einreihigen weißen Weste zeigt sich das Frackhemd in wohlgestärkter Bestform. Während die Weste mit Perlmuttknöpfen geschlossen wird, schließt man das Hemd mit festlichen Durchsteckperlen. Dazu kommen edle Manschettenknöpfe und um den Kragen eine weiße Fliege oder Schleife. Zu langen schwarzen

Seidenstrümpfen kann man statt der einfachen schwarzen Lackschuhe auch ausgeschnittene Lackpumps mit Spange tragen. Im Gegensatz zu seinem traditionellen Vorbild hat der Frack heutzutage auch Brusttasche und Knopfloch. So ist Platz für ein weißes Taschentuch und eine Nelke im Knopfloch.

FRÄULEIN Eine – Gott sei Dank – im Aussterben begriffene Anrede für junge und unverheiratete Frauen.

FRANZÖSISCHE KÜCHE Die ersten genießerischen Kontakte mit den Spezialitäten der französischen Küche hat man meist schon vor der ersten Reise nach Frankreich. Schließlich gibt es überall in Deutschland genug Feinschmeckerlokale, die – auch wenn sie nicht ausschließlich französisch kochen – doch viele Prinzipien dieser Küche übernommen haben. Immerhin gibt es inzwischen kaum einen deutschen Bäcker, der neben Brötchen und Brezen nicht auch zarte Croissants zum Frühstück feilbietet. Französische Käsesorten – allen voran Camembert aus der Normandie – gehören zum Repertoire eines jeden Käseladens. Man ißt ihn mit Baguette, dem traditionellen französischen Stangenweißbrot und trinkt dazu einen Bordeaux.
Bei der Beschreibung der klassischen französischen Küche, so wie sie in Frankreich gekocht und gegessen wird, müßte man mehr als eine beschreiben. Obwohl Frankreich ein kleines Land ist, unterscheiden sich seine verschiedenen Regionen von Norden nach Süden sehr stark im Charakter und damit auch in den Spezialitäten der regionalen Küche.
Einige Prinzipien haben alle Küchenrichtungen gemeinsam: Der Franzose hält es mit dem Frühstück wie seine südeuropäischen Nachbarn. Das heißt: Zum obligatorischen Café au Lait (Milchkaffee) gibt es bestenfalls ein Croissant, das er entweder in die Kaffeetasse oder in Konfitüre stippt. Das Mittagessen wird – auch an einem normalen Arbeitstag – schon ernster genommen. So kann es aus einem gefüllten Omelett, einem Steak aux Frites, einer herzhaften Pastete oder einem großen Salat bestehen. Dazu, womöglich als Abschluß, ein Stückchen Käse – in jedem Fall aber ein Glas Wein. Abends nimmt er sich zum Essen besonders viel Zeit. Auch wenn in vielen modernen Haushalten nicht mehr so aufwendig gekocht wird wie früher, so ist es immer noch üblich, mehrere Gänge zu genießen, als sich an einer Sache satt

zu essen. Baguette, Wein und Wasser auf dem Tisch sind selbstverständlich – die Tischmanieren sind im allgemeinen etwas weniger streng als bei uns.

FRAUENARZT (→ Arztbesuch)

FREIZEITKLEIDUNG Was für eine Erleichterung, nach Büroschluß nach Hause zu kommen, Sakko, Krawatte und Schuhe in die Ecke zu schleudern und sich mit Jeans und Sweatshirt auf einen gemütlichen Abend einzustellen. Seitdem es heutzutage mehr Freizeit gibt als je zuvor – also früher Feierabend, arbeitsfreie Wochenenden und sechs Wochen Urlaub im Jahr, hat sich eine regelrechte Freizeitmode etabliert. Man sollte aber differenzieren können zwischen sportlich orientierter Mode und sogenannter Homewear – lauter bequemen, locker geschnittenen Kuschelklamotten, die aber jederzeit auch aus teurem Kaschmir sein können.
Abgesehen davon, daß ausgebeulte Jogginghosen im Straßenbild kein schöner Anblick sind, kann man auch die häusliche Gemütlichkeit übertreiben. So mancher Ehemann wünscht sich insgeheim, daß seine Frau, wenn er abends nach Hause kommt, doch einmal etwas anderes anhätte als einen Jogginganzug, der aussieht, als ob er drei Nummern zu groß wäre.
Mit dem Verlust der Krawatte scheint einigen Leuten das Gefühl verlorengegangen zu sein, was man anderen Leuten optisch noch zumuten kann. Das wird im Sommer wesentlich spürbarer als im Winter. In bayerischen Biergärten kann man förmlich Studien betreiben: T-Shirts, die aussehen wie Unterhemden und auf unvorteilhafte Art schwabbelige Frauenarme oder fette Männerbäuche freilegen; knallenge Shorts trotz Krampfadern und Orangenhaut; ausgeleierte Jogginghosen mit nacktem Oberkörper. Auch im Ausland macht man es sich gerne bequem und latscht in Shorts und Schlappen selbstbewußt über die Via Appia.

FREMDENZIMMER Wer mit dem Auto über Land fährt, kennt die Schilder, auf denen kleine Privatpensionen und Gasthöfe Fremdenzimmer anbieten. Auf der einen Seite haben solche Unterkünfte allen Charme einer sehr persönlichen Gastlichkeit, auf der anderen Seite aber kann der Gast nicht mit normalem Hotelkomfort rechnen wie Zimmerservice oder Telefon.

FREMDWÖRTER Nicht jeder, der Fremdwörter mit dem Gedanken benutzt, er mache damit sprachlich einen guten Eindruck, weiß wirklich, wovon er spricht. Es ist besser, bei seiner eigenen klaren Sprache zu bleiben, als sich auf griechisch-römische Art die Zunge zu brechen. Sollten doch andere versuchen, ihr Defizit an Bildung damit zu kompensieren, indem sie kontinuierlich bemüht sind, Sie verbal zu kompromittieren. Scheuen Sie sich nicht, Fragen zu stellen. Schließlich sind Sie ja Autodidakt!

FREUNDSCHAFTSDIENST Wenn zwei Menschen sich wirklich gut verstehen, ist es nur naheliegend, daß sie sich auch gegenseitig helfen, wenn der eine den anderen braucht. Das gilt für Krankheitsfälle, Trauerfälle, seelische oder auch wirtschaftliche Krisen. Dazu kommen die vielen kleinen Freundschaftsdienste, wenn es darum geht, jemand abzuholen, etwas für ihn einzukaufen, Erkundigungen einzuziehen etc. In unserer sehr materialistisch orientierten Welt gibt es allerdings eine ganze Reihe von Zeitgenossen, die meinen, gute Freunde wären dafür da, daß man sie schamlos ausnutzt. Mit Freundschaftsdiensten hat das dann überhaupt nichts mehr zu tun. Und von solchen „guten Freunden“ sollte man sich schleunigst trennen.

FRIEDHOF Ob Sie den Friedhof von Le Havre betreten, weil man von dort den schönsten Blick über die Stadt hat, oder den Friedhof von Montmartre, um die Gräber großer Persönlichkeiten zu fotografieren, oder ob sie zur Beerdigung eines lieben Freundes gekommen sind – der Friedhof ist in jedem Fall ein Ort der Ruhe und Besinnung. Man trampelt als Tourist nicht leichtbekleidet auf den Gräbern herum, hektisches Herumrennen und lautes Gelächter sind nicht angebracht. Männer, die an ein Grab herantreten, nehmen selbstverständlich den Hut ab.

FRISEURBESUCH Nicht jede Frau, die zum Friseur geht, will sich die Haare schneiden lassen. Für viele ist es einfach nur eine herrliche Art der Entspannung – der Kopf wird massiert, die Fingernägel manikürt, es gibt ein Täßchen Kaffee und, nicht zu vergessen, den neuesten Klatsch und Tratsch. Entsprechend dem geflügelten Wort „Kannst du das nicht deinem Friseur erzählen?“ genießen Haarkünstler international eine Sonderstellung als

Lebensberater und seelische Abfalleimer. Sie wissen, mit wem die Nachbarin gerade ihren Mann betrügt und natürlich auch alle pikanten Einzelheiten des letzten Ehekrachs. Da die lieben Busenfreundinnen meist auch noch den gleichen Friseur haben, kann man sich das allgemeine Repertoire vorstellen. Gute Friseure sind gute Diplomaten und unter Umständen als „Geheimnisträger“ diskret. Wenn Sie jedoch nicht riskieren wollen, daß sich die Nachbarin unter der Trockenhaube Gedanken über Ihr Eheleben macht, liefern Sie ganz einfach keinen Gesprächsstoff.
Übrigens: Wer viel reist, geht auch mal im Ausland zum Friseur. So wie man sich – weit weg von zu Hause – plötzlich einen bunten Urlaubsfummel kauft, der nach den Ferien womöglich für alle Zeiten in der Faschingskiste verschwindet, bekommen viele Frauen in fremder Umgebung Lust auf eine neue Frisur. Wenn Sie, was ich vollkommen verstehen kann, nichts dagegen tun können, ein guter Rat: Gehen Sie nicht zum nächsten Figaro an der Ecke, sondern erkundigen sie sich vorher gründlich nach der richtigen Adresse. Sei es an der Rezeption eines guten Hotels oder – was ich in solchen Fällen mache – bei den Verkäuferinnen des schicksten Ladens am Platz. Die wissen immer Bescheid.

FRÜHSCHOPPEN Insbesondere in ländlichen Gegenden ist der sonntägliche Frühschoppen für viele Frauen ein Schreckgespenst. Denn: Auf dem Land ist es heute noch Tradition, daß sich die Männer nach dem Kirchgang zum Frühschoppen treffen, während die Frauen in der Küche versuchen, den Sonntagsbraten warm zu halten. In der Großstadt hat man sich längst daran gewöhnt, den Sonntagsbraten komplett ausfallen zu lassen, und auch die Frauen erscheinen zum Frühschoppen. Manche laden sich auch Freunde und Bekannte zu sich nach Hause ein. Schon wegen der Verträglichkeit wird am Vormittag hauptsächlich Bier ausgeschenkt – dazu gibt es Deftiges wie Mettbrötchen, Frikadellen oder Weißwürste. So gemütlich sich ein Frühschoppen auch entwickeln mag, ab einer gewissen Zeit (zwischen 13 und 14 Uhr) sind die Gastgeber auch ganz froh, den Rest des Sonntags für sich zu genießen. Wer aber ausdrücklich gebeten wird, darf natürlich bleiben.

FRÜHSTÜCK Für viele immer noch die wichtigste Mahlzeit des Tages, für andere nur eine schnelle Tasse Kaffee, bevor man das Haus verläßt. Für die einen wie für die anderen allerdings am Wochenende eine schöne Tradition, die man im Kreise der Familie genießt. Oder auch zu zweit im Bett. Der Zeitpunkt ist ganz verschieden. Hotelmanager und Frühstückscafés haben sich zeitlich längst darauf eingestellt, daß die meisten Gäste nicht mit den Hühnern aufstehen. Einige servieren bis kurz vor dem Mittagessen knusprige Butterhörnchen, Joghurt mit Früchten, frischgepreßte Säfte und die beliebten Eier im Glas.

FRÜHSTÜCKSBÜFFET Die meisten Hotels machen sich den Service am frühen Morgen leichter, indem sie für ihre Gäste ein Büffet aufbauen. Die vielen verschiedenen süßen, sauren und salzigen Sachen wirken auf viele verführerisch, und sie machen sich den Teller – wie üblich – zu voll und hinterlassen für den nächsten Gast ein Schlachtfeld auf dem Tisch, das der üblicherweise aufgestellte Plastikeimer gar nicht mehr fassen kann. Zum Thema Plastik ein Appell an diejenigen, die für das Zusammenstellen der Büffets verantwortlich sind: Auch wenn man ab einer gewissen Größenordnung den Gästen keine hausgemachte Marmelade vorsetzen kann – ein bißchen weniger Fertigprodukte und Abgepacktes wäre manchmal wunderbar.

FÜNFUHRTEE (→ Einladung)

FUSSGÄNGER Ein wohlbekanntes Thema: der Kampf zwischen Fußgängern und Autofahrern. Zwischen Fußgängern, die achtlos oder auch bei Rot über die Straße laufen und Autofahrern, die rücksichtslos Gas geben und es nicht nötig haben, auf alte Leute zu achten, vor einem Zebrastreifen rechtzeitig abzubremsen oder langsam zu fahren, damit Fußgänger bei starkem Regen nicht naßgespritzt werden. Wenn Männer in Begleitung unterwegs sind, geht die Frau grundsätzlich rechts. Bewegt man sich am Bordstein entlang, geht die Frau in jedem Fall innen, der Mann fungiert als Bollwerk zwischen ihr und dem Straßenverkehr. Zwei Männer nehmen eine Frau in die Mitte. Regenschirme werden in der Form zum Einsatz gebracht, daß Frauen am wenigsten naß werden.

G

GABELHAPPEN Zum Aperitif, zu Cocktails, zu Bier, für den schnellen Besucher oder den Kartenspieler mit Sitzfleisch: Lauter herzhafte, auf Platten angerichtete Häppchen, die so klein sind, daß man sie problemlos in den Mund schieben kann.

GÄHNEN Es gibt Momente, da tut es dem Körper richtig wohl, sich zurückzulehnen und aus vollem Hals zu gähnen. Es gibt aber auch Momente, da überkommt einen die Lust zu gähnen in Gesellschaft anderer – im Theater, bei Tisch, in der Unterhaltung oder in noch wesentlich intimeren Situationen. Glücklich der, der das Gähnen unterdrücken kann. Wenn nicht, sollte man es möglichst unauffällig tun und – das versteht sich doch hoffentlich von selbst – die Hand vor den Mund nehmen.

GALADINER Normalerweise findet ein Galadiner nicht aus heiterem Himmel statt, sondern es gibt einen konkreten Anlaß: Die Kreation eines neuen Parfums, ein Firmenjubiläum, ein sogenannter runder Geburtstag. Im Unterschied zum festlichen Abendessen gibt es beim Galadiner diverse Gänge und dazu wechselnde Getränke. Ob zu Hause (in dem Fall mit Hilfe von Personal) oder im Restaurant: Der Rahmen ist festlich, die Tafel mit Damast, Silber, Kerzen und Blumen dekoriert. Die Einladung wird meistens schriftlich formuliert, kann aber auch mündlich ausgesprochen werden. Genauso festlich wie der Rahmen ist auch die Kleidung (→ Abendgarderobe).

GARDEROBENFRAU Die Nacht ist oft lang, wenn gefeiert wird, und auch sehr kostspielig. Scheinbar haben einige Nachtschwärmer, die sich selbst nur das Beste gönnen, in dem Moment Igel in der Tasche, wo es um Trinkgelder geht oder ein paar Mark für die Garderobenfrau. Geben Sie Ihrem Herz einen Stoß und denken Sie daran, was es bedeutet, sich in stickigen Foyers bis in die späte Nacht wachzuhalten und schwere Mäntel zu schleppen.

GARTENFEST Aus Wettergründen in Deutschland leider eine sehr seltene Form der Gastlichkeit. Wer den Mut hat, es dennoch zu riskieren und bereit ist, den berühmten Regenguß in Kauf zu nehmen, sollte auf jeden Fall darauf vorbereitet sein, seine Gäste auf irgendeine Art ins Trockene zu bringen. Bei einer begrenzten Anzahl genügt oft schon ein rießengroßer Gartenschirm, wie man sie neuerdings auch in Biergärten sieht. Wer auf keinen Fall ins Haus will, läßt für den Notfall ein Zelt aufstellen. Ansonsten flieht man gemeinsam in das Wohnzimmer oder in den Partykeller.

Gastgeber sollten bei der Anordnung der Gartentische bereits darauf achten, daß sich keine endlosen Tafeln bilden, so daß man nur noch mit Klettern an seinen Stuhl herankommt. Stellen Sie lieber ein paar Stehtische mehr, dafür aber ein paar Stühle weniger auf. Es müssen ja nicht alle gleichzeitig sitzen und Würstchen mit Kartoffelsalat essen.

Bei Gartenfesten kommt am besten Stimmung auf, wenn die Musik den Leuten in die Beine geht und ordentlich getanzt wird. Wer sich keine Live-Musik leisten will oder kann und selbst als Diskjockey nicht geeignet ist, bittet einen Fachmann aus dem Freundeskreis, die flotten Platten aufzulegen oder besorgt sich die passenden Kassetten aus einer Diskothek. Schon manches schöne Fest, bei dem ansonsten alles gestimmt hat, ist an zu lahmer Tanzmusik gescheitert.

Wie immer, wenn es um Feiern und Fröhlichkeit geht, spielen die Getränke eine wichtige Rolle. Machen Sie nicht den Fehler, die vermeintliche Zwanglosigkeit eines Gartenfestes auf die mindere Qualität der Getränke zu übertragen. Wer das Geld für einen anständigen Wein nicht ausgeben will, läßt ihn lieber ganz weg und schenkt außer Wasser und anderen nichtalkoholischen Getränken einfach nur Bier aus. Auch das will sorgfältig vorbereitet sein. Schon mancher Gastgeber ist in Panik geraten, weil sein Bierfaß nicht kalt genug war und außerdem keiner wußte, wie man es anschlägt. Denken Sie daran, daß die Brauereien an den schönsten Wochenenden des Jahres meist überlastet sind und auch die Zapfbestecke knapp werden. Eine rechtzeitige Bestellung erspart viel Ärger.

Wenn Sie nicht daran gewöhnt sind, Wein in größeren Mengen zu kaufen, gehen Sie nicht in den nächsten Supermarkt, sondern lieber zu einem guten Weinhändler. Er wird Sie gut beraten und ist im Endeffekt auch nicht teurer als der Lebensmittelhändler. Noch ein Wort zum Thema Blumen: Um eine ständige Rennerei zu vermeiden, ist es ratsam, rechtzeitig vor dem Fest eine ganze Reihe von Vasen – mit Wasser gefüllt – bereitzustellen.

GÄSTEBUCH Nicht jeder Gast klatscht beim Anblick eines Gästebuchs vor Begeisterung in die Hände. Manche lehnen es auch kategorisch ab, sich mit einem „dummen Spruch“ auf Seite x zu verewigen und finden schon ein Datum mit Unterschrift zum Lachen. Die meisten wären prinzipiell durchaus bereit, sich nach einem schönen gemeinsamen Abend mit einem schriftlichen Dankeschön zu verabschieden, befürchten aber, daß ihnen nichts Passendes einfällt. Ein Gastgeber, der merkt, daß seine Gäste ergebnislos vor sich hinbrüten, darf auf keinen Fall insistieren. Er vertagt den Eintrag auf das nächste Mal oder schlägt vor, einfach nur zu unterschreiben.

GÄSTEZIMMER Bei heutigen Wohnverhältnissen ist es naheliegend, daß man ein Notbett im Wohnzimmer, aber kein separates Gästezimmer hat. Oder der Gast wird in einer Art Allzweckzimmer untergebracht, wo der Hausherr seine fällige Steuererklärung bearbeitet, seine Frau den vollen Bügelkorb abstellt und Fritzchen an der Eisenbahn bastelt. Ein Gast, der spontan zum Übernachten aufgefordert wird, weil der Weg nach Hause zu weit oder der Alkoholpegel zu hoch ist, darf nicht mit einer perfekten Unterkunft rechnen. Für einen Gast, der langfristig angekündigt ist, sollte man rechtzeitig Vorbereitungen treffen. Er fühlt sich nämlich selbst als Last, wenn man erst in seinem Beisein mit dem Bettbeziehen beginnt. Denken Sie bitte an ausreichend Handtücher und – für den Weg ins Bad – eventuell an einen Bademantel.

GASTFREUNDSCHAFT Die Interpretation dieses Begriffs führt oft – auf beiden Seiten – zu Mißverständnissen. Besonders dann, wenn unterschiedliche Kulturkreise zusammenstoßen und das Verständnis von Gastfreundschaft von vornherein unterschiedlich ist. Pauschal läßt sich feststellen, daß sich die Menschen im Norden entsprechend ihrer kühleren Mentalität nicht ganz so bedingungslos auf den Gast stürzen wie ihre südlichen Nachbarn. Was nicht heißt, daß sie weniger gastfreundlich sind.

Ein Süditaliener stellt dem Gast sein eigenes Bett zur Verfügung und schläft auf dem Fußboden. Andererseits erwartet er aber auch, mit Kind und Kegel empfangen zu werden, wenn er seinen Gegenbesuch macht. So unterschiedlich die Umgangsformen auch sein mögen – es kommt immer darauf an, daß der Gast sich der Hausordnung so weit wie möglich anpaßt. Das heißt zum Beispiel, daß er nicht nach Rührei und Schinken verlangt, wenn morgens nur eine Tasse Kaffee getrunken wird, oder daß er nicht die Musik voll aufdreht, wenn sich die Familie zur Siesta begibt. Für viele ist es ein Problem, daß man als Gast im Süden keine Möglichkeit bekommt, das Portemonnaie zu ziehen. Selbst wenn im Restaurant gegessen wird, behält man seinen Status als Vollgast – man kann nicht einmal mehr ein paar Eistüten spendieren. Mit ein bißchen Nachdenken findet man sicher eine Möglichkeit, sich für so viel Großzügigkeit zu revanchieren. Sei es mit einer Gegeneinladung oder mit entsprechenden Geschenken. Wer längere Zeit in einem Haus beziehungsweise mit seinen Bewohnern verbracht hat, sollte eigentlich wissen, womit er ihnen eine Freude machen kann.

GASTGEBER Es gibt Einladungen, da amüsiert sich der Gastgeber genauso wie seine Gäste. Es gibt aber auch Einladungen, die sind für ihn wie ein einziger Marathon. Wie entspannt oder wie gestreßt er letztendlich ist, hängt von verschiedenen Dingen ab. Zunächst einmal gilt: Je besser er seine Einladung vorbereitet, desto weniger gerät er gleich zu Anfang unter Druck. Das heißt: Wenn die ersten Gäste eintreffen, sollten Getränke und Aschenbecher einsatzbereit sein. Der Gastgeber kann sich Zeit für die Begrüßung nehmen und alle mit Drinks versorgen. Ob das Essen schon parat oder der Tisch gedeckt ist, ist Ansichtssache. Bei kleinen privaten Essen kann es sogar sehr gemütlich sein, gemeinsam die Teller auf den Tisch zu stellen und die Spaghettisauce noch einmal abzuschmecken. Bei großen Einladungen, für die sich der Gast auch besonders sorgfältig kleidet, kann man ihm wohl kaum zumuten, in der Küche Hand anzulegen. Da sollte auch der Tisch bereits gedeckt sein. Doch, unabhängig davon, ob der Gast ihm hilfreich zur Seite steht oder nicht, der Gastgeber hat einige eiserne Pflichten: Er achtet darauf, daß seine Gäste mit Getränken versorgt sind. Er kümmert sich um Aschenbecher. Er macht Leute, die sich nicht kennen, miteinander bekannt. Er kümmert sich im Laufe eines Abends möglichst um alle, besonders um die Singles. Er forciert die gute Unterhaltung und bremst zu hitzige Diskussionen. Wenn die Gäste sich verabschieden, kümmert er sich darum, daß sie gut nach Hause kommen.

GASTHOF Der richtige Ort, wenn man die regionale Küche in ihrer einfachsten Art kennenlernen möchte. Und man sollte auch nicht den Versuch machen, etwas zu bestellen, das nicht auf der Speisekarte steht. Am besten beraten ist man mit einem der – meist handschriftlich aufgeführten – Tagesgerichte. Wenn der Gasthof, was öfter der Fall ist, an eine Metzgerei angeschlossen ist, kann man an bestimmten Tagen von der frischen Schlachtung profitieren. Da, wo hauptsächlich Bier getrunken wird wie in Bayern oder im Rheinland, bestellt man sich auch am besten eine Halbe oder ein Kölsch zu Knödeln oder Bratkartoffeln. Wo ein Schoppen Wein dazugehört wie in Franken oder bei den Schwaben, paßt der Wein auch besser zu den Spezialitäten der regionalen Hausmannskost.

GASTSTÄTTE Sie ist nicht ganz so rustikal wie ein Gasthof und nicht ganz so fein wie ein Restaurant. Das heißt: Es gibt außer regionaler Küche noch einen Stammtisch und blankgescheuerte Tische ohne Tischtuch.

GAZPACHO Aus Andalusien stammt diese kalte Version der Gemüsesuppe mit Knoblauch. Sie ist grundsätzlich passiert und wird wahlweise mit kleingehackten Zwiebeln, Paprika, Tomaten, Petersilie und Brotwürfeln angeboten.

GEBURT Die Ankunft eines neuen Erdenbürgers wird von den Eltern angezeigt. Einige beschränken sich darauf, kurz und sachlich in der regionalen Tageszeitung zu inserieren. Andere verschicken private Anzeigen an Freunde und Verwandte. In jedem Fall ist es angebracht, auf die Anzeige zu reagieren. Entweder man gratuliert ebenfalls schriftlich oder, wenn man zum engeren Kreis gehört, mit einem persönlichen Glückwunsch und der berühmten Strampelhose. Damit man nicht unnötig für teure Babysachen Geld ausgibt, bespricht man sich kurz mit den Eltern. Zukünftige Paten schenken meist Dinge von bleibendem Wert (→ Taufe → Namensgebung).

GEBURTSTAG In frühen Jahren die reine Freude, in späteren Jahren für viele die schmerzhafte Erinnerung daran, daß man schon wieder ein Jahr älter geworden ist. Eine bedauerliche Einstellung, wenn man sich klarmacht, daß der Mensch nicht nach der Anzahl seiner Lachfalten, sondern nach seiner Persönlichkeit beurteilt wird. Und die kann im Laufe der Jahre doch nur an Faszination zunehmen.
Wie man seinen Geburtstag feiert, ist ab einem gewissen Alter jedem selbst überlassen. Eine Ausnahme machen nur die Kinder (→ Kindergeburtstag). Man kann zu zweit feiern oder zu vielen, selbst ein großes Fest veranstalten oder sich von den Freunden überraschen lassen. Das gilt besonders für die großen runden Geburtstage im fortgeschrittenen Alter, wo es zur Ehrung des Geburtstagskindes gehört, es selbst gar nichts machen zu lassen, sondern es einmal im Jahr so richtig zu verwöhnen. Vielleicht sogar mit einer kleinen, als Überraschung offerierten Ferienreise.

GEBURTSTAGSTORTE Wer einmal dabei war, wenn eines von diesen kitschigen, mit Zuckerguß verzierten und von brennenden Kerzen eingerahmten Wunderwerken hereingetragen wurde, weiß, welche Freude man damit verbreitet. Mancher Erwachsene war schon zu Tränen gerührt beim Anblick seiner Geburtstagstorte, von der er seit Kindesbeinen insgeheim geträumt hatte. Damit die Torte auch genauso ausfällt, wie Sie es sich vorgestellt haben – die richtige Zahl der Stockwerke, die gewünschten Farben, der ganz persönliche Spruch etc., achten Sie darauf, rechtzeitig mit dem besten Konditor der Stadt Kontakt aufzunehmen.

GEDECK Selbst für das einfachste Essen gehört ein Gedeck auf den Tisch. Wobei man die Tischdecke durch Sets ersetzen kann, die allerdings zum jeweiligen Porzellan passen und sauber sein sollten. Und, wenn möglich, nicht aus abwaschbarem Plastik sind. Es gibt nichts unappetitlicheres als einen sauberen Teller auf einem vollgekleckerten Untersatz (→ Besteck → Gläser).

GEFLÜGEL Wer knusprige Brathähnchen, Enten, Gänse, Perlhühner oder andere schmackhafte Vögel für seine Gäste zubereitet, ist angehalten, das Federvieh zu tranchieren, bevor es auf den Teller kommt. Erfahrene Hausfrauen machen das mit einem scharfen Messer, weniger Geübte greifen zur Geflügelschere. Vorsicht, daß die Knochen nicht splittern. Da Sie immer damit rechnen müssen, daß einige Gäste die Brüstchen und Keulen zum Knabbern in die Hand nehmen, sollten Sie vorsorglich Fingerschalen bereitstellen und große Servietten verteilen (→ Brathähnchen → Fingerschale).

GEGENEINLADUNG Es wäre ein Zeichen von größter Unhöflichkeit, eine Einladung nicht in einem angemessenen Zeitraum zu beantworten, indem man selbst einlädt. Auch wenn es für viele eine lästige Pflicht oder auch ein verlorener Abend zu sein scheint, sie kommen nicht daran vorbei. Überflüssig zu erwähnen, daß die Einladung auf einem ähnlichen Niveau stattfinden sollte. Das heißt: Einen, der selbst zu Kaviar und Champagner gebeten hat, schleppt man nicht in die Würstchenbude. Wer keinen Wert darauf legt, sich mit dem oder den Betreffenden noch einmal auseinanderzusetzen, läßt anschließend den gesellschaftlichen Kontakt einschlafen.

GELDGESCHENKE Außenstehende rümpfen gern die Nase – Betroffene sind oft heilfroh über Geldgeschenke, mit denen sie mehr anfangen können als mit irgendeinem sinnlosen Nippes. Über die Höhe des Betrages sollte man sich gründlich Gedanken machen. Man sollte Kinder nicht mit zu viel Geld verwöhnen und dienstbare Geister nicht mit zu kleinen Beträgen beleidigen. Auf keinen Fall werden dem Empfänger die Scheine einfach so in die Hand gedrückt. Ein normaler Briefumschlag ist besser als nichts – die Banken haben sich inzwischen sogar daran gewöhnt, zur Weihnachtszeit Geldbanderolen mit Christsternen zu verzieren (→ Trinkgeld).

GENTLEMAN Er ist ein Mann, der mehr Format hat als jemand, der nur darauf bedacht ist, nach dem richtigen Glas oder der richtigen Gabel zu greifen. Er ist auch Situationen gewachsen, auf die er nicht vorbereitet ist. Er bewahrt noch im Chaos eine gewisse Souveränität, verliert nie die Nerven und kümmert sich, bevor er an sich denkt, erst mal um die anderen. Frauen genießen seine Gesellschaft. Er ist stets Kavalier, ohne aufdringlich zu werden und bietet in brenzligen Situationen stets eine starke Schulter.

GEPÄCK Zur „Kunst des Reisens“ gehört auch das richtige Gepäck und die richtige Art zu packen. Der Koffer und sein Inhalt sind dazu da, die Reise angenehmer und bequemer zu machen. Ich weiß, wie schwer es ist, einen Koffer nach dem Prinzip der Vernunft zu packen. Man möchte doch für jedes Wetter und für jede Gelegenheit das Passende dabei haben. Die warme Strickjacke in Miami und das Cocktailkleid auf der Skihütte. Ich kenne eigentlich nur Leute, die grundsätzlich zuviel einpacken. Einige davon versuchen sich inzwischen selbst zu überlisten, indem sie zunächst alles, was ihnen gefällt, in den Koffer stopfen und anschließend die Hälfte wieder auspacken.
Es ist natürlich angenehm, im Londoner Savoy anzukommen und sich dort mit allem, was einem das Leben schön macht, häuslich einzurichten. Dem flauschigen Bademantel, den kuscheligen Pantoffeln, dem seidenen Morgenrock, dem geliebten großen Kaschmirschal und zu jedem Kleid oder Kostüm die passenden Schuhe und Handtaschen. Wer für ein paar Tage nach London, Paris oder Rom fährt, sollte sich ab und zu den Luxus eines großen Gepäcks leisten. Und ruhig noch einen halbleeren Koffer hinzufügen für all die schönen Sachen, die man vermutlich von dort mit nach Hause schleppt.
Ganz im Unterschied zu Sonne- und Strandurlauben, wo man wirklich nicht viel mehr braucht als Shorts und Badesachen und ein paar leichte Sommerkleider beziehungsweise ein luftiges Sakko plus Hose für den Abend. Nicht nur, daß man die anderen Sachen meist gar nicht anzieht – sie leiden schließlich nur unter dem Einfluß der tropischen Temperaturen. In feuchtem Klima werden sie muffig, und schon mancher schicke Pulli kam mit Mottenlöchern zu Hause an. Vor allem die Schuhe sollte man sorgfältig unter die Lupe nehmen, bevor man sie einpackt. Braucht man auf einer griechischen Insel wirklich drei Paar hochhackige Schuhe? Die herrlich ausgetretenen alten Tennisschuhe sind zum Laufen und Fahrrad fahren viel bequemer, und am Ende des Urlaubs wirft man sie einfach in den Papierkorb.
Zuletzt noch ein guter Rat für alle, die auf Reisen wirklich „unterwegs“ sind, per Island-Hopping oder auf dem Kultur-Trip, mit Zügen, Bussen und Booten: Reisen Sie mit Handgepäck! So steigen Sie problemlos von einem kleinen Flugzeug ins andere und müssen nirgendwo warten, bis das Gepäck ausgeliefert wird; Sie sind ganz einfach mobil und können zur Not die Tasche auch

eine Weile über der Schulter tragen. Ein Tip für Frauen, die auf ihre gewohnte Kosmetik unterwegs nicht verzichten wollen: Besorgen Sie sich vor der Abreise kleine verschraubbare Dosen in Ihrer Parfümerie (oder in der Apotheke) und füllen Sie die wichtigsten Sachen um. Alles, was man für die Haare braucht, gibt es von verschiedenen Herstellern bereits im kleinen Format. Und noch etwas: Ein Gepäckstück plus Handtasche kann einem auch zuviel werden. Man macht es sich leichter, wenn man einen hübschen Beutel für alle Fälle im Gepäck verstaut und das, wofür man sonst die Handtasche braucht, in die Innentaschen seiner Jacke steckt. Nicht nur, daß Paß, Scheckbuch, Kreditkarten, Bargeld und Fahrscheine auf diese Art sicher verwahrt werden, man reist so auch bequemer.

GESCHÄFTSESSEN In Amerika praktiziert man schon seit langer Zeit das gleiche Verfahren: Man holt den Kandidaten für einen neuen Job bewußt aus der sterilen Atmosphäre einer Büroetage heraus und verlegt die weiteren „Interviews“ in die entspannte Umgebung einer gemeinsamen Mahlzeit. Die Leute werden lockerer und verraten unter diesen Umständen oft in wenigen Stunden viel mehr über ihre Persönlichkeit als bei endlosen Geschäftsbesprechungen. Ob nun das gemeinsame Essen im Zentrum des Interesses liegt oder nur zur kurzen Entspannung zwischen zwei Sitzungen – man sollte sich für alle Fälle zwei Grundsätze zu eigen machen: Leichte Kost, die den Magen nicht belastet und damit auch nicht müde macht und darüber hinaus eine deutliche Zurückhaltung in bezug auf alkoholische Getränke.

GESCHÄFTSKLEIDUNG Kurz nach der Erfindung des Minirocks, also in den sechziger Jahren, gab es einen Skandal in einer rheinischen Lokalzeitung, weil eine junge Schalterangestellte im superknappen Mini zur Arbeit erschienen war. Mit ihrem Vorgesetzten empörte sich eine ganze Kleinstadt über die angeblich schamlose Aufmachung, die speziell in einem seriösen Bankbetrieb fehl am Platz sei. Ungefähr zur selben Zeit sah man die ersten Jeans unter korrekten Bürosakkos mit Krawatte, Tennisschuhe zum „Busineß-Outfit“, Kellner und Schaffner trugen plötzlich Pferdeschwanz. Die ganze Bundeswehr stand wegen der langen Haare auf dem Kopf. Bei aller Akzeptanz von Mode und Zeitgeist – bestimmte Berufe setzen eine bestimmte Kleiderordnung voraus. Sich demonstrativ nicht daran zu halten, ist ein Zeichen für mangelnden Stil oder ganz einfach schlechte Erziehung. Ich habe grundsätzlich nichts dagegen, wenn mich der Bankbeamte im Pullover bedient, ich kann mir allerdings einen Chefarzt in Shorts und T-Shirt nicht vorstellen.

GESCHENKE Was ein künstlich forcierter Schenk-Zwang anrichten kann, sieht man am besten in der Vorweihnachtszeit. Selbst im allerletzten Moment, am Vormittag des Heiligen Abends, schnellen die Umsatzzahlen der großen Kaufhäuser noch einmal deutlich in die Höhe. Wie Hühner ohne Kopf hasten die letzten „Weihnachtsmänner" durch die Geschäfte – noch schnell eine Kaffeemaschine für die Schwiegermutter (sie hat schon zwei) und eine Flasche Eau de Toilette für Onkel Hugo (er benutzt seit Jahren eine andere Sorte). Auf der anderen Seite weiß jeder, wie schön es ist, ein hübsch verpacktes Päckchen auszuwickeln und festzustellen, daß sich jemand wirklich Gedanken gemacht hat. Wenn es schon Verpflichtungen gibt wie Geburtstage, Hochzeiten oder auch Weihnachten, so sollte man sie nicht zu lange vor sich herschieben. Das meiste, das im letzten Moment gekauft wird, ist eine Notlösung. Mein Rat: Lösen Sie sich beim Schenken tunlichst von materialistischem Denken.

GESCHENKPAPIER Die Sensibilisierung des Umweltbewußtseins hat unter anderem dazu geführt, daß man den unnützen Bergen von Verpackungsmaterial kritischer gegenübersteht. Also: Pappkarton, Plastikfolie, Papier und Geschenkband – das alles auf einmal wäre des Guten zuviel. Andererseits darf der vermeintliche Umweltschutz nicht so weit gehen, daß man seine Geschenke gar nicht mehr verpackt. Ein liebevoll eingewickeltes Präsent mit Schleife beweist mehr Zuneigung als ein Pralinenkarton, dessen Geschenkband mit dem Adressen-Aufkleber der Konditorei fixiert ist.
Blumensträuße überreicht man grundsätzlich ohne Papier. Das bereits im Treppenhaus zusammengedrückte Knäuel wirft man allerdings nicht einfach in den Schirmständer, sondern legt es irgendwo offensichtlich ab. Am unkompliziertesten sind Sträuße, die in transparente Folie gewickelt sind. Sie werden mit Hülle überreicht.

GESCHIEDENE FRAU Vor wenigen Jahren noch war man als geschiedene Frau eine gesellschaftliche Katastrophe. Die früheren gemeinsamen Freunde schlugen sich meist auf die Seite des Mannes, bei Einladungen wurde man geschnitten. Was nicht heißt, daß eine alleinreisende (geschiedene) Frau überall akzeptiert wird. Sie ist oft die letzte, die bedient wird und wenn überhaupt, bekommt sie den Tisch neben der Küche. Um die Situation für sich nicht noch unangenehmer zu machen, wird sie in den meisten Fällen den bequemeren Weg gehen und das Restaurant künftig meiden. Es wäre jedoch sinnvoller, sich gegen die Diskriminierung an Ort und Stelle zu wehren, auf sein Recht und möglicherweise auch auf einen anderen Tisch zu bestehen, damit bislang Unverbesserliche ihre Lektion lernen können.

GESCHIRR Bei der üppigen Ausstattung der modernen deutschen Küchenlandschaften ist es nicht außergewöhnlich, mehr als ein Service im Schrank zu haben. Das derbe bäuerliche für die Küche, eins im klassischen Blau-Weiß für jeden Tag und vielleicht noch ein – meist nicht mehr ganz vollständiges – Erbstück für besondere Anlässe. Für private Abendessen im Freundeskreis kann man sich viele Freiheiten nehmen, und es kann zum Beispiel auch sehr schön aussehen, ganz verschiedenes, über Jahre gesammeltes altes Porzellan zusammen auf den Tisch zu stellen. Der Gesamteindruck sollte harmonisch sein. Das heißt: Papierservietten zum besten Porzellan passen genausowenig wie wertvolle alte Gläser zum einfachen Küchengeschirr. Wer keine Tischdecke benutzt, setzt die Gedecke auf eigens hierfür gedachte Platzteller (aus Porzellan, Silber, Glas oder Zinn) oder benutzt zum Geschirr die passenden Sets (→ Besteck → Gläser).

GESELLSCHAFTSTÄNZE Die Gelegenheiten, sich gegenseitig auf blankpoliertem Parkett auf die Füße zu treten, sind in den letzten Jahren seltener geworden. Auf vielen Festen wird überhaupt nicht mehr getanzt und wenn, dann meistens „ohne anfassen“ oder im internationalen Foxtrott. Und, obwohl es neuerdings auf großen Bällen das Phänomen der Fortgeschrittenen gibt, das heißt, lauter Ehepaare mittleren Alters (und älter), die so viele Tanzkurse besucht haben, daß sie den Tango mit Todesspirale beherrschen (die meisten sollten besser Foxtrott tanzen), ist die Lage auf deutschen Tanzböden weiterhin ernst, wenn auch nicht hoffnungslos. Wer außer Foxtrott auch noch Walzer oder sogar Cha-Cha-Cha tanzen kann, ist eigentlich jeder Veranstaltung gewachsen.

GESETZTES ESSEN Ich weiß, es klingt schrecklich und man denkt automatisch an vier Stunden gähnende Langeweile zwischen zwei Menschen, denen man eigentlich nichts zu sagen hat. Okay, mit diesem Risiko muß man leben. Aber auch mit der Hoffnung, daß man zu solchen Gesellschaften erst gar nicht eingeladen wird. Nur, wenn man es grundsätzlich den Gästen überließe, sich die Tischordnung selbst auszudenken, dann säßen weiterhin Busenfreundinnen, Tenniskumpels, Stammtischbrüder und „last not least" Ehepaare auf einem Haufen. Es macht unter Umständen sogar Sinn, bei privaten Essen im kleineren Kreis auf unkomplizierte Art die Stühle zu verteilen. Das Tischgespräch nimmt womöglich von Anfang an einen ganz anderen Verlauf. Ausgenommen sind von solchen zarten Eingriffen nur die Frischverliebten, denen der Gedanke, für zwei Stunden so weit voneinander getrennt zu sein, einfach unerträglich wäre. Es gibt allerdings auch Gastgeber, die schon tagelang vor dem Essen über der Tischordnung brüten, und fest daran glauben, einen für alle unvergeßlichen Abend zu organisieren, indem sie eine Tischrunde konzipieren, die sich mit möglichst vielen Ärzten, Rechtsanwälten und Professoren schmückt, dann aber furchtbar enttäuscht sind, wenn der letzte Gast bereits vor Mitternacht das Haus verlassen hat (→ Tischordnung).

GETRÄNKE Es besteht keinerlei Verpflichtung, seine Gäste mit einer perfekt ausgerüsteten Hausbar zu bewirten. Dennoch sollten – gerade wenn ein Besuch überraschend ins Haus schneit – gewisse Getränke in einem guten Haushalt vorrätig sein. Die wichtigsten stehen im Kühlschrank: Bier, Weißwein, mindestens eine Flasche Champagner oder Prosecco und ein klarer Schnaps, was den Alkohol betrifft. In jedem Fall Mineralwasser und eine beliebige Auswahl an nichtalkoholischen Getränken wie Coca-Cola, Apfelsaft oder Limonade. Im Eisfach hält man kontinuierlich Eiswürfel parat. Außerhalb des Kühlschranks ergänzen jeweils eine Flasche Cognac, Whisky, ein Magenbitter und ein zweiter klarer Schnaps (mit Zimmertemperatur) die Grundausstattung. Wer seine Gäste (und sich) mit ein paar von den klassischen Mixgetränken verwöhnen möchte, braucht schon etwas mehr Platz im Kühlschrank. Die wichtigsten Flaschen: Wodka, Campari, Sodawasser und Bitter Lemon. In der Hausbar: Gin und Rum. Das ergänzende Sortiment für Damenbesuch: Sherry, Madeira, Portwein und als Liköre vielleicht Cointreau und Grand Marnier. Zu einer perfekten Hausbar gehört noch etwas mehr. Für ambitionierte Whiskytrinker hält man diverse Sorten parat, zumindest eine Flasche Bourbon und eine Flasche Scotch. Zum französischen Cognac kommt der spanische Brandy, ein Armagnac und ein Calvados. Aus Italien gesellen sich Fernet Branca und eine gute Flasche Grappa (möglichst nur aus einer Sorte Trauben) dazu. Das Biersortiment ist von Norden nach Süden verschieden – in Nordrhein-Westfalen hat man Pils, Kölsch oder Alt im Kühlschrank, in Bayern außer normalem Bier auch noch Weiß- oder Starkbier. Übrigens: Experimentieren mit Mixgetränken, deren Wirkung man womöglich noch an unschuldigen Gästen ausprobiert, kann ins Auge gehen oder besser gesagt auf den Magen schlagen. Besorgen Sie sich lieber ein Rezeptbuch für Mixgetränke und testen am Anfang unter Ausschluß der Öffentlichkeit.

GIGOLO Ein Mann, der weiß, wie man eine Frau verwöhnt. Vor allem, wenn er dabei finanzielle oder andere Vorteile hat. Ein Vorteil für die Frauen: Er wechselt öfter.

GILET Ärmellose Weste in verschiedenen Längen, mit oder ohne Knöpfe. Das Gilet wird nicht mehr – wie früher – zum Anzug oder zum Kostüm im gleichen Stoff mitgeliefert, sondern ist in den meisten Fällen ein selbständiges Kleidungsstück. Modisch orientierte Männer tragen zum schlichten Sportsakko eine karierte oder anderweitig gemusterte Weste; Frauen kombinieren ein einfarbiges Sommerkostüm mit einer buntgeblümten Leinenweste. Junge Männer mögen am liebsten Jeans mit einem weißen Hemd und einer strengen schwarzen Weste, die sie meistens auf dem Flohmarkt entdecken.

GIMLET Ein klassisches Mixgetränk der American Bar: Wodka oder Gin mit Limonensaft.

GLÄSER Wer großen Wert darauf legt, daß seine Gläser grundsätzlich alle zusammenpassen, sollte sich von vornherein für Serien beziehungsweise Marken entscheiden, die man immer wieder nachkaufen kann. Eine Grundausstattung, mit der ein kleiner Haushalt normalerweise zurechtkommt: Jeweils sechs Weißweingläser, Rotweingläser, Sektkelche, Schnapsgläser, Bechergläser (für Wasser, Bier, Whisky, Shakes). Ein größerer Haushalt verdoppelt diesen Vorrat und ergänzt ihn mit Biergläsern, Cognacschwenkern, Likörkelchen und Südweingläsern. Wer antike Gläser liebt und sammelt, darf sich ruhig die Freiheit nehmen, auch bei größeren Essen verschiedene Gläser gleichzeitig auf den Tisch zu stellen.

GLEICHBERECHTIGUNG Solange man diesen Begriff seinem eigentlichen Sinn nach interpretiert, nämlich als Chancengleichheit der Geschlechter, vor allem im beruflichen und juristischen Zusammenhang, kommt man als Mann erst gar nicht in Versuchung, einer Frau die Tür vor der Nase zuzuknallen. Alle tradierten Umgangsformen, die eine höfliche Aufmerksamkeit des Mannes gegenüber der Frau beschreiben, sind weiterhin gültig.

GLENCHECK Leichter Wollstoff mit großzügigen Karos. Ein klassisches Material für Herrenanzüge und Sakkos.

GLÜCKWUNSCH Früher gab es nur zwei Möglichkeiten: Entweder man gratulierte in einem handgeschriebenen Brief oder mit einem persönlichen Besuch – mit einem Blumenstrauß oder sogar Geschenk. Heutzutage ist es üblich und auch erlaubt, seinen Glückwunsch per Telefon anzubringen oder neuerdings sogar per Fax. Das Briefeschreiben ist aus der Mode gekommen – um so größer ist die Freude, wenn man zum Geburtstag oder ähnlichen Anlaß einen bekommt.

GOLDENE REGELN So wie es das „rechts-vor-links"-Prinzip im Straßenverkehr gibt, existieren auch im Bereich der Umgangsformen ein paar feste Leitsätze. Wie zum Beispiel „Niemals trinken, wenn man noch etwas im Mund hat", „Besteck immer von außen nehmen" oder „Hut ab in geschlossenen Räumen".

GOLDGRÄBER Männer oder Frauen, die im Windschatten der Schönen und Reichen segeln und ständig bemüht sind, in jedweder Form von ihnen zu profitieren.

GOLFKLEIDUNG Wer jemals im Flugzeug nach Faro saß, ins Zentrum des Golfsports an der portugiesischen Algarve, bekommt automatisch einen Eindruck davon, wie sich Golfspieler kleiden. Auch wenn sie außerhalb des Grüns unterwegs sind. Zu den Standards bei Männern wie Frauen gehören uni Polohemden, knielange Shorts in kleinem Schottenkaro und klassische Strickjacken mit V-Ausschnitt. Zu den Lieblingsfarben: Weiß, Gelb, Rot, Marineblau und Flaschengrün.

GOODWILL Den Goodwill einer Person zu haben, heißt: sein Vertrauen, sein Wohlwollen zu besitzen.

GOURMAND Er ißt gern und gut und zugleich auch viel. Ein sogenannter Schlemmer.

GOURMET Er liebt ausgesuchte Delikatessen und ist aufgrund seiner Kenntnisse in der Lage, ein fachmännisches Urteil über Speisen und Getränke abzugeben, insbesondere über Wein.

GOTHA Genealogisches Handbuch des europäischen Adels. Es ist in jeder größeren Bibliothek zu finden.

GRÄTEN (→ Fisch)

GRANDEZZA Ein würdevolles, souveränes Auftreten als natürliches Ergebnis einer außergewöhnlichen Erziehung, verbunden mit einer sozusagen angeborenen Sicherheit in bezug auf perfekte Manieren.

GRAPEFRUIT Zunächst in der Mitte durchschneiden und dann jede Hälfte mit einem spitzen Messer so bearbeiten, daß man anschließend mit einem spitz zulaufenden Löffel das Fruchtfleisch wie lauter winzige Tortenstückchen herausheben kann.

GRATULATION Wer viele Freunde und Bekannte hat und nicht alle zu jedem Anlaß gemeinsam einlädt, ist daran gewöhnt, daß zum Beispiel am Tag seines Geburtstages diverse Leute unaufgefordert zur Gratulationscour erscheinen. Sie kommen gewöhnlich am späten Vormittag und haben Blumen oder ein kleines Geschenk dabei. Am schönsten ist es, mit einem Glas Champagner auf das Wohl des Geburtstagskindes anzustoßen. Man plaudert noch maximal ein halbes Stündchen, und zum Mittagessen ist die Familie wieder unter sich.

GRAVUREN Nicht nur Eheringe eignen sich zur Gravur. Es ist überhaupt eine liebevolle Geste, wenn man Schmuck oder Uhren graviert verschenkt, Manschettenknöpfe, Besteck oder Serviettenringe (zum Beispiel als Patengeschenk).

GRIECHISCHE KÜCHE Sie hat international einen schlechten Ruf, und leider muß man sagen zu Recht. Wer einmal eine Speisekarte in der Hand hatte, braucht das eigentlich nie wieder zu tun: Er weiß ab sofort alles über die griechische Küche – mehr als dort steht, findet er nirgends. Es bleibt bei Lammbraten, Bauernsalat, Tintenfisch, Mussaka und ein paar Vorspeisen wie gefüllte Weinblätter, Oliven und Joghurt mit Gurken und Knoblauch. Alles, was gebraten wird, schwimmt in reichlich Öl und ist selten richtig heiß, wenn es auf den Tisch kommt. Schon in der zweiten Generation kämpfen die Touristen mit dem eigenwilligen Geschmack des Retsina, ein Wein, dem im Faß rund vierzig Tage lang eine Harzkugel beigegeben wird. Mit anderen Worten: Es wird auf einer Reise durch Griechenland selten passieren, daß man beim Essen vor Begeisterung die Augen schließt. Das hat aber nichts damit zu tun, daß es grundsätzlich nicht schmeckt und daß es – angesichts der Schönheit des Landes und der außerordentlichen Gastfreundschaft der Griechen – nicht jederzeit möglich ist, das alles inklusive Essen zu genießen.

GRILLPARTY Für die einen ein heißes Eisen, für die anderen eine kalte Mahlzeit. Oder haben Sie noch nie, von Mücken zerstochen, an einem Baggersee gesessen und das Feuer kam erst gegen Mitternacht in Gang? Ob man die Koteletts auf der eigenen Terrasse oder im Garten röstet, am Baggersee, im Park oder am Flußufer – ein bißchen Rücksicht auf die Nachbarn oder auf die Natur muß man schon nehmen. Typisch für Grillpartys auf deutschen Wiesen ist ein inzwischen etabliertes Mitläufertum. Gemeint sind all diejenigen, die nicht nur grundsätzlich die Schweinswürstchen zu Hause vergessen haben, sondern den andern zu später Stunde auch noch die letzten Zigaretten wegrauchen. Übrigens: Auch wenn man nicht am Tisch sitzt, kann man beim Essen den Mund zumachen und ab und zu das Fettmäulchen mit einer Papierserviette putzen.

GRÜSSEN Nach dem Motto „lieber einmal zuviel als einmal zuwenig" ist allgemeine Freundlichkeit die richtige Therapie. Im Sinne der Gleichberechtigung ist es absolut zumutbar, daß eine Frau, speziell wenn sie den Mann zuerst gesehen hat, als erste grüßt.

GRUPPENREISEN Wer sich grundsätzlich gerne der Führung eines Reiseleiters anvertraut, sich zu alt oder auch zu unsicher fühlt, allein auf Entdeckungsreisen zu gehen, schließt sich am besten einer Gruppe an. Es gibt Menschen, die sich perfekt anpassen können – andere wiederum sind nicht ganz so pflegeleicht. Sie meckern gerne, wissen alles besser oder wünschen dauernd, daß der Bus anhält, wenn es nicht vorgesehen ist. Wer sich partout nicht daran gewöhnen kann, auf andere Rücksicht zu nehmen, sollte sich doch besser allein auf den Weg machen.

GUSTO Ein anderes Wort für Geschmack. Es bedeutet zum Beispiel: Lust oder Heißhunger auf etwas zu haben – ich habe einen Gusto auf Schokolade oder saure Gurken. „Al gusto" heißt: je nach Geschmack.

H

HAARSCHNITT Man kann noch so gut und geschmackvoll gekleidet sein – wenn die Haare nicht gepflegt beziehungsweise schlecht geschnitten sind, sieht alles nur halb so gut aus. Regelmäßige Besuche beim Friseur und der zum eigenen Stil passende korrekte Haarschnitt tragen zu einem positiven Image ganz entscheidend bei.

HÄNDE IN DEN TASCHEN Nicht nur, daß die meisten Hosen heute weit genug geschnitten sind, daß man die Hände bequem hineinstecken kann – Hände in den Taschen gilt neuerdings als locker demonstrierte Lässigkeit. Dagegen ist grundsätzlich nichts zu sagen – vielen Männern gibt diese leicht verhaltene Position sogar zusätzliche Selbstsicherheit. Man sollte sich allerdings ein Gefühl dafür bewahren, wann es angebracht ist, die Hände lieber draußen zu lassen. Sei es Auge in Auge mit dem Standesbeamten, sei es bei der Begrüßung anderer Leute oder ganz einfach nur, wenn im Fußballstadion die Nationalhymne gespielt wird.

HÄNDESCHÜTTELN In Deutschland und in einigen anderen europäischen Ländern ist es üblich, sich zur Begrüßung und zum Abschied die Hand zu geben. Sei es aus hygienischen Gründen oder durch den Einfluß der Engländer oder auch durch die schleichende Amerikanisierung einiger alter Gewohnheiten – es gibt einen Trend, das ständige Händeschütteln zu reduzieren. Es wäre wirklich übertrieben, sich beim Friseur per Handschlag zu verabschieden, einen Hausgast jeden Morgen auf diese Art zu begrüßen oder auf einer großen Party Shakehands ohne Ende zu praktizieren (→ Begrüßung).

HANDGEPÄCK Genormte kleine Gepäckstücke, die man ohne Schwierigkeiten in der Gepäckablage eines Flugzeugs verstauen kann. Handgepäck ist auch das Stichwort, um klarzumachen, daß eine Person mit kleinem Gepäck unterwegs ist.

HANDKUSS Eine von vielen Frauen geschätzte, allerdings selten gewordene Begrüßung. Es gibt sogar Leute, die es nicht mehr für zeitgemäß halten, einer Frau die Hand zu küssen. Wenn es passiert, kann man beobachten, daß es Leute gibt, die sich augenscheinlich darüber amüsieren. Was den Ort der Tat betrifft, gibt es übrigens keinerlei Einschränkungen. Es ist gleichermaßen erlaubt, eine Frau mit Handkuß zu begrüßen, die man vom Bahnhof abholt, wie die gleiche elegante Verbeugung beim Wiener Opernball auszuführen. Und damit wären wir in medias res: Der Mann beugt sich über die dargebotene Hand, der Kuß wird nur als Geste angedeutet, die Lippen dürfen den Handrücken auf keinen Fall berühren.

HANDSCHRIFT Es gibt viele Leute, die nach dem Abschluß ihrer Schulausbildung beziehungsweise ihres Studiums nur noch selten mehr als zehn Zeilen mit der Hand schreiben. Sogar private Briefe werden häufig mit der Maschine geschrieben. Nicht nur, um schneller damit fertig zu werden, sondern auch um andere nicht in die Verlegenheit zu bringen, seine unleserliche „Klaue" zu entziffern. Auch wenn man nicht mehr häufig zum Füllfederhalter greift, eine schöne klare Handschrift zeichnet jeden Menschen aus.

HANDSCHUHE Wenn man sich Filme oder Zeitungsausschnitte aus den fünfziger Jahren anschaut, wird man feststellen, daß die meisten Männer Hüte tragen und die meisten Frauen Lederhandschuhe zu Kostümen und Mänteln, auch wenn es gar nicht so kalt war. Feine Leder- und Velourhandschuhe, die farblich mit Pumps und Handtaschen abgestimmt waren, galten zu dieser Zeit noch als modisches Accessoire. Das gleiche traf auch auf die Abendmode zu: Es gab kaum eine Frau, die zum schulterfreien Ballkleid nicht die passenden Handschuhe bis über die Ellenbogen zog. Es gibt auch heute noch Frauen, die diesen Prinzipien treu geblieben sind und für den Fall, daß sie per Handkuß begrüßt werden, die Handschuhe getrost anlassen dürfen.

HANDTASCHE Dazu fällt mir eine alte Geschichte aus der französischen Frauenzeitschrift ELLE ein: Man hatte fünf prominente Frauen ganz spontan darum gebeten, ihre Handtaschen für den Fotografen auszuleeren. Außer dem üblichen Lippenstift und Kamm wurden die abenteuerlichsten Dinge zutage gefördert. Außer dem zuständigen Redakteur hätte eine Psychologe bestimmt noch einiges dazu zu sagen gewußt. Handtaschen sind etwas sehr Intimes und für Männer jeden Alters eine absolute Tabuzone. Frauen, die sicher sein wollen, den Inhalt ihres Allerheiligsten auch auf Reisen für sich zu behalten, verzichten in solchen Situationen besser auf ihre geliebte Tasche und verstauen den – stark reduzierten – Inhalt an anderer Stelle. Zum Beispiel am Körper oder in der Kleidung.

HARRISTWEED Der Stoff, in den Frauen gerne ihre Nase stecken. Das Beste vom Besten, wenn es um klassische englische Tweed-Sakkos geht.

HAUSANGESTELLTE In der Generation unserer Großeltern waren Hausangestellte auch in gutbürgerlichen Haushalten so ziemlich selbstverständlich. Man konnte sich die „Perle" nicht nur finanziell gut leisten, man hatte in herrschaftlichen Wohnungen und Häusern auch genug Platz, sie unterzubringen. Das tägliche Miteinander unterlag strengen Regeln – nicht nur die räumlichen Grenzen zwischen Herrschaft und Personal waren klar abgesteckt. Heutzutage sind gut ausgebildete Hausangestellte ein teurer Spaß – der Wohnraum ist in einer Weise zusammengeschrumpft, daß ein Zusammenleben unter einem Dach in vielen Fällen unmöglich geworden ist. Damit sie dennoch soviel Hausarbeiten wie möglich delegieren können, versuchen sich viele Leute damit zu helfen, daß sie Au-Pair-Mädchen zu Putzpersonal umfunktionieren oder sich Hilfskräfte aus dem Fernen Osten oder neuerdings auch aus Polen und der ehemaligen DDR holen, die sie nicht nur schlechter bezahlen, sondern außerdem auch ungebührlich ausnutzen. Oft sind solche Leute weder sozial versorgt noch ausreichend versichert. Das ist nicht nur ein Zeichen von grenzenloser Respektlosigkeit anderen Menschen gegenüber, sondern auch die offensichtliche Bereitschaft für eine moderne Art von Sklaverei.

HAUSAPOTHEKE So wie die „gute Perle" gehört auch der Hausarzt zu den Dinosauriern der modernen Gesellschaft. Während man früher bei jedem Zipperlein den lieben Onkel Doktor bei Nacht und Nebel ins Haus zitieren konnte, kann man heute froh sein, wenn der ärztliche Notdienst nach einer entsprechenden Wartezeit erscheint, um einen schwerkranken Patienten zu versorgen. Deshalb ist es um so wichtiger, mit einer gut ausgestatteten Hausapotheke auf eventuelle Notfälle vorbereitet zu sein. Was man in dem kleinen, normalerweise mit einem roten Kreuz gekennzeichneten Schränkchen – außer Reichweite der Kinder – bereithalten sollte, sagt einem der Arzt oder Apotheker. Kontrollieren Sie bitte in regelmäßigen Abständen das Verfallsdatum der Medikamente und sortieren Sie ein Medikament lieber aus, wenn Sie sich über seine Effizienz nicht mehr im klaren sind.

HAUSARBEIT Zu einem gut geführten Haushalt gehört auch die gute Organisation der Hausarbeit. Für die eigene Familie wie für eventuelle Gäste sind Bügelbretter vor dem Fernseher, vollgestopfte Wäschekörbe und Staubsaugergeräusche als ständige Begleiter eine eher häßliche Angelegenheit. In einigen Haushalten hat man sogar den Eindruck, daß Putzen erst richtig Spaß macht, wenn andere dabei sind. Möglicherweise wollen auf diese Art die weiblichen Mitglieder an Ehemänner, Väter und Brüder appellieren, auch mal den Besen in die Hand zu nehmen.

HAUSBAR (→ Getränke)

HAUSMANTEL Man muß nicht Oblomow sein (berühmte Romanfigur von Iwan Alexandrowitsch Gontscharow, der seine physischen und geistigen Kräfte auf dem Diwan verkümmern ließ), daß einem der Hausmantel als Kleidungsstück besonders ans Herz wächst. Und er ist ja auch für andere kein scheußlicher Anblick, vorausgesetzt, er ist aus Velour oder schwerer, gefütterter Seide – und nicht ein bekleckerter alter Bademantel.

HAUSTIERE Alle wollten ihn unbedingt haben, den niedlichen kleinen Wellensittich. An der Hausfrau ist es schließlich hängengeblieben, seinen Käfig sauberzuhalten und täglich für Futter und frisches Wasser zu sorgen. Doch bevor man sich – hoffentlich gemeinsam – Gedanken darüber macht, wer den neuen Hausgenossen Gassi führt, sollte man erst mal in Ruhe darüber nachdenken, ob sich die häuslichen Verhältnisse grundsätzlich dafür eignen, ein Tier zu halten und wenn, welches. Würde man das mit dem nötigen Verantwortungsgefühl tun, säßen weniger Bernhardiner in Zweizimmerwohnungen und weniger Hauskatzen auf der Fensterbank. Wenn der Hund unbedingt auch noch in die kleine Wohnung muß, dann doch bitte ein handliches Kuscheltier, mit dem man so oft wie möglich Spaziergänge in freier Natur macht. Und wenn schon Couch-Katze ohne Mäusefang und Spaziergang über die Dächer, dann doch wenigstens eine sanftmütige Zuchtkatze, die Mäuse als liebe Hausgenossen in ihr Herz geschlossen hat.
Haustiere sind keine toten Teddys, die man nach Lust und Laune hervorholt und wieder in die Ecke schmeißt. Sie brauchen regelmäßig Aufmerksamkeit und müssen sorgfältig und artgerecht versorgt werden. Wie weit die Tierliebe geht, ob der kleine Liebling im Bett oder in der Küche schläft, muß jeder selbst entscheiden. Wenn Gäste eingeladen sind, sollte man jedoch

darauf achten, daß sie nicht gerade da sitzen, wo normalerweise die Katze liegt und ihre Haare hinterläßt, und daß die lieben Kleinen beim Essen die Pfoten vom Tisch nehmen. Es ist auch nicht selbstverständlich, seine Tiere einfach mitzubringen, wenn man selbst eingeladen ist. Bitte vorher fragen. Und wenn der Fifi mitdarf, sollte man ihn ein bißchen im Auge behalten und nicht unbeteiligt mit ansehen, wie er der Hausfrau das Make-up vom Gesicht leckt.
Übrigens: Große, starke und unerzogene Hunde haben oft die Angewohnheit, kleineren Kollegen die Beine abzuschrauben beziehungsweise deren Begleitpersonen inklusive Einkaufstüten zu Boden zu werfen. Ich weiß, Fifi ist auf jeden Fall unschuldig und Sie sind außerdem noch gut versichert. Wie wäre es, sich nötigenfalls „trotzdem" bei der gegnerischen Partei mit den entsprechenden Worten und einem Blumenstrauß zu entschuldigen?

HAUTE COUTURE Handgenähte Unikate der internationalen Designer-Kollektionen. Ausgesprochen teure Aushängeschilder von Nobelhäusern wie Dior, Lanvin und Yves Saint Laurent.

HAUTEVOLEE Leute von hohem Rang, die gesellschaftliche Elite.

HAUTGOUT Geruch, eigenwilliger Beigeschmack – wurde ursprünglich nur im Zusammenhang mit Wild benutzt. Das Wort verwendet man heute auch im übertragenen Sinn. Zum Beispiel: Die Geschichte hat einen Hautgout, also einen seltsamen, anrüchigen oder auch unangenehmen Beigeschmack.

HEMDSÄRMEL Sobald die Jacke über dem Stuhl hängt, darf man die Hemdsärmel umklappen, aufschlagen oder so hoch krempeln, wie es einem Spaß macht. Allerdings: Bevor die Jacke drüber kommt – alles wieder abrollen. Warum? Weil die Manschetten, um der korrekten Anzugordnung zu entsprechen, auf jeden Fall die obligatorischen zwei Zentimeter unten rausgucken müssen!

HERRENABEND Es gibt zwei Möglichkeiten: Entweder

die Herren sind entschlossen, einen feuchtfröhlichen Abend unter Männern zu verbringen, oder es handelt sich um ein ernsthaftes, meist geschäftlich motiviertes Treffen. Letzteres findet meist im Rahmen eines gemeinsamen Essens statt, üblicherweise im störungsfreien Nebenzimmer eines renommierten Restaurants.

HERRENBEGLEITUNG Manche Frauen verzichten bewußt auf Herrenbegleitung, auch wenn der gesellschaftliche Rahmen sie eigentlich vorsieht. Andere Frauen wiederum würden sich nicht einmal mit einer Freundin auf ein Glas Wein treffen, ohne einen starken Mann an ihrer Seite zu haben. Vieles kann man nach dem eigenen Gefühl entscheiden. Eine wesentliche Ausnahme sind große offizielle Tanzveranstaltungen: Hier erscheint man grundsätzlich als Paar.

HERRENDIENER Man begegnet ihnen in guten Hotels, begehbaren Kleiderschränken und neben der Bettkante von Junggesellen: Lauter blankpolierte hölzerne Kleiderständer, die am Abend mit allem belastet werden, was nicht gleich in die Wäsche geht. Oder man hängt ihnen schon um und an, was man am nächsten Morgen anzuziehen gedenkt.

HERRENGARDEROBE Die Grundausstattung des männlichen Kleiderschranks: ausreichend Unterwäsche aus reiner Baumwolle in den klassischen Farben Weiß und Blaßblau; lange Socken und Kniestrümpfe in Schwarz, Dunkelblau und Dunkelgrau aus Wolle und Baumwolle sowie schwarze Seidenkniestrümpfe; eine Auswahl an klassischen Hemden in Weiß, Blaßblau, Puderrosa und blau-weißen Metzgerstreifen, dazu einige Unis mit Button-down-Kragen: mindestens ein weißes Smokinghemd; schlichte weiße T-Shirts, diverse uni Polohemden; Cardigans mit V-Ausschnitt in klassischen Farben, diverse Pullover; Jeans und Sporthosen, graue Flanellhosen; zweireihiger dunkelblauer Blazer, diverse Sport-Sakkos; dunkelgrauer Anzug, dunkler Anzug, Smoking; Trenchcoat, klassischer Wintermantel (z. B. Kamelhaar oder Loden); Wildlederblouson oder andere Sportjacke; Auswahl klassischer Krawatten, Smokingschleife; ein Paar Manschettenknöpfe; einfarbige weiche Wollschals, passende Handschuhe; klassische schwarze und dunkelbraune Schuhe und Slipper, ein paar glatte schwarze Schuhe für abends, Sportschuhe, Lederpantoffeln; uni beziehungsweise klassisch gestreifte Pyjamas aus Baumwollstoff; flauschiger weißer Bademantel, Morgenmantel.

HIGHLIFE Exklusive Lebensform der vornehmen Gesellschaft. Zeichnet sich aus durch einen genußreichen, kostspieligen Lebensstil.

HIGH SOCIETY Man definiert sie auch als die oberen Zehntausend oder als die Schönen und Reichen. Sie werden von denen, die weniger privilegiert sind, bewundert und gleichzeitig beneidet. Man verfolgt mit Anteilnahme ihr Schicksal, indem man regelmäßig in den Klatschspalten der Boulevardpresse darüber liest.

HINTERGRUNDMUSIK Wie der Name schon sagt: Sie sollte sich im Hintergrund halten. Wenn es darum geht, Besucher, Kunden oder Gäste auf dezente Art musikalisch zu berieseln, sie dadurch kauflustiger zu machen oder einfach nur in gute Stimmung zu bringen, während sie auf den Start einer Lufthansa-Maschine warten, sollte man nicht nur mit der Lautstärke vorsichtig umgehen. Ehe man anderen mit seinem persönlichen Geschmack auf die Nerven geht, besorgt man sich unter Umständen bereits bespielte Bänder. Selbst in guten Restaurants schreckt man neuerdings nicht davor zurück, die Gäste zusätzlich mit Evergreens wie „Strangers in the Night" oder der soundsovielten Version von „New York, New York" zu bedienen. Möglicherweise als typische Zeichen einer Zeit, in der sich die Menschen nicht mehr viel zu sagen haben.

HOCHZEIT Je zeitiger man damit beginnt, für den „schönsten Tag des Lebens" die entsprechenden Vorbereitungen zu treffen, desto weniger gerät man später unter Druck und desto besser kann man ihn genießen. Das heißt: Zunächst muß man sich darüber klar werden, ob man außer der standesamtlichen Trauung auch noch kirchlich heiraten möchte und wenn, in welchem Abstand. Wir der Abstand zu groß, ist aus dem Heiraten ein bißchen „die Luft raus". Viele Brautpaare bemühen sich, beides für denselben Tag oder wenigstens an zwei aufeinanderfolgenden Daten zu organisieren. Das Ganze am liebsten im Mai und möglichst an einem Feiertag. Spätestens bei der Festlegung der Termine erfährt man, welche Papiere dem Standesamt oder der Kirchenbehörde eingereicht werden müssen. Achtung: Die Bestimmungen sind nicht in allen Bundesländern gleich. Normalerweise genügen der Personalausweis (oder Reisepaß), die Geburtsurkunde, die Taufscheine, Bescheinigungen des Meldeamtes und die Heiratsurkunden der Eltern beziehungsweise das Familienbuch. Gehen wir also davon aus, daß die Termine feststehen, so kann man daraufhin auch alles weitere langfristig planen. Nicht nur, daß heutzutage die Vorbereitung und Finanzierung einer Hochzeit nicht mehr wie früher ausschließlich von der Familie der Braut übernommen werden – es ist für jegliche weitere Organisation sinnvoll, die Familie einmal gemeinsam an einen Tisch zu setzen, um alle Programmpunkte durchzusprechen. Aus der äußeren Form, auf die man sich einigt, ergibt sich automatisch alles andere. Das heißt: Wer in der Eckkneipe feiert, wird nicht im Cut erscheinen – wer seine Gäste ins Nobelrestaurant bittet, bestellt mit Sicherheit keine Schrammelmusik. Es ist auch der rechte Zeitpunkt, sich über die Formulierung der Hochzeitsanzeige Gedanken zu machen. Viele junge Leute betrachten die früher üblichen Formen, nach denen sich diverse Familieninstanzen „beehrten, die Vermählung bekanntzugeben“ als verschraubt und längst überholt. Sie handeln vielmehr nach dem Motto „je schlichter, desto besser“. Es ist auch der richtige Zeitpunkt, in bezug auf die Empfänger der Anzeige eine Adressenliste zusammenzustellen und sich darüber zu einigen, wer zur eigentlichen Hochzeitsfeier eingeladen wird, wie man wo feiert und was man anzieht.

Wenn all diese Dinge besprochen sind, kann der Druck der Vermählungsanzeigen in Auftrag gegeben und die Hochzeitsgarderobe bestellt werden. Dabei sollte man im Auge behalten, daß nicht nur Braut und Bräutigam äußerlich zusammenpassen, sondern bestenfalls die ganze Hochzeitsgesellschaft wie aus einem Guß erscheint. Der Phantasie sind grundsätzlich keine Grenzen gesetzt – lediglich beim Einsatz traditioneller Kleidungsstücke muß man sich auf jeden Fall an die Regeln halten. Das heißt: Einen Cut trägt man nur am Vormittag, einen Frack erst am Nachmittag und einen Smoking im Laufe des Tages überhaupt nicht (→ Cut → Frack → Smoking). Der Cut am Vormittag kann allerdings auch durch einen Stresemann ersetzt werden (→ Stresemann).

Zu all diesem offiziellen Feststaat, mit dem der Bräutigam sich schmücken kann, trägt die Braut selbstverständlich genau das weiße Kleid, von dem sie schon als kleines Mädchen geträumt hat. Bis auf den Brautstrauß sind sämtliche Accessoires wie Handschuhe, Strümpfe, Schuhe etc. ebenfalls weiß. Wenn der Bräutigam Cut trägt, ist es wünschenswert, aber nicht zwingend, daß auch die männlichen Gäste im Cut in die Kirche kommen. Wer keinen hat und auch keinen leihen möchte, ist auch im schwarzen Anzug korrekt gekleidet. Weibliche Gäste erscheinen vormittags in eleganten Tageskleidern oder Kostümen, die mit Hut und Handschuhen veredelt werden können. Zum Frack am Nachmittag dürfen sie bereits ihre Abendkleider anziehen – allerdings mit Stola, Abendjacke oder passendem Mantel. Das einzige, was absolut nicht erlaubt ist: die Farbe Weiß. Sie ist selbstverständlich der Braut vorbehalten.

Wer gar nicht in die Kirche, sondern nur aufs Standesamt geht, hat in bezug auf die Kleiderfrage eine wirklich große Auswahl. Es ist auch nichts dagegen zu sagen, daß die Braut im weißen Kleid vor den Beamten tritt. Und der Bräutigam – je nach Tageszeit – in Cut, Stresemann oder Frack. Der einzige, der auch in diesem Fall tabu bleibt, ist der Smoking.

Wenn auf der Hochzeitsanzeige Ort und Zeit der Trauung vermerkt sind, gibt man allen, die sie bekommen haben, die Möglichkeit, zumindest als Zaungäste vor dem Standesamt oder in der Kirche dabeizusein. Wenn sich die Gelegenheit ergibt, darf anschließend auch kurz gratuliert werden. Die zweite Chance für eine kurze Gratulationscour ist ein Stehempfang nach der Trauung, auf den ebenfalls in der Anzeige hingewiesen wird. Zum eigentlichen Hochzeitsessen oder Hochzeitsfest wird separat in schriftlicher Form eingeladen. Für Gäste, die von außerhalb kommen, sollte man sich rechtzeitig um Zimmer kümmern, was allerdings nicht heißt, daß man sie auch bezahlen muß. Man darf den Gästen theoretisch auch zumuten, selbst dafür zu sorgen, daß sie von der Kirche ins Restaurant kommen. Um kleine Mißstimmungen und Staus zu vermeiden, sollte das Brautpaar allerdings auch in diesem Fall vorsorgen und den Transport organisieren.

Je nachdem, wie viele Gäste man bewirten will, hat man den Tisch im Restaurant oder den Festsaal rechtzeitig ausgewählt und mit dem Wirt das Menü, die Dekoration und die musikalische

Frage besprochen. Wer nachmittags heiratet, lädt normalerweise anschließend zu Kaffee und Kuchen ein, danach zum Abendessen. Und auch zu Musik und Tanz. Das Brautpaar walzt zum Auftakt allein über das Parkett, die Gäste folgen. Auch wenn es für viele Leute eine lästige Pflicht ist – um eine Tischordnung kommt man an diesem Tag nicht herum. Das frischgebackene Ehepaar bekommt die zentralen Ehrenplätze, links und rechts in bunter Reihe von ihren Eltern umrahmt. Wie man den Rest der Gesellschaft plaziert, ist Geschmacksache. Manchmal auch Glückssache: Genausogut wie es passieren kann, daß willkürlich zusammengesetzte Mitglieder beider Familien, die sich vorher nie gesehen haben, einen Riesenspaß zusammen haben, können sich zwei fast feindliche Lager bilden, die sich offensichtlich nichts zu sagen haben. Übrigens: Auch wenn man für das kirchliche Zeremoniell andere Trauzeugen bestimmt hat als fürs Standesamt, sollten alle vier gleichermaßen zum Fest eingeladen sein. Noch ein Wort zu den Geschenken: Viele Brautleute sind schon perfekt eingerichtet, bevor sie vor den Standesbeamten treten. Um zu vermeiden, daß sie nach der Hochzeit mit vier Espressomaschinen dastehen, hat es sich eingebürgert, vom kleinsten bis zum größten Wunsch alles auf einen Notizblock zu schreiben, von dem sich Hochzeitsgäste jeweils das passende Zettelchen abreißen können.

HÖHERE TÖCHTER Die Formulierung stammt noch aus der Zeit, als wohlhabende und besonders angesehene Familien ihre Töchter in Mädchenpensionaten auf ihre zukünftige Position als Ehefrau und Mutter vorbereiten ließen. Heute ist die gleiche Formulierung oft zynisch gemeint und bezeichnet junge Mädchen, die die Tatsache, aus einer wohlhabenden Familie zu stammen, im falschen Moment als Privileg einsetzen.

HOFKNICKS Einige von uns werden sich an die Sissy-Filme erinnern und an die Szene, in der Romy Schneider den Hofknicks und damit die standesgemäße Begrüßung ihrer zukünftigen Schwiegermutter einstudiert. Generell kann man sagen, daß Knicksen und Beugen immer mehr aus der Mode kommt, und daß es nur eine Frage der Zeit sein wird, bis eine britische Rocksängerin die Königin von England begrüßen kann, ohne dabei in die Knie sinken zu müssen.

HOMBURG Man nennt ihn auch den Diplomatenhut. Seinen Namen verdankt er Edward VII. von England, der ihn in Bad Homburg zum erstenmal auf dem Kopf trug. Er zeigt insgesamt eine kompakte Form, in der Mitte einen länglichen Knick, sein schmaler, leicht hochgebogener Rand wird von einem Ripsband eingefaßt. Er paßt zu vielen offiziellen Gelegenheiten.

HONORATIOREN Damit sind all diejenigen gemeint, die auf honorige Art im Licht der Öffentlichkeit stehen: Bürgermeister, Ratsherren, Klinikchefs, Generaldirektoren, erfolgreiche Maler und Schriftsteller. In kleinen Dorfgemeinschaften, in denen man Honoratioren noch an den Fingern einer Hand abzählen kann, bilden sie nicht selten eine kleine konspirative Gruppe.

HORS D'OEVRES Sie bezeichnen grundsätzlich besonders feine Vorspeisen, die am Anfang eines festlichen Menüs serviert werden.

HOSENROCK Eine Mischung aus Rock und Hose. Er ist grundsätzlich so weit geschnitten, daß er auf den ersten Blick immer wie ein ganz normaler Rock aussieht. Erst bei genauerer Betrachtung erkennt man den Schnitt einer knielangen Hose. Hosenröcke sollten nur schlanke Frauen tragen.

HOSENTRÄGER In sogenannten „zivilisierten" Ländern war es früher verpönt, seine Hosenträger unter der Jacke vorblitzen zu lassen, geschweige denn, die Jacke völlig auszuziehen. Hosenträger waren urspünglich alles andere als ein modisches Accessoire, sondern dazu gedacht, die Hose zu halten. Unentbehrlich für Männer, die ihre Figur, speziell ihre Taille verloren hatten. Eine Ausnahme machten nur die Bayern: Zur traditionellen Lederhose schmückten sie sich schon seit eh und je mit kunstvoll verzierten Hosenträgern. Inzwischen darf man auch außerhalb Bayerns seine Hosenträger zeigen. Leider können nur wenige Männer mit dieser neuen Mode umgehen. Statt wie Al Capone aufzutreten, passen sie eher in den Rosenmontagszug.

HOTEL Nur weil man das Zimmer bezahlt, darf man sich nicht gleich so benehmen, als ob einem das ganze Hotel gehörte. Wie in vielen anderen Situationen des täglichen Lebens muß auch hier das Preis-Leistungs-Verhältnis stimmen. Das heißt unter anderem: Wer mit seinem Zimmer nicht zufrieden ist oder glaubt, daß es nicht den angebotenen Leistungen entspricht, sollte das ruhig sagen – möglichst bevor die Koffer ausgepackt sind. Man verbraucht nur unnötig Energie und schafft sich die ersten Todfeinde im Haus, wenn man seinen Unwillen lautstark am Etagenkellner ausläßt. Ein ruhiges, aber entschlossenes Gespräch mit dem Manager oder gegebenenfalls auch dem Chef der Rezeption führt sicherlich eher zum Ziel.

Größere Geldbeträge und Wertsachen schließt man gleich bei der Ankunft in den Safe – in großen Hotels findet man ihn heutzutage schon im Zimmer. Kleinere Beträge – möglichst in Landeswährung – hält man am besten griffbereit in der Tasche. Gerade bei der Ankunft werden mehrere kleine Dienstleistungen fällig – Gepäck hochtragen, Zwischenstecker organisieren, zusätzliche Kleiderbügel besorgen, schnell mal eine Hose aufbügeln etc. – und man hat die passenden Trinkgelder bereit.

Zur Grundausstattung eines modernen Hotelzimmers gehören inzwischen auch Fernseher und Minibar. In beiden Fällen ist der Gast zur Rücksicht aufgerufen. Also bitte nicht nach einem ausgedehnten Barbummel ins Zimmer poltern und das Nachtprogramm auf volle Lautstärke drehen. Und was die Minibar betrifft: Vorausgesetzt, es sind entsprechende Formulare bereitgelegt, ist es wohl nicht zuviel verlangt, parallel zum Ausräumen des Kühlschranks auch ein Paar Kreuze in die Liste zu machen. Der Zimmerkellner wird es Ihnen danken.

Während der Verdacht immer schnell auf das Zimmermädchen fällt, wenn die gnädige Frau ihre Ohrringe verlegt hat, argumentiert der unerschrockene Gast mit dem Stichwort „Kavaliersdelikt“ und stopft sich weiterhin ungeniert Handtücher, Aschenbecher und andere Utensilien in den Koffer. Es soll sogar Leute geben, die in Grandhotels so lange per Roomservice Bestellungen aufgeben, bis sie ihr Hotelsilber komplett haben. Geschickte Manager versuchen der notorischen Kleptomanie ihrer Nobelkunden schon damit entgegenzukommen, daß sie diverse Utensilien mit dem geliebten Schriftzug schon im hauseigenen Souvenir-Shop zum Kauf anbieten. Oder – und das ist für Stammgäste besonders traurig – sie ersetzen das „gute Besteck und Service“ durch landläufiges Hotelgeschirr.

Übrigens: Wer meint, frei darüber entscheiden zu können, ob er einen „blinden Passagier“ in seinem Zimmer übernachten läßt oder nicht, ist im Irrtum. Auch wenn er eine Suite mit drei Betten gemietet hat, zusätzliche Personen müssen grundsätzlich angemeldet werden. Wer es dennoch tut, sollte die Sache am nächsten Morgen (möglichst vor dem Frühstück zu zweit) ganz schnell in Ordnung bringen. Man erspart sich und dem Gast unter Umständen Peinlichkeiten. Schon mancher Nachtschwärmer, der geglaubt hat, man hätte seine nächtlichen Aktivitäten nicht bemerkt, wurde – spätestens bei einer intensiven Betrachtung seiner Rechnung – eines Besseren belehrt.

HOUSEWARMING Die Einweihung einer Wohnung oder eines neuen Hauses. Zu der dazugehörigen Party lädt man üblicherweise außer guten Freunden auch seine neuen Nachbarn ein.

HÜTE Wie an anderer Stelle (→ Handschuhe) schon erwähnt, sind die Hüte zwar nicht im Aussterben, aber immerhin sehr selten geworden. Auch wenn sie zum festen Fundus einer jeden Modenschau gehören, auch wenn sie für Frauenzeitschriften fotografiert und von Männermagazinen propagiert werden. Selbst bei offiziellen Anlässen wie Familienfeiern und Staatsereignissen sieht man sie immer seltener. Und auch als Markenzeichen. Ich denke da an Charlie Chaplin, Joseph Beuys, Konrad Adenauer, Humphrey Bogart und Clark Gable. Für die heutige Zeit fällt mir nur Udo Lindenberg ein. Wenn überhaupt noch, blühen sie im Verborgenen, die Homburgs, die Bowlers und Borsalinos. Einer, der sich am Strand und ab und an auch im Straßenbild gehalten hat, ist der unverwüstliche Panama.
Bei Frauen sieht es ähnlich finster aus. Da fällt mir Audrey Hepburn als Sabrina ein, Marlene Dietrich mit ihren Schlapphüten und Jackie Kennedy mit der legendären Pillbox. Außer einer kurzen und ziemlich fürchterlichen Renaissance des kleinen Huts mit Schleier (einfach nicht mehr zeitgemäß) schmücken auch die Frauen ihre Köpfe bestenfalls mit einer neuen Frisur.

HUMMER Manch einer hat es sich schon schweren Herzens verkniffen, das edle Meerestier zu bestellen (besonders wenn er eingeladen war), weil er nicht wußte, wie man ihm auf den Panzer rückt. Man kann es noch so sorgfältig mit Worten erklären – am besten und schnellsten lernt es jemand, indem er einem alten Profi auf die Finger guckt. Prinzipiell sollte man wissen: Bevor ein Hummer auf den Tisch kommt, wird er bereits in der Küche der Länge nach in zwei Hälften geteilt. Während speziell die Amerikaner ihn gerne unter Champignons, Zwiebelscheiben, Tomaten- oder Käsesauce verschwinden lassen, ißt ihn der Feinschmecker am liebsten so wie er ist. Eventuell mit einem Hauch heißer Butter oder einem Klecks selbstgemachter Mayonnaise. Die größeren Stücke aus der vorgelegten Hummerhälfte lassen sich mit einer normalen Fischgabel ganz leicht herauslösen. Während man mit einer Hand den Panzer hält, bricht die andere mit einem kurzen Ruck die Scheren direkt am Kopf ab. Spätestens in diesem Moment tritt das Hummerbesteck in Aktion. Es besteht aus zwei Teilen, der Zange und der Gabel, die von zwei Seiten benutzt werden kann. Mit der Zange knackt man das dickere Teil der Schere – mit der schmalen Seite der Gabel schabt man das zarte weiße Fleisch vorsichtig heraus. Mit der löffelähnlichen Gegenseite können wir größere Stücke aus dem Panzer essen. Die Beine bricht man in ihren Gelenken ab und zieht wieder das feine Fleisch mit den leicht gebogenen Zinken der Hummergabel heraus. Für den, der es mag, ist es erlaubt, die Beinchen auszusaugen. Scheuen sie nicht davor zurück, beim Hummeressen ihre Hände einzusetzen. Natürlich braucht man Fingerschalen und extragroße Servietten.

HUSTENANFALL Zwischen einem leichten Husten und einer schweren Bronchitis, deren Hustenanfälle gerade ihren Höhepunkt erreicht haben, ist ein himmelweiter Unterschied. Abgesehen davon, daß „schwere Fälle“ ihre Theaterkarten (vom Konzert ganz zu schweigen) besser verschenken sollten, kann ein geräuschvoller Dauerhuster auch bei einem gemeinsamen Abendessen eine wenig appetitliche Sache sein. Auch wenn man sich – was sowieso selbstverständlich ist – dabei die Hand vor den Mund hält. Ein vollgeschneuztes Taschentuch als Schutzwall zwischen sich und der Umwelt ist wohl auch nicht die richtige Lösung.

HYGIENE An Wasser- und Seifenmangel kann es nicht liegen, daß es immer noch erstaunlich viele Zeitgenossen gibt, die mit ungewaschenen Händen und Füßen durch die Gegend laufen. Dann gibt es noch solche, die jeden Morgen unter der Dusche stehen und anschließend wieder die gleichen Sachen anziehen, in denen sie sich auch schon gestern und vorgestern wohlgefühlt haben. Das kleinere Übel sind Flecken und Schmutzränder; die größere Katastrophe – besonders für die anderen – ist Körpergeruch. Und der macht bekanntlich einsam. Gerade dann, wenn man häufiger und intensiver transpiriert als andere Menschen, muß man sich äußerst sorgfältig pflegen. Regelmäßiges gründliches Waschen, ein Deodorant an der richtigen Stelle und Kleidung aus natürlicher Baumwolle, die man täglich wechselt – dann dürfte eigentlich nichts mehr passieren. Das gilt natürlich auch für die Füße. So wie es Leute gibt, die stärker schwitzen, gibt es auch Leute, deren Kopfhaut schneller Fett produziert. Sie müssen sich einfach nur öfter die Haare waschen – möglichst mit einem medizinisch getesteten Shampoo. Aber auch normales Haar sollte mehr als einmal in der Woche eingeseift werden. Lieber gepflegtes Haar, das man selbst frisiert, als ein festgespraytes Friseurprodukt, das man – womöglich ohne Kämmen – so lange wie möglich zu konservieren versucht.

Mit regelmäßigem Zähneputzen hält man seine Zähne auch nicht in einem gepflegten Zustand. Wenigstens einmal im Jahr ist ein Zahnarztbesuch angebracht. Auch wenn er keine Schäden feststellt – die Zähne können bei der Gelegenheit von Zahnstein befreit werden.

Zur allgemeinen Hygiene gehören auch gepflegte Finger- und Fußnägel, regelmäßiges Wechseln von Handtüchern, Leib- und Bettwäsche und das peinliche Sauberhalten der hygienischen Bereiche in Küche, Bad und Toilette. Besonders in Gesellschaft von Haustieren gilt: Lieber einmal Händewaschen zuviel als zuwenig.

I

IKEBANA Hier geht es um die japanische Kunst des Blumensteckens. Die Blumen werden nicht zu den sonst üblichen Sträußen gebunden, sondern einzeln und in der Kombination mit ausgefallenen Blättern und Gräsern zu einem Blumengesteck arrangiert.

IMAGEBERATER Ein neuer Berufsstand als Antwort auf eine Zeit, in der gutes Aussehen und sicheres Auftreten – speziell wenn es um die Qualifikation für Positionen im oberen Management geht – so wichtig sind wie nie zuvor. Ganze Büros haben sich darauf spezialisiert, das Persönlichkeitsbild ihrer Kunden auf vielerlei Art zurechtzuschleifen. Angefangen von optischen Korrekturen wie Haarschnitt, Brille, Anzüge, Farbkombinationen, Büroeinrichtung, Automarke etc. bis hin zu Rhetorikkursen und Unterricht in Benimmfragen.

IMPFEN Wer in die Tropen reist, muß sich frühzeitig erkundigen, ob für das Land oder die Länder, die er voraussichtlich bereisen will, Impfvorschriften bestehen. Für die Einreise in bestimmte Länder ist Impfen Pflicht, für andere nur eine Empfehlung. In erster Linie geht es dabei um klassische Tropenkrankheiten und Epidemien wie Pocken, Cholera, Typhus, Malaria, Gelbfieber und Hepatitis. Mit ihrem Auftauchen und Verschwinden variieren auch die jeweiligen Bestimmungen für eine entsprechende Prophylaxe. Um einerseits möglichst gut vorbereitet zu sein – speziell, wenn Sie vorhaben, sich aus der relativen Sicherheit der internationalen Hotels landeinwärts zu bewegen –, andererseits aber vermeiden wollen, inzwischen überflüssig gewordene Maßnahmen zu ergreifen, ist es sinnvoll, nicht nur den Hausarzt, sondern auch die zuständige Abteilung im Gesundheitsamt oder das Tropeninstitut zu konsultieren. Die körperliche Stabilität, das heißt auch die eventuelle Resistenz gegen Viren, mögliche Infektionen und andere Attacken auf Ihre Gesundheit, läßt sich forcieren, indem man – einige Wochen vor der Abreise – sein Immunsystem durch gesundes Leben plus der Einnahme von Vitaminen, Mineralien und anderen stärkenden Mitteln in Bestform bringt.

INDISCHE KÜCHE Wer erste Erfahrungen mit den Spezialitäten der indischen Küche machen möchte, hat heutzutage auch in deutschen Großstädten eine wachsende Auswahl an Restaurants zur Verfügung. Eine gute Gelegenheit, mit der Politik der kleinen Schritte auszutesten, was einem besonders schmeckt und vor allem – wie weit man die zum Teil sehr stark gewürzten Speisen verträgt. Einen guten ersten Eindruck bekommt man, indem man zu Beginn eines Menüs eine Auswahl der vielen feinen Vorspeisen bestellt, die zur Vielfalt dieser Küche gehören. Unerläßlich: ungewürztes Fladenbrot, Joghurts, diverse pikante Saucen, Pickles und Chutneys. Pickles sind säuerlich eingelegte Gemüsesorten. Unter Chutneys versteht man diverse saure, scharfe und süß-saure Gelees aus Früchten und Gewürzen. Als wichtigstes Gewürz dominiert Curry vor vielen anderen exotischen Gewächsen. Es bezeichnet nicht nur das Gewürz, sondern auch alle, hauptsächlich mit Curry gewürzten Hauptspeisen. Was in Ungarn ein Gulasch, ist in Indien ein Curry. Die passenden Getränke: Wasser, Tee oder Bier.

INDISKRETION Ein wichtiger Vertrauensbruch. Im privaten wie im geschäftlichen Umfeld ein oft nicht wiedergutzumachender Fehler. Nach dem alten Sprichwort: „Reden ist Silber, Schweigen ist Gold", lohnt es sich immer, in Ruhe nachzudenken, bevor man gedankenlos Dinge ausplaudert, über die man besser geschwiegen hätte.

IN FLAGRANTI Es bedeutet soviel wie „auf frischer Tat ertappt" und spielte eine große Rolle in der Zeit, als bei Ehescheidungen noch die Schuldfrage juristisch zu klären war.

INFORMATIONSGESPRÄCH Ein erster, möglichst unverbindlicher Gesprächskontakt, der – je nach Verlauf – zu weiteren, meist konkreteren Geschäftsverbindungen führt.

INITIALEN Hier geht es um die Anfangsbuchstaben der Namen, die sich junge Mädchen früher von ihren Großmüttern auf die Kopfkissen sticken ließen. Und heutzutage Männer auf ihre Hemdtaschen (→ Monogramm). Seit einigen Jahren eine aus Amerika übernommene Gewohnheit: Die Übernahme des zweiten Vornamens auf gedruckte Formulare und Visitenkarten als Initial. Beispiel: Werner H. Müller.

INSEKTENSPRAY Wer jemals mit QUANTAS, der nationalen australischen Airline, nach Sydney, Melbourne oder Perth geflogen ist, kennt die Prozedur: Kurz vor der Landung werden die Kabinen inklusive der Passagiere mit einem starken Anti-Insektenmittel eingesprüht. Auf diese Weise versucht man, das Land vor den Folgen neuer Schädlinge zu schützen.

Was in einigen privaten Haushalten zur Bekämpfung von Fliegen und Mücken veranstaltet wird, nennt man landläufig „mit Kanonen auf Spatzen schießen". Bevor Sie mit einer chemischen Spraybombe hinter einer einzelnen Stechmücke herjagen, denken Sie bitte daran: Langfristig gesehen richtet man auf diese Weise mehr Unheil an als ein kleiner Mückenstich es vermag.

INSERATE Außer der eigenen Großmutter wird heutzutage per Kleinanzeige so ziemlich alles verkauft: gebrauchte Kühlschränke, noch nicht gebrauchte Flugscheine, schlankmachende Trimm-dich-Geräte und Traumdiäten, Wüstengrundstücke und Privatinseln. So amüsant die Lektüre solcher vielversprechenden Angebote auch sein mag – eine persönliche Erfahrung mit sogenannten Gebrauchtwaren kann einen unter Umständen stark ernüchtern.

INSTANTGETRÄNK Aus Pulver, Körnchen und feingemahlenen Granulaten entsteht in Verbindung mit Wasser Kaffee, Tee, Milch, Limonade etc. eine schnelle Lösung. Akzeptabel zum Beispiel auf Reisen, jedoch keine Dauerlösung für richtige Teetrinker und Kaffeetanten.

INTERNAT Früher konnten nur wohlhabende Familien ihre Kinder zur Schulbildung außer Haus schicken. Heutzutage kann es auch ein notwendiges Übel sein, wenn beide Eltern berufstätig und die Kinder sich tagsüber selbst überlassen sind. Als Privilegierte gelten nach wie vor die Absolventen sogenannter Eliteschulen wie Eaton in England, Salem in Deutschland oder das Lyceum Alpinum in Zuoz in der Schweiz.

INTHRONISATION Ein geläufiger Ausdruck aus dem Sprachschatz der Kirche und der Monarchie. Man benutzt ihn heutzutage auch bei massiven Beförderungen im ganz normalen Geschäftsbereich.

IRISH COFFEE Heißer Kaffee mit einem Schuß Whisky, einem Löffel Zucker und einer flüssigen Sahnehaube.

ITALIENISCHE KÜCHE Ein sichtbares Zeichen für die internationale Beliebtheit dieser Küche, den italienischen Restau-

rants als auch Feinkostgeschäften auf der ganzen Welt. Im Zentrum der Begeisterung stehen dabei zweifellos Pasta und Pizza – unter anderem zwei unschlagbare Geheimwaffen im Kampf um die Gunst von Kindern zwischen Afrika und Australien. Während die Herkunft der Pizza einwandfrei geklärt ist – sie stammt aus Neapel und war ursprünglich nur mit Tomaten und Oregano belegt –, scheiden sich nach wie vor die Geister, wenn es um die Klärung der Frage geht, ob es nun Marco Polo war, der die feine Teigware aus China mitgebracht hat oder doch schon damals die Italiener die Hände mit im Spiel hatten. Ich kann nur sagen: Mir ist das ziemlich egal, solange die geliebten Spaghetti, Makkaroni, Ravioli, Tagliatelle und Tortellini nicht von der Speisekarte verschwinden. Nudelrezepte, Vorspeisen und Desserts wechseln mit den Spezialitäten der regionalen Küchen. Zu den kulinarischen Dauerbrennern außerhalb des Landes gehören: Minestrone (die klassische Gemüsesuppe), Insalata Caprese (Mozarella mit Tomaten), Carpaccio (rohes, hauchfein geschnittenes Lendenfleisch mit Olivenöl und geriebenem Parmesan), Spaghetti Carbonara (mit Schinken, Sahne, Eiern und Speck) und Tiramisu (eine süße Todsünde mit Kakao und Mascarpone), Parmaschinken mit Melone und alle Arten von Risotto. Die wichtigsten Käse: Parmesan, Gorgonzola und Pecorino.
Zum Abschluß einer Mahlzeit trinkt man Espresso – dazu einen hochprozentigen Grappa oder einen lieblichen Amaretto.
Mit der italienischen Küche haben auch die italienischen Weine viele Herzen erobert. Zu den gängigen Marken oder genauer gesagt Anbaugebieten zählen Orvieto, Soave, Corvo und natürlich Chianti (→ Wein).

J

JACKETT Männer als auch Frauen tragen verschiedene Jacketts mit wechselnden Hosen oder Röcken als sogenannte Kombination. Sommerliche Versionen aus Leinen oder dünner Baumwolle (eventuell auch ungefüttert) werden mit Hemden, Blusen, Polos oder T-Shirts ergänzt. Winterjacketts aus dicken

Wollstoffen oder Tweed vertragen auch Pullover und schlichte Cardigans zum Drunterziehen. Je nach Figur und Mode dominieren Ein- oder Zweireiher. Aus der sportlichen Klubjacke entwickelte sich der heutige Blazer, den man im klassischen Marineblau in den meisten Kleiderschränken finden kann.

JACKETKRONE Eine zahnärztliche Behandlungsmethode, die statt medizinischer Motive auch kosmetische Hintergründe haben kann. Die bloße Aussicht auf ein strahlendes Hollywood-Gebiß läßt viele Patienten (und Ärzte) vergessen, daß natürliche Zähne nie ganz und gar makellos sein können. Also Vorsicht mit dem Strahle-Effekt! Nicht ganz so schneeweiß und hier und da eine kleine Macke kommt bestimmt viel besser an.

JAHRESTAG Es gibt eine Menge offizieller Jahrestage, die an glückliche und auch an traurige Ereignisse erinnern: Politische Befreiung oder Kapitulation, der Geburtstag einer prominenten Staatsperson oder deren Todestag. Auch im Privatleben erinnert man sich an wichtige Ereignisse und würdigt sie entsprechend. So ist es eine schöne Geste, am Todestag der Mutter Blumen aufs Grab zu legen oder an dem Tag, an dem man seinen Partner kennengelernt hat, mit einer kleinen Überraschung nach Hause zu kommen.

JAHRHUNDERTWEIN Er bezeichnet alle besonders wertvollen, seltenen Weine. So wird zum Beispiel ein normaler guter Rotwein zu einem Jahrhundertwein, wenn der betreffende Jahrgang ein außergewöhnliches Weinjahr war und dementsprechend auch außergewöhnliche Weine hervorgebracht hat.

JAKOBSMUSCHEL Eine etwa handtellergroße delikate Meeresmuschel, die als Coquille St. Jacques unter exklusiven Fisch-Vorspeisen zu finden ist.

JAM SESSION Oft auch tagsüber und im Freien stattfindende Jazz-Veranstaltung. Vorläufer der heutigen organisierten Jam Sessions waren früher zwanglose Begegnungen engagierter Musiker, die Spaß daran hatten, gemeinsam zu musizieren und dabei Erfahrungen auszutauschen.

JANKER In Bayern sagt man: Das Schlimmste, was man einem Preußen antun kann, ist, ihm seinen Trachtenjanker wegzunehmen. Das heißt: Die Zeiten haben sich geändert. Der unverwüstliche Lodenjanker, dem man früher nur im Einzugsbereich von Biergärten und Almhütten begegnete, hat sich inzwischen auch in die Kleiderschränke der Nordlichter verirrt. Er ist förmlich zum Modeartikel avanciert – in abgewandelten Formen, vielen neuen Farben und mit Vorliebe in Leinen und Leder. Die sogenannte Münchner Bussi-Bussi-Gesellschaft – und unter ihnen vor allem die „Zugereisten" – hat ihn (angeblich aus Antilopenleder) zu ihrer eigenen Tracht erkoren.

JAPANISCHE KÜCHE Die schleichende Invasion der Japaner ist nicht aufzuhalten und damit auch nicht der Einzug von Japan-Restaurants und Sushi-Bars in unsere Stadtbilder. Wie alle anderen asiatischen Küchenchefs legen auch die Japaner Wert darauf, Fleisch, Fisch, Gemüse und andere Zutaten stark, aber nur kurz zu erhitzen. Als eine besondere Delikatesse servieren sie Sushi – eine auf verschiedene Art zubereitete Spezialität aus rohem Fisch. Besonders beliebt: Lachs und Thunfisch. Die sorgsam filetierten Stücke werden, in Reis- und Algenblätter gewickelt, auf den Tisch gebracht. Dazu gibt es eine scharfe Sauce aus Ingwer und Meerrettich.

JAUSE So nennt man sie in Österreich, in Bayern sagt man Brotzeit. Eine kalte Mahlzeit mit Wurst und Käse, die – der Tradition des Landes entsprechend – auch in öffentliches Biergärten beziehungsweise Jausenstationen mitgebracht werden darf.

JAWORT Auf den ersten Blick eine romantische Situation, die weiterhin von heftigem Herzklopfen begleitet ist, obwohl die Männer dabei nicht mehr auf die Knie fallen. Auf den zweiten Blick sollte man sich darüber im klaren sein, daß die mündliche Zusage, sich auf ewig zu binden, auch im juristischen Sinn als verbindliches Eheversprechen gewertet wird. Auch für eine sozusagen „inoffizielle Verlobung" gelten die gleichen Bestimmungen wie für eine offizielle (→ Verlobung).

JEANS Mit dem Wandel der Zeit wandelte sich auch die

Mode. Heute gibt es ständig Neuerscheinungen, die jedoch vergänglich sind wie Hot pants, Metallkleider oder transparente Blusen. Andere werden zu Klassikern wie Schottenröcke oder Trenchcoats, und wieder andere ruhen für alle Zeiten im Museum wie Krinolinen, stocksteife Kragen und Gehröcke. Die absolut bahnbrechende Neuentdeckung dieses Jahrhunderts ist nicht, wie viele meinen, der Minirock, sondern ohne Zweifel die Jeans. Für die rebellische Jugend avancierte die ehemalige amerikanische Arbeiterhose zum äußeren Symbol ihrer Freiheit; für Menschen, die nach Feierabend Wert auf Bequemlichkeit legen, zum Lieblingskleidungsstück ihrer Freizeit. Doch damit nicht genug: Auch wer abends zu einer Party oder ins Theater geht, muß auf seine geliebten Jeans nicht verzichten. In Kombination mit einem entsprechenden Blazer sind sie absolut salonfähig. Früher trug man sie ausschließlich blau und verwaschen. Inzwischen gibt es die beiden neuen Modefarben Grau und Schwarz. Wie Gregor von Rezzori kommentiert: „Bluejeans sind das zeitgemäßeste Kleidungsstück unserer Epoche."

JETLAG Die spürbaren „Nachwehen" eines drastischen Zeitunterschieds auf Flugreisen. Vielflieger und Reiseprofis haben ihre eigenen Rezepte, mit den fehlenden oder überflüssigen Stunden zurechtzukommen. Ein extremes und für mich recht zweifelhaftes Beispiel: Man gönnt sich in den letzten Nächten vor der Abreise so wenig Ruhe, daß man – vor lauter Müdigkeit – während der Reise von schlaflosen Nächten verschont bleibt. Ich halte von solchen Gewaltkuren recht wenig. Lieber ein gutes Buch dabeihaben, falls man zum falschen Zeitpunkt aufwacht, und ansonsten so schnell wie möglich nach dem neuen Rhythmus leben, ohne ständig darüber nachzudenken, wie spät es jetzt in Deutschland ist.

JETON Eine Spielmarke, ein sogenannter Chip, normalerweise aus Plastik. Unter ambitionierten Spielern ist es eine Art Tradition, den ersten gewonnenen Jeton ihres Lebens nicht in Geld einzuwechseln, sondern als Erinnerung mit nach Hause zu nehmen.

JEUNESSE DOREE Durch ihre Herkunft privilegierte Söhne und Töchter der oberen Zehntausend, die sich auch äußerlich – durch teure Autos, exklusive Kleidung und entsprechendes Taschengeld – von Gleichaltrigen unterscheiden.

JOB-HOPPING Ständiger Wechsel des Arbeitsplatzes und in vielen Fällen auch immer wieder eine andere Arbeit. Während es in jungen Jahren, also zu Anfang einer Karriere, normal erscheint, sich öfter neu zu orientieren, wirft es in späteren Jahren ein fragwürdiges Licht auf dermaßen sprunghafte Menschen.

JOB-SHARING Dieser Ausdruck trifft zu, wenn sich zwei oder mehrere Leute den gleichen Arbeitsplatz teilen.

JOGGING Die sportliche Entdeckung des 20. Jahrhunderts und die zuverlässigste Art, blasse Stadtmenschen zwischen sieben und siebzig bei Sonnenaufgang und bei Sonnenuntergang auf die Straße zu locken. Die ernsthaften Sportler schaffen es bis in die Grünanlage oder in den Park – die Unvernünftigen verlegen ihren gleichmäßigen Dauerlauf an den Rand der Bürgersteige, nur eine Nasenlänge entfernt von Auspuffgas und Großstadtdreck. Was die sportliche Verkleidung betrifft, sind keine Grenzen gesetzt. Man sieht schlichtweg alles: von alten ausrangierten Unterhemden und verbeulten Shorts bis zu Sexy-T-Shirts mit Hot pants und Stirnband. Die eigens zu diesem Thema kreierten Jogging-Anzüge aus weichen hautfreundlichen Stoffen haben nicht nur im Handumdrehen die internationalen Jogging-Pfade erobert, sondern tauchen neuerdings überall da auf, wo Freizeit und Bequemlichkeit großgeschrieben werden. Was so weit geht, daß einige Freizeitfanatiker, sobald sie die Büro-„Outfits" abgelegt haben, in nichts anderem mehr zu sehen sind als in ihren farbenfrohen Trainingsanzügen. Womöglich noch im Partnerlook mit der ganzen Familie ...

JOINT-VENTURE Zwei getrennte Unternehmen, die sich für ein gemeinsames Geschäft kurzfristig zusammenschließen.

JOUR FIXE Ein festgelegtes Datum, an dem regelmäßig die gleiche Sache stattfindet. Typische Beispiele: Ein Open-House-Cocktail bei Familie X an jedem zweiten Sonntag im Monat oder Hausmusikabend beim Konzertpianisten Y am letzten Samstag jeden Monats.

JUBILÄUM Vorausgesetzt wird ein besonderer Grund zum Feiern wie der 75. Geburtstag eines Familienmitgliedes, die Goldene Hochzeit der Großeltern oder auch das 25jährige Dienstjubiläum des eigenen Abteilungsleiters. Es wird zu Hause gefeiert, im Restaurant oder auch in der festlich geschmückten Firmenkantine. Gerade wenn es um treue Mitarbeiter geht, ist besondere Sensibilität bei der Organisation einer Feierstunde angebracht. Schon mancher altgediente Kollege war von der Respektlosigkeit seines Juniorchefs gegenüber seinen besonderen Leistungen tief getroffen. Bei älteren Jubilaren und Geburtstagskindern sollte man daran denken, daß ihre Kräfte begrenzt sind und ihnen zwischendurch die nötige Ruhe gönnen.

JUKEBOX Musikautomat, in dem Schallplatten mit Unterhaltungsmusik abgespielt werden. In den fünfziger und sechziger Jahren stand sie in fast jeder Eckkneipe. Heute trifft man sie als Sammelstück in Wohnungen, die im Stil der damaligen Zeit eingerichtet sind.

JULKLAPP Eine demokratische Art, Geschenke zu verteilen: Jeder wirft sein Päckchen in einen großen Sack – anschließend darf sich jeder blind sein Geschenk herausziehen.

JUMPSUIT Hier handelt es sich immer um einen langärmeligen Overall mit Knöpfen in der Mitte oder – seinem Fallschirmspringer-Vorbild entsprechend – mit Reißverschluß. Es gibt sportliche Jumpsuits aus Popeline oder weichen Wollstoffen, aber auch abendliche aus festlicher Seide oder Samt.

JUNGGESELLE Früher galt ein Mann, der mit vierzig Jahren noch nicht „unter der Haube“ war, als verknöcherter Junggeselle oder als ein nur mit Vorsicht zu genießender Kauz. Heutzutage sind sie auch mit fünfzig noch begehrt. Vielleicht nicht unbedingt als Ehemann (was kein Nachteil ist), sondern vielmehr als charmante Gesellschafter und galante unabhängige Tischherren.

JUNK Sammelbegriff für minderwertiges Essen, das den Magen zwar füllt, aber bei weitem nichts mit guter Ernährung zu tun hat. Gemeint sind beispielsweise pappige Sandwiches mit fettiger Wurst, salzige Chips und Knabberzeug sowie klebriger Süßkram.

JUS Konzentrierter Bratensaft, der im tiefgefrorenen Zustand in jede Profiküche gehört.

JUWELEN (→ Brillanten)

K

KABRIOLET Ambitionierte Sportwagenfahrer unterscheiden zwischen Autos ohne Verdeck und echten Kabriolets. Zur ersten Kategorie gehören alle normalen Mittelklassewagen, deren Karosserie sich kaum verändert, sobald das Verdeck fehlt. Richtige Kabriolets sind all die schneidigen Zweisitzer, die man schon mal im Kino gesehen hat. Gefahren von James Dean bis zu James Bond. Was man auf keinen Fall an ihnen sehen möchte: Entstellende Spoiler, die das klassische Design oft berühmter Stylisten verderben.

KÄSE Zum Abschluß eines Menüs, zur Ergänzung einer bayerischen Brotzeit, als herzhafte Häppchen zum Wein – überall wird Käse auf den Tisch gestellt. Die diversen Sorten werden auf Teller oder Holzbretter verteilt oder man holt gleich die ganze Käseglocke aus der Speisekammer auf den Tisch. Jeder bedient sich selbst – je nach der Konsistenz des Käses mit einem Käsehobel oder Käsemesser. Zurückhaltung ist in jedem Fall angebracht. Käse schließt nämlich wirklich den Magen, und das schneller als man denkt.

KÄSEFONDUE (→ Fondue)

KAFFEEHAUS Ob man immer dasselbe aufsucht oder in jeder Stadt gleich nach neuen Stammadressen Ausschau hält – im Kaffeehaus sitzen ist eine beschauliche Angelegenheit und kann leicht zur Passion werden. Wer den Kaffeehausgenuß auf die Spitze treiben will, braucht einen Stammplatz, eine Zeitung, die er regelmäßig liest, eine kleine Marotte (zum Beispiel Kandiszucker zum Tee oder ein Glas heißes Wasser) und einen Kellner, der ihn mit Namen grüßt.

KAFFEEKRÄNZCHEN Eigentlich ein Wort, das nicht mehr ganz zeitgemäß ist, denn man verbindet mit ihm automatisch das Bild eines kleinbürgerlichen Damenzirkels mit Streuselkuchen, Stickrahmen und typischen Moralpredigten. Kuchenschlachten mit Kaffee, Tee oder Kakao kommen allerdings niemals aus der Mode und haben ihre leidenschaftlichen Anhänger überall – unabhängig vom Alter und ungeachtet des Geschlechts. Wer ein konventionelles „Kränzchen" vermeiden will, setzt die Gäste nicht an eine feste Kaffeetafel, sondern stapelt Tassen und Teller neben ein buntes Küchenbüffet. Als kleine zusätzliche Stimmungsmacher: ein Glas Sekt vorweg und für zwischendurch ein paar Likörchen zur Auswahl.

KAFTAN Ein offenes, langärmeliges Gewand aus dem Orient, das mit einem Gürtel gehalten wird. Als ernstzunehmendes Kleidungsstück paßt es allerdings bestenfalls in ein Ferienhaus – in mitteleuropäischen Wohnzimmerlandschaften wirkt ein Kaftan eher deplaziert.

KAISERBART Eine Kombination aus Schnurrbart und Backenbart nach dem Vorbild des Kaisers Franz Josef I. von Österreich.

KALBSBRIES Eine Delikatesse, die nicht eines jeden Geschmack ist: Die Thymusdrüse vom jungen Kalb oder Rind, meist mit Ei und Petersilie in der Pfanne zubereitet.

KALLIGRAPHIE Die Kunst des Schönschreibens ist, seit die meisten Menschen auf Maschinen schreiben, leider immer mehr ins Hintertreffen geraten. Das geht inzwischen so weit, daß viele Leute auch ihre private Korrespondenz auf diese Art erledigen. Wenigstens persönliche Briefe sowie Einladungen und Danksagungen sollte man doch mit der Hand schreiben.

KALTES BÜFFET (→ Büffet)

KALTSCHALE Kalt servierte, flüssige Obstspeise, die oft mit Wein verfeinert und mit Gelatine leicht gebunden wird. In den warmen und obstreichen Sommermonaten gilt sie als ideales Zwischengericht oder auch als erfrischendes Dessert.

KARAFFE Verschiedene Getränke, speziell Spirituosen, lassen sich in attraktiver Form in den für sie eigenen Karaffen aufbewahren. Die kleinste unter ihnen ist die Rumkaraffe (als hübsche Ergänzung zum Teeservice), die gebräuchlichste ist wohl die Rotweinkaraffe, dazwischen liegen diverse andere dickbauchige (geschliffene) Glasflaschen mit Stöpsel für verschiedene Liköre und harte Sachen. Vorsicht beim Ein- und Umfüllen! Wer sich nicht merken kann, was hinter beziehungsweise in den bräunlichen Flüssigkeiten steckt, hängt den Karaffen die dafür gemachten Silberkettchen mit Schild um den Bauch oder klebt ihnen zur Erinnerung ein Klebebändchen unter den Fuß.

KARNEVAL Die einen können es kaum erwarten, daß die tollen Tage beginnen, die anderen verdrehen entsetzt die Augen. Programmierte Fröhlichkeit ist nun mal nicht jedermanns Sache. Und der Humor, das heißt der praktizierte Frohsinn, ist auch nicht überall der gleiche. Während die Kölner und die Düsseldorfer Karnevalsjecken am liebsten auf der Straße und an der Theke ihren Kopf verlieren, amüsieren sich Mainzer und Aachener ganz besonders auf Sitzungen und sogenannten Kappenabenden – die Münchner schwören auf Künstlerfeste und Maskenball. Die Alemannen halten mehr von Umzügen als von Umtrünken, Venedig stirbt in Schönheit und Raffinesse, in Rio wird die nackte Haut zu Markte getragen. Wer eigentlich keinen Sinn dafür hat, mit anderen ausgelassen durch die Straßen zu tanzen, und dem allgemeinen Maskenzwang seit Jahren mit einem geringelten T-Shirt die Stirn bietet, hält sich vom Karneval am besten fern. Eine unangenehme Sorte von Menschen aber sind diejenigen, die meinen, eine Pappnase gäbe ihnen die Gelegenheit, einmal im Jahr „so richtig die Sau rauszulassen“. Mit einem Ehekrach am Aschermittwoch sind solche Entgleisungen meist noch nicht ausgestanden.

KARTENSPIEL Es gibt Leute, die sind als Spieler geboren und andere, denen es schwerfällt, nein zu sagen, wenn der dritte

Mann beim Skat fehlt, obwohl sie gar keine Lust zu spielen haben. Grundsätzlich gilt: Man sollte niemand nötigen, und niemand sollte sich zum Spiel nötigen lassen. Und wenn man sich daran beteiligt, sollte man stets bemüht sein, es – trotz allem positiven Ehrgeiz zu gewinnen – immer noch als Spiel zu sehen, und zwar mehr als eine angenehme Art der Unterhaltung und nicht als eine unangenehme Möglichkeit, seine Freunde besser kennenzulernen. Es gibt einige Kartenspiele, die an Einsätze, das heißt an Chips oder Geld gebunden sind. Achten Sie darauf, daß keiner der Spieler in eine finanzielle Sackgasse gerät. Es gibt kaum etwas Unangenehmeres, als nach einer durchspielten Nacht einem guten Freund Geld abzunehmen, in dem Bewußtsein, daß er sich die Höhe des Betrages gar nicht leisten kann. Gewinnen soll ruhig Spaß machen – Großmannssucht ist fehl am Platz!

KARTOFFELN Darf man sie nun mit dem Messer schneiden oder nicht? Darauf kann ich nur eine diplomatische Antwort geben. Offen gestanden sehe ich keinen Grund, der Kartoffel – egal in welchem Zustand – mit dem Messer auf die Pelle zu rücken. Wenn sie richtig gekocht sind – als Salzkartoffeln, Bouillonkartoffeln oder Pellkartoffeln – kann man sie eigentlich ohne Probleme mit der Gabel zerteilen, in Sauce tunken und in den Mund schieben. Wer allerdings Angst hat, beim entscheidenden Stich in eine „al dente" gekochte deutsche Kartoffel größeres Unheil anzurichten, sollte in Ausnahmefällen das Messer benutzen. Klein schneiden und dann noch mit den Gabelzinken in die Sauce quetschen geht allerdings entschieden zu weit.

KATERFRÜHSTÜCK Für einige, die voreilig zugesagt haben, die perfekte Form der Vormittags-Folter; für andere, die den Alkohol und seine Nachwirkungen leichter wegstecken, eine wunderbare Mahlzeit und die beste Art, Körper und Geist wieder ins Gleichgewicht zu bringen. Also: Bringen Sie niemanden in Verlegenheit, indem sie zu früh zu Bier und Rollmops einladen. Und selbst wenn man sich erst nach zwölf trifft – es schadet nichts, Coca-Cola, Sodawasser und Alka Selzer in petto zu halten.

KATZENJAMMER Wie der Name schon sagt, ein jammervoller Zustand, der einen oft genug dann ereilt, wenn man ihn überhaupt nicht brauchen kann. Als Sofortmaßnahme empfehle ich kalte und warme Wechselduschen, Vitaminbomben, Alka Selzer, ein kräftiges Frühstück (wenn möglich), die Lieblingsplatte für die gute Laune und die Lieblingsklamotten zur Steigerung des Selbstbewußtseins.

KATZENTISCH Je weiter er vom Tisch der Erwachsenen entfernt ist, um so besser. Am Katzentisch, einer sympathischen Speisetafel im Zwergenformat, dürfen Kinder kleckern und kichern, solange es ihnen Spaß macht. Als Katzentische bezeichnet man allerdings auch Notlösungen für alleinstehende Frauen, das heißt Tische, die in ungemütliche Ecken geklemmt werden, wenn im Restaurant kein Platz mehr ist. Dagegen sollte man sich in jedem Fall wehren und eventuell gleich ein gastlicheres Haus aufsuchen.

KAUEN Nach dem Motto „Gut gekaut ist halb verdaut" raten alle Ernährungswissenschaftler, jeden Bissen mindestens soundsovielmal im Mund hin und her zu bewegen, bevor man ihn herunterschluckt. Mit der allgemeinen Bitte, es nicht den Wiederkäuern gleichtun zu wollen und stundenlang auf einem kleinen Stück Fleisch herumzumahlen, verbindet sich auch die Empfehlung, nicht allzu große Stücke auf einmal in den Mund zu nehmen. Doch egal, ob kleines oder großes Stück, kauen oder schlingen – der Mund bleibt in jedem Fall geschlossen. Und ganz wichtig: wird leergemacht, bevor man etwas trinkt!

KAUGUMMI Es gibt Momente im Leben, in denen Kaugummi einfach fehl am Platz ist. Um einige extreme zu nennen: am Rednerpult, im Zeugenstand, vor dem Traualtar. Darüber hinaus auch in vielen Momenten, wo Kaugummi kauen zwar nicht verboten, aber ganz einfach ein Zeichen von Unhöflichkeit ist. Eine Steigerung von unhöflich ist Kaugummi kauen mit offenem Mund oder notorisches Kaugummi kauen. Wer die Gelegenheit hätte, sich selbst dabei auf Video zu beobachten, würde sich wahrscheinlich ganz schnell eines Besseren besinnen oder sich etwas anderes angewöhnen, das weniger unangenehm auffällt.

KAVALIER Das ist ein Mann, der eine Frau wie eine Dame behandelt. Er hält ihr den Regenschirm oder die Tür auf, sorgt dafür, daß sie nicht verhungert oder etwa Zugluft bekommt und hat auch – für eventuelle Tränenausbrüche – immer ein blütenweißes Taschentuch dabei.

KAVIAR Auch wenn es nicht immer sein muß – wer Kaviar liebt, ist ihm meistens verfallen und in Momenten, wenn es was zu feiern gibt, wider allen Regeln der Vernunft bereit, für die feinen glänzenden Kügelchen ein wahres Vermögen auszugeben. Den einen schmeckt er am besten pur oder mit einem Hauch Zitronensaft, andere häufen ihn auf warmen Toast mit Butter und wieder andere schwören auf die russische Variante: Kaviar mit Blinis (kleine Buchweizen-Pfannkuchen) und eisgekühltem Wodka. Ansonsten kombiniert man ihn natürlich mit Champagner. Die einen schwärmen für russischen Kaviar, die anderen für persischen. In jedem Fall handelt es sich um den Rogen des Stör. Die wichtigsten und edelsten Sorten: Beluga, Malossol und Astrachan. Übrigens: Man serviert ihn auf einem Eisbett – im Originalglas oder auf einer Schale – und ißt ihn möglichst mit einem kleinen Hornlöffel.

KEBAB Kleine Hammelfleischstücke werden scharf gewürzt, auf Spießchen gesteckt und gebraten. Die türkische Spezialität wird mit grobkörnigem Reis serviert. Eine Variation: Das Fleisch wird an einem großen Drehspieß zubereitet und portionsweise in hauchdünnen Scheiben abgeschnitten.

KELLNER Auch wenn der Gast König ist, gibt es ihm nicht das Recht, einen Kellner wie seinen Lakaien zu behandeln. Besonders Herr und Frau Neureich gewinnen enorm an Selbstvertrauen, wenn sie den Kellner lauthals kommandieren können. Normalerweise müßte es möglich sein, auf sich aufmerksam zu machen, ohne dem Kellner und den anderen Gästen das Gefühl zu geben, daß man nach seinem Hund pfeift. Wer ausgiebig die Speisekarte studiert hat, sollte in der Lage sein, eine Bestellung aufzugeben, ohne in tiefes Grübeln zu verfallen, während der Kellner neben ihm wartet, noch nach Forelle blau zu fragen, wenn er in einem chinesischen Restaurant sitzt. Nach dem Vorbild vieler anderer Länder, in denen es üblich ist, tischeweise abzurechnen, hat es sich auch bei uns mehr und mehr eingebürgert, ungefragt alles auf eine Rechnung zu schreiben. Um peinliches

Auseinanderdividieren zu vermeiden, wenn man getrennt bezahlen möchte, ist es ratsam, das gleich bei der Bestellung bekanntzugeben. Wer ständig befürchtet, vom Kellner über den Tisch gezogen zu werden, Rechnungen grundsätzlich eingehend kontrolliert und gerne in Zweifel zieht, ob er die letzten drei Bierchen überhaupt noch getrunken hat, sollte sich darum bemühen, mit seinem notorischen Mißtrauen möglichst wenige Leute in Verlegenheit zu bringen. Am besten ist, er schreibt sich alles auf oder läßt sich aufschreiben, was er bestellt, um peinliche Diskussionen zu später Stunde zu vermeiden (→ Bestellung → Restaurant → Trinkgeld).

KETA-KAVIAR Die rosa Kügelchen stammen in diesem Fall nicht vom Stör, sondern sind der Rogen vom Lachs, auch Lachskaviar genannt.

KINDERGARTEN Sollte nicht als bequeme Möglichkeit mißverstanden werden, seine Kinder täglich für ein paar Stunden los zu sein. Schon bevor ein Kind – zirka im Alter von drei Jahren – in den Kindergarten kommt, müssen die Eltern es erzieherisch darauf vorbereiten, auf andere, in diesem Fall auf Gleichaltrige, Rücksicht zu nehmen. Kein Mensch erwartet, daß es mit Messer und Gabel ißt – jedoch den einfachen Umgang mit den täglichen Dingen des Lebens sollte es irgendwann schon mal vorher geübt haben.

KINDERGEBURTSTAG Ein Tag, an dem die Kinder ihren Spaß haben sollen und nicht für die Eltern eine Gelegenheit, sich vor Freunden und Nachbarn mit einem aufgeblasenen Fest wichtig zu tun. Wenn mehr als zwei Kinder zu Kakao und Kuchen antreten, kann man Kuchenkrümel und Kakaokleckern wohl nicht vermeiden. Wer Angst hat, seine eigenen vier Wände einer solchen Schlacht auszusetzen oder nicht die Nerven hat, sie durchzustehen, tut sich und den Kindern einen größeren Gefallen, den ganzen Geburtstag außer Haus zu verlegen. Sei es in den eigenen Garten oder, vorausgesetzt das Wetter macht mit, als Picknick auf eine große Spielwiese.

KINDERSPIELZEUG Wer jemals seinen Fuß in ein durchschnittliches deutsches Kinderzimmer gesetzt hat, weiß, wovon ich spreche, wenn ich davor warne, die Kinder vom Strampelalter an mit Puppen, Plüschtieren und anderem Spielzeug zu überhäufen. Fernseher, Videorecorder und Kassettenrecorder im Kinderzimmer sind heutzutage keine Seltenheit. Die eigene Phantasie ist nicht mehr gefragt. Und: Wenn die Eltern keine Lust oder keine Zeit haben, sich mit ihren kleinen Sprößlingen zu beschäftigen, werden sie auf bequeme Art vor einer Märchenkassette geparkt. Diese Warnung gilt auch allen Tanten und Onkels, die sich mit überdimensionalen Geschenken beliebt machen, statt sich hin und wieder die Zeit zu nehmen, den Kleinen eine selbsterfundene Geschichte zu erzählen oder ein halbes Stündchen mit ihnen zu spielen. Wenn schon Spielzeug, dann möglichst kreatives wie hölzerne Bauklötze oder Lego.

KINDERSTUBE Mit diesem Ausdruck bezeichnet man die Summe aller positiven und negativen Einflüsse der Eltern auf die Erziehung ihrer Kinder. Ein positives Ergebnis nennt man eine gute, ein negatives Ergebnis nennt man im Rückblick eine schlechte Kinderstube.

KINO Egal, wie groß das Kino ist – alle wollen möglichst weit hinten und auf jeden Fall in der Mitte sitzen. Da es inzwischen viele Lichtspielhäuser ohne Platzkarten gibt, bekommen diejenigen die besten Plätze, die am ehesten da sind. Das einzige, das man sich sonst zu Herzen nehmen sollte: Bitte nicht mit den Gummibärchentüten knistern!

KIR Seit einigen Jahren auch in deutschen Landen ein beliebter Aperitif: Eisgekühlter trockener Weißwein mit einem Schuß Crème de Cassis (Johannisbeerlikör). Wenn man statt Weißwein Champagner nimmt, heißt das Ganze KIR ROYALE.

KIRCHGANG Nicht jeder, der eine Kirche betritt, kommt, um zu beten. Viele Menschen sehen im Halbdunkel dieser großen stillen Gebäude auch eine Möglichkeit der Ruhe und Selbstbesinnung. Wieder andere kommen als Touristen oder Studenten, weil sie die Kirche besichtigen möchten. Im eigentlichen Sinn ist sie jedoch eine religiöse Stätte und die Anhänger dieser Religion suchen sie auf, um auf diese Weise ihrem Gott nahe zu sein. Daran sollten alle Besucher denken, bevor sie mit Shorts und

Schlappen zur Tür hereinpoltern und lauthals aus dem Reiseführer vorlesen. Eine Kirche ist keine öffentliche Badeanstalt. In südlichen Ländern kann es sogar Usus sein, daß Frauen ihren Kopf bedecken.

KIWI Es gibt einen seltenen Vogel, der so heißt und der als Wappentier Neuseeland vertritt. Wir meinen allerdings seinen Namensvetter, das kleine vitaminhaltige Früchtchen. Es wird wie die Zitrone in der Mitte durchgeschnitten, bevor man es ißt. Sein Fruchtfleisch wird mit einem kleinen spitz zulaufenden Löffel herausgeschält.

KLATSCH Böse Zungen behaupten, daß sich achtzig Prozent des Gesprächsstoffs, den Menschen austauschen, um gemeinsame Bekannte dreht. Auch wenn diese Zahl zu hoch gegriffen ist: Es gibt nur wenige Leute, die nicht begeistert mitmachen, wenn es darum geht, das Intimleben anderer durch die Zähne zu ziehen. Von Schadenfreude und Schlüssellochneugier profitieren wöchentlich ganze Zeitschriftenbranchen. Und wer nicht zugibt, daß er – angeblich nur beim Zahnarzt im Wartezimmer – auch mal ganz gerne nachliest, wo und mit wem die Majestäten gerade ihren Urlaub verbringen, der ist nicht ganz ehrlich oder gehört zu den wenigen Ausnahmen, die sich wirklich nichts daraus machen. Mit privatem Klatsch im engsten Freundeskreis muß man allerdings ganz vorsichtig umgehen. Man arriviert sonst leicht zur Elsa Maxwell und wird von niemandem mehr ins Vertrauen gezogen.

KLECKERN Wo gehobelt wird, fallen Späne. Und wo heiße Suppe gelöffelt wird, kriegt die Krawatte oder das gute Kleid auch schon mal einen Fleck oder Fettspritzer ab. Es gibt jede Menge heißes Wasser und chemische Reinigungen und überhaupt keinen Grund, wie von der Tarantel gestochen vom Tisch aufzuspringen und eine nervöse Mißstimmung in ein gemütliches Essen hineinzubringen. Auch mit hektischem Reiben oder Eintunken in Mineralwasser kann man solchen Flecken nur selten beikommen. Sie fallen keinem Menschen auf, wenn Sie in Ruhe darüber hinweggehen, mit der gleichen Freude weiteressen und das betroffene Kleidungsstück am nächsten Tag in die Reinigung bringen.

KLEIDERORDNUNG Ganz allgemein läßt sich feststellen: Die Vorschriften, wann man was zu tragen hat, sind längst nicht mehr so streng wie früher. Da, wo sie noch Gültigkeit haben, werden sie auch weiterhin ernstgenommen und in der korrekten Form interpretiert. Das heißt zum Beispiel: Man trägt einen Frack nicht ohne Weste und einen Smoking nicht mit weißen Socken. Die Braut trägt in der Kirche keine schwarzen Lackschuhe und zum großen Abendkleid keine sportliche Umhängetasche. Die verschiedenen Arten, sich zu kleiden, sind auch an die Tageszeiten gebunden. Zu normalen Geschäftsereignissen, Messen und Ausstellungen genügen normale Anzüge und Kombinationen für den Mann – ein sportliches Kleid oder Kostüm beziehungsweise eine Kombination mit Hose für Geschäftsfrauen. Im Falle, daß eine schriftliche Einladung sportlich-elegante Kleidung vorschreibt, werden Kostüme oder Hosenanzüge mit entsprechend eleganten Accessoires kombiniert wie Seidenblusen, Lackschuhen und wertvollem Schmuck. Ist das Treffen mit einem festlichen Anlaß verbunden, ist der Mann mit einem dunklen Anzug auf jeden Fall richtig angezogen – die Frau in einem klassischen Kleid oder Kostüm mit eleganten Accessoires.
Zu großen festlichen Anlässen wird normalerweise schriftlich eingeladen und gleichzeitig auf die Kleidung hingewiesen. Was man sich als Mann in jedem Fall merken sollte: Cut trägt man vormittags, Frack nicht vor dem Nachmittag und Smoking ausschließlich abends. Noch etwas: Wer als Paar auftritt, sollte auch als Paar erscheinen. Wenn man sich nicht in der gemeinsamen Wohnung zurechtmacht, bespricht man die Kleiderfrage rechtzeitig am Telefon.

KLEINES SCHWARZES Als die Kleiderschränke noch nicht so reich gefüllt waren wie heutzutage, hielt man sich als Frau ein möglichst zeitloses, ziemlich schlichtes schwarzes Kleid für alle Fälle. Je nach Anlaß und Festlichkeit wurde das Kleine Schwarze mit buntem Seidenschal, kleiner Perlenkette oder großkalibrigem Modeschmuck immer wieder neu vorgetragen. Heute sind mit diesem Ausdruck alle kleinen Cocktailkleider gemeint.

KLÖSSE Vom lockeren Leberknödel bis zum festgerollten Kartoffelkloß gibt es nicht den geringsten Zweifel: Sie werden auf keinen Fall mit dem Messer traktiert, sondern Stück für Stück mit der Gabel zerteilt. Übrigens: Wer sich streng an die Regeln hält, gießt die Sauce ausschließlich über das Fleisch und keinesfalls über die Klöße. Man ißt abwechselnd Fleisch und Beilagen, wobei die Klöße Stück für Stück mit der Gabel in die Sauce getunkt werden.

KNICKS Es ist kaum eine Generation her, daß kleine Mädchen bei der Begrüßung Erwachsener einen artigen Knicks machten beziehungsweise Schülerinnen das gleiche taten, wenn auf der anderen Straßenseite ein Lehrer in Sicht kam. Ganz ausgestorben ist der Knicks immer noch nicht – es ist wohl nur eine Frage der Zeit, bis man ihn endgültig nicht mehr sieht.

KNOBLAUCH Nicht jeder benutzt ihn zum Kochen und nicht jeder ißt ihn mit Freuden. Dennoch besteht kein Zweifel: Knoblauch ist ein weit verbreitetes schmackhaftes Küchengewürz. Im Gegensatz zu anderen Zutaten hinterläßt er seine eigenwillige Duftnote nicht nur im Lammbraten, sondern auch in sämtlichen Körperporen und im Atem, sobald man davon ißt. Wenn alle mitmachen, nivelliert sich der kräftige Nachgeschmack unter den Betroffenen. Wenn einer allein den Braten gerochen hat, kann es passieren, daß er nicht nur ungeküßt ins Bett geht, sondern auch am nächsten Morgen im Büro den Aufzug allein benutzen darf. So wie es Leute gibt, die stärker transpirieren als andere, gibt es auch Menschen, die geringste Mengen Knoblauch im Essen noch tagelang hinterher auf unangenehme Art ausdünsten. Wer sensibel und rücksichtsvoll eingestellt ist, spürt die negative Reaktion von Familienmitgliedern und Kollegen. Entweder er beherrscht sich beim Essen, wenn er anschließend mit vielen Menschen zusammen ist, oder er besorgt sich Chlorophyltabletten beziehungsweise andere Knoblauch-Killer in der Apotheke. Verschärftes Zähneputzen allein hilft nicht.

KNOCHEN ABKNABBERN Wie an anderen Stellen schon mehrmals festgestellt: Wer gerne ißt, nimmt auch gerne einmal einen Knochen in die Hand. Wie vieles andere im Leben, kann man das auf verschiedenerlei Art tun – was beim Knochen abnagen natürlich besonders scheußlich sein kann. Anderen Leuten am Tisch kann leicht der Appetit vergehen, wenn jemand sich wie ein Bluthund auf den Teller stürzt, gleich die ganze Haxe an sich reißt, mit offenem Mund daran herumnagt und zwischendurch mit fettigem Mund aus seinem Bierglas trinkt. Wer hingegen manierlich knabbert und Mund und Hände mit Serviette oder vielmehr mit Fingerschale sauberhält, stört mit Sicherheit niemanden.

KNUTSCHEN Eine sehr private Angelegenheit zwischen zwei Menschen, die sich offensichtlich attraktiv finden. Es hat wohl niemand etwas dagegen, wenn sich Verliebte an den Händen halten oder auch Zärtlichkeiten austauschen. Leidenschaftliches Knutschen, das einigen offensichtlich besonders viel Spaß macht, wenn andere zugucken, gehört nicht in die Öffentlichkeit. Nicht nur aus Gründen der Moral – es sieht auch ganz einfach nicht gerade appetitanregend aus.

KÖNIGINPASTETE Als Vorspeise sehr beliebte, mit warmem Kalbsragout gefülltes Blätterteigtörtchen. Wer sie seinen Gästen serviert, darf nicht vergessen, die traditionelle Worcestersauce auf den Tisch zu stellen!

KÖRPERBEHINDERTE Bedauerlicherweise werden wir im tägliche Leben viel zu selten mit ihnen konfrontiert – sei es im Park, im Kino, im Straßencafé oder auch im Restaurant. Was nicht heißt, daß es keine behinderten Menschen gibt. Die meisten leben allerdings zurückgezogen in ihren Familien oder in der vertrauten Umgebung eines Heims. Man könnte sich die Frage stellen, wie weit es am Fehlverhalten der gesunden Menschen liegt, daß man sie so selten unter uns sieht. Oder ob es an Betreuern fehlt oder an der richtigen Einstellung der Familie zu der Krankheit, die ja eigentlich gar keine ist, sondern ein Handicap, mit dem das Leben aber durchaus noch Spaß machen kann. Normales, aufmerksames Verhalten, das weder zur einen noch zur anderen Seite übertrieben wird, könnte einen kleinen, aber vielleicht – auf lange Sicht gesehen – entscheidenden Teil dazu beitragen, daß Menschen, die mehr als andere auf Hilfe angewiesen sind, sich auch außerhalb von Heimen gut und sicher fühlen.

KÖRPERGEWICHT Auch zu Zeiten, als Lebensmittel sehr

knapp waren, gab es offensichtlich Menschen, die trotz gleicher Ernährung ein geringeres oder größeres Körpergewicht auf die Waage brachten. Das heißt: Die unterschiedliche Funktion des Stoffwechsels sorgt ganz wesentlich dafür, in welcher Art die Nahrung im Körper umgesetzt und weiterverarbeitet wird. Ein weiterer wichtiger Faktor ist der durch körperliche und geistige Tätigkeit individuell verschiedene Kalorienverbrauch. Und last not least wird auch der seelische Zustand eines Menschen in seinen Körperfunktionen reflektiert. Und, nicht zu vergessen: Der Körperbau eines Menschen, das heißt die Antworten auf die Fragen, ob er schlaksig, zierlich oder gedrungen wirkt, sind bereits genetisch vorgegeben. Es gibt Männer, die sich täglich mit Sahnetorten und fetten Wurstbroten vollstopfen und kein Gramm auf die Rippen bekommen. Es gibt Frauen, die sind lebenslänglich auf Diät und wirken dennoch mollig.

Mit anderen Worten: Man sollte zunächst bereit sein, sich selbst so zu akzeptieren, wie man ist, und nicht ständig versuchen, etwas darstellen zu wollen, was man doch niemals sein kann. Verzweifelte Versuche von Frauen, dem superschlanken Vorbild von Titelblatt-Mädchen hinterherzuhungern, haben zu exaltiertem Eßverhalten geführt, das in der Magersucht seinen Höhepunkt hat. Auf der Kehrseite der Medaille gibt es Menschen, die maßlos und unbeherrscht essen, was regelmäßig zu massivem Übergewicht führt. Alle Traumdiäten als letzter Rettungsanker sind irgendwann nur noch ein Tropfen auf den heißen Stein, führen nachhaltig zu Frustgefühlen und belasten den Kreislauf. Der Mensch ist und bleibt dick und fühlt sich als Außenseiter einer fitneßgetrimmten stromlinienförmigen Umwelt. Nach dem Motto „Wehret den Anfängen“ sind alle Eltern aufgerufen, schon beim Kleinkind die Weichen im Eßverhalten richtig zu stellen und für eine natürliche, ausgewogene Ernährung zu sorgen. Auch wenn es manchmal bequemer ist, die Kleinen mit einer Tüte Pommes Frites oder einer Currywurst abzuspeisen. Wer erst viel später selbst auf den Gedanken kommt, sein Körpergewicht zu korrigieren, sollte – statt vielversprechenden Wunderdiäten auf den Leim zu gehen, die meist nur kurzfristig für Erleichterung auf der Waage sorgen – seine Eßgewohnheiten offenen Auges prüfen und diese in einigen grundsätzlichen Punkten rigoros umstellen. Was nicht heißt, daß man auf alles, was schmeckt, für immer verzichten muß.

KÖRPERSPRACHE Zu den anderen Sitten in anderen Ländern gehören auch die verschiedenen Körpersprachen. Wobei die gleichen Gesten und Zeichen, die man gewöhnlich benutzt, ein paar tausend Kilometer weiter etwas ganz anderes bedeuten. Ganz allgemein läßt sich beobachten, daß die Körpersprache in nördlichen Ländern viel weniger ausgebildet ist als im sonnigen Süden. Das hat mit der unterschiedlichen Mentalität zu tun, aber sicher auch mit der Tradition, daß Menschen, die in der Sonne leben, viel häufiger aufeinandertreffen und dementsprechend viel kommunikativer und auch extrovertierter sind, während der kältere Norden die Menschen davon zurückhält, das Haus zu verlassen. Ob man nun mit den Augen spricht oder mit den Händen – Haltung, Mimik, Gesten und Gebärden sind nicht nur aufschlußreich, sondern vielfach auch verräterisch. Verkrampfte Hände, hängende Schultern und ein unsteter Blick zeugen von Unsicherheit, ständig am Ohr zupfen, auf dem Kopf kratzen und mit dem Fuß wippen sind Zeichen von Nervosität. Ein paar Minuten Videofilm im Familienkreis können leicht darüber Aufschluß geben, wie wenig einem die eigene Körpersprache bewußt ist. Auch wenn man nicht gleich alle liebgewordenen Gewohnheiten aufgeben muß – was einem allerdings wichtig sein muß, ist eine gute Körperhaltung.

KOFFERKLEID So nennt man unkomplizierte Kleider aus Wolle oder anderen knitterfreien Stoffen, die man besonders gerne auf Reisen mitnimmt. Man zieht sie nach der Ankunft im Hotel ganz einfach aus dem Koffer und kann sie – ohne zu bügeln – gleich anziehen.

KOFFER PACKEN In vielen Familien gehört es heute noch zu den Aufgaben der Hausfrau. Die Tradition stammt aus der Zeit, als es grundsätzlich die Mutter war, die regelmäßig Kontakt mit der Wäsche hatte und deshalb auch am besten wußte, wie man damit umgeht. Denn nur, wer sich selbst mit dem mühseligen Plätten von Rüschen und Manschetten gequält hat, weiß, wie weh es tut, zu beobachten, wenn alles achtlos in den Koffer fliegt. Die fünf oder zehn Minuten mehr Zeit, die es kostet, die Sachen, die man einpacken möchte, vorher sorgfältig zusammenzulegen, machen sich spätestens dann bezahlt, wenn man den Koffer wieder auspackt.

KOFFERTRÄGER Nicht auf allen Bahnhöfen und Flughäfen gibt es sogenannte Kofferkulis, mit deren Hilfe man sein Gepäck selbst aufladen und transportieren kann. Wer sich bei der Ankunft in Ländern der dritten Welt von Kofferträgern genötigt fühlt, sollte immer daran denken, daß es für diese Menschen womöglich die einzige Chance ist, Geld zu verdienen. Es ist übrigens nicht ratsam, im allgemeinen Durcheinander in Portemonnaie oder Handtasche nach dem passenden Kleingeld zu fahnden. Man vermeidet unnötigen Streß und den schnellen Kontakt mit Taschendieben, indem man etwas Kleingeld für den Kofferträger sowie das nötige Geld für eine Taxifahrt zum Hotel griffbereit hat.

KOLONIALSTIL Eine populäre, durch den verstärkten Reisetrend Richtung Südostasien inspirierte Art, sich einzurichten. Auf Antiquitätenmärkten in England und Frankreich findet man noch viele Kleinmöbel aus den ehemaligen Kolonien: Tische, Schränkchen und Regale aus Rattan und Bambus mit dunkellackierten Oberflächen sowie ganze Wagenladungen sogenannter Lloyd Looms, den beliebten enggeflochtenen Korbsesselchen mit passenden Tischen und etlichem Zubehör. Die ursprünglich für Terrassen und Wintergärten konzipierten Sitzmöbel findet man neuerdings an Eßzimmertischen und auch als Schreibtischstühle. Favorit unter den Deko-Stoffen: blaßgeblümte große Muster im englischen Landhausstil. Beliebte Accessoires: Ventilatoren unter der Decke, alte Picknick-Körbe, Kamel- und Elefantenmotive an den Wänden, Kleinkram aus Elfenbein, Horn und Kroko.

KOLUMNE Eine in Zeitungen oder Zeitschriften regelmäßig veröffentlichte Spalte, in der zu aktuellen Tagesthemen Stellung genommen wird.

KOMMUNION (→ Erstkommunion)

KOMPLET Diese klassische Kombination aus Kleid und passender Jacke zeugt von damenhafter Eleganz und paßt zu vielen festlichen und offiziellen Gelegenheiten.

KOMPLIMENT Je nachdem, wie es vorgetragen wird, kann

es einem Menschen schmeicheln oder auch lästig sein. Fadenscheinige Komplimente sind oft ein billiges Mittel, um eine andere Person geschickt für sich zu gewinnen. Positive Bemerkungen zu einem gelungenen Abendessen, ein paar charmante Worte über ein hübsches Kleid oder ein paar Worte der Anerkennung zum gelungenen Geschäftsabschluß hört eigentlich jeder gerne.

KOMPOTTLÖFFEL Zu einigen traditionellen Gerichten wie Rheinischer Sauerbraten oder Kartoffelpuffer wird weiterhin selbstverständlich Apfelmus gereicht. Ansonsten sind Kompotte zum Essen etwas seltener geworden und man sieht sie im wesentlichen als Nachtisch. Der Kompottlöffel wird entweder mit aufgetragen oder liegt oberhalb des Gedecks quer – an Stelle des Dessertbestecks. Eventuelle Obstkerne werden vom Löffel an den Tellerrand gelegt.

KONFEKTION Sammelwort für Kleidung, die man „von der Stange" kaufen kann. Frauen haben es mit der Fixierung ihrer Konfektionsgröße leichter – bei Männern kommt es selten vor, daß der Anzug von oben bis unten richtig paßt. Herrenausstatter sind deshalb dazu übergegangen, zwei Männertypen zu trennen und anhand der Konfektionsgrößen zu identifizieren. Das heißt: Große schlanke Männer fragen von vornherein nach 90er Größen; kleine kräftige Figuren passen besser in 50er Größen. Auch die Beinweiten, Armlängen und Hosenlängen gibt es inzwischen als Maße gestaffelt.

KONFESSION Obwohl es – wie in alten Zeiten – auch heute noch interne oder externe kriegerische Auseinandersetzungen gibt, denen religiöse Motive zugrunde liegen, ist das Zusammentreffen verschiedener Glaubenslehren im privaten Bereich etwas unkomplizierter geworden. Die Menschen sind aufgeschlossener und mobiler als früher, und es kommt dementsprechend auch häufiger zu sogenannten Mischehen. Einige Religionen schreiben allerdings vor, daß der andersgläubige Partner konvertiert, das heißt die Religion des Ehegatten annimmt.
Während die westliche Moral vom Christentum geprägt ist, der Islam sogar noch Staatsreligion ist, gibt es – ausgerechnet auf kleinen, politisch unabhängigen Inselstaaten in den Tropen –

Beispiele für ein harmonisches Zusammenleben von Anhängern verschiedenster Religionen.
Im privaten Umgang mit Andersgläubigen kommt es darauf an, die Vorschriften zu respektieren, die ihre Religion unter Umständen verlangt. Wie zum Beispiel Gebetsstunden, Fastenzeiten sowie bestimmte Regeln zu Kleidung, Essen und Trinken.

KONFIRMATION Man nennt sie auch Einsegnung. Gemeint ist die feierliche Aufnahme eines jungen Protestanten als vollwertiges Mitglied der Kirche. Das äußere Zeichen: Der Konfirmand erhält nach dem vollendeten 14. Lebensjahr im Rahmen einer Messe das Abendmahl. In der geistlichen Vorbereitung sowie in der Gestaltung der Familienfeier entspricht sie der Erstkommunion bei den Katholiken (Erstkommunion). Die Kleiderfrage ist allerdings nicht so eindeutig gelöst. Während es in einigen Gemeinden üblich ist, daß die jungen Mädchen weiße Kleider und die Jungen dunkle Anzüge tragen, ist es in anderen Tradition, daß auch die Mädchen dunkel angezogen sind. Manche Konfirmanden fühlen sich heutzutage mit strengem Anzug, schwarzer Krawatte oder Fliege verkleidet, und in einigen, sehr modern eingestellten Gemeinden hat es sich längst durchgesetzt, daß jeder anzieht, was er mag – solange es festlich ist. Eltern sollten sich rechtzeitig nach dem allgemeinen Trend erkundigen, damit ihr Sohn oder ihre Tochter nicht darunter leiden, optisch aus der Reihe zu tanzen.

KONSUMTERROR Durch den offensichtlichen Wohlstand anderer und durch Werbung in jeder Form ausgelöster Druck zu kaufen, zu besitzen und zu genießen. Die sogenannten Opinion-Leader einer konsumorientierten Gesellschaft sorgen methodisch dafür, daß ein Mensch, der sich diesem Terror nicht unterordnet und damit nicht den gleichen materiellen Normen entspricht, automatisch an den Rand dieser Gesellschaft gerät.

KONSUMZWANG Ein fast schon krankhaftes Bedürfnis alles zu kaufen, wovon man glaubt, daß es einen attraktiver oder glücklicher macht. In den meisten Fällen die Kompensation für ein seelisches Defizit oder Mangel an Selbstbewußtsein.

KONTAKTANZEIGE Viele lesen sie regelmäßig als Frühstücksspaß in der Wochenendausgabe ihrer regionalen Tageszeitung. Andere versprechen sich von ihnen den Mann ihrer Träume. Ob man sie selbst verfaßt oder von anderen liest – die euphorische Beschreibung der eigenen Vorzüge erfährt spätestens dann eine Ernüchterung, wenn man dem Corpus delicti beim ersten Rendezvous gegenübersteht. Wer das nicht von vornherein einkalkuliert, ist wirklich allzu blauäugig. Außerdem sollte man nicht vergessen, daß viele Männer wie auch Frauen solche Anzeigen ohne „feste Absichten“ aufgeben. Sie suchen unter Umständen nichts anderes als ein kleines, unkompliziertes Abenteuer. Was natürlich nicht ausschließt, daß man mit einer pfiffig formulierten Anzeige auch eine dauerhafte Beziehung anknüpfen kann.

KONTAKTARMUT Mit dem Verlust der Großfamilie als gesellschaftliche Sicherheit und die wachsende Anonymität durch Wohnsituation und Arbeitsplatz hat sich der natürliche Kontakt zwischen den Menschen reduziert. Es gibt immer mehr Alleinstehende, denen es schwerfällt, „Anschluß“ zu bekommen. Ein sichtbares Zeichen: Das florierende Geschäft mit sogenannten Kontaktanzeigen.

KONTAKTLINSEN Sie gehören zu den wichtigsten Erfindungen unseres Jahrhunderts, die das Leben leichter machen. Nicht nur, daß viele Sehbehinderte mit den unsichtbaren Brillengläsern besser aussehen – sie haben auch viele praktische Vorteile im Beruf, beim Sport und in der Freizeit. Ein freundlicher Appell an Kontaktlinsenträger: Wenn es nicht unbedingt nötig ist, bitte vermeiden, bei jeder kleinen Turbulenz, die das Auge stört wie Staub oder Zugluft, die Linsen vor aller Augen herauszunehmen, zu reinigen und wieder einzusetzen.

KONTAKTMENSCH Er hat überdurchschnittlich viel Charme, Ausstrahlung und damit Anziehungskraft und ist überall herzlich willkommen.

KONTINENTALES FRÜHSTÜCK Die europäische Standardausgabe der ersten Mahlzeit des Tages. Der Hotelgast oder Kaffeehausbesucher hat die Wahl zwischen Kaffee und Tee. Dazu gibt es ein regional verschiedenes kleines Brotsortiment, Butter und diverse Konfitüre. Alle Extras wie Fruchtsäfte,

Eier, Wurst oder Schinken müssen separat bestellt und bezahlt werden.

KONZERT Unter Berücksichtigung der Tatsache, daß ein Blasorchester im Kurpark weniger feierlich ist als ein Weihnachtsoratorium, sind Konzertbesucher ganz allgemein dazu aufgerufen, dem musikalischen Ereignis durch eine entsprechende Kleidung auch den entsprechenden Rahmen zu geben. Nach Jahren der exaltierten Lässigkeit in deutschen Konzertsälen, was diese Dinge betraf, geht jetzt der Trend zurück bis zu exklusiven Privatveranstaltungen und Schloßkonzertabenden.

KOSENAMEN Auch wenn Außenstehende darüber schmunzeln, wenn erwachsene Frauen noch Püppchen oder Familienväter Bübchen genannt werden – Spitz- und Kosenamen sind etwas wunderbar Persönliches und sollten auf jeden Fall gepflegt und beibehalten werden. Nur wenn es die Betroffenen selbst stört, daß auch schon die Nachbarn im Treppenhaus nach Mausi rufen, sollte man schleunigst darauf reagieren.

KOSMETIK Man unterscheidet zwischen pflegender und dekorativer Kosmetik. Erstere bezeichnet inhaltlich alles, was zur normalen Körperpflege gehört wie Waschen, Zähneputzen, Maniküre, Pediküre und Haarpflege. Nach dem Duschen sollte ein Deodorant selbstverständlich sein – wer regelmäßig Vollbäder nimmt, reguliert seine Haut anschließend mit einer Feuchtigkeit spendenden Körpermilch. Frauen achten zusätzlich auf das sorgfältige Entfernen überflüssiger Körperhaare, und zwar ganzjährig und nicht erst fünf Minuten bevor sie im Sommer ihren Bikini anziehen. Männer wie Frauen benutzen heute pflegende Gesichtskosmetik wie Cremes, Peelings und erfrischende oder regenerierende Masken.
Bei der Anwendung dekorativer Kosmetikprodukte wie Make-up, Puder, Lippenstift und Augenschminke lassen sich einige Fehlschläge schon vermeiden, wenn man von vornherein die richtige Beleuchtung hat. Im künstlichen Licht der meisten modernen Badezimmer wirkt vieles harmlos, was bei Tageslicht betrachtet entschieden zuviel ist. Als nützliche Hilfe empfehle ich einen kritischen Blick in den Handspiegel am offenen Fenster. Besonders mit Puder und farbigem Augen-Make-up sollte man

vorsichtig umgehen. Und natürlich mit Parfum. Männer genießen es, Frauen an ihrem individuellen Duft wiederzuerkennen, finden es jedoch fürchterlich, von einer penetranten Parfumwolke erschlagen zu werden. Das gleiche gilt auch umgekehrt: Seit Männer mehr kosmetisches Bewußtsein entwickelt haben, schießen auch hier einige übers Ziel hinaus. Ein kleiner Tip: Rasierwasser und Eau de Toilette gehören lediglich auf die Haut und nicht auf den Anzug.

KOSTENPLAN Wer als Gastgeber seine ersten Erfahrungen sammelt, sollte sich vor unangenehmen Überraschungen bewahren, indem er einen Kostenplan aufstellt. Oberstes Gebot bei der Verteilung des zur Verfügung stehenden Etats ist die Qualität der Getränke. Wer es sich nicht leisten kann oder will, einen teuren Wein zu kaufen, verzichtet lieber ganz und verlegt sich ausschließlich auf Bier. Oder: Er kürzt die Kosten fürs Essen und gibt mehr für Getränke, das heißt für einen guten Wein aus. An belegten Broten hat sich noch keiner den Magen verdorben. Ein schlechter Wein stößt einem schon beim Trinken auf – von den Nachwirkungen am nächsten Morgen ganz zu schweigen.

KOSTÜMFEST Normalerweise besucht man sie im Winter – grob gesehen in der Zeit von Mitte Januar bis Aschermittwoch. Offizielle Maskenbälle sind an Fasching beziehungsweise Karneval gebunden – privaten Kostümfesten im Sommer steht allerdings nichts im Weg. Einer der Vorteile: Man kann sein Kostüm bei freundlichen Temperaturen auch im Freien zur Schau stellen. Was Sonnenkönigen und anderen Majestäten in Schloßparks und Sommerpavillions recht war, kann bürgerlichen Gartenbesitzern nur billig sein. Besonders beliebt: sommerliche Kostümfeste ganz in Weiß.

KRABBEN Wer seinen Urlaub am Meer verbringt, weiß, wie frische Krabben schmecken – normalerweise bekommt man sie, im Restaurant wie im Fischladen, tiefgefroren. Kleine Nordseekrabben ißt man mit der Gabel, wenn sie bereits gepult sind. Kommen sie mit Schale auf den Teller, schält man sie vorsichtig mit der Hand. Bei größeren Namensvettern wie Riesengarnelen, Königskrabben und Shrimps (zu deutsch Hummerkrabben) geht man folgendermaßen vor: Eine Hand greift den Kopf, die andere hält den Schwanz – und mit einem kurzen Ruck von beiden Seiten legt man das zarte rosa Fleisch frei. Bevor man es in den Mund schiebt, wird es wahlweise mit Zitrone beträufelt oder in eine möglichst leichte Mayonnaise getunkt.

KRANKENHAUS Nicht jeder Patient hat Zeit und Gelegenheit, sich auf einen Krankenhausaufenthalt vorzubereiten. Wer rechtzeitig einen Termin bekommt und außerdem in einer guten körperlichen Verfassung ist, kann die wichtigsten Dinge selbst in die Hand nehmen. Ansonsten sollte man die Hilfe der Familie, Nachbarn oder Freunde beanspruchen. Auch wenn man im Krankenhaus unter Umständen mit allem versorgt ist, so ist es doch angenehm, ein paar von den eigenen Sachen dabei zu haben: Seife, Duschgel, Zahnputzzeug, Kamm, Körpermilch, Deodorant, Nagelpflege, Shampoo, Handtücher, Waschlappen, Morgenrock. Den Pyjama kann man auch zu Hause lassen – die weißen Wickelhemden aus Baumwolle, die man im Krankenhaus bekommt, sind für den Patienten wie für den Arzt meist praktischer. In jedem Fall sollte man etwas Bargeld dabei haben – sei es für die Tagesmiete eines Fernsehers oder für ein paar Extras wie Obst, Kekse oder Getränke.
Noch ein Wort zur Krankenpflege: Wer sich vor der Entlassung bei Krankenschwestern und Pflegepersonal bedanken möchte, sollte das nicht mit einer bereits angebrochenen Pralinenschachtel tun. Angesichts der unangemessen niedrigen Bezahlung wird ein kleiner Zuschuß zur gemeinsamen Trinkgeldkasse sicherlich mit Freuden entgegengenommen.

KRANKENBESUCH Wer nicht sicher ist, ob er den Patienten mit einem Besuch mehr belastet als erfreut, erkundigt sich besser bei der Familie oder beim Arzt, bevor er unvermittelt am Krankenbett erscheint. Man kann auch mit Blumen oder einem kurzen schriftlichen Gruß zu verstehen geben, daß man sich um das Wohl des Kranken sorgt. Ein Telefonanschluß am Bett ist heute keine Seltenheit. Das heißt: Man kann sich oder vielmehr seinen Besuch auf diesem Weg ankündigen. Vorsicht beim Umgang mit der Besuchszeit: Auch wenn der Patient einen munteren Eindruck macht – es gibt Gründe dafür, daß er im Krankenhaus ist. Wenn mehrere Besucher gleichzeitig erscheinen, kommt es manchmal zu regelrechten Kaffeekränzchen am Krankenbett.

Das ist nicht nur für den Patienten eine Zumutung – es belastet auch eventuelle Bett- oder Zimmernachbarn.

KRANZSPENDE Unabhängig davon, ob man persönlich an einer Beerdigung teilnimmt oder nicht, kann man dem Toten mit einer Kranzspende die letzte Ehre geben. Man läßt den Kranz vom Blumenhändler direkt an die Friedhofskapelle schicken und achte darauf, daß der Absender durch eine entsprechende Karte eindeutig zu identifizieren ist.

KRAWATTE Sie ist längst mehr als nur korrekte Ergänzung zum konventionellen Busineß-Outfit. Sie behauptet schon längst ihre verschiedenen Funktionen: als modisches Accessoire, fröhlicher Farbtupfer im klassischen Grau des Büroalltags, optisches Erkennungszeichen einer modisch wie gesellschaftlich gleichgesinnten Yuppie-Generation oder als elitäre Clubkrawatte. Doch unabhängig von den verschiedenen Möglichkeiten sie einzusetzen, ist es letztlich eine Frage des guten Geschmacks und des persönlichen Stils, welche Krawatte man zu welchem Hemd und zu welchem Sakko kombiniert. Auch wenn man die Sicherheit in Geschmacksfragen nicht lernen kann, so gibt es doch ein paar grundsätzliche Dinge, an die man sich halten sollte: Zu gestreiften oder gemusterten Hemden passen dunkle einfarbige Krawatten oder, wenn schon gemustert, in dezenten dunklen Farben. Bei uni Hemden hat man eine größere Auswahl, doch auch in diesem Fall gilt: Lieber mit einer schmalen dezenten Krawatte im Hintergrund bleiben als mit einem breiten schrillen Binder danebenhauen. Leder- und Strickkrawatten sind grundsätzlich verboten. Zum dunklen Abendanzug trägt man eine graue oder anthrazitfarbene Seidenkrawatte. Zu Cut und Stresemann einen grauen beziehungsweise schwarzen Seidenbinder.

KREBSE Im Gegensatz zum Hummer, dem König der Krebse, der normalerweise in zwei Hälften auf den Tisch kommt, muß der gepanzerte Körper eines „Durchschnittskrebses" erst noch geknackt werden, nachdem man den Schwanz mit einem kurzen Ruck gleich zu Anfang herausgedreht hat. Entweder man bricht ihn mit den Händen auf oder man öffnet ihn an der Unterseite mit einem dafür gedachten Krebsmesser. Durch das kleine Loch am Ende des Messers schiebt man die Beine, die sich auf diese Art

leichter vom Körper trennen lassen. Die Scheren werden wie beim Hummer aufgebrochen – das zarte weiße Fleisch mit der häkelnadelfeinen Gabel herausgeschabt.
Übrigens: Wer sich zu Hause die Mühe machen möchte, die Krebse vor dem Verspeisen persönlich ins Jenseits zu befördern, achte bitte darauf, daß das Wasser wirklich siedend heiß ist, bevor er die kostbaren Krustentiere hineinwirft. Die Frage, ob und wie lange der Krebs dabei leidet, ist bis heute ungeklärt.

KREDITKARTEN Speziell auf Reisen ist der bargeldlose Zahlungsverkehr eine spürbare Erleichterung. Allerdings: Nicht alle Kreditkarten sind im Ausland gleichermaßen vertreten. Es ist daher sinnvoll, vor Reiseantritt beim Veranstalter oder zuständigen Fremdenverkehrsamt beziehungsweise bei der Bank zu erfragen, mit welcher Karte man am besten durchkommt. In jedem Fall sollte man seine Ausweispapiere dabeihaben – auch wenn man per Kreditkarte auf der Bank Bargeld holen möchte. Wieviel Bargeld man in welchem Zeitraum auf die jeweilige Karte bekommen kann, sollte man auch vor der Abreise in seiner Bank klären. Für den Fall, daß die Karte gestohlen wird oder verlorengeht, gibt es eine Telefonnummer, die man immer parat haben sollte. Man sollte den Verlust schnellstens melden und gleichzeitig die Karte sperren lassen.

KREUZFAHRT Bis auf wenige Nichtschwimmer, die sich auf den Weltmeeren nicht in ihrem Element fühlen, träumt fast jeder Mensch, einmal im Leben eine große Schiffsreise zu machen. Fangen wir an mit den gigantischen Ozeanriesen, die wie die legendäre Queen Elizabeth zwischen New York und Southampton auf allen großen Strecken dieser Erde unterwegs sind. Mit rund 600 bis 1000 Passagieren an Bord befindet man sich in der größtmöglichen Reisegesellschaft der Welt. Unmöglich, sich in der kurz bemessenen Zeit an viele Gesichter zu gewöhnen – man ist schon froh, wenn man es nach zwei Tagen schafft, den Weg von der Kabine zum Speisesaal zurückzulegen, ohne dreimal am Spielkasino vorbeizukommen. Das heißt: Man konzentriert sich auf seine nächste Umgebung und auf die Mitglieder der vielköpfigen Mannschaft, denen man täglich wieder begegnet. Auf den meisten Schiffen versucht man, den Passagier von der Last des ewigen Trinkgeldverteilens zu erlösen, indem man für klare Lösungen sorgt. Bei Reiseantritt findet er mit der allgemeinen schriftlichen Einführung in die Irrungen und Wirrungen des Bordlebens auch ein Merkblatt, auf dem jeder hilfreiche Geist aufgeführt ist, der für seine Betreuung in Frage kommt und das dafür übliche Trinkgeld pro Tag. Im Handumdrehen hat man ausgerechnet, wieviel also jedem für die Dauer des Aufenthalts an Bord zusteht. Es wird an gleicher Stelle empfohlen, die jeweiligen Beträge für Steward, Oberkellner etc. in Umschläge zu stecken und vor der Abreise zu überreichen. Wobei natürlich nach oben keine Grenzen gesetzt sind. Eine zwar sehr sachliche, aber auch sehr angenehme Lösung. Man kann sich vorstellen, daß sich nicht alle daran halten. Wer sich mit dem zuständigen Kabinensteward von vornherein besonders gutstellen will, tut das weiterhin nach dem alten Erfolgsrezept. Ein dickes Trinkgeld bei der Ankunft wirkt immer noch Wunder, und alle Extrawünsche wie mehr Kleiderbügel und Handtücher oder eine Sonderportion Eiswürfel gehen reibungslos in Erfüllung. Nach dem gleichen Prinzip „Money makes the world go around" ist es gerade bei dieser Art von Massenveranstaltung naheliegend, daß alles, was man besser, schneller und mehr haben will, auch mehr kostet.

Auf großen Schiffen läßt es sich meistens nicht vermeiden, daß in zwei Schichten gegessen wird. Wer daran gewöhnt ist, sich mit Zeit und Ruhe durch mehrere Gänge zu kämpfen, sollte sich darum bemühen (Sie wissen schon wie), sich für die zweite Schicht eintragen zu lassen. Manche Leute fühlen sich ganz einfach unwohl bei dem Gedanken, daß man darauf spekuliert, den Tisch so schnell wie möglich wieder freizumachen. Schließlich legt man ja jeden Abend Wert darauf, möglichst elegant aufzutreten, um der Philosophie einer solchen Kreuzfahrt gerecht zu werden. Welche kuriosen Blüten der Klamottenterror an Bord treibt, kann man sich in etwa vorstellen, wenn man sieht, welche Mengen Gepäck an Bord geschleppt werden. Wer auf sich hält, erscheint schon zum Frühstück mit Sakko und kleinem Seidenschal à la Maurice Chevalier, die Damen im leichten Leinenkleid. Was am frühen Morgen auf den Teller kommt, sieht bei manchen Leuten weniger fein aus. Solange amerikanische Touristen auf den Weltmeeren den Ton angeben, gibt es auch Pfannkuchen mit Ahornsirup und fette Würstchen zum Frühstück. Die Büffets biegen sich unter Bergen von Schinken, Käse, Croissants, Früchten, Rührei und Speck. Kreuzfahrten sind teuer, und die Mehrzahl

der Passagiere scheint fest entschlossen zu sein, das, was sie zuviel bezahlt haben, in Form von Lebensmitteln abzurechnen. Übrigens: Damit die Passagiere ihre Begeisterung für Speisen und Getränke nicht bremsen müssen, weil die Reißverschlüsse krachen, hat man sich etwas ausgedacht. Im schiffseigenen Kleiderverleih kann man sich vom Smoking bis zum halsfernen Frackhemd alles borgen.
Wer gerne seine neuen Kleider spazieren trägt, rund um die Uhr mit Kalorien und Cocktails versorgt werden möchte und einen natürlichen Spieltrieb hat, ist auf einem Kreuzschiff goldrichtig. Wer keinerlei Wert auf diese Dinge legt und trotzdem aufs Wasser möchte, ohne selbst die Leinen zu bedienen, entscheidet sich für eins der kleineren, zum Teil auch exklusiveren Motorschiffe oder für eine entsprechend große Segelyacht, die im Durchschnitt rund 50 Passagiere an Bord nimmt.

KÜCHENKATASTROPHE Es gibt wohl kaum einen Haushalt, in dem regelmäßig gekocht wird und wo niemals etwas schiefgeht. Gerade dann, wenn die Schwiegereltern angemeldet sind oder spezielle Ehrengäste zum Essen erwartet werden, ist der Tafelspitz zäh, das Soufflé nicht aufgegangen und die Martinsgans an Altersschwäche gestorben. Verständlich, wenn die Köchin bei all der vergeblichen Mühe in Tränen aufgelöst ist. Dennoch sollte man versuchen, diese Schlappe so leicht wie möglich zu nehmen und – wenn es geht – mit etwas Humor zu tragen. Wer nichts im Kühlschrank oder in der Speisekammer hat, um das verbrannte Gulasch zu ersetzen, muß seine Gäste dennoch nicht hungrig nach Hause schicken. Die meisten Restaurants sind heutzutage auf „Straßenverkauf“ eingerichtet. Wenn sich – in der nächsten Nachbarschaft – absolut gar nichts machen läßt, bleibt immer noch der Weg in die Pizzeria.

KÜHLSCHRANK Ähnlich wie das Badezimmer gehört auch der Kühlschrank zu den Visitenkarten eines guten Haushalts. Dabei kommt es nicht nur auf den Inhalt an, sondern auch auf die Art der Aufbewahrung. Trotz der kühlen Temperatur gibt es außer geschlossenen Flaschen und ungeöffneten Dosen kaum etwas, das sich über längere Zeit frisch halten läßt. Bei Milchprodukten wie Joghurt, Frischmilch und Quark achtet man auf das eingestanzte Verfallsdatum – offene Konserven sollte man, mit Ausnahme von

Kondensmilch, möglichst noch am gleichen Tag verbrauchen. Wurst, Schinken und Käse verlieren an Eigengeschmack, wenn man sie in den Kühlschrank legt, ohne sie vorher einzuwickeln. Ein besonders häßlicher Anblick sind auch die unförmigen Butterklumpen in zusammengeknülltem Papier. Abhilfe schafft hier eine Butterdose (möglichst aus neutralem Porzellan). Man sollte es auch hier nicht so weit kommen lassen, daß sich die Essensreste der ganze Woche auf winzigen Tellerchen im Kühlschrank stapeln. Was nicht am gleichen Tag gegessen wird, stellt man selten noch einmal auf den Tisch. Wenn es sich lohnt, ist es oft sinnvoller, eine übriggebliebene Portion einzufrieren.
Wer öfter mal in fremde Kühlschränke schaut, hat sicherlich die gleiche Erfahrung gemacht: Es gibt im wesentlichen zwei Prototypen. Entweder man entdeckt so gut wie nie etwas, das einem das Wasser im Mund zusammenlaufen läßt, oder es handelt sich um eines dieser herrlichen gekühlten Vorratskämmerchen, in denen grundsätzlich etwas Appetitliches parat liegt. Wenn es schon ausnahmsweise kein frischer Aufschnitt an Wurst oder Käse ist, so findet man doch wenigstens eine Salami am Stück, eine Pastete im Glas, einen eingeschweißten Brathering, ein Paar Wiener aus der Dose, ein Glas mit Gewürzgurken, eine Ecke Parmesan oder alten Holländer und ein paar Tomaten im Gemüsefach. Im Eisfach hält sich auch eingefrorenes Brot für alle Fälle – was man an Getränken kaltstellen sollte, finden Sie unter → Getränke.

KÜNDIGUNG Eine – zumindest für eine der beiden Parteien – ziemlich unangenehme Sache. Dementsprechend um so wichtiger für alle Beteiligten, die entsprechende äußere Form zu wahren, auch wenn es sich inhaltlich nicht immer vermeiden läßt, die berühmte schmutzige Wäsche zu waschen. Kündigungen und ihre vermeintlichen Hintergründe sowie die Spekulation über die Höhe eventueller Abfindungen bringen hin und wieder eine willkommene Abwechslung in die Monotonie des alltäglichen Bürotratschs. Wem daran gelegen ist, den lieben Kollegen möglichst wenig Zündstoff zur eigenen Person zu liefern, diskutiert seine Kündigungsabsichten möglichst nicht in der Kantine und auch nicht unter vier Augen. Mit Abstand das Häßlichste, das sich ein Arbeitgeber leisten kann, wenn er einen lästigen Mitarbeiter gnadenlos aus dem Haus komplimentiert, ist das scheinheilige

Rundschreiben an alle Kollegen, in dem man sich für die außerordentlichen Leistungen bedankt, die Trennung bedauert und dem armen Opfer alles Gute für die Zukunft wünscht.

KÜSSEN Auch wenn es in der Praxis oft anders aussieht – in seinem eigentlichen Sinn ist der Kuß ein Zeichen der Zuneigung. Sobald er mit Traditionen und Konventionen verbunden ist, verliert er allerdings jegliche persönliche Spannung. Das gilt für den kommunistischen Bruderkuß zur Begrüßung genauso wie für den galant angedeuteten Handkuß. Vom Inhalt her nicht wesentlich wichtiger zu nehmen sind internationale Küßchen-Küßchen-Begrüßungen. Hier reicht die Palette der Gefühle von künstlich borniert über sichtlich affektiert bis wirklich erfreut. Im Zentrum des Interesses stehen allerdings die „echten Küsse" zwischen zwei Verliebten. Ein zärtliches Paar auf einer Parkbank im Frühling ist alles andere als ein öffentliches Ärgernis – hemmungsloses Herumknutschen hingegen ist ein ausgesprochen privater Spaß und sollte besser in den eigenen vier Wänden betrieben werden.

KULTURBEUTEL Körperkultur im Kleinformat – es muß schließlich alles in den Beutel passen. Wobei Männer es bekanntermaßen leichter haben, Rasierer, Seife, Kamm und Zahnputzzeug unterzubringen. Und das klassische Utensil der Körperpflege wohl auch nicht so wichtig nehmen wie Frauen. Sonst gäbe es nicht so viele lieblose Exemplare unter den abwaschbaren Plastiktaschen mit Reißverschluß, deren Innenleben mit sichtbaren Erinnerungen an scharfe Rasierklingen, undichte Zahnpastatuben und ausgelaufenes Sonnenöl verschandelt sind. Oder steckt vielleicht noch etwas anderes dahinter als Schlamperei oder Gleichgültigkeit, daß Kulturbeutel so selten ausgewechselt werden, obwohl sie auf den Weihnachtsgeschenklisten ziemlich weit oben rangieren? Womöglich eine in den abwaschbaren Falten versteckte Sentimentalität in Form von Sandkörnern aus dem letzten Urlaub, einem Seifenstückchen aus dem schönen Hotel in Deauville oder dem übriggebliebenen Heftpflaster vom letzten Motorradsturz ...

KUNSTBLUMEN Man findet sie als Tischdekoration in Restaurants, als Dauerdekoration in Hotelhallen und als Staubfänger auf deutschen Fernsehapparaten. Die bessere Sorte aus feiner Seide – auf der untersten Stufe des schlechten Geschmacks treiben unverwüstliche Wachsblumen ihre seltsamen Blüten. Mich berührt ihre allgemeine Leblosigkeit in jedem Fall unangenehm. Wer aus Überzeugung auf falsche Blüten schwört, sollte – wenn schon – etwas tiefer in die Tasche greifen und die bessere Ware kaufen. Schließlich ist es eine Anschaffung fürs Leben!

L

LACHEN In der Einleitung zu ihrem Buch „Lachen – Gelächter – Lächeln" geben Dietmar Kamper und Christoph Wulf folgende Definition: „Im Lachen stoßen zwei Unvereinbarkeiten aufeinander, die einen Riß im Inneren eines Menschen auslösen, durch den sich das Gelächter seinen Weg sucht." Immanuel Kant behauptet, Lachen sei ein Heilmittel, „das die Gesundheit weit besser befördert, als es die Weisheit des Arztes tun würde". Und der Volksmund behauptet schlicht und einfach: Lachen ist gesund. Doch, vom eventuellen therapeutischen Effekt abgesehen, ist Lachen und Lachen noch lange nicht dasselbe. Die einen schmunzeln, die anderen kichern, hier und da macht sich nur ein Grinsen breit, andere wiederum wiehern aus vollem Hals. Man lacht vor Glück, vor Vergnügen, vor Übermut, vor Verlegenheit, vor Dummheit, vor Angst und vor allem vor Schadenfreude. Es gibt Leute, die dauernd lachen wie Thomas Gottschalk, und es gibt Leute, die (zumindest öffentlich) überhaupt nicht lachen wie Woody Allen. Für alle, die nicht darauf angewiesen sind, ihr Lachen verkaufsstrategisch einzusetzen, gilt: Lachen sollte man nur, wenn einem danach zumute ist. Mit gewissen Einschränkungen: Obwohl die Schadenfreude als Zivilisationskrankheit weiter verbreitet ist als Sonnenbrand, sollte man sich damit so weit wie möglich zurückhalten. Wenn es schon sein muß, lachen Sie lieber heimlich zu Hause und ersparen Sie sich und anderen den eindeutigen Blick in Ihre schwarze Seele.

Zurückhaltung ist außerdem empfehlenswert, wenn wieder einmal in größerer Runde ein paar deftige Witze erzählt werden. Es muß ja nicht so laut sein, daß dem Tischnachbarn die Erbsen vom Teller springen. Und man muß dabei auch nicht den Mund so weit aufreißen, daß Gegenübersitzende dabei sämtliche Plomben zählen können.

LACHSKAVIAR Er wird auch Keta-Kaviar genannt. Gemeint sind die köstlichen, kräftig rosafarbenen Fischeier des Lachs.
Besonders zu empfehlen als kleine unkomplizierte Vorspeise mit Pumpernickel und Quark oder Hüttenkäse. (→ Keta-Kaviar)

LACKSCHUHE Bei Leuten, die mehr oder weniger regelmäßig zu eleganten Abendgesellschaften erscheinen, sind sie ein Muß im Kleiderschrank. Der Mann trägt klassische schwarze Lackschuhe oder sogar den schnürsenkellosen Pumps zum Frack – Frauen haben noch viel mehr Variationsmöglichkeiten und damit auch mehr Chancen, das elegante Schuhwerk zur Schau zu stellen. Vielleicht hat es etwas damit zu tun, daß sie so weit unten und in Kombination mit bodenlangen Abendroben erst auf den zweiten Blick zu sehen sind – Abendschuhe gehören gemeinsam mit Abendtaschen zu den Stiefkindern, wenn es um weibliche Eleganz geht. Eine „Lady in Lack“ sollte es sich zur Gewohnheit machen, spätestens beim letzten Blick in den Spiegel die Füße miteinzubeziehen. Auch wenn sie dafür auf den Rand der Badewanne steigen muß. Es ist eine der wenigen Möglichkeiten schonungslos festzustellen, ob das Verhältnis zwischen Rocklänge, Absatzhöhe und der Farbe der Strümpfe stimmt. Lackschuhe dürfen natürlich auch tagsüber auf die Straße. Junge Männer, die sich gerne modisch anziehen, tragen sportlich geschnürte Lackschuhe mit dicken Ledersohlen sogar zu Jeans; Mädchen mit hübschen Beinen kombinieren flache Lackslipper auch mal mit sportlich-eleganten Bermudas.

LADY CURZON Traditionelle Verfeinerung der Schildkrötensuppe mit einem kleinen Schuß Sherry. Obwohl diese exquisite Dosensuppe zu den schnellen Vorspeisen bürogestreßter Gastgeber gehört, sollte man bei ihrem Einsatz nicht vergessen, daß Tierschützer diesen Gang mit Sicherheit auslassen.

LÄCHERLICH MACHEN Wer ehrlich ist, wird zugeben,

daß niemand davon frei ist, beim Anblick einer verrutschten Strumpfnaht oder eines völlig verunglückten Haarschnitts seinem Humor freien Lauf zu lassen. Es gibt allerdings einen deutlichen Unterschied zwischen kleinen amüsanten Kommentaren und einer seltsamen Art von Fröhlichkeit, die sich auf Kosten anderer ausbreitet. Oft ist es nur Gedankenlosigkeit oder die eigene Unsicherheit, die zu solchen Peinlichkeiten führen. Für die Betroffenen bedeuten sie außer bloßer Verlegenheit unter Umständen spürbare Verletzungen. Bevor man mit spitzer Zunge über andere lästert, sollte man sich bei voller Beleuchtung nackt vor den Spiegel stellen.

LÄRMBELÄSTIGUNG In der Generation unserer Großeltern waren spielende Kinder im Hof die obligatorischen Krankmacher. Inzwischen gibt es immer weniger Kinder und wenn, dann lassen sich diese Kinder lieber selbst von anderen Krankmachern – wie Fernseher oder Kassettenrecorder – berieseln. Der Verkehr auf der Straße ist dichter (und lauter) geworden, die Wände dafür dünner (und hellhöriger). Im drangvollen Dickicht der Großstädte ist es heute wichtiger denn je, auf Hausgenossen und Nachbarn Rücksicht zu nehmen. Wenn man schon Jerry Lee Lewis in voller Lautstärke hören möchte, kann man doch wenigstens vorher das Fenster zumachen. Und wer darauf besteht, „Für Elise" auch für die Nachbarn zu spielen, kann doch wenigstens nach 22 Uhr die Hände vom Klavier lassen. Leute, die gerne und gründlich feiern, tun das in der Regel auch häufiger als nur einmal im Jahr. Lärm, der vorauszusehen ist, kann man seinen Nachbarn ersparen, indem man das Datum eines großen Festes rechtzeitig bekanntgibt. Die Nachbarn werden unter Umständen mit eingeladen oder haben genug Zeit, sich für den Abend etwas vorzunehmen. Mehr Verständnis für eine nächtliche Ruhestörung erreicht man auch mit einer freundlichen Karte und einem kleinen Blumenstrauß.

LAMMFLEISCH Wer mehrere Personen zum Essen einlädt und Wert darauf legt, daß sich jeder wohlfühlt, sollte sich bei der Zusammenstellung des Menüs rechtzeitig Gedanken machen, und zwar über die prinzipielle Einstellung seiner Gäste zu dem, was sie gerne essen oder prinzipiell ablehnen. Auch wenn nicht jeder Vegetarier ist, der behauptet, daß er kein Fleisch mag, kann

man sich durch eine kleine telefonische Nachfrage die Enttäuschung ersparen, seine Gäste hinter halbvollen Tellern sitzen zu sehen.
Lammbraten gehört neben Kalb- und Schweinefleisch zu den kritischen Gerichten. Dabei handelt es sich bei Lammfleisch meistens nur um traditionelle Vorurteile, bei denen sich allein der Gedanke daran mit der Vorstellung eines fetten Hammels verbindet, der außerdem durch seinen undefinierbaren Hautgout abstößt.

LANDWEIN Überall dort, wo er angebaut wird, kann man Wein auch in der Karaffe bestellen. Bezeichnet wird er als Landwein, Vino de la Casa (Hauswein) oder ganz einfach als offener Wein. Von der Qualität her betrachtet, präsentiert er sich als schlicht, leicht und damit auch gut bekömmlich. Und entsprechend günstig im Preis. Je mehr man sich allerdings aus dem Umfeld traditioneller Weinanbaugebiete entfernt, desto zweifelhafter erscheint da und dort der Inhalt einer offenen Karaffe ohne Namen. Auf der einen Seite steht in vielen normalen, gutbürgerlichen Lokalen der unqualifizierte Umgang mit dem Wein – auf der anderen Seite auch die Erfahrung, daß sich an Getränken mehr verdienen läßt als am Essen. Also nimmt sich der schlaue Wirt die Freiheit, vom „Namenlosen“ möglichst viel für möglichst wenig Geld zu kaufen. Genießer des guten und einfachen Lebens kennen den Schock, unter offenem Himmel am Meer zu sitzen, den „richtigen“ Fisch (mit Kopf und Schwanz) auf dem Teller zu haben, dazu einen knackigen Salat, ein Stück Brot und – einen Wein, den man einfach nicht trinken kann und auch nicht trinken muß. Auch einen einfachen offenen Wein darf man durchaus kritisieren. Sollte es keinen entsprechenden Ersatz geben, schaut man doch besser in die Weinkarte.

LANGE TAFEL Wer selbst einmal für viele Stunden, eingeklemmt in die drangvolle Enge eines mit zu vielen Menschen besetzten Tisches, ein Menü gemeinsam mit einem langen Abend bekämpft hat – von der Sprachlosigkeit der Tischnachbarn ganz zu schweigen – weiß, wovon hier die Rede ist. Oder Sie waren selbst schon einmal Gastgeber, zum Beispiel bei Ihrer eigenen Hochzeit, und haben sich gemeinsam mit Ihrer Frau tagelang den Kopf zerbrochen, wie man so viele Leute gleichzeitig an einen

Tisch bringt und wer neben wem sitzen soll, damit nicht allzuviel Langeweile aufkommt. Eines aber sollte man sich von Anfang an klarmachen: Zu eng ist in diesem Fall wirklich nicht gemütlich. Schließlich gibt es ein paar ganz wesentliche Unterschiede zwischen einer Festtafel und einem Tisch im Bierzelt. Auch wenn man bei der Verteilung der Tischkarten sehr sorgfältig überlegt hat und glaubt, daß Dauerredner, Spaßvögel, Charmeure, gute Partien und kluge Köpfe richtig verteilt sind, ist man dennoch kein Hellseher. Die gute Unterhaltung, die man sich und seinen Gästen zum Essen wünscht, ist von zu vielen verschiedenen Dingen abhängig, als daß man sie provozieren könnte. Wer räumlich die Möglichkeit hat, sollte den Abend mit einem ausgedehnten Stehcocktail einleiten und außerdem dafür sorgen, daß es nach dem Dessert Chancen für kleine Fluchtversuche gibt und man sich – zum Beispiel an einer Bar – auch noch mit anderen Leuten unterhalten kann. Darüber darf allerdings nicht vergessen werden, daß einen das „organisierte" Zusammensitzen mit einigen Leuten auch gewissermaßen verpflichtet. Auch wenn man sich in dieser Runde nicht am wohlsten fühlt, hat man die Wahl des Gastgebers zu respektieren. Das heißt: Man kehrt den Tischnachbarn nicht einfach den Rücken und verschwindet an die Bar. Zu einer Tafel, die nicht offiziell aufgelöst wird, kehrt man gelegentlich zurück und achtet darauf, sich speziell von diesen Personen auch in entsprechender Form zu verabschieden.

LANGUSTEN Da Langusten – im Gegensatz zum Hummer – keine Scheren haben, rückt man ihnen sachgerecht auf den Panzer, indem man zunächst Kopf und Rumpf mit den Händen voneinander löst. Danach geht man genauso vor wie beim artverwandten Hummer (→ Hummer).

LEBENSGEFÄHRTE Man kann nicht behaupten, daß die Zeiten gänzlich vorbei sind, in denen Männer und Frauen, die ohne Trauschein zusammenleben, Ehepaaren gegenüber gesellschaftlich im Nachteil sind. Nach wie vor gibt es genug Beispiele dafür, daß sogenannte Lebensgefährten nicht berücksichtigt werden, wenn jemand paarweise einlädt. Das gilt vor allem für den geschäftlichen Bereich. In solchen Fällen sollten sich Betriebsrat, Belegschaft oder einfach nur die Kollegen aufgerufen fühlen, tradierte Förmlichkeiten in moderne Bahnen zu lenken. Kleine

Schwierigkeiten ergeben sich auch immer wieder, wenn es darum geht, den eigenen Partner zu bezeichnen. „Mein Lebensgefährte" klingt in manchen Ohren zu dramatisch (auch in meinen). „Mein Freund" ist vielen zuwenig und „mein Mann" wiederum zuviel. In Ermangelung weiterer Wortschöpfungen rettet man sich am besten mit dem Namen und geht davon aus, daß aufmerksame Gesprächspartner sowieso merken, wer zu wem gehört.

LEBENSLAUF Er gilt nach wie vor als fester Bestandteil jeglicher Art von Bewerbungsunterlagen. Seit viele Firmen keinen Wert mehr auf einen handschriftlichen legen, wird er nur noch auf Wunsch mit der Hand geschrieben, ansonsten – in tabellarischer Form – mit der Maschine (→ Bewerbung).

LEDERBEKLEIDUNG Ob sportlich oder erotisch: Leder aller Art, in jeglicher Bearbeitung, gehört zu den Standards der Damen- und Herrenmode. Während ein schlichter Blouson in weichem, schmeichelhaftem Wildleder eigentlich jedem steht, ist der Einsatz von glatten schwarzen Lederteilen schon weitaus kritischer. Sie passen am besten zu jungen Leuten – in der modischen Form einer Motorradjacke, in der Kombination mit Jeans. Glatte Ledermäntel haben fast immer etwas Unseriöses, Lederkrawatten sind sowieso verboten. Bleiben die Lederhosen, die mir – offen gestanden – auch ein Dorn im Auge sind. Mit einer einzigen Ausnahme: Echte Rocksänger oder langbeinige junge Männer, die wie Rockmusiker aussehen wollen.

LEGWARMERS Unifarbene oder geringelte Strumpfhosen ohne Füße, die wahlweise mit kurzen engen Röcken oder langen weiten Pullis oder Jacken kombiniert werden. Sie passen am besten zu jungen, langbeinigen Mädchen, aber auch zu etwas älteren Frauen mit tadelloser Figur.

LEIHEN Unabhängig vom Wahrheitsgehalt des alten Spruchs „Frauen und Autos sollte man nicht verleihen", gibt es noch viele andere Möglichkeiten, Geld oder Gut auf diese Art den Besitzer wechseln zu lassen. Zunächst zum Geld: Ob man grundsätzlich bereit ist, anderen Menschen finanziell unter die Arme zu greifen und in welcher Höhe, ist eine Frage, die jeder ganz persönlich beantworten muß. Die Erfahrung lehrt, daß

viele gute Freundschaften daran zerbrochen sind, weil der eine zu lange und zu hoch in des anderen Schuld war. Was in solchen Fällen weder dem einen noch dem anderen hilft, ist ein diffuser und dementsprechend variabler Rückzahlungsmodus, der sich üblicherweise in dem Satz „Gib es mir zurück, wenn du kannst“ ausdrückt. Derjenige, der gibt, möchte auf diese Art meist demonstrieren, daß er das Geld gut entbehren kann; dem anderen wird es damit leicht gemacht, den Termin der Rückgabe über Gebühr lange hinauszuzögern. Irgendwann ist es dann möglicherweise soweit, daß der Schuldner dem Gläubiger nicht mehr begegnen mag und er seinem „schlechten Gewissen“ bewußt aus dem Weg geht. Dazu der Rat: „Sobald der Betrag über eine Grenze geht, die es unmöglich macht, die Schuld in kürzester Zeit zurückzugeben, ist es angebracht, für die Rückgabe einen festen Termin zu vereinbaren. Davon betroffen sind natürlich nicht die sogenannten „Verlegenheitsscheine“, mit denen man aushilft, wenn jemand nicht genug eingesteckt oder sein Portemonnaie vergessen hat.
Nun kommen wir zum geliehenen Gut. An vorderster Front rangieren nach wie vor Bücher und Musik in jeglicher Form. Als Resultat vieler schlechter Erfahrungen sind einige Leute schon soweit, daß sie grundsätzlich nichts mehr herausgeben. Oder sie verabschieden sich von dem betreffenden Buch im Bewußtsein, daß sie es nie mehr wiedersehen. Als mittlere Lösung bleibt nur, sich jedesmal eine Notiz zu machen, wenn etwas aus dem Haus geht, woran man hängt, und so lange penetrant daran zu erinneren, bis man es schließlich zurückbekommt oder im schlimmsten Fall selbst abholen muß. Besonders unangenehm sind mir die „Gelegenheitsleser“. Sie erscheinen regelmäßig vor einem längeren Strand- und Badeurlaub und nehmen gleich ganze Stapel von Büchern mit. Daß sie anschließend nach Sonnenöl riechen und man ihnen anmerkt, daß sie regelmäßig in feuchten Handtüchern transportiert wurden, könnte man ja noch verschmerzen. Doch meistens verschwinden sie nach der Lektüre im benachbarten Strandkorb und damit auf Nimmerwiedersehen. Noch ein Wort zu den Autos, die von ihren Besitzern oft sorgfältiger poliert werden als ihre eigenen Schuhe: Wenn das Ausleihen mehr ist als nur eine kurze Fahrt um die nächste Ecke, sollte es selbstverständlich sein, daß man es frisch gewaschen und aufgetankt wieder zurückbringt.

LEIHGESCHIRR Können Sie sich an ein Fest erinnern, bei dem gar nichts zu Bruch gegangen ist? Wahrscheinlich nicht. Das heißt: Wer viele Leute einlädt, muß von vornherein damit rechnen, daß er anschließend ein paar Gläser und Teller weniger hat. Bevor man um das eigene gute Geschirr zittert, ist es viel einfacher, sich für so einen Abend mit Leihgeschirr zu versorgen. Geliefert und abgeholt wird es von jedem Partyservice. Es ist relativ preiswert und man befreit sich auf diese Weise auch noch vom lästigen Gläserspülen.

LEINENANZUG Sie sind nicht jedermanns Sache, weil es sich nicht verhindern läßt, daß sie knittern. Und zwar mehr als jeder andere Anzug. Um das weitgehend einzuschränken, wird Leinen inzwischen mit Baumwolle und Viskose gemischt. Aber: Ganz ohne Falten in den Hosenbeinen und Armbeugen geht es nun einmal nicht. Viele Männer nehmen das in Kauf und genießen bei sommerlichen Temperaturen die Vorzüge eines natürlichen Materials, das kühl auf der Haut liegt und – durch seine Luftdurchlässigkeit – den Körper atmen läßt. Geschäftsreisenden empfehle ich ein handliches Reisebügeleisen, das unterwegs mit etwas Dampf den Schaden wieder in Ordnung bringt.

LIEBE IM BÜRO Ein heikles Thema und ein häufiges. Natürlich ist es naheliegend, daß Gelegenheit Liebe macht, und wo gibt es mehr Gelegenheiten als im täglichen Kontakt mit den Kollegen. Dementsprechend ist es naheliegend, daß man sich nicht nur privat näherkommt, sondern daß im Büroalltag auch schon viele Ehen gestiftet wurden. Dagegen ist auch gar nichts zu sagen. Schwieriger ist es mit Affären. Natürlich können Verliebte, die vom gleichen Arbeitgeber ihr Gehalt beziehen, auch ein langfristiges Verhältnis haben, ohne verheiratet zu sein. Weniger einfach präsentieren sich allerdings Affären, bei denen die Bedingungen nicht gleichmäßig verteilt sind und demzufolge gewisse Abhängigkeiten entstehen oder zumindest vermutet werden. Ein Liebesverhältnis zwischen Chef und Sekretärin oder zwischen der Abteilungsleiterin und dem Lehrling wird eigentlich nur vom Büroklatsch mit Freuden zur Kenntnis genommen. Wer selbst ein Verhältnis mit seinem Vorgesetzten hat, macht automatisch die Erfahrung, daß sich gleichzeitig auch das Verhältnis zu den anderen Kollegen ändert. Man wird nicht mehr ins

Vertrauen gezogen – beim Mittagessen sitzt man womöglich allein in der Kantine. Die Freundin vom Chef bleibt selten ein Geheimnis, sie wird um ihre Privilegien beneidet und sollte sie befördert werden oder gar Karriere machen, so gibt es wohl kaum jemanden im Büro, der diesen Erfolg mit ihren beruflichen Leistungen in Zusammenhang bringt. Da diese Art von Verhältnis selten für die Ewigkeit bestimmt ist, hat der Vorgesetzte nach der privaten Trennung die Vorteile auf seiner Seite. Selten, daß er seinen Job verliert oder dem eindeutigen Spott der Mitarbeiter ausgesetzt ist.

LIEBESERKLÄRUNG Obwohl die drei Worte „Ich liebe dich" meist die ersten sind, die man in einer fremden Sprache lernt, kommen sie einem in der Muttersprache nur sehr schwer über die Lippen. Zugrunde liegt in vielen Fällen das Mißverständnis, man würde sich automatisch in die Position des Schwächeren begeben, wenn man einem anderen Menschen seine Liebe gesteht. In Verhältnissen, die mehr von persönlichen Eitelkeiten oder wirtschaftlichen Motiven getragen werden, ist es mit Sicherheit besser, man läßt die Liebe rein verbal aus dem Spiel. Ein Mensch, der allgemein den Mut hat, außer seiner rationalen Kraft auch Gefühle zu zeigen, hat sicherlich keine Schwierigkeiten, dem wichtigsten Menschen in seinem Leben zu sagen (oder zu schreiben), daß er ihn liebt.

LIEBESPAAR Ein Liebespaar besteht aus zwei, in ihrer gesellschaftlichen Isolation fast außerirdisch wirkenden Wesen, die auf zwei dicken rosa Wolken durch die Welt schweben. Sie sehen alles mit anderen Augen – auch das Objekt ihrer Begierde. Das heißt: Ein normalerweise sehr zurückhaltender braver Beamter sonnt sich plötzlich in der Faszination eines Serienhelden, und das unauffällige Mädchen von nebenan wird plötzlich zum „most sexy girl in town". Das, was der Beginn einer neuen Liebe in zwei Menschen chemisch auslöst, überträgt sich auch auf ihre Umwelt. Mit dem Ergebnis, daß sie auch für andere plötzlich attraktiver erscheinen. Kein Wunder also, daß sie ihr Glück kaum noch unter Kontrolle halten können, sich ständig an den Händen halten und verliebt in die Augen schauen. Auch gegen einen Kuß in der Öffentlichkeit hat sicherlich niemand etwas einzuwenden. Doch wenn der Kuß dazu führt, daß ein Liebespaar die Parkbank oder den Biertisch mit dem eigenen Schlafzimmer verwechselt, ist es wirklich an der Zeit nach Hause zu gehen.

LIEGEWAGEN Das letzte Mal, als ich als ambitionierte Zugfahrerin darum bemüht war, mein müdes Haupt auf der ungewohnten Matratze eines Liegewagens zur Ruhe zu betten, schwang sich meine unbekannte Mitreisende aus dem Etagenbett, öffnete die Tür unseres Nichtraucherabteils und entspannte sich im Gang mit einer (hoffentlich letzten) Gutenacht-Zigarette. Die Tür stand offen, der Rauch umfächelte meine Schlafnase und ich stellte mir zum tausendsten Mal die Frage: Wie ist es möglich, daß ein Mensch so ignorant und damit so rücksichtslos sein kann? Eine Frage, auf die es keine Antwort gibt. Die zweite, kausalistisch darauf folgende Frage „Was mache ich jetzt?“ beantworte ich jedesmal anders. Es gibt Momente, in denen ich dreimal tief durchatme und über Ärger dieser Art einfach hinweggehe, um mir weiteren Ärger zu ersparen. Nämlich eine mindestens fünfminütige fruchtlose Diskussion zur Sache mit der jeweiligen Person. Was lernen wir daraus? Wer sich mit öffentlichen Verkehrsmitteln bewegt, muß sich entweder ganze Abteile oder Waggons für sich alleine mieten, oder er muß sich innerlich darauf einstellen, daß er sich in die unmittelbare Nähe von Leuten begibt, die ihre Socken nicht wechseln, laut schnarchen, nicht „Guten Tag“ und nicht „Auf Wiedersehen“ sagen und ihre Bierdosen aus dem fahrenden Zug werfen.

LIFESTYLE Früher hatte man ihn, heute wird ständig darüber geschrieben. Früher hatte er etwas mit Tradition und guter Erziehung zu tun, heute mehr mit Geld. Früher verstand man unter Lifestyle die Selbstverständlichkeit, große Dichter und Denker zu zitieren, die Wahrscheinlichkeit, als vierter Mann an einer Partie Bridge teilzunehmen, die Fähigkeit, einen Martini trockenzulegen sowie die Kunst des Reisens. Heute füllt sich der gleiche Begriff mit all den schönen Dingen des Lebens, die auf den farbigen Seiten der Hochglanzmagazine monatlich angepriesen werden: Louis-Vuitton-Koffer, Kelly-Bags, MCM-Täschchen, Rolex-Uhren, Autotelefone, Eileen-Grey-Sofas, Whirlpools und Keniaböhnchen. Immer nach dem Motto: Sag mir, welches Etikett du in deinem Kaschmirpullover hast und ich sage dir, wer du bist. Genauso attraktive Sachen, die günstiger im Preis sind, weil man nicht den Namen mitbezahlen muß, werden viel zuwenig beachtet. Wer sich über Reisen unterhält, spricht über Hotels und Strände; wer einen Städtetrip macht, ist mehr mit seiner Kreditkarte als mit einem Stadtplan unterwegs.

LIKÖR Weil er in der Regel süß ist, wird er in erster Linie von Frauen getrunken. Zu einer Tasse Kaffee am Nachmittag oder im Anschluß an ein Dessert, ebenfalls in Verbindung mit Kaffee oder Mokka. Passionierte Likörtrinkerinnen bewahren die köstlichen Flüssigkeiten in zierlichen Kristallkaraffen. Serviert werden sie in hauchfeinen Gläschen mit Stiel.

LINKSHÄNDER Wie viele andere Betroffene gehöre auch ich zur Generation der Linkshänder, deren einseitige Veranlagung in der Schule auf Widerstand stieß. Das heißt: Mein natürlicher Wunsch, als konsequente Linkshänderin in Spiegelschrift zu schreiben, blieb gänzlich unerfüllt. Die Spätfolgen dieser disziplinarischen Maßnahme lassen sich heute noch an meiner schlechten Handschrift erkennen. In allen anderen Bereichen des täglichen Lebens konnte ich mich oder besser meine linke Hand sich durchsetzen. Also auch beim Essen. Es gibt wirklich keinen Grund, einen Linkshänder zu zwingen, das Messer in das „feine Händchen" zu nehmen. Man sollte dann allerdings auch konsequent bleiben und beim Ablegen des Bestecks das Messer nach links (natürlich mit der Klinge nach innen) und die Gabel rechts daneben ablegen. Schwierig wird es nur beim Fischbesteck – das leicht angewinkelte Fischmesser läßt sich nicht einfach umdrehen. Ersatzweise zerlegt man den Fisch mit Messer und Gabel oder nur mit zwei Gabeln. Ein Tip für zu Hause: In Geschäften mit englischen Antiquitäten findet man öfters alte Fischbestecke mit geradlinigen Messern (meist mit Horn- oder Elfenbeingriffen), die man rechts oder links benutzen kann.

LIPPENSTIFT Ich kann mich nicht erinnern, ob es eine Frauenzeitschrift war oder ein Buch über gutes Benehmen: Irgendwann wurde grünes Licht gegeben für Frauen, die sich in Gegenwart anderer (in der Regel nach dem Essen) die Lippen schminken. Ich kann und will mich nicht daran gewöhnen. Wahrscheinlich habe ich zu viele Frauen gesehen, die speziell bei dieser Aktion alles andere als ein erfreulicher Anblick waren.

Besonders häßlich sieht es aus, wenn der Mund zuvor noch mit einem Konturenstift ausgemalt wird und die schminkfreudigen Damen ihre Lippen dabei in der Art über die Zähne ziehen, als wollten sie eine Anti-Falten-Gymnastik machen. Regelrecht unappetitlich wirkt auch der notorische Griff zum Lip gloss-Döschen. Mit dem dicksten Finger in das fettige Gel und dann über den Mund. Ich frage mich, angesichts der Tatsache, daß so viele Frauen ständig Richtung Toilette laufen, warum sie das nicht auch da erledigen.

LOCKENSTAB Eine leichte Frisierhilfe auf Reisen oder wenn es einmal schnell gehen muß. Vorsicht bei zu heißem Einsatz des elektrischen Lockendrehers: Er trocknet die Haare aus und gibt der mühevoll zurechtgedrechselten Frisur einen unnatürlichen Barbiepuppen-Effekt.

LOCKENWICKLER Trotz modischer Rückfalltendenzen in die Zeit der sechziger Jahre und damit in die Ära der hoch über den Kopf toupierten Haare, geht der Frisurentrend weiterhin Richtung Natürlicheit. In den meisten Haarsalons haben Lockenwickler inzwischen schon Seltenheitswert – Haare werde gut geschnitten, luftgetrocknet oder geföhnt. Wer dennoch darauf besteht, seiner Frisur mit der gewohnten Wickeltechnik den nötigen Halt zu geben, tut dies selbstverständlich unter Ausschluß der Öffentlichkeit.

LODENMANTEL Alpenländisches Nonplusultra der traditionellen Trachtenmode. In seiner ursprünglichen Form ist er gerade und gürtellos geschnitten. Unter dem kleinen Kragen wird er mit einer verdeckten Knopfleiste oder mit Trachtenknöpfen geschlossen. Die klassischen Farben: gedecktes Grün, Grau oder Braun. In Bayern und in den Alpenländern wird er zu allem getragen – auch über einem Abendanzug.

LOGIERBESUCH Zu Zeiten, als man Wohnraum noch nicht in Quadratmetern rechnete, gab es in der Mehrzahl der gutbürgerlichen Haushalte noch das Gästezimmer für Freunde und Verwandte, die für mindestens eine Nacht oder länger im Haus blieben. In hochherrschaftlichen Häusern galt damals das Hausgast-Prinzip als ein fester Bestandteil des gehobenen Lebensstils. Der Gast bot eine willkommene Abwechslung im täglichen Leben – man konnte für ihn Abendessen geben, Hausmusikabende veranstalten und ihn womöglich als Schachpartner ins Spiel bringen. Auch heute gibt es noch Menschen, die sich auf diese Art gegenseitig besuchen und ihre Freundschaft pflegen. Da man sich allerdings kaum noch den Luxus eines Gästezimmers leistet, sind auch die Hausgäste etwas seltener geworden. In den meisten Fällen handelt es sich um einen kurzen Logierbesuch, bei dem der Gast sein Bett auf der Wohnzimmercouch oder einer Campingliege bezieht. Auch wenn es nur für eine Nacht ist: Der Gast freut sich über das Riesen-T-Shirt als Pyjamaersatz und die Gutenachtlektüre, das süße Betthupferl und die Flasche Wasser neben seinem Nachtlager.

LÜCKENBÜSSER Ich weiß noch, wie sehr ich mich über den Anruf meiner Freundin gefreut habe. Es war zwar schon dunkel draußen, aber ihre spontane Einladung zum Essen hatte mich noch vor dem Abendbrot erreicht. Immerhin war es das erste Mal, daß sie mich überhaupt einlud, nachdem sie schon recht häufig mein Gast gewesen war. Statt Blumen nahm ich eine Flasche Champagner aus dem Kühlschrank und beeilte mich, um nicht zu spät zu kommen. Als ich die festlich gedeckte Tafel sah und das sorgfältig vorbereitete Fünf-Gänge-Menü in der Küche, wußte ich plötzlich, wie es zu dieser kurzfristigen Einladung gekommen war. Ich war ein Lückenbüßer, das heißt, der schnelle Ersatz für einen Gast, der aus irgendeinem Grund verhindert war. Mit mir saßen noch drei andere Leute am Tisch, die das gleiche Schicksal zu einer warmen Mahlzeit gebracht hatte, und sie waren sich dessen genauso bewußt wie ich. Zugegeben, es kann jedem passieren, daß er mit einer ofenfrischen Gans alleine dasteht, weil die geladenen Gäste im Schnee stecken geblieben sind. Und es ist auch vollkommen legitim, sich auf die Schnelle um Ersatzgäste zu bemühen. Aber erstens sagt man das dann auch ganz deutlich, und zweitens wendet man sich nicht an Leute, die man normalerweise nicht einladen würde.

LUNCH Eine leichte Art des Mittagessens, zu dem man sich häufig mit Freunden oder Geschäftsleuten trifft. Im Gegensatz zu Schweinebraten oder mehrgängigen Menüs besteht ein Lunch aus bekömmlichen, schnell zubereiteten Gerichten wie gegrilltem Fisch oder Steak mit Salat, einem Teller Spaghetti oder einem Omelett. Auf diese Weise paßt ein Lunch auch in eine zeitlich begrenzte Mittagspause – ohne Hast und ohne Völlegefühl.

LUXUS Es bedeutet nicht für jeden dasselbe. Für den einen sind es goldene Wasserhähne, für den anderen ein zehnköpfiges Hauspersonal. Für wieder andere ein Höchstmaß an persönlicher Freiheit oder das einfache Leben auf einer tropischen Insel. Solange es um materielle Freuden geht, geraten Menschen, die sich wahllos mit allem umgeben, was gut und teuer erscheint, leicht in den Verdacht, mit all dem Gold und Glanz nur das ersetzen zu wollen, was man im Leben mit Geld nicht kaufen kann.

M

MÄDCHENNAME Frauen, die heiraten, müssen deshalb ihren Mädchennamen nicht aufgeben. Der Mann kann den Namen seiner Frau annehmen oder man einigt sich gemeinsam auf den entsprechenden Doppelnamen. Bei einer eventuellen Scheidung werden Doppelnamen getrennt. Wer in der Ehe den Namen des anderen angenommen hat, behält ihn auch. Es sei denn, er beantragt eine offizielle Änderung und nimmt seinen ursprünglichen Namen wieder an.

MÄTRESSE Zunächst einmal nichts anderes als ein altmodischer Ausdruck für die Geliebte. Allerdings mit einem wesentlichen Unterschied: Die Mätresse war eine Frau, die man sich neben seiner Frau hielt, mit entsprechender finanzieller Verantwortung. Dies gilt heutzutage nicht unbedingt für die Geliebte. Sie kann durchaus frei und unabhängig sein und ihre Rolle als Geliebte keinesfalls mit Profitdenken in Zusammenhang bringen.

MÄZEN In der Regel ein finanzkräftiger Gönner, der sein Geld zur Verfügung stellt, um kreative Leistungen zu fördern, kulturelle Einrichtungen zu erhalten und um karitative Zwecke zu unterstützen.

MAGENKNURREN Die einen kriegen ihren Schluckauf nicht unter Kontrolle, die anderen leiden unter geräuschvollem Magenknurren, das meistens dann losgeht, wenn man nicht alleine ist. Statt verzweifelt zu versuchen, es zu unterdrücken oder mit schallendem Gelächter zu kaschieren, sollte man ruhig dazu stehen, es mit Humor nehmen und mit aller Geduld abwarten, bis die kleine körperliche Attacke vorbei ist.

MAHLZEIT Selbst unter denen, die morgens noch zu träge sind, ihre eigene Schwiegermutter im Aufzug zu grüßen, gibt es einige, die am späten Vormittag dann wach genug sind, sich auf den langen Gängen der bundesdeutschen Großbetriebe dem allgemeinen „Mahlzeit"-Geschrei anzuschließen. Bevorzugte Tatzeit: zwischen 12 und 15 Uhr. Egal, ob man es den Kollegen fröhlich entgegentrompetet, nachdrücklich mit dem Kopf dazu nickt oder ob man es mit niedergeschlagenen Augen vor sich hin murmelt – der ganze Mahlzeit-Gruß ist absolut überflüssig.

MAISKOLBEN Wenn man sie im Restaurant bestellt, werden sie auf unterschiedliche Art serviert. Das heißt: In einfachen Lokalen liegen sie blank auf dem Teller, die Butter daneben oder bereits aufgestrichen. In besseren Restaurants werden zwei kleine Gabeln mit spitzen, kräftigen Zinken mitgeliefert. Man spießt den Maiskolben von beiden Seiten auf und kann ihn so abknabbern, ohne sich dabei die Hände fettig zu machen. Falls es keine Gabeln gibt und man das Gemüse nicht mit der Hand essen möchte, kann man die Gabeln durch zwei stabile Zahnstocher ersetzen.

MAKE-UP Frauen schminken sich heutzutage mehr als je zuvor. Nicht alle auf die gleiche Art, aber alle mit dem gleichen Motiv. Sie wollen besser aussehen. In ihren Bemühen, dem aktuellen Schönheitsideal möglichst nahezukommen, schießen allerdings einige weit über das Ziel hinaus. Lieber von allem etwas weniger, als das Gesicht unter einer dicken Puderschicht zu begraben. Das künstliche Licht über dem Badezimmerspiegel kann sehr trügerisch sein. Wer sich schon morgens schminkt, sollte am offenen Fenster den letzten Blick in den Spiegel werfen. Das Auffrischen des Make-ups im Laufe des Tages oder in einer langen Nacht ist in Gegenwart anderer verboten.

MAKKARONI Um frühzeitig zu verhindern, daß die rundlichen italienischen Nudeln mit Tomatensauce über den Tisch springen, kann man sie auf eine gabelfreundliche Länge stutzen, indem man sie vor dem Kochen mehrmals bricht. Ansonsten werden Makkaroni grundsätzlich nur mit der Gabel (und nicht mit dem Messer) zerkleinert.

MALOSSOL Hierbei handelt es sich nicht, wie oft angenommen, um eine spezifische Kaviar-Marke, sondern Malossol bezeichnet nichts weiter als eine besondere Qualität, nämlich „leicht gesalzen" (→ Kaviar).

MANHATTAN Ein Stadtteil von New York, ein klassischer Cocktail (bestehend aus $^4/_5$ Whisky, $^1/_5$ trockenem Wermut, einem Spritzer Angostura Bitter und einer Kompottkirsche) und ein Hut amerikanischer Abstammung: mit leicht überhöhter Kopfform und extraschmalem Rand.

MANIEREN Die Summe der guten Manieren ist der offensichtliche Respekt vor den Mitmenschen im täglichen Zusammenleben. Von filigranen Kratzfüßchen oder abgespreizten kleinen Fingern sind sie allerdings meilenweit entfernt. Es geht viel mehr um positive Eigenschaften wie Zurückhaltung, Bescheidenheit, Aufmerksamkeit, Gastfreundschaft, Rücksichtnahme, Höflichkeit etc.

MANIKÜRE Für Männer und Frauen eine eiserne Pflicht. Wer sich selbst außerstande sieht, seine Fingernägel in eine anständige Form zu bringen, nimmt die Hilfe einer Kosmetikerin in Anspruch oder läßt sich beim Friseur bedienen. Das tägliche Reinigen der Nägel kann man jedoch wohl jedem selbst überlassen.

MANSCHETTEN Männerhemden hatten früher grundsätzlich doppelte Manschetten, die zunächst nach außen umgeschlagen und dann mit Manschettenknöpfen zusammengehalten wurden. Es gibt auch heute noch oder heute wieder Männer, die großen Wert auf diese Tradition legen. Ansonsten dominiert der unkompliziertere Schnitt mit einfacher Manschette und Knopfverschluß. Unabhängig von der Art der Manschette gilt: Zwischen Hand und Sakkoärmel müssen zirka zwei Zentimeter von ihr zu sehen sein.

MANSCHETTENKNÖPFE Wer Hemden mit doppelten Manschetten bevorzugt, verfügt auch über die passenden Manschettenknöpfe. Für den Anfang genügen ein paar schlichte, möglichst neutrale, zu Abendanzügen passen am besten goldene. Und wer daran Freude hat, ergänzt sein Repertoire mit einem seltenen Paar antiker Manschettenknöpfe.

MANTEL Obwohl einige Männer den Begriff Gleichberechtigung dahingehend mißverstehen wollen, daß man einer Frau nicht mehr in den Mantel helfen muß, steht wohl außer Frage, ob und wann das erwartet werden darf. Wobei, wenn es um diese Art von Aufmerksamkeit geht, ältere Personen beiderlei Geschlechts an erster Stelle stehen. In solchen Fällen sind auch jüngere Frauen aufgerufen, dem älteren Menschen den Mantel hinzuhalten. Geht man paarweise aus dem Haus, übernimmt der männliche Partner automatisch die Verantwortung für das Wohlbefinden seiner Begleiterin. Ist man in einer gemischten Gruppe unterwegs, reduziert sich diese Pflicht auf die allgemeine Bereitschaft, kleine Hilfestellungen zu leisten. Man muß nicht jede Strickjacke hochreißen – wenn allerdings eine Frau mit den üblichen Utensilien wie Tasche, Handschuhen und Regenschirm und zusätzlich noch einem schweren Wintermantel kämpft, wird man ihr sicher beistehen.

MANTELKLEID Ein vorne durchgeknöpftes Kleid im Schnitt eines Mantels. Der Stoff ist so leicht, daß man es drinnen und draußen tragen kann. Der klassische Schnitt und die korrekte klare Form favorisieren dieses Kleidungsstück für viele offizielle Anlässe – mit passendem Hut und Handschuhen.

MARINADE Fische aller Art werden im Normalfall nicht mit dem Messer geschnitten. Das ändert sich nur dann, wenn sie eingelegt sind. Einem Rollmops oder einem Hering in Marinade darf man mit dem Messer zu Leibe rücken.

MARKENZEICHEN Bei der Beliebtheit des heutigen Lebensmottos „Sag mir, was du trägst, und ich sage dir, wer du bist“, haben Markenzeichen einen besonderen Stellenwert bekommen. Und zwar in allen Lebensbereichen: in der Mode, in der Einrichtung, im Bürodesign, im Sport und natürlich auch in bezug auf Autos. Die enge Verbindung zwischen Person und Markenzeichen (man sagt auch gerne auf englisch „label“) geht so weit, daß man das eine mit dem anderen identifiziert. Das heißt: Man spricht von GTI-Typen, Jil-Sander-Typen, Lacoste-Typen und Le-Corbusier-Typen. Markenzeichen signalisieren die Illusion persönlicher Sicherheit und die Zugehörigkeit zu einer elitären Gruppe. Man erkennt sich gegenseitig schon von weitem an kleinen Krokodilen, Polospielern und den beiden Anfangsbuchstaben im Namen großer Designer. Der echte Snob verzichtet auf die Augenfälligkeit seiner bevorzugten Markenzeichen. Man erkennt sich nicht am Krokodil auf der Brust, das auch Otto Normalverbraucher mit einem Blick identifizieren kann, sondern an besonderen Schnitten, Formen, Linien und Qualitäten, deren Urheber nur echten Insidern geläufig sind.

MARMELADE Egal, ob sie im Glas oder in der Schale auf den Frühstückstisch kommt, man nähert sich ihr niemals mit dem Messer. Wenn nichts danebenliegt, nimmt man einen unbenutzten Kaffeelöffel und häuft die gewünschte Portion auf den eigenen Teller. Das jeweilige Brötchen, Croissant oder Toastbrot wird zunächst gebuttert und dann genau an der Stelle mit Marmelade bestrichen, die man anschließend abbeißt. Auf diese Art wird weniger gekleckert. Normalerweise macht man auch das mit dem Löffel. Man kann jedoch ersatzweise ein kleines Frühstücksmesser benutzen, ohne daß man unangenehm auffällt.

MARTINI Ein Begriff, der immer wieder zu Verwechslungen führt. Grundsätzlich handelt es sich um eine italienische Wermut-Marke, die es in drei verschiedenen Sorten gibt: Martini Rosso (rot und süß). Martini Bianco (weiß und süß) und Martini Bianco Secco (weiß und trocken). Man trinkt alle drei – mit oder ohne Eis – als Aperitif. Der weiße trockene Martini liefert die

Basis für den klassischen Martini-Cocktail. Dazu kommen Gin und Eis und natürlich eine grüne Olive. Bei der Barbestellung sagt man gewohnheitsmäßig „trockener Martini“ und meint damit den Cocktail. Die Kunst des Mixens besteht in der Interpretation des Wortes „trocken“. Das heißt: je weniger Martini, desto trockener. In ganz extremen Barkreisen wird sogar gemunkelt, daß die sogenannte Trockenlegung darin besteht, daß sich das „Mixen“ darauf beschränkt, kurz mit der Gin- und Wermutflasche anzustoßen oder aber die Eiswürfel nur kurz in Martini zu schwenken, bevor man sie in den puren Gin fallen läßt.

MARTINIGANS Zugrunde liegt ein kirchlicher Feiertag, der von den Protestanten am 10. und von den Katholiken am 11. November jeden Jahres begangen wird. In manchen Gegenden ist es immer noch Tradition, daß die Kinder am Vorabend mit selbstgebastelten Fackeln von Haus zu Haus ziehen und für ein paar Nüsse und Lebkuchen ihre Martinslieder singen. Die Erwachsenen schieben zu Hause eine Gans in den Ofen (vor dem Martinstag werden davon jede Menge angeboten), oder sie treffen sich mit Freunden oder mit der Familie in einem der vielen Gasthöfe, die sich an diesem Wochenende auf Martinsgänse spezialisieren.

MASKENBALL Heute muß man während der Karnevalszeit schon nach Venedig fahren, um einen echten Maskenball zu erleben. Die konsequente Art, sich zu verkleiden, sich also völlig unkenntlich zu machen, geht so weit, daß man ohne Maske gar nicht vorgelassen wird. In unseren Breiten werden um die gleiche Zeit Kostümfeste und -bälle gefeiert, die allerdings nur noch vage an den eigentlichen Sinn der Maskerade erinnern. Neben einigen wenigen Karnevalisten, die offensichtlich mit viel Phantasie ausgefallene Kostüme kreiert haben, häufen sich seit Jahren einfallslose Ringelhemdträger und notdürftig bekleidete Frauen, die Fröhlichkeit mit Freizügigkeit verwechseln und ihre Bereitschaft zu außerordentlichen erotischen Späßen auf diese Art demonstrieren.

Wer hin und wieder private Maskenbälle organisiert, muß sich nicht unbedingt an die winterlich kalte Karnevalszeit gebunden fühlen. Ein sommerlicher Maskenball, zum Beispiel ganz in Weiß, ist nicht nur eine schöne Abwechslung, sondern er hat auch den Vorteil, daß man im Freien tanzen kann. Um sich mit möglichst wenigen Ringelhemden zu quälen, ist es wichtig, Motto und Maskenzwang in einer schriftlichen Einladung seinen Gästen klarzumachen.

MATINEE Eine Veranstaltung am Vormittag, die in jedem Fall etwas mit Kunst zu tun hat. Es handelt sich meistens um Konzerte, kleine Ausstellungen oder Filmreihen, die ein gemeinsames Motto oder den gleichen Regisseur haben. Früher fand eine Matinee grundsätzlich am Sonntag statt, inzwischen auch an Wochentagen. Elegante, unter Umständen feierliche Kleidung ist Pflicht. Privat organisierte Matinees sind normalerweise mit einem Cocktail oder kleinem Imbiß verbunden.

MAUERBLÜMCHEN Ein Begriff, der aus der Zeit stammt, in der Frauen noch wesentlich weniger selbstbewußt waren als heute. Als sie noch nicht wagten, in Begleitung einer Freundin oder sogar allein irgendeine Art von Veranstaltung zu besuchen. Und, soweit sie auf dem Land lebten, zu bestimmten Zeiten von der Familie auf den Tanzboden geführt wurden und mit niedergeschlagenen Augen darauf warteten, von jedwedem Bauerntölpel um einen Walzer gebeten zu werden. Und wenn sie keiner wollte, dann waren sie einfach Mauerblümchen, die dazu bestimmt waren, irgendwo im Verborgenen ihr Dasein zu fristen. In einer Zeit, die von freien und selbständigen Frauen mitbestimmt wird, gibt es sicher auch noch einige, die weniger beachtet werden als andere. Das prähistorische Mauerblümchen ist allerdings inzwischen so selten geworden wie das Gebirgsedelweiß.

MEERESFRÜCHTE So bezeichnet man alle Muscheln und Krustentiere, die aus dem Meer stammen. Viele Leute erleben sie zum ersten Mal in einem Restaurant auf dem eigenen Teller. Da der Umgang oder besser gesagt die richtige Art, Krebse, Hummer, Langusten oder Muscheln zu essen, nicht ganz leicht ist, sollte man sich vorher informieren, damit man es nicht völlig falsch macht. Es ist absolut keine Schande zuzugeben, daß es „das erste Mal" ist. Bitten Sie eine vertraute Person am Tisch, die mehr Erfahrung mit dem korrekten Zerlegen von Meerestieren hat, es Ihnen langsam vorzumachen. Jeder hat schließlich einmal angefangen und war froh, daß es ihm auf eine ähnliche Art erklärt wurde (→ Austern → Hummer → Krabben → Krebse → Langusten → Muscheln).

MEERRETTICH Er wird fein gerieben und als Beilage zu gekochtem Fleisch – vor allem zu Tafelspitz – gereicht. In der Kombination mit geräuchertem Lachs mischt man ihn mit geschlagener Sahne; die Österreicher nennen Meerrettich Kren und mischen gerne noch einen geriebenen Apfel dazu. In jedem Fall ist Vorsicht geboten: Vom scharfen Meerrettich genügt oft schon eine Messerspitze!

MELONE In einer Menüfolge begegnet man ihr als Vorspeise oder auch als Dessert. Nur mit einer Ausnahme – Melonenkugeln in Portwein – wird sie normalerweise in Scheiben serviert, die wie Tortenstücke geschnitten sind. Als klassische Form der Vorspeise kombiniert man sie mit Parmaschinken. Um das Zerteilen mit Messer und Gabel noch leichter zu machen, liegt die Scheibe bereits ohne Schale auf dem Teller, oder sie ist zumindest schon durch einen Schnitt davon getrennt. Beim Dessert ist sie meistens nicht präpariert. In diesem Fall gibt es zwei Möglichkeiten: Man trennt die Schale mit einem Schnitt vom Fruchtfleisch oder man trennt Stück für Stück, indem man für jeden Bissen von der Seite und von oben einschneidet. Bei Wassermelonen bitte Vorsicht mit den Kernen. Der größte Teil läßt sich mit dem Messer an den Tellerrand schieben, der Rest wandert aus dem Mund über die Gabel an die gleiche Stelle.

MENSCHENKENNTNIS Bevor man sie eines Tages für sich in Anspruch nehmen kann, muß eine Menge Wasser durch den Fluß und eine Menge Lehrgeld gezahlt werden. Menschenkenntnis ohne eigene Erfahrung ist nun mal leider nicht möglich. Um ihre Vorteile so früh wie möglich genießen zu können, ist es ratsam, seine Umwelt aufmerksam und mit offenen Augen zu betrachten. Dazu gehört auch die Kunst des Zuhörens. Gute Beobachter oder vielmehr gute Zuhörer lernen schneller, einen Menschen an seiner Gestik, seiner Mimik und seiner Art zu sprechen im wesentlichen zu erkennen.

MENÜ Ein Essen mit einer vollständigen Speisenfolge nennt man Menü. Es besteht grundsätzlich aus mindestens drei Gängen:

Vorspeise, Hauptgericht, Dessert. Nach oben hin sind keine Grenzen gesetzt – ein großes Festmenü kann auch von fünf, sechs oder sieben Gängen getragen werden. Allerdings immer in der klassischen Reihenfolge: kalte Vorspeise, Suppe, Fisch, Fleisch mit Beilagen, Dessert, Käse, Obst, Kaffee oder Mokka. Die modische Marotte, zwischen den beiden Hauptgängen mit einem leichten Sorbet für kurze Erleichterung zu sorgen, ist inzwischen wieder in den Hintergrund getreten.

MESSER Daß man es zu keinem Zeitpunkt in den Mund steckt, muß hier ja wohl nicht extra bemerkt werden. Bevor man jedoch darüber nachdenkt, wann und wo man es einsetzt, wäre es ganz wichtig, zu wissen, wie man es richtig hält. Eine eiserne Regel: Die Hand bleibt ausschließlich am Griff, und keiner der Finger verirrt sich in Richtung Messerrücken, um womöglich beim Schneiden den Druck zu erhöhen. Ganz falsch und besonders peinlich ist es auch, das Messer wie einen Füllhalter in die Hand zu nehmen. Es wirkt wie ein mißlungener Versuch, sich besonders fein zu benehmen. Das Messer greift man vielmehr locker von oben, wobei es jedem selbst überlassen ist, ob sein Ende unter dem kleinen Finger hervorschaut oder lose im Handteller verschwindet. Der Zeigefinger sorgt für Druck von oben, Daumen und Mittelfinger geben seitlich angelegt Halt. Geschnitten wird im wesentlichen Brot, Käse oder Fleisch. Omelett, Spiegeleier, Kartoffeln nicht; Knödel oder Klöße eigentlich auch nicht. Wird man mit letzteren per Gabel nicht fertig, weil sie die Konsistenz von Bremsklötzen haben, darf das Messer zu Hilfe genommen werden, um die Klöße zu zerteilen ohne sie mit glatten kräftigen Schnitten zu traktieren (→ Besteck).

MESSERBÄNKCHEN Es ist meistens aus Porzellan, steht rechts neben dem Teller und dient als Ablage für das Besteck. Während des Essens bleibt das Besteck auf dem Teller. Zwischen den Gängen ruht es – wenn es behalten wird – auf dem Messerbänkchen. Am Ende des Essens wird das Besteck mit dem Teller weggetragen.

MEXIKANISCHE KÜCHE Wie alle anderen fremdländischen Küchen präsentiert sich auch die mexikanische zu Hause anders als im Ausland. Das heißt: weniger pikant im Geschmack und auch weniger konsequent in der Zusammenstellung. Dennoch ist es eine gute Vorbereitung für eine Reise nach Mexiko, die landestypischen Rezepte in einem der vielen mexikanischen Restaurants in Deutschland auszuprobieren. Besonders junge Leute sind von dieser Art zu kochen begeistert, weil sie unter anderem auch nicht teuer ist. Zu vielen frischen Salaten, Bohneneintopf, Maisgemüse, Chili, Tacos und Enchiladas schmeckt am besten das leichte mexikanische Bier. Nach dem Essen zur Verdauung ein Tequila: weißer oder brauner Agavenschnaps, der mit Salz (wird aus der Kuhle zwischen Daumen und Zeigefinger geleckt) und einem Zitronenschnitz serviert wird. In Mexiko selbst muß man vorsichtig mit der Schärfe umgehen. Zu viel Chili hat schon manch einen mit der „Rache Montezumas“ auf der Toilette festgehalten.

MIDLIFE-CRISIS Verbal zumindest eine Erfindung der sechziger Jahre. Mit Fortschritt und Wirtschaftswunder kam auch der Wunsch des Mannes, die Früchte seiner Arbeit, das schöne Leben also, so lange wie möglich zu genießen. Über Erfolg und Karriere sind die Jahre verflogen, plötzlich geht man auf die Fünfzig zu und bildet sich ein, man hätte noch gar nicht gelebt. Der lichte Haaransatz, der leichte Bierbauch und die erste Krampfader sind nicht nur die ersten Alarmzeichen, sie sind auch nicht gerade die besten Voraussetzungen für eine zweite Jugend. Männer haben, kosmetisch betrachtet, das gleiche Recht wie Frauen, alles Erdenkliche zu tun, um möglichst lange gut auszusehen. Und die gleiche Pflicht, in gewisser Hinsicht dabei auf dem Teppich zu bleiben. Auch der Herbst hat noch seine schönen Tage, und man macht sich nicht nur lächerlich, es ist auch wahnsinnig anstrengend, bei Disko und Dancing als Berufsjugendlicher kräftemäßig mitzuhalten. Irgendwann sollte für jeden die Zeit kommen, wo ein gutes Gespräch, eine anständige Zeitung, ein gemütliches Essen und ein ruhiger, erholsamer Urlaub zu den Stützpunkten des täglichen Lebens gehören.

MILITÄRDIENST Die Statistiken beweisen es: Immer mehr junge Männer haben heutzutage ein gestörtes Verhältnis zur Uniform und ziehen es deshalb vor, als Ersatz für den Wehrdienst Zivildienst zu leisten. Seit Ende des Zweiten Weltkrieges hat sich auch die gesellschaftliche Stellung des Militärs grundlegend geändert. Die gleichen Orden und Ehrenzeichen, mit denen man sich früher auch im zivilen Kreis schmücken konnte, sind heute den meisten Leuten ein Buch mit sieben Siegeln. Wer kennt sich heute schon noch in der komplizierten militärischen Hierarchie aus. Sollte ein männlicher Gast mit militärischem Rang auf Ihrer Einladungsliste stehen, ist es durchaus akzeptabel, ihn ganz einfach mit seinem Namen anzureden.

MISCHEHE Bei diesem Stichwort dachte man früher in erster Linie an eine eheliche Verbindung zwischen einem Mitglied der katholischen Kirche und einem Protestanten, weil das die häufigste Form der Mischehe war. Was vor dem Krieg – vor allem in ländlichen Gegenden, in denen eine der beiden Religionen dominierte – noch mit diversen Schwierigkeiten verbunden war, ist heute absolut kein Problem mehr. Mit Sicherheit gibt es auch heute noch religiöse Fanatiker, die eine Ehe mit Andersgläubigen rundweg ablehnen – ganz allgemein gesehen hat sich die Lage seit dem Krieg stark entspannt. Das gilt auch für die Mischung verschiedener Rassen. Wobei die wachsende Aufgeschlossenheit nichts anderes ist als ein Gewöhnungseffekt aufgrund der Tatsache, daß viel mehr Ausländer als je zuvor hier mit uns leben und auch der allgemeine Reiseboom dazu beigetragen hat, daß sich die Menschen verschiedener Rassen auf friedliche Art näherkommen und dabei Vorurteile abgebaut werden. Wer viel auf Reisen ist, hat oft genug Gelegenheit, gut funktionierende Mischehen zu beobachten und kann auch Vergleiche anstellen zum Beziehungsdesaster seiner Freunde zu Hause.

MITBRINGSEL Speziell unter Freunden und in der Familie gibt es außer Blumensträußen noch andere Mitbringsel, wenn man sich gegenseitig besucht. Wie die sprachliche Verkleinerungsform schon ausdrückt, handelt es sich hier bitte nicht um großartige Geschenke, die den eigenen Geldbeutel und auch das Gewissen des Beschenkten belasten, der daraufhin meint, er müsse sich auf ähnliche Art revanchieren. Eine kleine Schachtel Konfekt, ein Glas selbstgemachte Marmelade, die Schnappschüsse vom letzten Treffen, eine Tüte Kirschen vom eigenen Baum, ein gutes Buch, das man selbst gerade gelesen hat – diese Beispiele bewegen sich im entsprechenden Rahmen. Auf der Suche nach etwas kleinem, möglichst Persönlichem kommen einige Leute aber leicht in Gefahr, in alten Kramschubladen zu stöbern, deren Inhalt auf dem Flohmarkt nicht einmal die Benzinkosten einspielen würde. Mit Dingen, die man loswerden will, macht man in den seltensten Fällen anderen Menschen eine Freude. Vorsicht ist auch geboten im Umgang mit den Kindern anderer Leute. Da die meisten Kleinen erfahrungsgemäß schon bei der Begrüßung hinter dem Rücken der Erziehungsberechtigten mit ausgestreckter Hand lauern, möchte man sich die Gunst der stolzen Eltern und die gute Laune der Kinder erhalten, indem man sogleich die Gummibärchen aus der Tasche zieht. Dieser Schuß kann leicht nach hinten losgehen. Viele Eltern wollen gerade vermeiden, daß die ewige Bettelei auf diese Art noch weiter gefördert wird, und sehen es außerdem nicht gerne, wenn ihre Kinder zu viele Süßigkeiten essen. Wer sich seiner Sache nicht sicher ist, erkundigt sich besser vorher. Grundsätzlich meine ich, daß es eine schöne Tradition ist, auch den Kindern eine Kleinigkeit mitzubringen, wenn man die Familie besucht. Statt der bequemen Bonbontüte können es ruhig auch mal ein paar neue Legosteine, ein dem Alter der Kinder entsprechendes Bilderbuch oder eine Mark fürs Sparschwein sein.

MITTAGESSEN Man unterscheidet zwischen privaten und offiziellen Mittagessen. Fangen wir in der Familie an. Vor unserer Zeit, das heißt also vor der Erfindung von Mikrowelle, Tiefkühlkost und Schnellimbiß, wurde in den meisten deutschen Haushalten mittags „anständig" gekocht. Die Kinder kamen aus der Schule, der Vater hatte Mittagspause, und mit anständig meinte man ein ordentliches Stück Fleisch, Kartoffeln mit Sauce und frisches Gemüse oder Salat. Der Vater trank dazu Bier, die Kinder Limonade. Suppen vorweg oder Vorspeisen gab es nur in den besseren Kreisen. Nachtisch oder Obst gelegentlich. Das ist heute alles anders. Entsprechend der allgemeinen Einsicht, daß man, wenn überhaupt, am Essen sparen kann, verpflegt sich der Vater mittags in der Kantine, die Mutter hat vormittags womöglich selbst gearbeitet und ist froh, wenn sie den Kindern auf die Schnelle eine tiefgekühlte Pizza zubereiten kann. Nichts gegen Pizza, ich esse sie auch recht gerne. Und bestimmt gibt es viele Situationen, wo man selbst dankbar ist, auf irgendeine Art von Schnellküche zurückgreifen zu können. Dennoch sollten speziell Eltern daran denken, daß Kinder im Wachstum möglichst viele

Vitamine und Mineralien brauchen und deshalb gerade das „anständige“ Mittagessen für sie so wichtig ist. Es genügt nicht, ihnen so viel Taschengeld zu geben, daß sie sich ständig etwas zu essen kaufen können, wenn ihnen danach zumute ist. Übergewichtige Kinder und schlechte Zähne sind nur die äußeren Folgen. Wer nicht die Zeit hat, regelmäßig zu kochen, sollte sich darum bemühen, daß die Kinder statt zu Kartoffelchips und Hot dogs auch mal zu gesunder Rohkost greifen.
Gechäftliche Mittagessen sind nicht immer nur eine angenehme Unterbrechung des anstrengenden Arbeitstages. Sie können den Magen auch unangenehm belasten und damit auch die allgemeine Leistungsfähigkeit des Menschen. Eine große Gefahr auf Geschäftsreisen: die Lust auf die deftigen Spezialitäten der regionalen Hausmannskost und die entsprechende Ignoranz gegenüber der Tatsache, daß schwäbische Maultaschen, rheinische Eisbeine und bayerische Schlachtplatten noch stundenlang schwer im Magen liegen. Ein möglicher Ausweg: Verschieben Sie die Hausmannskost auf den Abend (da schmeckt dann auch das Bier besser) und sparen Sie tagsüber Energie, indem Sie sich mittags für eine leichte Schwarzwaldforelle entscheiden oder für ein mageres Tellerfleisch mit Frankfurter Sauce.

MITTELBALL Halbzeit während der Tanzstunde: Die Schüler und Schülerinnen treffen sich mit dem Tanzlehrer und ihren Eltern zum ersten „Probeball“. Wobei es heute – speziell was die Kleiderfrage betrifft – nicht mehr so konventionell zugeht wie früher. Wie weit jedoch diese Freiheit geht, hängt vom Rahmen der Feierlichkeit und von der Interpretation der jeweiligen Tanzschule ab.

MITTERNACHTSSUPPE Eine schöne Tradition, wenn sich absehen läßt, daß ein Fest bis in die frühen Morgenstunden dauert. Es handelt sich hierbei meist um einen kräftigen Eintopf mit Brot, der die Gäste für die letzten Runden stärken soll.

MODEDIKTAT Es soll Frauen geben, die alles Bunte sofort auf den Speicher tragen, wenn Schwarz für die nächste Saison als Modefarbe angesagt ist. Das ständig neu formulierte Modediktat ist allerdings nicht dafür da, daß die Frauen ständig anders auszusehen haben, sondern in erster Linie die treibende Kraft für die guten Umsätze in der Textilindustrie. Abgesehen davon, daß es eine Menge Geld kostet, modisch dauernd auf dem neuesten Stand zu sein – die strengen schwarzen Kleider oder frechen kurzen Miniröcke stehen noch lange nicht jedem. Frauen, die es hoffentlich nicht nötig haben, ihren Mangel an Selbstvertrauen ständig mit neuen Fummeln auszugleichen, sollten eine Art Balance halten zwischen dem, was sie brauchen und dem, was ihnen sonst noch gefällt. Heutzutage gehören auch viele Männer zu den sogenannten „fashion victims" (Modeopfern). Sie sind selbst neugieriger geworden und werden außerdem noch von ihren Frauen und den Neuvorschlägen der Modemagazine verrückt gemacht. Um mithalten zu können, greifen sie oft hilflos nach modisch ausgefallenen Sachen und verkleiden sich fürchterlich. Wobei die Verunsicherung ständig weitergeht. Kaum haben sie sich daran gewöhnt, daß weiße Socken prima sind, steht in einer der Zeitschriften, daß man sich in ihnen nirgends mehr sehen lassen kann. Zwei Dinge sollte man sich klarmachen: Lieblingssachen, von denen man selbst überzeugt ist, sollte man sich von niemandem madig machen lassen, auch wenn sie seit Jahren bei Leo auf der Out-Liste stehen. Und zweitens: Ehe man sich auf Glatteis begibt und aus Versehen wie ein Zirkusdirektor herumläuft, bleibt man besser in der Abteilung klassisch-konservativ.

MODEMUFFEL Ein Mensch, der, modisch betrachtet, absolut mit Scheuklappen herumgeht. Es interessiert ihn überhaupt nicht, was er trägt. Morgens greift er wahllos in den Schrank und findet Holzfällerhemden, Strickkrawatten und Lederhosen genauso aufregend wie gestreifte Frotteebademäntel und Birkenstocksandalen. Die letzte Hoffnung: eine Freundin, die den Inhalt seines Kleiderschranks heimlich zum Roten Kreuz bringt.

MÖBLIERTES ZIMMER Eine antiquierte Formulierung aus der Zeit, in der es noch gang und gäbe war, einen Untermieter bei sich aufzunehmen. Als Vermieterin stellte man sich grundsätzlich eine alte strenge Beamtenwitwe vor, die – mangels eigener Aktivitäten – ständig bemüht war, das flotte Junggesellenleben ihres Untermieters ad absurdum zu führen, indem sie Damenbesuch ganz einfach verbat. Der moderne Untermieter leidet weniger an einer zu strengen Hausordnung als unter den heutigen Mietverhältnissen. Großstadtmieten sind dermaßen gestiegen, daß heute schon ein Zimmer soviel kostet wie vor ein paar Jahren eine ganze Wohnung. Besonders gefragt sind Untermieter, die sich weitgehend unsichtbar machen: Wochentags sitzen sie in der Uni und am Wochenende fahren sie zu ihren Eltern.

MÖWENEIER Selten, daß sie völlig ungeschält auf den Tisch kommen. Normalerweise sitzen sie anstelle von Hühnereiern geschält und halbiert auf bunten Salattellern. Ist nur der obere Teil der gesprenkelten Schale entfernt, löst man das Ei mit einem Löffel heraus.

MOKASSINS Wenn man sich streng an das Vorbild der nordamerikanischen Indianer hält, haben Mokassins keine Sohle. In der heute üblichen Variation handelt es sich immer noch um handgenähte weiche Lederslippers, die allerdings neuerdings durch eine feine Sohle mehr Halt bekommen. Als wirklich bequeme Schuhe sind sie ideal für die Freizeit.

MOKKA Man sagt ihm allgemein nach, er müsse schwarz sein wie die Nacht, heiß wie die Hölle und so süß wie die Liebe. Um dieses schwere Ziel zu erreichen, gibt es inzwischen viele verschiedene Techniken zwischen türkischer Mokkamühle und italienischem Espresso. Doch, egal wie er zubereitet wird, man serviert ihn in kleinen dicken Tassen mit Zucker. Wer die angebotene Tasse vom Tisch hochnimmt, tut dies ausschließlich mit dem Unterteller.

MONOGRAMM Seit es weniger Mädchen und Frauen gibt, die abends zu Hause sitzen und Handarbeiten machen, sind auch die Monogramme etwas aus der Mode gekommen. Zumindest die handgestickten. Aussteuerwäsche mit Monogrammen findet man heutzutage nur noch in Form von alten Paradekissen auf dem Flohmarkt; das gleiche gilt für Stoffservietten. Männer, die nach wie vor Wert auf solche Dinge legen, lassen sich Hemden, Pyjamas und Morgenmäntel (jeweils auf der Brusttasche) Ton in Ton mit einem Monogramm besticken. Einige wenige auch ihre Taschentücher. Unter Menschen, die sich gerne mögen, ist es eine schöne Gewohnheit, das Monogramm eingravieren zu lassen, wenn sie ein Schmuckstück oder ein antikes Silberteil verschenken.

MORALPREDIGER Eine Unterabteilung des Besserwissertums. Sie mischen sich überall ein und machen sich als Schwarz- und Hellseher unbeliebt. Sie haben keinen Humor und reden lieber über Dinge, die man nicht tun sollte, als über Dinge, die Spaß machen. Am besten ist, wenn man ihnen nicht widerspricht und sie das nächste Mal einfach nicht mehr einlädt.

MOUSSIEREN Übersetzt heißt es schäumen oder leicht prickeln. Moussierende Weine haben nur wenig Kohlensäure, sie sind spritzig und sommerlich leicht und schäumen nie so stark wie Sekt oder Champagner.

MUFF Mit dem Pelzmantel geht es auch dem Muff an den Kragen. Denn: Er ist ebenfalls aus Fell gearbeitet, meist mit eingebauter Handtasche. Er war sowieso schon ein wärmendes Stück Nostalgie, das längst von den praktischeren Handschuhen weitgehend ersetzt wurde.

MUNDGERUCH Er verführt nicht zum Küssen und macht bekanntlich einsam. Einer der Gründe dafür, daß erstaunlich viele Menschen unbehelligt mit Mundgeruch durchs Leben gehen, ist, daß es ihnen keiner sagt. So was passiert offenbar nur im Werbespot, wenn es darum geht, eine neue Zahnpasta zu verkaufen. Einem Menschen zu sagen, daß er übel riecht, ist wirklich nicht einfach. Dennoch ist es der einzige Weg, denn selbst merkt man es offensichtlich nicht. Auch wenn der Betroffene es nicht gerne hört, ist er anschließend dankbar für den Tip. Es heißt ja auch nicht gleich, daß er sich seine Zähne nicht putzt. Die Ursache für Mundgeruch liegt meistens im Magen.

MUSCADET Ein vollfruchtiger und dennoch trockener französischer Weißwein, der zu den beliebten Sorten gehört, die überall offen angeboten werden. Er ist ein Wein mit Charakter und paßt hervorragend zu Edelfischen und Kalbfleischgerichten.

MUSCHELN Sie stammen normalerweise aus der Nordsee oder aus dem Mittelmeer. Sie werden nach gründlichem Waschen in Wasser gekocht – der Sud läßt sich auf verschiedene Art verfeinern. Während des Kochens springen sie auf, ein Zeichen dafür, daß man sie unbesehen essen darf. Und zwar mit den

Händen: Man nimmt eine leere Schale und benutzt sie als eine Art Zange, mit der man das Muschelfleisch in einem Stück herauszupft. Den Sud darf man ebenfalls mit der Schale löffeln oder man benutzt dazu einen normalen Suppenlöffel. Als klassische Beilage reicht man Graubrot oder Vollkornbrot mit Butter. Fingerschalen nicht vergessen!

MUSEUM Es sind meistens Gelegenheitskunstfreunde, die alle Jubeljahre einmal ins Museum gehen und sich so benehmen, als würden sie zu Hause vor der Sportschau sitzen. Ein Museum ist sicherlich nicht so heilig wie eine Kirche und es gibt auch kein Sprechverbot. Dennoch ist es ein Ort der Ruhe und der Nachdenklichkeit, und wenn man das selbst nicht so empfindet, sollte man wenigstens auf andere Rücksicht nehmen.

MUSIK Erstaunlich viele Menschen kommen überhaupt nicht auf die Idee, daß ihre Lieblingsmusik nicht allen anderen genauso gut gefällt, oder daß die anderen vielleicht gar keine Musik hören wollen. Ansonsten würden sie sie bestimmt nicht auf volle Lautstärke stellen und die Fenster weit aufreißen oder die neue Stereoanlage mitten in den Garten stellen. Wüßten sie nur, wie viele Nachbarn und Kollegen erleichtert aufatmen würden, wenn sie sich zum nächsten Geburtstag ein Paar Kopfhörer oder einen Walkman schenken ließen (→ Hintergrundmusik).

MUTTERSÖHNCHEN Sie gehören in Zukunft hoffentlich – gemeinsam mit den Mauerblümchen – zu den Dinosauriern der modernen Gesellschaft. Progressiv denkende Frauen sehen sich auch in der Mutterrolle verändert. Die Zeiten sind vorbei, wo Mütter die halbe Nacht das Essen warmhielten, weil der kleine Liebling sich mit fremden bösen Frauen herumtrieb. Oder Mütter allen Männern der Familie die Schuhe putzten und das Frühstücksbrot mit Marmelade bestrichen. Muttersöhnchen sind „out“ und sterben einfach aus.

MUTTERTAG Auch wenn sie keine Muttersöhnchen (siehe oben) zu versorgen hat, ist eine Mutter rund um die Uhr gut beschäftigt. Ohne Feierabend und ohne Feiertag. An jedem zweiten Sonntag im Mai haben Kinder (und Väter) die Gelegenheit, sich mit einem kleinen Dankeschön zu revanchieren. Dabei muß man nichts von dem beherzigen, was einem das Werbefernsehen vorschreibt. Mütter sind nicht hinter Geschenken her. Sie freuen sich besonders darüber, wenn sie an diesem Tag von der Familie einmal richtig verwöhnt werden.

N

NACHBARSCHAFT In der Großstadt haben Nachbarn ein anderes Verhältnis zueinander als auf dem Land. Durch die Isolation der großen Mietshäuser sind sich die Menschen fremd geworden – die meisten grüßen sich nicht mal im Treppenhaus und vielen ist das so auch ganz recht. Wer seinen Nachbarn dennoch näherkommen möchte, muß selbst etwas dafür tun. Das fängt schon beim Einzug an: Man klingelt bei allen Hausbewohnern (oder in einer größeren Wohnanlage nur bei den direkten Nachbarn), stellt sich kurz vor und lädt zu einem kurzen Umtrunk zum Kennenlernen. Trotz möglicher freundlicher Zusagen sollte man diese Einladung so klein wie möglich halten. Leute, die keinen näheren Kontakt wollen, haben so die Möglichkeit, sich ohne Peinlichkeit zurückzuziehen. Wenn man sich spontan sympathisch ist, geht ein gutes nachbarschaftliches Verhältnis womöglich über einen korrekten Gruß hinaus. Man hält auch einmal ein Schwätzchen vor der Haustür oder muß nicht gleich verzweifeln, wenn beim Kuchenbacken noch zwei weitere Eier fehlen.

NACH HAUSE BRINGEN Eine eiserne Regel: Wer eine andere Person einlädt und zum Beispiel in ein Restaurant oder eine Bar führt, ist auch dafür verantwortlich, daß diese Person wieder gut nach Hause kommt. Es kann auch durchaus vorkommen, daß eine Frau einen Mann einlädt und ihn vorher mit dem Auto abholt. Auch sie übernimmt damit eine gewisse Verpflichtung und läßt den Mann nicht einfach zurück, ohne sich darum zu kümmern, wie er weiterkommt. Sollte keiner von beiden aufgrund von reichlich Alkohol in der Lage sein, ein Auto zu chauffieren, so bespricht man gemeinsam die Lösung. Wohnen beide in entgegengesetzter Richtung, ist es naheliegend, zwei getrennte Taxis zu nehmen. Ansonsten nimmt man eins gemeinsam und der Mann lädt die Frau als erstes zu Hause ab. Auch in diesem wie in jedem anderen Fall begleitet er sie bis zur Haustür, bevor er sich endgültig von ihr verabschiedet. Manche Leute ohne Auto haben die schlechte Angewohnheit, zu glauben, es sei selbstverständlich, daß man sie ständig abholt und auch wieder nach Hause fährt. Egal in welchem Zustand und egal um welche Zeit. Gegen solche Leute sollte man sich durchsetzen. Immerhin sparen sie das Geld für ein Auto und können ruhig mal ein paar Mark fürs Taxi ausgeben.

NACHGIESSEN Als Gastgeber achtet man darauf, daß die Gäste nicht vor leeren Gläsern sitzen. Beim zweiten Glas darf man ruhig noch ungefragt nachschenken. Bevor man jedoch weiter nachgießt, gibt man dem Gast die Möglichkeit, sich zu äußern. Sei es, daß er nichts mehr möchte oder nur wenig oder vielleicht etwas anderes. Man achtet auch darauf, daß man die Gläser – selbst wenn es sich um Wasser handelt – nicht randvoll macht.
Eine schlechte Angewohnheit in Restaurants: Kaum, daß man einen Schluck getrunken hat, stürzt ein Kellner an den Tisch, reißt die Flasche aus dem Kühler und gießt bis zum Rand nach. Er animiert auf diese Art zum schnellen Trinken, in der Hoffnung, daß möglichst bald die nächste Flasche bestellt wird. In diesem Fall sollte man ruhig sagen, daß einem das so nicht paßt, daß man ruft, wenn man ihn braucht und inzwischen unter Umständen selbst die Gläser nachfüllt.

NACHLASS Der plötzliche Tod kann einen jungen Menschen genauso treffen wie einen alten. In jedem Fall ist der Schock für die Familie, die Freunde und die Kollegen groß. Da der Nachlaß, den normalerweise ein Testament regelt, nicht nur im Erbe besteht, sondern auch in einigen bürokratischen Verpflichtungen, die noch erfüllt werden müssen, ist es sinnvoll, einem der betroffenen Erben eine Bankvollmacht auszustellen, die im Todesfall sofort wirksam wird. Wer sich besonders absichern möchte, kann die Vollmacht auf einen bestimmten Geldbetrag limitieren. Durch diese Formalität ist gewährleistet, daß laufende Kosten wie Miete, Telefon oder Strom weiterhin gezahlt werden (→ Testament).

NACHSPEISE Der meist süße Abschluß eines Essens und oft auch die erste Gelegenheit für die Hausfrau, sich nach ihren üblichen Küchenpflichten entspannt zurückzulehnen. Sowohl bei privaten Essen und besonders bei offiziellen großen Menüs, sind Pudding, Kompott, Eiscremes oder andere Süßigkeiten bereits auf Dessertschalen verteilt. Es erleichtert die Arbeit, birgt jedoch auch eine gewisse Vergewaltigung des Gastes. Speziell Frauen, die auf ihre Linie achten, wären oft schon mit der halben Portion zufrieden. Im privaten Kreis läßt sich das besser steuern, und deshalb ist es wünschenswert, so oft wie möglich die Nachspeise in der Schüssel zu servieren und es jedem selbst zu überlassen, ob und wie stark er sündigen möchte.

NACHTCLUB Frei nach der Lebensweisheit „Dem Wanderer das rote Licht nicht immer hält, was es verspricht", verbirgt sich hinter den Türen von Nachtclubs, -bars oder -lokalen bei weitem nicht das sündige Leben, das ein Mädchen vom Land sich früher so vorgestellt hat. Da wären also erst einmal die mehr oder weniger harmlosen Etablissements, die länger aufhaben, höhere Preise für die Drinks verlangen, weniger Licht über der Theke haben und an gleicher Stelle die latente Möglichkeit, einem gleichgesinnten Nachtschwärmer etwas näherzukommen. Dann gibt es die Kategorie der Nachtclubs, in denen man den Damen hinter der Bar unter Umständen etwas näherkommen kann. In den meisten Fällen sind männliche Illusionisten aller gesellschaftlichen Schichten bereit, einige größere Scheine in ihre und die Drinks der Damen zu investieren – mit der vagen Aussicht auf ein bißchen mehr als ein bißchen Fummeln vom Barhocker aus oder Tänzchen auf Tuchfühlung. In früheren Zeiten gab es außer dem Personal nur sehr wenig weibliche Gäste. Das hat sich inzwischen geändert, wobei die Motive der Frauen unterschiedlich sind. Einige kommen aus reiner Neugierde, andere sind auf der Suche nach einem schnellen Abenteuer (oder einer schnellen Mark) und wieder andere kommen in Herrenbegleitung und wollen sich einfach nur amüsieren. Dann gibt es noch die Nachtlokale mit Programm. Es wird gesungen, getanzt und zwischendurch ziehen sich welche aus, was vielen noch nicht genug ist. Je nachdem, wovon man glaubt, daß es den Gast befriedigt, ist in den nächtlichen Shows mehr oder weniger Sex im Spiel. Erfahrungsgemäß heutzutage meistens mehr. Aber auch diese kleinen

Sonderveranstaltungen sind nicht nur für das männliche Publikum gedacht. Als Tribut an die steigende Zahl der weiblichen Gäste werden schon längst auch männliche „Interpreten“ ins Programm eingebaut. Frauen, die es gemeinsam mit der besten Freundin aus bloßer Neugierde in so einen Nachtclub treibt, dürfen sich allerdings nicht wundern, wenn Männer ihre Anwesenheit mißverstehen. Schließlich geht man ja auch nicht als Vegetarier in eine Metzgerei.

NACKTBADEN Es ist kaum hundert Jahre her, daß todesmutige Badenixen an der französischen Cote d'Azur ihre weißen Zehen Wind und Wellen aussetzten. Viel mehr als die Zehen war damals auch nicht von ihnen zu sehen. Über die Jahre schrumpften die züchtigen Badekostüme dieser ersten freizügigen Strandnixen gemeinsam mit den überknielangen Ringelanzügen der männlichen Freizeitschwimmer bis auf winzige bunte Stoffetzen, die nur noch die nötigsten Stellen bedeckten. Und dann waren die Französinnen wieder die ersten, die auch noch das Bikinioberteil fallen ließen. Nicht etwa in der Zurückgezogenheit einer einsamen Bucht, sondern inzwischen auch am Swimmingpool, am belebten Hotelstrand und sogar beim Mittagessen unter den Sonnenschirmen der Strandrestaurants. Überflüssig zu erwähnen, daß es wie üblich nicht gerade die Schönsten und die Schlanksten sind, die ihre entblößte Oberweite über der Fischsuppe baumeln lassen. Solange man im eigenen Land der Topless-Badekultur frönt, ist es nur eine Beleidigung fürs Auge. Tut man dies jedoch, wie es inzwischen überall der Fall ist, in einem Land wie Griechenland und der Türkei, zeigt man alles andere als Respekt vor den Sitten seines Gastlandes. Kein Wunder, wenn ein Araber, der an verhüllte oder sogar verschleierte Frauen gewöhnt ist, dies als eindeutige Offerte mißversteht. Bei aller Aufgeschlossenheit in vielen anderen Lebensbereichen gehört übrigens auch Amerika immer noch zu den Ländern, in denen Topless-Baden verpönt und auch verboten ist. An vielen europäischen Stränden, vor allem auf den typischen Badeinseln im Mittelmeer, gehen inzwischen immer mehr Naturkinder dazu über, auch noch die letzten Hüllen fallen zu lassen. Nach meiner persönlichen Erfahrung sind es oft die sogenannten Alternativen und mittelalterlichen Mitglieder von Selbsterfahrungsgruppen, die im Kollektiv aus den Birkenstocksandalen steigen und ihre von der allzu natürlichen Kost ausgemergelten Körper splitternackt der Sonne aussetzen. Nichts gegen Nacktbaden im allgemeinen. Es gibt überall – in Freibädern wie an Stränden – FKK-Abteilungen, in denen sich die Enthusiasten ungestört auf den blanken Hintern gucken lassen können. Und es kostet normalerweise nicht mehr als fünf Minuten Fußmarsch, sich von einem überfüllten Strand so weit zu entfernen, daß man sich in Ruhe und unbeobachtet ausziehen kann.

NÄGEL KAUEN Eine schlechte Angewohnheit, die man kaum vor anderen verbergen kann. Wer selbst nicht in der Lage ist, erfolgreich dagegen anzugehen, sollte die Hilfe eines Therapeuten in Anspruch nehmen. Nägel kauen ist ein sicheres Zeichen für innere Unruhe oder ein Ausdruck für mangelnde Selbstsicherheit und läßt sich mit der richtigen therapeutischen Behandlung ohne Probleme beseitigen.

NADELSTREIFEN Er gehört zu den klassischen Mustern für Herrenanzüge. Bei jungen Männern darf der regelmäßige Längsstreifen ruhig etwas markanter ausfallen, ältere Semester gehen mit allen Mustern dezenter um. Kleine Dicke sollten die Finger gänzlich vom Nadelstreifen lassen – wer behauptet, daß Streifen strecken, sollte vor dem Kauf lieber noch einmal einen Blick in den Spiegel werfen. Je plakativer das Anzugmuster, um so schlichter wählt man das passende Hemd. Falls es weiß und uni ist, darf die Krawatte durchaus etwas frecher ausfallen.

NAGELPFLEGE Gepflegte Nägel gehören genauso wie geputzte Schuhe oder ein anständiger Haarschnitt zu den Visitenkarten eines aufgeklärten Menschen. Ebenso wie das Zähneputzen gehört auch die tägliche Kontrolle der Fingernägel zum Ritual der Morgentoilette. Frauen mit lackierten Nägeln sind hier besonders angesprochen. Es wirkt kaum etwas schlampiger als abgeblätterter Lack oder abgebrochene Nägel. Falls so etwas als Malheur passiert, zum Beispiel beim Essen im Restaurant, ist es absolut nicht angebracht, die Nagelfeile aus der Handtasche zu ziehen und den Schaden am Tisch zu reparieren. Wer Schwierigkeiten hat, seine Nägel selbst in die richtige Form zu bringen, geht einmal in der Woche zur Maniküre außer Haus (→ Maniküre).

NAMEN Es soll Leute geben, die niemals ein Gesicht vergessen, aber ständig die Namen. Abgesehen davon ist es schon sicherlich jedem passiert, daß er auf der Straße jemand trifft, den er lange nicht gesehen hat und der Name ist wie weggewischt. Besonders peinlich, wenn man in Begleitung ist und die Personen bekannt machen möchte. Es kommt entweder zu dem üblichen verlegenen Gemurmel oder man gibt offen zu, daß einem der Name gerade nicht einfällt. Wobei letzteres die bessere Lösung ist. Schlimmer finde ich die Kategorie der Leute, die sich offensichtlich nicht die Mühe machen, einen Namen korrekt auszusprechen. Herr Schmidt ist jahrelang Herr Schmitz und Frau Schulze wird penetrant mit Frau Schulz angesprochen. Ob es sich hier um notorische Hörfehler handelt oder um eine seltsame Marotte – in jedem Fall ist es ein Zeichen von mangelndem Respekt. Das gilt auch für jegliche Art von Titeln. Dr. Meier wird solange mit „Doktor Meier“ (und nicht mit Herr Doktor) angesprochen, bis er selbst darum bittet, den Titel wegzulassen. Bei Adelstiteln geht man etwas weniger streng vor. Heißt jemand Friedrich Graf von Stauffenberg, so hat man bei der Ansprache heutzutage die Wahl zwischen „Graf Stauffenberg“ und „Herr von Stauffenberg“. Aber auf keinen Fall „Herr Stauffenberg“.

NAMENSGEBUNG Sich über den Namen eines Neugeborenen Gedanken zu machen, ist mehr als ein spannendes Spiel zwischen den zukünftigen Eltern. Denn: Den Namen behält man für ein ganzes Leben. Man blättert in alphabetischen Namenslisten (gibt es in der Buchhandlung), berücksichtigt Familientraditionen und bleibt nur selten vom Einfluß der aktuellen Modenamen völlig verschont. Auf diese Weise gibt es immer wieder Schulklassen voller Annas, Julias, Lauras und Philipps. Und es kommt auch immer wieder zu den seltsamsten Kombinationen wie Geneviève Schmitz oder Amadeus Meier. Das heißt: Vor- und Nachnamen sollten schon einigermaßen zusammenpassen. Noch ein Gedanke, der sich lohnt: Es gibt Namen, die verlangen geradezu nach Verkürzung, Verkleinerung oder gar Vestümmelung. Wer also nicht will, daß aus seinem Constantin spätestens im Kindergarten ein Conny wird oder aus Patrizia Trixi, entscheidet sich eher für Kurt oder Ilse.

NAMENSKÄRTCHEN Man begegnet ihnen bei größeren

Essen zur Erleichterung der Tischordnung und bei anderen Veranstaltungen, bei denen viele fremde Menschen zusammenkommen, wie auf Messen oder Kongressen, als Plastikclip am Kragen oder auf der Brusttasche. Eine Bitte an alle, die für die Verteilung solcher Kärtchen verantwortlich sind: möglichst deutlich zu schreiben, damit man den Namen seiner Tischdame entziffern kann, ohne seine Krawatte dabei in die Suppe hängen zu müssen. Eine Bitte an alle, die mit ihrem eigenen Namen an der Brust hausieren gehen müssen: möglichst nicht das Kärtchen bei der ersten Gelegenheit in der Handtasche verschwinden lassen. Auch wenn man sich manchmal wie ein etikettiertes Brathuhn vorkommt: Der Zweck heiligt auch hier wieder einmal die Mittel.

NAMENSSCHILD An der Bürotür, auf dem Klingelschild, vor der Arztpraxis und an der Kanzlei trifft man täglich auf Namensschilder. Im privaten Bereich, also hauptsächlich an der Haustür, findet man meistens nur den Familiennamen. Wenn der Vorname auch genannt wird, ist das bei Ehepaaren heutzutage nicht mehr wie früher, nämlich ganz selbstverständlich der Name des Mannes. Die Entscheidung für einen der Vornamen oder auch beide hängt von vielen Dingen ab – von der persönlichen Einstellung, von geschäftlichen Präferenzen und natürlich auch vom Platz. Im geschäftlichen Bereich liegt der Schwerpunkt auf Sachlichkeit und schneller Information. Formalistische Schnörkel und zu viele Zeilen zur Person sind nicht angebracht.

NAMENSTAG Viele Katholiken haben einen Namenspatron. Das heißt, sie haben ihre Namen mit einem Kirchenheiligen gemeinsam. Und wenn die katholische Kirche beispielsweise am 24. Juli den heiligen Johannes ehrt, dann feiern auch alle seine Namensvettern diesen Tag. In ländlichen, streng katholischen Gegenden nimmt man den Namenstag ernster als den Geburtstag. Ansonsten hat er allgemein immer mehr an Bedeutung verloren. Über einen Anruf, also ein Zeichen, daß man an ihn gedacht hat, freut sich nach wie vor jeder.

NASE BOHREN Dieses Bild ist zumindest Autofahrern vertraut: ein Verkehrsteilnehmer vor der roten Ampel, der gedankenverloren in der Nase bohrt. Kein schöner Anblick und genauso unappetitlich wie ein Mensch, der einem im Zug gegenübersitzt und voll bewußt damit beschäftigt ist, sich irgendwelche Krümel aus der Nase zu ziehen und zu Kügelchen zu drehen. Mein Rat: dem Übeltäter wortlos ein Papiertaschentuch anbieten.

NASE PUTZEN Eine Notwendigkeit, die irgendwann jeden trifft. Und ein wahrer Tummelplatz für schlechte Angewohnheiten. Zunächst einmal sollte man das Taschentuch, egal ob es aus Stoff oder Papier ist, nicht tagelang mit sich herumschleppen. Es kann einem schon den Magen umdrehen, zu beobachten, wie jemand vor aller Augen verzweifelt nach dem letzten unbenutzten Quadratzentimeter sucht, bevor er sich schneuzt. Dann kommt ein tiefes Luftholen und anschließend ein langgezogener Trompetenstoß, der die Wände zittern läßt. Wenn es wirklich nicht ohne Geräusche geht, sollte man sich vor größeren Reinigungsaktionen ein ruhiges Örtchen suchen. Eine wirkliche Zumutung für andere ist es auch, sich das Ergebnis seiner Anstrengung im Taschentuch zu betrachten. Wenn es nicht gerade von wissenschaftlicher Wichtigkeit ist, sollte einem daran gelegen sein, das Taschentuch möglichst schnell verschwinden zu lassen. Aber bitte nicht im Ärmel oder hinter dem Sofakissen (→ Taschentuch).

NELKEN Sie waren die erklärten Lieblingsblümchen der Tanzschüler in den fünfziger Jahren. Und gerieten in dieser Zeit in Verruf als einfallslose Verlegenheitslösung. Seit mehr Phantasie verwendet wird beim Zusammenstellen bunter Sträuße, hat auch die Nelke in Kombination mit Gräsern und zarten Wiesenblumen wieder ihren Platz gefunden.

NENNTANTEN Man ist nicht mit ihnen verwandt, aber sie stehen dem Herzen oft näher als die eigenen Tanten. Sie gehören zu den engen Freunden der Eltern oder man hat sie selbst ausgesucht und sie verdienen bei Familienfeiern die gleichen Ehrenplätze wie die „richtigen" Verwandten.

NERZMANTEL Aus der Traum. Seit Naturschützer sich endlich durchgesetzt haben, ist der Nerzmantel als klassischer weiblicher Weihnachtswunsch von den Geschenklisten gestrichen. Ein schwacher Trost für die Damen: Seit die winterlichen

Temperaturen in Mitteleuropa allgemein gesunken sind, wird ein Pelzmantel allmählich auch überflüssig.

NICHTRAUCHER Angeblich sind sie auf dem Vormarsch, zumindest hört man das aus Amerika, wo Restaurants mit Nichtraucherbereichen schon ganz selbstverständlich sind. Das gleiche gilt für Büros und jegliche Art von Geschäftsräumen. In Deutschland wird die räumliche Trennung zwischen Rauchern und Nichtrauchern vor allem in öffentlichen Verkehrsmitteln spürbar. Während man beim Zugfahren eindeutig in Raucher- und Nichtraucherwaggons unterteilt, ist das beim Fliegen nicht so leicht. Speziell auf Langstreckenflügen läßt sich kaum vermeiden, daß der Rauch irgendwann auch die Nichtraucher erreicht. Besonders betroffen sind die Passagiere, die ihren Platz direkt hinter der letzten Reihe des Raucherabteils haben. Abhilfe schaffen können hier eigentlich nur echte Nichtraucherflüge. In Amtsstuben und Großraumbüros ist es wohl immer noch mehr dem einzelnen überlassen, wie weit er bereit ist, Rücksicht auf andere Mitarbeiter zu nehmen. Um eine harmonische Zusammenarbeit zu fördern, bemühen sich viele Firmen, eine Sitzordnung festzulegen, nach der die feindlichen Lager möglichst wenig gemischt werden. Raucher machen sich leider selten die Mühe, sich vorzustellen, was es heißt, mehrere Stunden am Tag in ihrer unmittelbaren Nähe zu verbringen. Zum Beispiel aus dem Büro nach Hause zu kommen und von Kopf bis Fuß nach abgestandenem Rauch zu riechen.
In den eigenen vier Wänden kann grundsätzlich jeder selbst bestimmen, ob ein Aschenbecher auf den Tisch kommt oder nicht. Ich meine allerdings, daß auch ein hundertprozentiger Nichtraucherhaushalt Konzessionen machen sollte, wenn größere Einladungen angesagt sind. Schließlich möchte man doch, daß sich seine Gäste wohlfühlen. Ein temporärer Rauchsalon, der den Zigarettenqualm zumindest vom Eßtisch fernhält, würde schon Verständnis für die Schwäche der Gäste signalisieren. Unter den sogenannten militanten Nichtrauchern gibt es auch einige, die im Aschenbecher ihres Autos keine Kippen sehen wollen. Für Mitfahrer ist es selbstverständlich, um Erlaubnis zu fragen, bevor sie sich einfach eine Zigarette anstecken.

NIESEN Auf freier Wildbahn, also ohne Augen- und vor

allem Ohrenzeugen, kann ein kräftiger Niesanfall eine wunderbare Erleichterung sein. In Gesellschaft anderer sollte man sich bemühen, das Niesen so weit wie möglich zu unterdrücken. In jedem Fall ist es ratsam, ein Taschentuch bereitzuhalten. Besonders, wenn man gleichzeitig noch erkältet ist.

NIVEAU Mit allem, was man äußert, wie man reagiert und handelt, sollte man sich auf dem der eigenen Persönlichkeit entsprechenden Niveau bewegen. Im eher praktischen Lebensbereich kann das beispielsweise bedeuten, daß man bei einer eleganten Abendeinladung seinen Gästen keine Pappbecher offeriert. Im Geschäftsleben dokumentiert man ein bestimmtes Niveau in der Art wie man sich kleidet und im täglichen Umgang mit den Kollegen und Mitarbeitern. Es entspräche zum Beispiel nicht dem Niveau eines Vorgesetzten, sich mit dem Lehrling zu duzen oder bei der Weihnachtsfeier als letzter Gast das Feld zu räumen.

NOBLESSE OBLIGE Aus der Zeit, als der Adel noch eine privilegierte Schicht war, stammen noch einige Verhaltensregeln, von denen die Adligen glaubten, sie ihrer Umwelt schuldig zu sein. Dazu gehörten Prinzipien wie Selbstbeherrschung (man ließ sich im Beisein des Personals nicht gehen), Höflichkeit (man lächelt seinem Tischherrn freundlich zu, obwohl man sich zu Tode langweilt), Hilfsbereitschaft (man stand auch in Notzeiten stets zueinander) oder Schicklichkeit (man zeigte als Mitglied eines adligen Hauses niemals seine Unterwäsche in der Öffentlichkeit). Über die Jahrhunderte sind viele dieser Verhaltensmuster in Fleisch und Blut übergegangen und werden innerhalb der Familie heute noch praktiziert. Und sie haben sich natürlich in der gleichen Zeit – in abgewandelter Form – auch auf den Rest der Gesellschaft übertragen. Das heißt heutzutage: Man verhält sich nobel, wenn man diskret ist, rücksichtsvoll, loyal, integer und ein Kavalier gegenüber den Damen.

NOTLÜGE Es gibt Situationen im Leben, in denen man um eine Notlüge nicht herumkommt. Als Jugendlicher ist man im Umgang mit ihnen noch sehr unerfahren und fällt dann auch auf, wenn man zum dritten Mal die Oma sterben läßt. Als Erwachsener muß man schon etwas mehr Phantasie beweisen, wenn man seine Mitmenschen nicht verärgern will. Der klassische Fall: eine Einladung zum Abendessen, die man aus ganz persönlichen Gründen nicht annehmen will (vielleicht will man einem der anderen Gäste nicht begegnen) oder weil man einfach keine Lust dazu hat (vielmehr auf einen gemütlichen Fernsehabend mit John Wayne, einer Flasche Bier und den Füßen auf dem Tisch). Um der jeweiligen Notlüge noch zusätzlich etwas von ihrer Schärfe zu nehmen, ist es eine positive Geste, der verhinderten Gastgeberin am nächsten Tag mit einem Blumenstrauß und einer entsprechenden Karte nochmals klarzumachen, daß man wirklich gerne gekommen wäre . . .

NOTORISCHER LÜGNER Kennen Sie die Leute, die in drei Stunden mit dem Auto von Köln nach München fahren, im besten Haus am Platz vom versammelten Personal mit ihrem Namen angesprochen werden und alles schon tausendmal und viel besser gemacht haben, wovon Sie gerade erzählen? Wer zu ihren Freunden gehört, hat längst gelernt, von allem, was sie sagen, die Hälfte gleich mal wegzustreichen. Das ist die eine Art, mit einem notorischen Märchenerzähler umzugehen. Die andere Möglichkeit: Man wartet auf die passende Gelegenheit, eine falsche Geschichte richtigzustellen und hofft, daß dies dem Falschmelder als Lehre dient.

NOUVELLE CUISINE Eine neue Art zu kochen, die aus Frankreich kommt. Ihr wichtigster Protagonist: der Lyoner Erfolgskoch Paul Bocuse. Ihr wesentliches Merkmal: Reduktion der schweren Sahnen und Saucen auf eine puristische Zusammenstellung frischer, natürlicher Produkte. Ihr Nachteil: zu kleine Portionen mit zu viel Dekorationen. Ihre Zukunft: eine gesunde Mischung mit den traditionellen Rezepten der jeweiligen regionalen Hausmannskost.

NUDELN Ich kenne niemanden, der sie nicht gerne ißt. Zwei Dinge sind zu beachten: Man sollte sie nicht zu lange im Wasser lassen und vor allem niemals mit dem Messer bearbeiten (→ Makkaroni → Spaghetti).

NUTRIA Das feine tiefbraune Fell des Sumpfbibers wurde bis vor einigen Jahren aus Südamerika importiert. Inzwischen hält man ihn auch als Zuchttier auf Farmen in Europa. Bevor man den Pelzträgerinnen den Kampf ansagte, sah man Nutria häufig als warmes Futter in Trenchcoats.

O

OBER (→ Kellner)

OBERKELLNER In vielen Fällen ist er es, der die Gäste im Restaurant an den Tisch führt. Allerdings nicht wie die Lämmer zur Schlachtbank. Auch wer nicht reserviert hat, kann getrost Ansprüche stellen. Ein Tisch, an dem man sich nicht wohlfühlt, kann einem erfahrungsgemäß den ganzen Abend verderben.

OBERLEHRER Was das ist, braucht man wohl niemandem zu erklären. Um einen Menschen zu beschreiben, benutzt man ihn auch außerhalb der Schule. „Er führt sich auf wie ein Oberlehrer", heißt nichts anderes, als daß jemand seine Mitmenschen ständig mit dem erhobenen Zeigefinger bedroht, alles besser weiß und seine Umwelt ständig mit seinen Weisheiten belehrt.

OBST ESSEN Der jeweilige gesellschaftliche Rahmen bestimmt, wieviel Freiheit man sich dem Obstkorb gegenüber erlauben darf. Bei einem unprätentiösen kleinen Essen im Freundeskreis kommt sicher keiner auf die Idee, eine Banane mit Messer und Gabel zu essen. Auch bei einem Geschäftsessen im Restaurant besteht keiner darauf, daß man den Apfel nur mit dem Besteck berührt. Und bei einem großen Diner wird es wohl kaum einen Apfel als Dessert geben. Das heißt im Normalfall für Äpfel, Birnen, Nektarinen, Pfirsiche und andere Arten von Kernobst: die Frucht in Viertel zerschneiden, den Kern auslösen, ein Viertel nach dem anderen abschälen und essen – sei es mit Messer und Gabel oder auch aus der Hand (Fingerschalen nicht vergessen). Trauben schmecken besonders erfrischend, wenn man sie in kleine Dolden zupft und vor dem Servieren in eine Schüssel mit kaltem Wasser legt. Man fischt sich eine Dolde aus dem Wasser, tropft sie kurz ab, legt sie sich auf den Teller und ißt die Trauben einzeln mit der Hand. Zu den ganz schlechten Gewohnheiten gehört es, sich von einer Traubenschale zu bedienen, indem man sich rundherum einzelne Trauben abzupft und die Schale anschließend weiterreicht. Damit ich nicht ständig mit so einem halbkahlen Gerippe konfrontiert werde, lege ich von vornherein eine Traubenschere zur Obstschale. Mir gefällt, wie die Menschen im Süden Obst essen: Eine große Schale mit Wasser steht auf dem Tisch und jeder kann seine Kirschen, Erdbeeren, Aprikosen oder Pfirsiche hineintauchen, bevor er sie ißt. Was Bananen betrifft, so gibt es Leute, die sie mit der Hand schälen und anschließend mit Messer und Gabel essen, und andere, die sie sogar schon schälen, indem sie mit der Gabel für Halt sorgen und mit dem Messer die Schale in Streifen herunterziehen. Meines Erachtens kann man sowohl das eine, als auch das andere mit der Hand machen. Das gleiche gilt für Orangen. Es kommt mir einfach komisch vor, sie mit der Hand zu schälen (nachdem man die vier üblichen senkrechten Schnitte gemacht hat) und die einzelnen Rippen anschließend mit Messer und Gabel zu essen. Wir haben uns längst daran gewöhnt, das ganze Jahr über tropische Früchte kaufen zu können. Allen voran Ananas, Mangos und Papayas. Um an das saftige Fruchtfleisch der Ananas zu kommen, schneidet man zunächst das grüne Hütchen ab. Danach gibt es wie so oft zwei Möglichkeiten: Entweder man schält mit einem scharfen Messer die ganze Frucht rundherum ab oder man schneidet sie als erstes in fingerdicke Scheiben, die man einzeln abschält. Egal wie man es macht – es bleiben die geschälten saftigen Scheiben über. Den holzigen Strunk in der Mitte stanzt man mit einem spitzen Messer aus (dann kann man die Frucht in Form von Ringen servieren), oder man schneidet ihn heraus, während man die Scheiben in Stücke teilt. Papayas werden längs durchgeschnitten und mit einem Löffel von ihren zahlreichen Kernen befreit. Das Fruchtfleisch ist so weich, daß man es ebenfalls mit einem, in diesem Fall spitz zulaufenden Löffel Stück für Stück ausheben kann. Bei Mangos ist besondere Vorsicht geboten. Man wird nicht ganz so leicht mit ihnen fertig, und sie machen leider lebenslängliche Flecken. Wenn man die dicke grünliche Haut abgezogen hat (geht ziemlich leicht, wenn die Frucht reif genug ist), bleibt ein glitschiger Klumpen zurück, der sich nicht von seinem Kern lösen mag. In diesem Fall ist es noch am leichtesten, mit Messer und Gabel vorzugehen. Last not least werden Melonen wie Tortenstücke geschnitten, bevor sie auf den Tisch kommen. Wenn man sie zwischen Schale und Fruchtfleisch einschneidet, lassen sie sich ganz leicht mit Messer und Gabel essen (→ Trauben → Melonen).

OHRRINGE Sie haben als modische Accessoires in den letzten Jahren an Wichtigkeit gewonnen. Frauen, die mit Vorliebe große, auffallende Ohrgehänge tragen, sollten nicht zuviel Schmuck gleichzeitig tragen. Sie wirken am besten zu einem möglichst schlichten Kleid oder bilden einen interessanten Gegensatz zu einem einfachen weißen T-Shirt und Jeans.

OMELETT Im Grundrezept handelt es sich um eine verquirlte, in der Pfanne gebackene Eierspeise ohne Mehl. Sie wird allerdings selten pur serviert. Schleckermäuler lieben süße Omeletts mit Konfitüre, die Franzosen füllen den flockigen Eierkuchen am häufigsten mit Käse oder Schinken, die Florentiner mit Spinat, die Mexikaner mit Pilzen und Paprikaschoten. Unabhängig von der Füllung gilt der Grundsatz: Das Omelett wird ausschließlich mit der Gabel gegessen.

OPEN-AIR-KONZERT Wie der Name schon sagt, finden sie gewöhnlich im Freien statt. In einem Sportstadion, einem alten Amphitheater oder auf der Gemeindewiese. Die Natürlichkeit der Anlage oder, andersherum gesagt, die Tatsache, daß dieser Raum nicht von vier Wänden umgeben ist, verleitet offensichtlich zu seltenen Ausfallerscheinungen des guten Benehmens. Man balanciert mit verregneten Schuhen über Sitzbänke, drückt auf der Rückseite derselben seine Zigarettenkippen aus und benutzt die gesamte Arena als Abfallkorb. Wer sich für mehrstündige Veranstaltungen unter freiem Himmel präpariert, liegt mit einem transparenten Regencape (im Kleinstformat), ein paar zusätzlichen Papiertaschentüchern, (mindestens) einem Pappbecher, einem Allesöffner und einer Flasche seines liebsten Weins auf jeden Fall besser im Rennen.

OPER Es gibt, glaube ich, kaum einen Ort, an dem man so viele schlechtsitzende Anzüge und exotische Blüten der weiblichen Abendgarderobe beobachten kann wie in der Oper. Das ist nicht nur ein Zeichen für den allgemein schlechten Geschmack, sondern auch für die Stiefmütterlichkeit im Umgang mit vielen Dingen, die man nicht jeden Tag trägt. Die meisten Männer kaufen sich lieber einen neuen Rasenmäher als einen neuen Smoking, und das hat bestimmt auch damit zu tun, daß sie viel lieber in den Garten gehen als in die Oper. Neben wirklichen Musik-Enthusiasten gibt es unzählige männliche Mitläufer, die sich hin und wieder für einen Abend opfern, damit der Haussegen nicht ins Wanken gerät. Was nicht heißen soll, daß alle Frauen, die zu den Salzburger Festspielen anreisen, in der Lage sind, Placido Domingo von Michele Placido zu unterscheiden. Ein Besuch in der Oper hat ja auch viel mit neuen Kleidern zu tun und mit dem berühmten Sehen und Gesehen werden. Warum also sieht man so viele häßliche Kleider, seltsame Häkelstolas und unmögliche Abendtäschchen, die so aussehen, als hätte man während der Sommerzeit die Mottenkugeln in ihnen gelagert? Ich glaube nicht, daß in der Oper prozentual mehr Menschen mit schlechtem Geschmack vertreten sind als irgendwo sonst. Es fällt nur mehr auf. Und es ist der generelle Mangel an festlichen Gelegenheiten und ihrer Kleiderordnung.

Viele Frauen machen den Fehler, sich beim Kauf eines Abendkleides zu einem besonders ausgefallenen Modell überreden zu lassen, das womöglich schon nicht mehr gut aussieht, wenn die Sonnenbräune nachläßt oder der winterliche Speisezettel seine ersten Spuren hinterläßt. Ein schlichtes, aber perfekt geschnittenes Kleid in klassischem Schwarz oder einer anderen dezenten Farbe sieht einfach immer und überall gut aus. Ganz allgemein läßt sich feststellen, daß ein Opernabend, abgesehen von Premieren in großen Häusern, nicht mehr den gleichen gesellschaftlichen Stellenwert hat wie früher. Schauen Sie sich alte Filme an und Sie sehen alle Männer im Frack und ihre Begleiterinnen in wirklich großer Abendtoilette. Obwohl der Frack an sich offiziell vorgeschrieben ist, sieht man ihn heute eigentlich nur noch bei Premieren oder Festspielen. Stattdessen sieht man hier und da einen Smoking, ansonsten dunkle Anzüge, Dinnerjackets und alles andere, was Männer für angemessen halten, bis hinunter zum normalen Straßenanzug.

Man sagt immer, daß Leute, die besonders festlich angezogen sind, sich automatisch besser benehmen. Daß sie die Hände aus den Taschen nehmen, wenn sie jemand begrüßen, die Beine ordentlich nebeneinanderstellen, wenn sie Platz nehmen, und beim Kaugummi kauen zumindest den Mund zumachen. Ich halte das für ein Gerücht und wünsche mir weiterhin, daß ich ohne Laufmaschen davonkomme, wenn verspätete Premierengäste sich hauteng vorbeidrücken, um ihre reservierten Plätze zu erreichen. Noch ein Wort zur Pünktlichkeit: Es gibt (Gott sei Dank) auch heute noch Opernhäuser, die Zuspätkommenden den Eintritt verwehren. Das heißt, sie müssen bis zum Ende des ersten Aktes draußen warten.

OPERETTE Zur Premiere genügt der Smoking zum kleinen Abendkleid, ein Frack ist hier nicht angebracht. In kleinen Häusern, die niemals Opern und nur ab und an eine Operette ins Programm aufnehmen, neigen die festen Abonnenten dazu, sich für diese Vorstellungen genauso anzuziehen, wie für alle anderen. Man muß sich nicht sonderlich herausputzen – mit einem Straßenanzug ist man jedoch underdressed. Schließlich gehört ein Operettenabend zu den wenigen Gelegenheiten, ein besonderes Ereignis in einem besonders schönen Rahmen zu erleben. Ein dunkler Blazer zu einer anthrazitfarbenen Hose macht da sicher mehr her als ein Sportsakko mit Rollkragenpulli. Sollten Sie einen mittleren Platz haben und damit gezwungen sein, sich an anderen Theaterbesuchern vorbeizuschieben, denken Sie immer daran, ihnen dabei nicht den verlängerten Rücken zuzuwenden.

OPERNGLAS Daß man damit auf die Bühne schaut und nicht ins Dekolleté seiner Schwiegertochter, ist ja wohl allen klar. Daß man sein Opernglas auf den Rand der Logenbrüstung legt und seinem Vordermann auf den Kopf fallen läßt, ist eine üble Unsitte. Es gibt unterhalb der Brüstung ein eigens dafür gezimmertes Ablagebrett.

ORDEN Es gibt nur wenige Leute, die auf diese Art ausgezeichnet werden und es gibt auch nur eine beschränkte Zahl von Gelegenheiten, diese Ehrenzeichen zu tragen. Im Privatleben und also auch auf privaten Festen läßt man sie ganz weg. In der Öffentlichkeit sieht man sie am Frack oder Smoking – oder auch am Abendkleid; bei Staatsempfängen, großen Festessen, Bällen oder Hochzeiten.

ORDNUNG Für viele Menschen (auch für mich) die absolute Voraussetzung zum Wohlfühlen in vielen Lebensbereichen. Was die äußeren Dinge angeht, sprechen wir von Strumpfkörben, Wäscheschränken, Hausapotheken, Geschirrspülern, Autositzen und Schreibtischschubladen. Ein ordnungsliebender Mensch muß es sich oft gefallen lassen, daß ihn die Gegenpartei, das heißt die hoffnungslosen Chaoten als spießig oder pingelig verschreien. Gleichzeitig gibt es auch viele, die selbst unter ihrem Ordnungssinn leiden. Sooft ich ein Hotelzimmer mit einem anderen Menschen teile, kann ich mich kaum zurückhalten, den Sand aus seiner Strandtasche zu schütteln, die Schuhe aus dem Bad zu holen und ihm ständig den Aschenbecher auszuleeren. Und es gab auch viele Momente, in denen ich mir gewünscht habe, etwas weniger Wert auf diese Dinge zu legen. Wenn ich zum Beispiel in andere Hotelzimmer kam, wo achtlos hingeworfene Handtücher, Stapel von schlecht zusammengefalteten Zeitungen und halbleere Rotweinflaschen für eine unvergleichlich gemütliche Atmosphäre sorgten. Ich habe mir sogar schon kleinere Zimmer geben lassen, damit es weniger steril aussieht, aber es macht nicht wirklich einen Unterschied. Wer allzu ordentlich ist, kann sich nur bemühen, anderen Leuten mit seiner ständigen Räum- und Wischwut nicht auf die Nerven zu gehen. Im Geschäftsleben kann diese Charaktereigenschaft ganz nützlich sein. Man ist schneller und besser organisiert als viele Kollegen und muß auch weniger suchen. Der einzige Nachteil: Für den Vorgesetzten sieht der blankgeräumte Schreibtisch so aus, als ob man gar nicht daran arbeiten würde ...

ORIENTALISCHE KÜCHE Im prinzipiellen Unterschied zur traditionellen europäischen Küche konzentriert sie sich nicht auf ein Hauptgericht, bestehend aus Fleisch, Fisch oder Geflügel mit den üblichen Beilagen. Sie verteilt sich vielmehr auf viele verschiedene Speisen, die alle gleichzeitig auf den Tisch kommen. Die optischen wie geschmacklichen Unterschiede ergeben sich durch die vielen exotischen Gewürze, die jetzt allmählich immer mehr auch bei uns in Mode kommen. Ansonsten beschränkt sich der deutsche Speisezettel – was die Gewürze angeht – immer noch im wesentlichen auf Pfeffer, Salz und Zucker. Das heißt also: Die Raffinesse und Eigenwilligkeit der orientalischen Küche liegt in ihrer Zubereitung – mit Curry, Safran, Koriander,

Muskat und vielen anderen Gewürzen. Die rote Pfefferschote verursacht den scharfen Geschmack – für westliche Gaumen gewöhnungsbedürftig, für südliches Klima die einzig richtige Art der Ernährung. Statt Wein oder Bier trinkt der Orientale zum Essen Wasser oder Tee.

ORCHIDEEN Eine besondere Blume für eine besondere Person zu einer besonderen Gelegenheit. Frauen, die sich ein halbes Leben lang über Gummibäume und Frühlingssträuße gefreut haben, geht das Herz auf bei dem Gedanken, daß man ihre Person mit dieser geheimnisvollen Zierpflanze in Zusammenhang bringt. Männer sollten nicht den Fehler machen, im Überschwang der Gefühle ganze Sträuße von Orchideen zu bestellen. Sie werden einzeln verschenkt und – wenn sich die Gelegenheit ergibt – der Dame des Herzens ans festliche Revers geheftet.

ÖSTERREICHISCHE KÜCHE Wer an sie denkt, träumt automatisch von Mehlspeisen wie Topfenstrudel, Kaiserschmarrn, Mohnnudeln oder Marillenknödel. Lauter authentische Spezialitäten der k. & k. Küche. Bei Tafelspitz mit Kren (Meerrettich) und Wiener Backhuhn denke ich auch noch an Wien. Doch mit dem berühmten Herrngulasch oder gefüllten Paprika sieht es schon anders aus. Das sind zwei typische Beispiele dafür, wie sehr die östlichen Nachbarn wie Ungarn, Tschechen oder Böhmen die österreichische Küche beeinflußt haben. Zum Essen trinkt man am liebsten einen Schoppen Wein, der in seiner Jugend – als Heuriger bezeichnet – Touristen aus der ganzen Welt in die Wiener Vorstadt lockt.

OUTFIT Ein neumodischer Ausdruck, der sich aus Amerika in unsere Sprache eingeschlichen hat. Gemeint ist die Gesamtheit der jeweiligen Kleidung, also das, was die Person von Kopf bis Fuß trägt, inklusive der Accessoires.

OVERALL Unsere Großeltern begegneten ihm nur an der Tankstelle oder in der Autowerkstatt. In der Zwischenzeit ist der Overall als ernstgemeintes Kleidungsstück immer wieder auf den Skizzenblocks der internationalen Modedesigner aufgetaucht. Mit Reißverschluß oder auch Knöpfen, aus Seide oder Wildleder, für den Strand oder für die Gartenparty. Frauen, die mit dem Gedanken spielen, sich einen derart veredelten Monteursanzug in den Kleiderschrank zu hängen, sollten bei der Anprobe kritisch in den Spiegel schauen. Overalls stehen schlanken Frauen mit langen Beinen am besten.

OVERDRESSED So nennt man heutzutage Leute, die sich generell oder zu einer bestimmten Gelegenheit zu fein machen. Die mit der Brillantuhr im Büro sitzen oder im Cocktailkleid im Kino – respektive einfach immer etwas zu dick auftragen. Mit zuviel Schmuck, zuviel Parfum, zuviel Pelz und einer Nachmittagsfrisur, als wollten sie gerade zum Wiener Opernball. Neuerdings gibt es auch die Möglichkeit, mit zu vielen Markenzeichen über die Strenge zu schlagen. Bevorzugter Tummelplatz für diese Art von modischen Ausschreitungen sind bundesdeutsche Golfclubs und die Feste der sogenannten „Bussi-Bussi-Gesellschaft", die wirklich nicht alle an der Isar gefeiert werden. Allen voran kämpft die Düsseldorferin als Werbeträgerin für alles, was Rang und Namen hat, dem man schon von weitem ansehen kann, wo sie es gekauft und was es gekostet hat. Und auch die auf Understatement getrimmte Hamburgerin geht lieber mit ihrem Kelly-Bag auf den Fischmarkt als mit einem alternativen Einkaufsbeutel.

OVERSIZED Alles, was zu groß aussieht, aber nicht ist. Übergroße T-Shirts, mehr als geräumige Pullis, ewig lange Strickjacken und lässig-weite Schlabberhosen. Für viele Frauen eine regelrechte Erholung nach einigen Jahrhunderten der Atemnot in enggeschnürten Miedern und zurechtgetrimmten Wespentaillen. Und gleichzeitig auch ein äußeres Zeichen ihrer Befreiung von vielen konventionellen Frauenrollen, die heute nicht mehr zeitgemäß sind. Während die Männer sich weiterhin die Hälse nach hautengen Pullovern ausrenken, stellen sich die Frauen auf den Standpunkt, daß es unter Umständen mehr Spaß macht, dem wirklichen Wesen der Weiblichkeit unter einem lässigen Männersakko auf die Spur zu kommen.

OZELOT Er gehört zur Familie der Leoparden, stammt aus Südamerika und wird durch sein kurzes, auf besondere Art geflecktes Fell charakterisiert. Leider Gottes gibt es immer noch Frauen, die sich einbilden, mit einem Ozelotmantel gleichzeitig auch die Faszination einer Zirkusprinzessin zu erwerben. Doch es beruhigt einen zu wissen, daß diese Frauen schneller aussterben als die von ihnen bedrohte Tierart.

P

PÄCKCHEN Bei gründlichem Nachdenken fällt mir auf, daß Frauen im Vergleich zu Männern überproportional viele Päckchen packen. Zum Geburtstag der Schwiegermutter, zur Hochzeit der Sekretärin, zum Jubiläum des Geschäftsfreunds. Ob man sich lebenslänglich mit dem Kommentar „Du weißt doch, ich kann das nicht" zufriedengeben sollte, soll an dieser Stelle nicht diskutiert werden. Also, egal wer das Päckchen packt: Es sollte so aussehen, daß man es nicht nur hinter dem Rücken verstecken kann.
Fast jeder war schon einmal in der Situation, etwas hübsch einpacken zu wollen, und es war kein Papier zu finden, geschweige denn ein Geschenkband. Wer über ein bißchen Phantasie und Geschicklichkeit verfügt, hilft sich mit einem Blatt Alufolie aus der Not oder reißt kurzerhand die beste Seite aus seinem Comic-Heft. Statt bunten Bändern tut es auch Tesafilm und die einzige Blüte aus Mutters Blumentopf. Immer noch besser, man klingelt beim Nachbarn, als daß man die Pralinenschachtel zu Ostern in Weihnachtspapier wickelt und mit Einmachgummis fixiert. Wer Umweltbewußtsein beweisen will, verpackt sein Präsent in der Zeitung von gestern.

PAELLA Für mich und viele andere Freunde dieser Küche das Spitzenprodukt der spanischen Hausmannskost. Sie wird grundsätzlich in einer gußeisernen Pfanne mit zwei Henkeln zubereitet und auch serviert. Ihr Inhalt besteht im wesentlichen aus Reis, der durch Safran seine sattgelbe Farbe bekommt. Je nach Gusto und Portemonnaie wird er mit Hühnerfleisch, rohem Schinken, Krabbenschwänzen, Muscheln, grünen Bohnen und Erbsen, Tomaten und Paprikastreifen angereichert. Dazu gibt man viel Knoblauch und frische Petersilie. In ihrer ursprünglichen Form stammt die Paella aus Valencia.

PAILLETTEN Man entdeckt sie auf Kragenspitzen, Revers, Schulterblättern und Schals und sie sind schon seit langem ein fester Bestandteil dekorativer Abendmode. Neuerdings glitzern sie jedoch nicht nur bei Kerzenlicht, sondern auch schon tagsüber. Womöglich noch auf wildgemusterten Pullovern. Die einen finden das „ultragut", ich halte es für ein Zeichen von schlechtem Geschmack.

PAPIERSERVIETTEN Sie sind auf jeden Fall besser als gar keine, und es gibt viele Situationen im Leben, da leisten sie ausreichenden Dienst: zum Beispiel auf der Zugfahrt, beim Fünfuhrtee oder beim Herumreichen kalter Platten. Bei festlichen Essen stehen sie in falscher Relation zu gutem Geschirr, Damasttischtuch und Tafelsilber. Ganz nebenbei gesagt, würde eine normale Papierserviette auch keine längere Speisenfolge durchhalten, genauso wie man sich nicht vorstellen kann, die fettigen Spuren eines deutschen Kartoffelpuffers mit Papier zu entfernen. Werden sie hier und da auch bei Tisch zum Einsatz gebracht, wird sie zum Schluß einfach zusammengeknüllt auf dem Teller gelassen. Sie wird weder daneben gelegt, noch vorher zusammengefaltet. Achtung, die Papierserviette ist kein Taschentuch, und wer sie im Notfall als solches entfremdet, tut dies bitte nicht am Tisch.

PAPPTELLER Sie haben zwei große Vorteile: Man kann viel mehr Leute einladen als man Teller hat – und man muß sie hinterher nicht abwaschen. Mit einer wesentlichen Einschränkung: Die Pappteller müssen in den Rahmen passen. Es wird wohl keiner auf die Idee kommen, Kaviar oder Fasanenbrüstchen darauf zu servieren. Pappteller sind immer richtig, wenn man sich mehr zum Trinken, Rauchen und Reden trifft, und das Essen nur dazu dient, daß die Gäste nicht so schnell betrunken werden. Sie passen hervorragend zu kalten Brotzeiten, Kartoffelsalat mit Würstchen oder Käseplatten. Allerdings nicht mit Silbergabeln, sondern mit einfachem Besteck und Papierservietten. Einige Gäste machen sich allerdings die Entsorgung dieses unkomplizierten Geschirrs zu leicht: Sie schieben die Reste unters Sofa, stellen sie auf den vollen Aschenbecher oder neben sich auf den Fußboden, worüber sich höchstens der Hund freuen kann. Kein Gast ist überfordert, seinen Pappteller persönlich in die Küche zu tragen und in einem extra hierfür bereitgestellten Müllsack zu versenken.

PARFUM Der Unterschied zwischen Frauen, die seit ihrer Tanzstunde das gleiche Parfum benutzen, und denen, die ihren Duft nach Anlaß und Laune wechseln, ist die Tatsache, daß ein Mann sie nicht am Geruch erkennen kann. Die Gefahr bei ständigem Wechsel: Man vergreift sich leicht im Duft oder besprüht den gleichen Blazer mehrmals mit jeweils anderen Parfums und kreiert damit eine Note, die sich nicht einmal als Mückenvertilgungsmittel verwenden ließe. Der Nachteil beim ewig gleichen Duft: Man kann sich selbst nicht mehr riechen und trägt deshalb leicht zu dick auf. Ein Kompromiß: Man benutzt die gleiche Marke für eine gewisse Zeit und wechselt dann, vielleicht gleichzeitig mit einer neuen Frisur oder einer neuen Liebe.

PARKA Eigentlich zu lang für eine Jacke und zu kurz für einen Mantel und im Grunde nichts anderes als ein verkümmerter Trenchcoat. Die Betonung liegt auf Sportlichkeit, der Einsatz dementsprechend in der Freizeit.

PARKETTBODEN Es gab eigentlich immer schon zwei Lager, wenn es um die Frage ging, worauf man am liebsten seine Füße stellt: Die einen bestehen grundsätzlich auf Teppichböden oder Teppiche (oder beides übereinander), die anderen schwören auf Parkett, Linoleum, Kacheln oder Fliesen. Mit der Intensivierung des Umweltbewußtseins stieg auch das Mißtrauen gegen die kleinsten aller Hausgenossen, die Milben, die man mit bloßem Auge nicht erkennen kann und die gerade zwischen den wuscheligen Haaren der Teppichböden mit Vorliebe ihre Zelte aufschlagen. Das gab natürlich Pluspunkte für alles, was sich problemlos reinigen läßt, und auch die Parkettböden haben inzwischen wieder Hochkonjunktur. Sie werden von vornherein so präpariert (versiegelt), daß man sie nicht ständig wachsen und bohnern muß, aber sie sind nach wie vor empfindlich gegen ihren Todfeind, den Schuh. Und es sind nicht nur die weiblichen Stiletto-Absätze, die für immer ihre Spuren hinterlassen, es sind auch die kantigen Absätze der Männerschuhe, die oft genug häßliche dunkle Streifen zurücklassen. Keiner kann verlangen, daß seine Gäste in Pantoffeln erscheinen, aber man kann selbst darauf achten, so dezent wie möglich aufzutreten, beim Rock 'n' Roll zu verzichten und nicht, während Boris Becker den zweiten Satzball verschlägt, vor Aufregung mit den Füßen zu scharren.

PARKUHR Seit es keine „richtigen“ Parkplätze mehr gibt, steigt die Zahl der Parkuhren immer noch, und ich würde mich nicht wundern, wenn sie demnächst noch in der eigenen Garageneinfahrt aufgestellt würden. Für den Staat eine sichere Einnahmequelle und für den Autofahrer ein unbegreifliches Mißverhältnis zwischen täglichen Neuzulassungen von noch mehr Autos und dem gleichzeitigen Abschaffen der Parkmöglichkeiten. Als schwächstes Glied in der Kette bleibt dem Autofahrer nichts anderes übrig als der Versuch, durch diszipliniertes Füttern der Parkuhren zu vermeiden, daß noch zusätzliches Geld in Form von Bußgeldern in die Staatskasse fließt.

PARKSCHEIBE Zu den beiden Hauptbeschäftigungen der Politessen gehört die ständige Kontrolle der Parkscheiben. Besonders Leute, die Behördengänge zu erledigen haben, kommen schnell mal in Zeitnot und sind mehr oder weniger gezwungen, die vorgeschriebene Parkzeit zu überziehen. Ein teurer Spaß, denn, je später man zu seinem Auto zurückkommt, desto teurer. Auch hier ein Appell: Wer von vornherein weiß, daß er seine Zeit nicht exakt kalkulieren kann, läßt sein Auto am besten gleich zu Hause und bewegt sich mit dem Taxi oder mit öffentlichen Verkehrsmitteln.

PARTNER In Anbetracht der Tatsache, daß der Mensch den größten Teil seines Privatlebens (freiwillig) mit seinem Partner verbringt, ist es immer wieder erstaunlich zu beobachten, wie wenig freundlich er mit seinem Lieblingsmenschen umgeht. Daß ihn seine Launen nerven, daß ihn seine Macken stören und daß er schon lange nicht mehr in ihn verliebt ist, wundert niemanden und ist auch ganz natürlich. Aber daß er keine Gelegenheit ausläßt, ihn im Beisein seiner Freunde zum Hampelmann zu degradieren, ihn bloßzustellen und die intimsten Dinge auszuplaudern, die nur zwei Menschen etwas angehen, ist genauso weit verbreitet, aber überhaupt nicht natürlich. Wer seinem Partner gegenüber nicht loyal ist, das heißt keine Gelegenheit ausläßt, ihn vor anderen zu blamieren oder ihn in Abwesenheit schlecht zu machen, ist eigentlich nur selbst der Blamierte. Ohrenzeugen sollten ruhig ab und zu den Mut haben, ihre pikante Neugier zu bezwingen und so einem Menschen das Wort zu verbieten.

PARTNERSUCHE So wie Marcel Proust auf der Suche nach der verlorenen Zeit, sind viele Menschen lebenslänglich auf der Suche nach dem richtigen Partner. Und obwohl die Menschen mobiler geworden sind, ständig rund um die Welt reisen und damit eine größere Auswahl haben als je zuvor, scheint es immer schwieriger zu werden. Frauen wollen ihre Unabhängigkeit nicht aufgeben, gehen lieber ins Büro als in den Waschsalon und suchen nach einem Kandidaten, der nicht nur gut küssen, sondern auch gut kochen kann. Männer suchen trotzdem weiter nach sogenannten Traumfrauen, die frei nach Gene Wilder vor allem möglichst lange Haare und möglichst lange Beine haben sollten. Auf der Flucht vor der „neuen Frau" sondieren sie neuerdings schon im nahen und fernen Ausland. Schwärmen von der Sanftmut der Asiatinnen, träumen von der stillen Leidenschaft der Georgierin, loben die slawischen Gesichtszüge der schönen Polinnen und hoffen, daß die ostdeutschen Frauen noch nicht gemerkt haben, was in Westdeutschland los ist. Mit Sicherheit ist es für beide Geschlechter eine Zeit des Umbruchs, die viel Verständnis und Rücksichtnahme erfordert. Die Frauen müssen sich an ihre neue Unabhängigkeit gewöhnen und dennoch ihre Weiblichkeit bewahren; die Männer müssen lernen, mit diesen veränderten Frauen umzugehen und sie als echte Partner zu akzeptieren.

PARTY Früher nannte man diese Art von Veranstaltung Hausball und das traf auch schon das Wesentliche: Man lädt zu sich nach Hause ein. Leider sind Partys, so wie sie in den fünfziger und sechziger Jahren gefeiert wurden, heutzutage selten geworden. Gegen Möbel in die Ecke zu schieben, Teppich aufzurollen, Plattenspieler aufzudrehen und die ganze Nacht durchzurocken sprechen pastellfarbene Teppichböden, empfindliche Designermöbel und die Verständnislosigkeit der dauergestreßten Nachbarn. Viele Leute ziehen es vor, wenn andere einladen, kistenweise Wein und Champagner anzuschleppen, damit sie bloß irgendwie vermeiden, eine tanzwütige Horde über die eigene Schwelle zu lassen.

Wer zu den Unermüdlichen gehört, die regelmäßig ihre Wohnung in das Vorzelt einer Zigeunerkönigin zu verwandeln bereit sind, merkt nach kurzer Zeit, wer von seinen Gästen sich grundsätzlich als „Vollgast" zurücklehnt, sich am liebsten bedienen läßt, außer einem mickrigen Sträußchen nie etwas mitbringt und schon gar nicht auf die Idee kommt, jemals selbst etwas zu feiern. Komischerweise sind das auch immer die Leute, die als erste in die belegten Brötchen beißen und als letzte das Haus verlassen, ohne vorher auch nur einen Aschenbecher in die Küche zu tragen. Jeder normale Gastgeber wird, wenn er solche Erfahrungen gemacht hat, die Betreffenden irgendwann konsequent nicht mehr einladen. Aber auch hier gibt es eine Ausnahme: Angenommen, dieser ignorante Faulpelz hat ein unschlagbares Talent als großer Charmeur und Stimmungsmacher und trägt offensichtlich dazu bei, das Fest in Schwung zu halten, dann sollte man doch lieber nicht auf ihn verzichten. Egal, ob man einen runden Geburtstag begeht oder den Frühlingsanfang, ob man nur die 25 engeren Freunde einlädt oder ein Fest der offenen Tür feiert – es ist immer mit viel Mühe und auch Kosten verbunden. Um nicht am selben Tag zuviel Kraft zu verbrauchen, ist es ratsam, den größten Teil der Vorbereitungen schon ein paar Tage vorher zu treffen. Zunächst einmal erledigt man alle Bestellungen außer Haus wie Getränke, Partyservice, Leihgläser, Besteck etc. In allen größeren Städten gibt es heutzutage Getränkemärkte, die, wenn es um mehr als einen Kasten Bier geht, selbstverständlich anliefern. Worauf man sorgfältig achten muß, ist die korrekte Temperierung der Getränke. Alles, was kalt getrunken wird, sollte schon eisgekühlt geliefert werden. Das gilt auch für Bierfässer, die zu Hause angeschlagen werden sollen. Lieber nichts zu essen und nichts zu rauchen als ein Sommerfest mit lauwarmem Bier. Wer seinen Gästen Wein oder Champagner anbieten möchte und Wert darauf legt, trotz eines begrenzten Etats für gute Qualität zu sorgen, muß sich eingehend informieren, bevor er in größeren Mengen kauft. Oft haben Freunde eine günstige Einkaufsquelle, man informiert sich im Großhandel und auch bei kleinen spezialisierten Weinhändlern. Selbst in Supermärkten gibt es oft genug günstige Sonderangebote. Sollte einem das alles immer noch zu teuer sein, ist es besser, man streicht den Wein ganz von der Liste. Ein anständiges Bier zur deftigen Brotzeit ist sicherlich bekömmlicher als ein billiger Wein. Damit wären wir auch schon beim Essen. Einfache, deftige Sachen stehen weiterhin hoch im Kurs. Dazu gehören buntbelegte Brote, Würstchen mit Kartoffelsalat, jede Menge kleingeschnittene Rohkost mit Dips, ein Kessel mit Eintopf und die gemischte Käseplatte. Bevor man das Essen zu

Papptellern, Besteck und Papierservietten stellt, hat man die Wohnung in Ruhe arrangiert. Das heißt: eine Möglichkeit geschaffen, Mäntel abzulegen (oder auch tropfnasse Regenschirme); wertvolle beziehungsweise zerbrechliche Wohnaccessoires zur Seite geräumt; mit den vorhandenen Sitzmöglichkeiten kleine Gruppen zusammengestellt; Kerzenleuchter und Aschenbecher (kann man nicht genug haben!) verteilt; die Musikanlage installiert und die Bänder oder CD's bereitgelegt. Wer viele Leute einlädt und auf verschiedene Zimmer verteilt, sollte auch eine letzte Lichtprobe machen, bevor die Gäste kommen. Die richtige Beleuchtung ist enorm wichtig: nicht zu hell und nicht zu dunkel. Man möchte sehen, was man auf dem Teller hat, aber man möchte beim Flirten nicht jede einzelne Sommersprosse zählen können. Wer sich heutzutage wünscht, daß seine Gäste aus ihrer zeitgeistmäßigen Lethargie erwachen und das Tanzbein schwingen, muß sich schon richtig Mühe geben. Er darf es auf keinen Fall dem Zufall (oder den Gästen) überlassen, hier und da eine x-beliebige Platte aufzulegen. Man nimmt sich mindestens eine Woche vor der Party die Zeit, superstarke Bänder zusammenzustellen, die auch den letzten Partymuffel aus der Reserve locken. Wer sich selbst nicht imstande sieht, bittet einen Musikexperten aus dem Freundeskreis oder besorgt sich das entsprechende Material in seiner Stammdisko – eventuell auch gegen Bezahlung.
Noch ein Wort zur Gästeliste. Es sollte selbstverständlich sein, daß der Gastgeber sich über die Mischung seiner Gäste Gedanken macht. Zehn altgediente Ehepaare plus fünf weibliche Singles wäre ein ganz schlechtes Beispiel. Wenn Sie selbst keine alleinstehenden Kavaliere auf Lager haben, besorgen sie sich ein paar flotte Tänzer im weiteren Freundeskreis oder am Arbeitsplatz. Übrigens: Partys sind normalerweise mit Krach verbunden. Informieren Sie rechtzeitig die Nachbarn, bestechen Sie ganz harte Fälle mit Blumen und Weinflaschen und laden Sie die sympathischen unter ihnen am besten gleich mit ein.

PARTYSCHRECK Zu dieser unangenehmen Spezies gehören Männer wie Frauen. Man identifiziert sie in den verschiedensten Erscheinungsformen, aber alle mit dem gleichen Effekt: Sie verderben sowohl dem Gastgeber als auch den Gästen die gute Laune. Sie greifen mit der Hand in den Salat (oder ins Dekolleté), drücken ihre Kippen in Blumentöpfe statt in den Aschenbecher, erzählen dämliche Witze, über die keiner lachen kann, bringen ohne zu fragen unerwünschte Freunde mit, machen mit Vorliebe indiskrete Bemerkungen und pöbeln andere Leute an, nachdem sie sich ordentlich Mut angetrunken haben. Die beste Methode sie loszuwerden: Man bestellt ein Taxi und kümmert sich persönlich darum, daß sie auch wirklich einsteigen.

PARTY-SERVICE Eine wirklich sinnvolle Einrichtung, vor der viele Leute zurückschrecken, weil sie mit überhöhten Kosten rechnen. Die Wirklichkeit sieht unter Umständen anders aus. Man muß sich nur einmal die Mühe machen, per Block und Bleistift zusammenzurechnen, wieviel man für sämtliche Einkäufe ausgibt, wenn man alles selber macht. Die Differenz zum Kostenvoranschlag des professionellen Party-Service hält sich normalerweise in einem so vernünftigen Rahmen, daß man sich die eigene Mühe lieber spart. Bei der Gelegenheit kann man auch gleich alles mitbestellen, was im eigenen Haushalt an Besteck, Geschirr und Gläsern fehlt. Nach dem Fest packt man alles im Handumdrehen in Spezialkartons und läßt es (ohne vorher abzuwaschen) am nächsten Morgen abholen.

PASS Daß man ihn möglichst dabeihaben sollte, sobald man das Land verläßt, sei hier nur am Rande erwähnt. Mir geht es eigentlich mehr um die Paßbilder. Seien wir mal ehrlich: Der Ärger, den man jedesmal empfindet, wenn man bei der Kontrolle die Seite mit dem häßlichen Konterfei aufschlägt, ist letzten Endes größer, als der Spaß, den man hat, wenn die anderen lauter Stilblüten aus der Schwerverbrecherkartei herumzeigen. Man muß sich nur einmal überwinden, die Dinge rechtzeitig zu organisieren. Das heißt: Statt auf die letzte Minute vor den Automaten im Bahnhof, begibt man sich mit optimaler Frisur zum Fotoladen und macht für die nächsten Jahre das Beste aus seinem Typ, pardon, aus seinem Paßbild.

PASTETE Es ist rund 1000 Jahre her, daß in alten französischen Küchenrezepten von ihnen die Rede ist. Als Basis verwendete man auch damals schon eine teigähnliche Masse aus Fleisch, Wild, Geflügel oder Fisch. Erst durch die Entdeckung der Gewürze bekamen die warmen und kalten Terrinen ihre verschiedenen intensiven Geschmacksrichtungen. Als in Frankreich das

Pastetenbacken längst zur hohen Schule der Kochkunst gehörte, kamen im 19. Jahrhundert die ersten nach Deutschland. Inzwischen gilt sie als beliebte Vorspeise, eine beschauliche Einleitung des Essens. Kräftige herzhafte Fleischpasteten serviert man mit Senf und Cornichons, zu zartem Entenparfait passen Waldorfsalat und Cumberlandsauce. Dabei hat jede Pastete ihren eigenen Teller und ein kleines Messer, mit dem man sich seine Portion auflegt.

PATCHWORK Die Idee stammt aus der Zeit, als noch nichts weggeworfen wurde. Ob von einem zerrissenen Hemd, einem alten Vorhang oder einer altersschwachen Bettwäsche – man zerschnitt den Stoff und behielt die Reste. Einige davon wurden zu Flicken, die Mehrzahl jedoch Stück für Stück zu kunterbunten Bettdecken verarbeitet. Beim Trödler findet man ab und zu noch schöne Stücke, ansonsten werden sie längst aus neuen Stoffen in Serie produziert.

PATENSCHAFT Für die christliche Taufe wählen die Eltern des Neugeborenen der Tradition der Kirche entsprechend zwei Taufpaten. Im allgemeinen entscheidet man sich für Verwandte oder Freunde aus der Generation der Eltern. Sie sollten nicht zu alt sein, damit sie den kleinen Menschen so lange wie möglich auf seinem Lebensweg begleiten. Die erste Aufmerksamkeit des Paten gegenüber seinem neuen Schützling ist das Taufgeschenk. In einigen Familien werden bestimmte Traditionen gepflegt und aufrechterhalten. Das kann beispielsweise bedeuten, dem Täufling einen silbernen Löffel zu schenken, ein kleines goldenes Armband mit seinem Namen oder ein schönes altes Baby-Eßgeschirr. Wer zum Paten bestimmt ist, aber unschlüssig, was er schenken soll, bespricht sich am besten mit den Eltern. Das gleiche gilt für Firmung und Konfirmation. Abgesehen von den kirchlichen Festen, nimmt der Taufpate im Leben seines Schützlings normeralerweise eine besondere Stellung ein. Das betrifft nicht nur Weihnachts- und Geburtstagsgeschenke, sondern auch viele kleine und große Momente des Erwachsenwerdens, in denen der erfahrenere Mensch dem jungen mit Rat und Tat zur Seite steht. Das Verhältnis sollte allerdings nicht einseitig sein. Vor allem, wenn er älter wird, ist umgekehrt auch der Pate auf Unterstützung angewiesen und freut sich über jede Aufmerksamkeit.

PAUSENCLOWN Er kommt in seiner Wesensart in die unmittelbare Nähe des Lückenbüßers. Wie der Name schon sagt, füllt er auch nur die Zwischenräume, die wirklich wichtigen Dinge sind ihm verwehrt. Er ist amüsant und schlagfertig genug, im Kampf gegen Frust und Langeweile als Therapie eingesetzt zu werden. Aber man findet ihn nicht interessant genug, um sich grundsätzlich um seine Gesellschaft zu bemühen. Wer selbst den Verdacht hat, bei bestimmten Leuten nur in bestimmten Momenten zum Einsatz zu kommen, sollte sich ganz schnell distanzieren und den „Zirkusbesuchern" ihren Spaß verderben.

PEDIKÜRE Wie das Salz in der Suppe gehört sie zur allgemeinen Körperpflege. Viele Leute gehen mit ihren Füßen weitaus nachlässiger um als mit ihren Händen – schließlich kriegt sie ja nicht jeder zu Gesicht. Bestenfalls in Sommersandalen, am Strand, im Schwimmbad, in der Sauna, im Krankenhaus, im Schlafzimmer . . . Und außerdem pflegt man sich doch nicht nur, um anderen zu gefallen. Also: Alle, die es schaffen, mit den Händen an die Füße zu kommen, ohne sich dabei den Hals zu verrenken, sollten sich regelmäßig um deren einwandfreien Zustand kümmern. Es sieht ganz einfach nicht gut aus, wenn die Hornhäute unter den Füßen dicker werden als die Schuhsohlen – das gleiche gilt für viel zu lange Fußnägel mit abgeblättertem Lack. Wer es dennoch selbst nicht schafft, läßt sich vom Fußpfleger oder von der Kosmetikerin behandeln.

PELERINE Ein nostalgisches Kleidungsstück, das allmählich aus dem täglichen Gebrauch gänzlich verschwindet. In einer Zeit, als es noch weniger Autos und weniger Regenschirme gab, tat die Pelerine ihren Dienst. Der weite, ärmellose Umhang aus regenfestem Material war der beste Schutz bei schlechtem Wetter.

PELZMANTEL Milde Winter und weit weniger mild gestimmte Tierschützer haben ihm zu Recht den Kampf angesagt. Fabrikantengattinen ringen die Hände und alteingesessene Pelzhändler ringen um ihre Existenz. Doch es gibt keine Zweifel mehr: Pelze zu tragen ist absolut out. Ein schlimmes Schicksal für viele Frauen, die jahrelang selbst als Schmusekätzchen auftreten mußten, um endlich einen Leoparden an Land zu ziehen. Wenn sie das tote Tierchen trotz aller Offensiven dennoch zur

Schau stellen, müssen sie damit rechnen, zumindest verbal angegriffen zu werden.

PENSION Neben finanziellen Gründen gibt es noch eine Menge anderer Gründe, statt in einem großen Hotel lieber in einer kleinen Familienpension zu wohnen. Sie sind persönlicher, authentischer und geben speziell dem Alleinreisenden das Gefühl, sich in einer originellen, überschaubaren, fast schon geschlossenen Gesellschaft zu befinden. Viele der großen Hotels sind relativ gesichtslos und damit austauschbar. Man befindet sich als Neutrum in einer neutralen Umgebung. Ganz anders in der Pension. Das fängt schon damit an, daß diese kleinen Familienbetriebe normalerweise mitten im Geschehen angesiedelt sind, was ein hauseigenes Restaurant auch ganz überflüssig macht. Rundherum findet man jede Menge Kaffeehäuser und Kneipen, man bekommt einen echten Eindruck des jeweiligen Viertels. Statt Radio gibt es ein bißchen „Tratsch" im Treppenhaus; statt Zimmerservice eine verständnisvolle Wirtin, die, wenn nötig, auch mal einen Knopf annäht oder dem späten Gast ein Sandwich macht. Im Hotel bleibt alles eher auf Distanz, in der Pension kann man die Augen schließen, den guten Geruch des Gemüseeintopfs in die Nase ziehen und sich für ein paar Tage erfolgreich einbilden, man gehörte selbst dazu.
Der einzige Schuß, der eventuell nach hinten losgehen kann, ist die Hausordnung. Wer daran gewöhnt ist, nächtliche Besucher in der Anonymität der großen Hotels unbehelligt ins Zimmer zu lotsen, dem kann es durchaus passieren, daß ihm der Pensionswirt einen Strich durch die Rechnung macht.

PER ANHALTER FAHREN Seit es in fast jeder Familie zumindest ein Auto gibt, sind Anhalter an Autobahnen und Landstraßen seltener geworden. Und seit die Kriminalität allgemein gestiegen ist und die Leute schon Angst haben, nachts anzuhalten, wenn irgendwo ein Unfall geschieht, gibt es auch immer weniger Autofahrer, die bereit sind, einen Anhalter in ihr Auto zu lassen. Die Entscheidung darüber muß jeder selbst treffen. Sowohl im eigenen Land als auch auf Reisen. Gerade in Ländern, die dünn besiedelt sind und bei weitem nicht über so viele Autos verfügen (zum Beispiel Australien oder Neuseeland), ist Anhalterfahren noch an der Tagesordnung. Doch auch hier muß man für jeden Verständnis haben, der vorbeifährt – nicht aus Bequemlichkeit, sondern weil er um seine eigene Sicherheit fürchtet.

PERLEN Wenn eine junge Frau ihre erste Perlenkette bekommt, handelt es sich meistens um eine einreihige Schnur mit Perlen, die sich zum Ende hin „verjüngen". Später kommen mehr Reihen, Ohrringe, Armbänder und Broschen dazu. Im Mittelpunkt bleibt jedoch immer die Kette. Sie gilt als besonders edler Schmuck und macht eine Frau „ladylike". Männer tragen einzelne Perlen als Krawattennadel und als Hemdenknöpfe zum Frack.

PERSIANER Schwarz gefärbt galt er seit eh und je als klassischer Beerdigungsmantel. Und: Je kleiner die Locke, desto besser. Wer dachte schon daran, wie viele winzige Karakulschafe ihr junges Leben lassen mußten, bloß damit die Locken nicht zu groß sind? Heutzutage sieht man den Persianer kaum noch auf Beerdigungen, und auch sonst steht er menschlich und modisch endgültig im Abseits.

PERSONAL Bis zum Zweiten Weltkrieg waren Hausangestellte kein Privileg der obersten Klasse. Auch in gutbürgerlichen Familien waren ein Faktotum (Mädchen für alles) oder eine Köchin keine Seltenheit. Inzwischen sieht das anders aus. Das Personal besteht heutzutage nicht mehr aus überwiegend ungebildeten Lohnabhängigen, die ihrem Dienstherrn auf Gedeih und Verderb ausgeliefert sind. Genausogut wie es keine Kindermädchen mehr gibt, zu denen der Hausherr ins Bett kriechen und die man aus dem Haus jagen kann, wenn sie ein Kind bekommen. Hausangestellte sind heute besser geschult und deshalb auch selbstbewußter. Ihr Arbeitsverhältnis wird außerdem vom Staat geschützt, ihre Altersversorgung gesichert. Wer den neuen Zeitgeist verschlafen hat, träumt immer noch von der guten alten Perle, die sich – ohne Familienanhang und Privatleben – uneingeschränkt in den Dienst des Haushalts stellt. Und sie versuchen weiterhin, winzige Dienstbotenkammern, schlechte Verpflegung und Überstunden als normal hinzustellen. In Deutschland kommen sie damit nicht mehr durch. Deshalb stehen bei solchen „Herrschaften" Unterprivilegierte aus dem europäischen und dem asiatischen Osten neuerdings hoch im Kurs.

PERSONALAUSWEIS (→ Paß)

PERÜCKE In den sechziger Jahren waren sie ganz groß in Mode. In jedem Kaufhaus bogen sich die Wühltische unter künstlichen Zweitfrisuren aller Art, und jede Hausfrau, die auf sich hielt, hatte außer auf dem eigenen Kopf noch eine andere Frisur in einer anderen Farbe. Wem es unter dem dichten Kunsthaarpelz zu warm war, der besorgte sich wenigstens ein Haarteil für zusätzliche Fülle und falsche Lockenpracht. Der Spuk ist vorbei, und heute kann man sagen, daß Perücken überwiegend von Menschen getragen werden, die sehr wenig oder gar kein eigenes Haar haben. Auch wenn es momentan ein Loch in die Kasse reißt: Es lohnt sich in diesem Fall, für eine perfekt geknüpfte Echthaarperücke mehr Geld auszugeben. Schon wegen der persönlichen Sicherheit. Bei Männern, deren Haaransatz allmählich nach hinten rutscht, geht es vor allem um Toupets, also Teilperücken. Sie finden sich in bester Gesellschaft mit Prominenten wie Hans Joachim Kulenkampff, Frank Sinatra und Sean Connery (James Bond). Auch hier stimmt das Prinzip: Lieber etwas mehr ausgeben und sich entsprechend besser fühlen.

PFEIFEN RAUCHEN Zum Klischee des schottischen Landedelmannes gehört ein Ohrensessel, ein prasselndes Kaminfeuer, ein eingetragenes Tweedsakko, ausgebeulte Kordhosen und natürlich eine Pfeife. Abgesehen von der Tatsache, daß es in unseren Breiten sowieso sehr wenig schottische Landedelmänner gibt, war die eingeschworene Gemeinde der Pfeifenraucher immer schon klein und ist seit der allgemeinen Nichtraucherwut auch noch zusammengeschrumpft. Ähnlich wie Deux-Chevaux-Fahrer (Ente) oder Altjazzer haben auch die Pfeifenraucher etwas gemeinsam, das sich nur sehr schwer beschreiben läßt. Erstaunlich viele tragen Bärte und bequeme Schuhe und wirken eher versponnen oder sogar verschroben als flott und modern. Dementsprechend lassen sie auch gerne mal ihr Pfeifentäschchen liegen, mit dessen Inhalt sie sich oft stundenlang beschäftigen können. Böse Zungen behaupten, daß ambitionierte Pfeifenraucher durch ihr ständiges Genuckel demonstrieren, daß sie in früher Kindheit etwas Wichtiges verpaßt haben – hoffentlich handelt es sich hierbei nicht um den Schnuller. Für mich hat Pfeifenrauchen etwas Nostalgisch-Beschauliches an sich, und der Tabak stört mich nicht, solange ab und zu das Fenster geöffnet wird. Pfeifenrauch in seinen verschiedensten Duftnoten ist nicht jedermanns Geschmack und verursacht bei einigen Leuten sogar Übelkeit. Deshalb erscheint es sinnvoll, zum Beispiel im Flugzeug, das Pfeifenrauchen zu unterbinden.

PFIRSICH MELBA Meisterkoch August Escoffier, der frühere Küchenchef des Claridge-Hotels, widmete dieses süße Dessert der australischen Sängerin Nelli Melba, als sie im Londoner Covent Garden gastierte. Man bedeckt Vanilleeis mit einem in Zucker gedünsteten Pfirsich, überzieht ihn mit Himbeermark und vollendet das Werk mit einem großen Klecks Sahne.

PFLICHTBESUCH Wer eine höhere Position angeboten bekommt, macht üblicherweise einen Pflichtbesuch beim Chef, bevor er seinen Dienst antritt. Oder: Der neue Nachbar im anderen Teil der Doppelhaushälfte macht nebenan seinen Antrittsbesuch, nachdem die Möbelpacker das Feld geräumt haben. Pflicht klingt nach Zwang und nach etwas, das mindestens einer Partei unangenehm ist. Das muß jedoch nicht sein. Doch egal, mit welchem Gefühl man an diese Sache geht, ein Pflichtbesuch dient dem ersten Kennenlernen und beschränkt sich nicht nur auf eine kurze Zeit, sondern auch auf ein freundliches, aber oberflächliches Gespräch. Um den Nachbarn oder die Frau des Chefs nicht unnötig in Verlegenheit zu bringen, fällt man nicht einfach mit der Tür ins Haus, sondern kündigt seinen Besuch telefonisch an. Das kann auch kurzfristig passieren, dem Wesen eines Pflichtbesuchs entsprechend. Wer Schwierigkeiten hat, nach relativ kurzer Zeit seinen Abgang einzuleiten, denkt sich schon vorher eine passende Erklärung aus.

PFLICHTTANZ Es ist ein ungeschriebenes Gesetz, im Laufe eines langen Abends alle Damen zum Tanz aufzufordern, mit denen man am Tisch sitzt. In bezug auf Frauen versteht man das Wort Pflichttanz in einem anderen Zusammenhang. Wenn sie um einen Tanz gebeten werden, haben sie theoretisch die Wahl, ja oder nein zu sagen. Solange sie jedoch für ein Nein, das heißt für eine Absage, keinen besonderen Grund haben, außer daß ihnen der Kandidat nicht gefällt, ist das ein schwerer Schlag für das männliche Selbstbewußtsein. Meines Erachtens sollte sich niemand für einen ersten Pflichttanz zu schade sein. Sonst wäre es vielleicht besser, man bliebe einer Tanzveranstaltung gänzlich fern. Beim zweiten Mal sieht es schon anders aus: Der Höflichkeit ist Genüge getan, ein mögliches Nein muß voll akzeptiert werden.

PICKNICK Eine schöne sommerliche Tradition, die lange Zeit verschüttet war und auf einer der Nostalgiewellen zu uns zurückgetragen wurde. Dementsprechend floriert das Geschäft mit alten und neuen Picknickkoffern und -körben. Man legt wieder Wert auf stilistische Dinge wie große weiße Tischtücher, Stoffservietten und klassische Musik, während man gleichzeitig bemüht ist, die Getränke kalt zu halten und den Flaschenöffner nicht zu Hause zu vergessen. Am meisten aber macht es Spaß, wenn jeder der Beteiligten etwas beisteuert. Damit es nicht zuviel Schinken und gar kein Brot gibt, sollte man sich vorher absprechen und die Aufgaben verteilen.

PILOTFISCH Ein Fisch, besser gesagt ein Mensch, dem man gern die Führung überläßt. Vor allem in gesellschaftlichen Fragen, das heißt mit anderen Worten: auf der Suche nach Anschluß. Der Pilotfisch sieht besser aus als diejenigen, die mit Vorliebe in seinem Fahrwasser schwimmen, er ist selbstsicherer, charmanter und wirkt enorm anziehend auf das andere Geschlecht. In seiner negativen Form ist er nichts anderes als ein Wichtigtuer, ein Prahlhans, ein lauter, ungeschliffener Rüpel, aus dessen Windschatten man sich schleunigst entfernen sollte.

PLASTIKGESCHIRR Egal, wie man es dreht und wendet: Plastikgeschirr ist eine Notlösung und sollte auch eine bleiben. Man benutzt es regelmäßig im Flugzeug, im Biergarten, beim Kindergeburtstag oder auch bei einem Gartenfest. In den eigenen vier Wänden wird es schon schwieriger. Pappteller auf Partys sind zwar kein schöner Anblick, aber sie kommen wenigstens nicht mit dem Mund in Berührung. Bei den Bechern sieht das schon anders aus. Pappbecher neigen zu störendem Beigeschmack, während die transparenten Plastikbecher ziemlich neutral bleiben. Allerdings beeinträchtigen auch sie die Freude am Trinken. Kalte Getränke erwärmen sich schneller und schmecken einfach fader. Das Besteck läßt sich nicht leicht manövrieren und schmälert meines Erachtens auch den Geschmack. Wenn man zu Hause feiert, sollten die paar Mark für ein Leihgeschirr eigentlich auch noch drin sein.

PLATZ NEHMEN Einzelpersonen, die privat oder geschäftlich einen Besuch machen, bleiben nach der Begrüßung grundsätzlich stehen und warten darauf, daß ihnen ein Platz angeboten wird. Ganz ähnlich ist es auch im Restaurant. Man setzt sich nicht einfach an irgendeinen Tisch von dem man glaubt, daß er frei ist, sondern wartet, bis man einen Platz zugewiesen bekommt. Männer setzen sich unverzüglich, Frauen lassen sich soviel Zeit, daß sie dem Oberkellner die Möglichkeit lassen, den Stuhl zurückzuziehen und ihn dem weiblichen Gast vorsichtig in den Rücken zu schieben. In einer gemischten Gesellschaft übernehmen die Männer diese fürsorgliche Geste. Wenn man als Frau merkt, daß keiner Anstalten macht, am Stuhl zu ziehen und auch der Oberkellner in eine andere Richtung schaut, setzt man sich in aller Ruhe hin, ohne daß einem ein Zacken aus der Krone fällt.

PLATZTELLER Man kennt sie aus guten Restaurants und gepflegten Haushalten. Statt Set oder Platzdeckchen liegen sie unter dem Gedeck und werden von dort nicht mehr bewegt, bis der Tisch abgeräumt wird. Sie sind im Umfang größer als das Gedeck, und schauen als dekorativer Rand unter den Tellern hervor. Sehr dekorativ in Silber, Metall, Glas oder in einem Porzellan, das zum Gedeck paßt.

PLISSEE Es besteht aus lauter schmalen, in den Stoff gepreßten Falten und sieht nur dann gut aus, wenn die Falten auch in Form bleiben. Ein plissierter Rock, der nach langem Sitzen oder einer Reise häßliche glatte Beulen aufweist, ist mit dem Bügeleisen nicht wesentlich zu verbessern. Nach einer gewissen Zeit wird man nicht darum herumkommen, den Rock in einer Spezialreinigung nachplissieren zu lassen.

PÖSTCHEN Im Unterschied zu normalen Positionen, die man sich selbst erarbeitet, kriegt man sogenannte Pöstchen umsonst. Sie sind nichts anderes als kleine Wiedergutmachungen für erwiesene Dienste oder eine von vielen Möglichkeiten, wenn verheiratete Männer ihr schlechtes Gewissen beruhigen wollen, indem sie ihrer Geliebten, meist über Beziehungen, ein Pöstchen verschaffen.

POLITESSE Mit Sicherheit kein Traumberuf, und viele Verkehrsteilnehmer fragen sich beim Anblick dieser dunkelblauen Vogelscheuchen im Robin-Hood-Hütchen, was eine Frau dazu bewegen kann, diesen Job auszuüben. Vielleicht ist es ja die Arbeit an der frischen Luft, aber ist denn die Luft in den Großstädten wirklich so frisch? Auch wenn wir die Politessen heimlich bedauern oder belächeln, wahrscheinlich sind wir nur deshalb sauer, weil sie uns ständig mit ihren Bußgeldern erwischen. Wer ihnen bei der Ausübung ihrer Pflicht persönlich begegnet, sollte seinen inneren Groll bezwingen und auf alle Fälle freundlich bleiben. Der Zettel klebt sowieso an der Windschutzscheibe und durch renitentes Auftreten macht man alles nur noch schlimmer.

POLITIK Es gibt Leute, die jeden Tag mindestens eine Zeitung gründlich durchlesen, regelmäßig Nachrichten hören und dementsprechend politisch auf dem laufenden sind. Andere reduzieren ihre politische Neugier auf fünfzehn Minuten Tagesschau am Tag oder lesen hin und wieder die Schlagzeilen im Spiegel. Wer grundsätzlich bereit ist, mit anderen über die politischen Dinge des Lebens, vor allem Tagesaktualitäten zu diskutieren, sollte etwas gründlicher vorbereitet sein. Besser man hält sich zurück, als daß man sich in solchen Gesprächen auf Glatteis begibt.

POLIZEILICHES FÜHRUNGSZEUGNIS Wer für eine bestimmte Art von Führungsposition in die engere Auswahl kommt, muß damit rechnen, daß man ein polizeiliches Führungszeugnis von ihm verlangt. Es ist im wesentlichen nichts anderes als eine Bestätigung dafür, daß man juristisch unbescholten ist, das heißt keine Vorstrafen hat.

POLTERABEND Am Abend vor der Hochzeit begehen Braut und Bräutigam mit Pauken und Trompeten ihren Abschied von der Junggesellenzeit. Man trifft sich mit Freunden und Kollegen in seiner Lieblingskneipe. Es gibt viel zu trinken, aber auch viel zu tun. Jeder der noch ein paar alte Teller und Tassen zu Hause hat, bringt sie zum Polterabend mit und wirft sie dem lieben Brautpaar vor die Füße. Das Brautpaar muß fegen und gleichzeitig dafür sorgen, daß den Gästen nicht die Getränke ausgehen.

POMPADOUR Ein im Aussterben befindliches Abendtäschchen in Beutelform. Sein Verschluß wird mit zwei Bändern zusammengezogen, die Bänder um den Arm geschlungen oder am Gürtel des Kleides festgebunden.

PONCHO Ein loser Umhang mit einem Loch in der Mitte, durch das man den Kopf steckt. Sein Vorbild stammt aus Südamerika; sein Schnitt ist dann wieder gefragt, wenn bunte Folklorekleider in Mode kommen.

POPKONZERT Je populärer der Star beziehungsweise die Band, desto schwieriger ist es, für ein Popkonzert Karten zu bekommen. Dementsprechend ist es kein Wunder, daß vor großen Veranstaltungen der Schwarzmarkthandel blüht. Man hat also noch eine reelle Chance, kurz vor Beginn – für einen entsprechend hohen Preis, Karten zu bekommen. Wer zu einem prominenten Popkonzert geht, zieht sich heutzutage an, als ginge er zu einer Party. Die „Action" ist nicht nur auf der Bühne, die Fans sind in Hochstimmung und machen aus dem Konzert ein rauschendes Fest.

PORRIDGE Eine englische Spezialität zum Frühstück, die nicht jedermanns Geschmack ist: in Milch oder Wasser gekochte Haferflocken beziehungsweise Hafermehl mit einer Prise Salz. Zusätzlich wird noch heiße Milch oder kalte Sahne und Zucker auf den Tisch gestellt.

POSTBOTE Wahrscheinlich bekommt er mehr Frauen zu Gesicht, die ungeschminkt sind oder einen Pyjama tragen, als irgendein anderer Mann auf der Welt. Was aber kein Grund ist, sich äußerlich gehenzulassen, wenn er am frühen Morgen klingelt. Auch in Eile bleibt immer noch die Zeit, sich schnell einen Morgenrock überzuziehen.

POSTER Junge Leute dekorieren ihre Studentenbuden, indem sie Marilyn Monroe und Leo Trotzki als Poster an die Wand hängen. Mit der Studentenzeit endet normalerweise auch die Ära der improvisierten Wohnlandschaften und damit auch die Zeit der Poster. Im späteren Leben gilt: Lieber keine Bilder an der Wand als die falschen.

PRESTIGE Hierbei geht es um das äußere Ansehen, die Anerkennung durch andere. Um sie zu erlangen, muß man über all die Dinge verfügen, die allgemein für erstrebenswert gehalten werden wie ein repräsentables Auto, eine teure Wohnung in bester Lage, exklusive Anzüge, ein hypermodernes Büro etc. Alles zusammen ergibt dann das, was gewöhnlich unter Prestige verstanden wird.

PRIVATLEBEN Dauerabonnenten der Regenbogenpresse leben in der Illusion, als überzeugte Fans ein Recht auf das Privatleben ihrer Stars zu haben. Ob es um heimliche Affären geht, spektakuläre Scheidungen oder dubiose Selbstmorde – der Leser ist immer dabei und nichts ist ihm heilig. Vielleicht sollte sich auch der skrupellose Reporter ab und zu versuchsweise in die Rolle der Betroffenen begeben, wenn er das nächste Mal auf einem Friedhof steht und nichts anderes im Kopf hat, als den erschütterten Angehörigen ein paar Fotos aus dem Familienalbum abzuschwätzen.

PRIVATSCHULE Es gibt verschiedene Gründe, für ein Kind statt der Staatsschule eine Privatschule auszuwählen. Ob dabei vermeintlich elitäre Motive oder anthroposophisches Denken den Ausschlag gibt, sei dahingestellt. Wichtig für die Zukunft des Kindes ist, daß alle in Frage kommenden Prüfungen staatlich anerkannt und daß auch die innere Führung des privaten Lehrinstituts derart gestaltet ist, damit die Absolventen einen optimalen Anschluß an weitere Schulen oder Universitäten bekommen.

PROBEZEIT Ob es eine gibt und wie lange sie dauert, wird normalerweise im Arbeitsvertrag festgelegt. Die Probezeit ist allerdings keine einseitige Sache. Nicht nur der Vorgesetzte, auch der neue Mitarbeiter soll in dieser Zeit sorgfältig prüfen, ob er für die neue Position geeignet ist und ob er sich in der neuen Umgebung wohlfühlt. Lehrlinge, Assistenten und Volontäre sind beispielsweise noch in der Ausbildung und darauf angewiesen, daß man ihnen etwas beibringt. In der Praxis sieht das oft anders aus. Sie sind im wesentlichen sich selbst überlassen und werden als billige Arbeitskräfte mißbraucht. Statt stillzuhalten, sollten sie ruhig den Mut haben, sich an die nächsthöhere Instanz, gegebenenfalls an den Betriebsrat zu wenden.

PROKURIST Ein Zeichen von besonderem Vertrauen: Es gibt dem Mitarbeiter die Vollmacht, selbständig Dokumente zu unterzeichnen.

PROLET Menschen, die sich auffallend derb und ungehobelt benehmen, bezeichnet man als Proleten. Der Begriff stammt aus der Zeit, als man noch einen minderbemittelten einfachen Menschen mit schlechten Manieren gleichsetzte. Inzwischen hat man längst die Erfahrung gemacht, daß das eine mit dem anderen gar nichts zu tun hat. Vielmehr haben gerade Menschen einfacher Herkunft oft ein natürliches Gefühl für richtiges Verhalten in puncto Benimmfragen. Das gilt weniger für perfekte Tischmanieren als mehr für zwischenmenschliche Kontakte. Unter denen, die man aufgrund ihrer Erziehung als taktvoll und aufmerksam einschätzt, gibt es mehr Proleten, als man annimmt. Proleten sind Menschen, die sich mit Freuden betrinken, wenn alles umsonst ist und anschließend andere anpöbeln. Die Türken als Knoblauchfresser bezeichnen und Italiener als Spaghettis; die den Kellner lauthals herumkommandieren und ständig mit ihrem Geld protzen; die ihre Frau im Beisein anderer beschimpfen und ihrer Freundin in der Öffentlichkeit unter den Rock greifen; die auf Festen erscheinen, wenn sie gar nicht eingeladen sind und die man möglichst rasch wieder hinauskomplimentieren sollte.

PROTOKOLL Sowohl beim schriftlichen als auch beim persönlichen Kontakt mit Persönlichkeiten des öffentlichen Lebens, die einen bestimmten Rang bekleiden, schreibt das offizielle Protokoll bestimmte äußere Formen vor. Das Protokoll der Bundesregierung ist dem Auswärtigen Amt zugeordnet. Der Protokollchef hat den Rang eines Ministerialdirigenten und trägt außerdem den Botschaftstitel. Er zeichnet verantwortlich für Vorbereitung und Durchführung aller Staatsbesuche, die Bundeskanzler, Bundespräsident und Außenminister im Ausland machen, er betreut auch das Protokoll, wenn ausländische Staatsrepräsentanten zu Gast in Deutschland sind. Außerdem ist er für alle Fragen des Diplomatischen Korps zuständig. Obwohl es in der 40jährigen Geschichte der Bundesrepublik durch keinerlei Rechtsakt jemals festgelegt wurde, hat es sich im Laufe der Jahre so eingebürgert, daß der Bundeskanzler bei gemeinsamen offiziellen Auftritten dem Bundespräsidenten den Vortritt läßt. Die Liste der protokollarischen Rangfolge ist lang, wir nennen nur die ersten zehn Positionen:

1. Bundespräsident
2. Souveräne, Staatsoberhäupter fremder Staaten (einschließlich kaiserliche und königliche Mitglieder regierender Häuser)
3. Regierungschefs fremder Staaten
4. Bundeskanzler (überläßt bei gemeinsamen Auftritten dem Bundespräsidenten den Vortritt)
5. Präsident des Deutschen Bundestages
6. Präsident des Bundesrates
7. Präsident des Bundesverfassungsgerichts
8. Doyen des Diplomatischen Korps
9. Ausländische Botschafter, in der Reihenfolge des Datums ihres Beglaubigungsschreibens
10. Stellvertretende Regierungschefs ausländischer Staaten

Im folgenden Teil zeigen wir an ein paar prinzipiellen Beispielen, wie man sich, dem offiziellen Protokoll entsprechend, mündlich oder schriftlich an Persönlichkeiten des öffentlichen Lebens wendet. Dabei sollte man einige Dinge grundsätzlich beachten. Mit Ausnahme von Adelstiteln wird die Anrede „Herr" oder „Frau" beibehalten, die Amtsbezeichnung wird hintenangestellt. Handelt es sich um eine Funktion oder Berufsbezeichnung, verwendet man sie bei Frauen in weiblicher Form. Zum Beispiel: Frau Regierungsdirektorin oder Frau Präsidentin. Anders ist es allerdings bei Titeln, die aus dem Lateinischen stammen wie Doktor oder Professor und bei Behörden. Beispiel für eine briefliche Anrede: An den Bundesminister für Arbeit, Frau Maria Schmitz. Wichtig ist auch, daß die Amtsbezeichnungen dekliniert werden. Also: Herr Schmitz gibt sich die Ehre, Herrn Polizeipräsidenten Meier zum Cocktail einzuladen. Mit den Schlußformeln geht man auch in offiziellen Schreiben heutzutage etwas salopper um als früher. Formulierungen wie „Mit vorzüglicher Hochachtung" oder „Hochachtungsvoll" passen einfach nicht mehr in unsere Zeit. Man wählt normalerweise zwischen „Mit besten Empfehlungen" oder „Mit freundlichen Grüßen".

Es folgen ein paar wichtige Beispiele:
1. Bundesbehörden
Bundespräsident
Anschrift: An den Bundespräsidenten Herrn ...
schriftlich: Hochverehrter Herr Bundespräsident
mündlich: Herr Bundespräsident
Bundeskanzler
Anschrift: An den Bundeskanzler Herrn ...
schriftlich: Sehr geehrter Herr Bundeskanzler
mündlich: Herr Bundeskanzler
Bundesratspräsident
Anschrift: An den Präsidenten des Bundesrats
schriftlich: Sehr geehrter Herr Bundesratspräsident
mündlich: Herr Präsident
Parlamentarischer Staatssekretär
Anschrift: An den Parlamentarischen Staatssekretär beim Bundesminister ... Herrn ...
schriftlich: Sehr geehrter Herr Parlamentarischer Staatssekretär
mündlich: Herr Staatssekretär
Ausschußvorsitzender
Anschrift: An den Vorsitzenden des ... Ausschusses des Deutschen Bundestages Herrn ... (MdB)
schriftlich: Sehr geehrter Herr Vorsitzender
mündlich: Herr Vorsitzender

2. Landesbehörden
Ministerpräsident
Anschrift: An den Ministerpräsidenten des Landes Bayern
schriftlich: Sehr geehrter Herr Ministerpräsident
mündlich: Herr Ministerpräsident
Landtagspräsident
Anschrift: An den Präsidenten des Landtages von Bayern
schriftlich: Sehr geehrter Herr Landtagspräsident
mündlich: Herr Präsident

3. Diplomatie
Botschafter, Gesandter
Anschrift: Seiner Exzellenz dem Botschafter (Gesandten) der Republik ...
schriftlich: Sehr geehrter Herr Botschafter (Gesandter)

mündlich: Herr Botschafter (Gesandter); Exzellenz
Nuntius
Anschrift: Seiner Exzellenz dem Apostolischen Nuntius Monsignore . . .
schriftlich: Exzellenz; Sehr geehrter Herr Nuntius
mündlich: Exzellenz; Herr Nuntius

4. Internationale Organisationen
Generalsekretär der Vereinten Nationen
Anschrift: Seiner Exzellenz dem Generalsekretär der Vereinten Nationen Herrn . . .
schriftlich: Exzellenz; Sehr geehrter Herr Generalsekretär
mündlich: Exzellenz; Herr Generalsekretär
Mitglied der Kommission der Europäischen Gemeinschaften
Anschrift: An das Mitglied der Kommission der Europäischen Gemeinschaften Herrn . . .
schriftlich: Sehr geehrter Herr Kommissar
mündlich: Herr Kommissar

5. Hochschulen
Rektor
Anschrift: An den Rektor der Ludwig-Maximillians-Universität München Herrn Professor
schriftlich: Sehr geehrter Herr Professor
mündlich: Herr Professor

6. Regionale Behörden
Oberstadtdirektor
Anschrift: An den Oberstadtdirektor der Stadt Köln Herrn . . .
schriftlich: Sehr geehrter Herr Oberstadtdirektor
mündlich: Herr Oberstadtdirektor
Leiter des Arbeitsamtes
Anschrift: An den Leiter des Arbeitsamtes in Köln Herrn . . .
schriftlich: Sehr geehrter Herr
mündlich: Herr

7. Religionsgemeinschaften
Kardinal
Anschrift: Seiner Eminenz Herrn Otto Kardinal Schmitz Bischof von . . .

schriftlich: Hochwürdigster Herr Kardinal
mündlich: Eminenz; Herr Kardinal
Evangelischer Landesbischof
Anschrift: An den Präses der Synode der Evangelischen Kirche in Hessen Herrn Landesbischof . . .
schriftlich: Hochverehrter Herr Landesbischof
mündlich: Herr Bischof

PUBERTÄT Man sagt, daß Heranwachsende in dieser Zeit nicht Fisch und nicht Fleisch sind. Das heißt: Sie sind keine Kinder mehr, aber auch noch keine Erwachsenen. Junge Männer bekommen eine tiefere Stimme und registrieren die ersten Bartstoppeln; junge Mädchen zeigen die ersten fraulichen Formen und präsentieren sich dem Jungen von nebenan nicht mehr als der gleiche unbeschwerte Spielkamerad. Viele von ihnen werden in dieser Umsteigphase leicht „zickig“ und haben vor allem ihrer Mutter gegenüber sehr gemischte Gefühle. Die einen schießen in die Höhe, die anderen setzen Babyspeck an, und wieder andere leiden unter den für die Pubertät typischen Pickeln. Eltern sollten gerade jetzt für ihre leicht aus der Fassung geratenen Sprößlinge besonders viel Geduld und Verständnis aufbringen. Die Jugendlichen sammeln während der Pubertät nicht nur die ersten und damit sehr wichtigen Erfahrungen mit dem anderen Geschlecht – sie sind in dieser Zeit auch allgemein anfällig für Einflüsse von außen, und das sind unter Umständen nicht immer die besten.

PÜNKTLICHKEIT Wenn Züge, Flugzeuge und Straßenbahnen genau so unpünktlich wären wie die meisten Menschen, gäbe es täglich ein Verkehrchaos. Es kann wirklich jedem passieren, daß er sich einmal – auch ohne einen triftigen Grund von außen – ganz einfach mit der Zeit verkalkuliert und einen Termin nicht einhalten kann. Normalerweise wird ihm das in einem Moment klar, der noch die Möglichkeit läßt, die Betroffenen zu verständigen. Aber bei allem Wohlwollen und Verständnis für menschliche Schwächen, kommt man nicht an der Tatsache vorbei, daß sich irgendwann die Menschen, mit denen man regelmäßig zusammenkommt, in zwei Gruppen aufteilen: die Pünktlichen und die Unpünktlichen. Die einen sind grundsätzlich rechtzeitig zur Stelle, und wenn es ihnen einmal nicht gelingt, setzen sie Himmel und Hölle in Bewegung, um wenigstens noch

schnell Bescheid zu sagen. Die anderen halten es offensichtlich nicht mit der besagten Höflichkeit der Könige und kommen nur dann, wenn es ihnen paßt. Sie lassen einen nicht nur in einem überfüllten Restaurant am einzigen freien Tisch Höllenqualen leiden, sie finden es völlig normal, daß man bei Platzregen an der Straßenecke vergeblich auf sie wartet und kommen auch noch deutlich zu spät, wenn sie als Trauzeugen geladen sind. Die Erfahrung lehrt, daß notorisches Zuspätkommen quasi unheilbar ist. Dementsprechend gibt es nur eine Möglichkeit: Man verabredet sich mit unzuverlässigen Leuten in Zukunft nicht mehr außerhalb der eigenen vier Wände, wenn man sich Ärger ersparen möchte. Wer selbst zu diesen unsicheren Kandidaten gehört, sollte versuchen, wenigstens auf die Leute mehr Rücksicht zu nehmen, deren Terminkalender sehr straff organisiert ist. Zum Beispiel Friseure, Ärzte und Geschäftsleute. Was macht es für einen Eindruck, bereits zum Vorstellungsgespräch zwanzig Minuten zu spät zu kommen?
Besonders ärgerlich ist auch, wenn Gastgeber, die Stunden in der Küche verbracht haben, um ihren Freunden ein perfektes Essen zu kochen, nicht pünktlich damit anfangen können, weil noch zwei Leute fehlen. Es macht doch wirklich nicht viel Mühe, kurz telefonisch Nachricht zu geben, wenn etwas dazwischengekommen ist. Wer für acht Uhr einlädt, wird seinen Gästen zunächst einen Aperitif anbieten, während er womöglich in der Küche letzte Hand anlegt. Das heißt: Man gibt Nachzüglern noch eine runde halbe Stunde Zeit, mit leichter Verspätung einzutreffen. In jedem Fall sollte man seinen eigenen Zeitplan einhalten und auch den des Kochrezepts. Lieber auf einen Gast verzichten als eine überfällige Gans auf den Tisch bringen.

Q

QUALITÄT In einer konsumorientierten Gesellschaft liegt es im Interesse der Fabrikanten und damit auch im Interesse der gewerbetreibenden Wirtschaft, die potentiellen Kunden sooft wie möglich zum Kauf anzuregen. Während es vor zwanzig Jahren noch üblich war, drei Wochen vor Ostern in Ruhe darüber nachzudenken, ob es sinnvoll wäre, für dieses Jahr ein neues Frühjahrskostüm anzuschaffen, werden heutzutage Kaufimpulse meist auf andere Art ausgelöst. Stimuliert durch ständig wechselnde Schaufensterdekorationen, überfüllte Kaufhausetagen und das vielversprechende Modediktat der Frauenzeitschriften, wird wahllos zugegriffen und gekauft. Man wählt nicht mehr das, was man braucht, sondern leistet sich alles, was einem gefällt. Hier ein paar Schühchen und da noch ein T-Shirt und das zehnte Paar Plastikklunker aus der Modeschmuckabteilung. Männer sind von diesem typisch weiblichen Kaufrausch weniger besessen, aber offensichtlich auch nicht verschont. Ergebnis der unkontrollierten Kauflust: Man gibt viel Geld aus und hat eine Menge Sachen im Schrank hängen, die man schon nach kurzer Zeit nicht mehr beachtet. Für das gleiche Geld könnte man sich weniger, aber bessere Sachen kaufen, die nicht gleich wieder aus der Mode kommen und die vor allem qualitativ besser sind. Dabei geht es nicht nur um die längere Lebensdauer der besseren Qualität. Man fühlt sich auch viel wohler in guten natürlichen Stoffen als in einem knitterfreudigen billigen Modefetzen.

R

RACHE Jeder von uns kann von einem anderen Menschen derart verletzt werden, daß er unwillkürlich auf Rache sinnt. Eine der klassischen Methoden, dem anderen eins auszuwischen ist, ihn vor gemeinsamen Freuden oder Kollegen so schlecht zu machen, wie es nur eben geht. Der negative, meist treffende Ausdruck hierfür ist üble Nachrede. Selbst wenn man alles glaubt, was man erzählt und sich im wesentlichen an die Tatsachen hält, macht doch der Ton die Musik. Statt sich mit dem Urheber der Verletzung in Ruhe auszusprechen, geht man bei Unbeteiligten mit seinen intimsten Geschichten hausieren. Man macht damit nicht nur einen denkbar zweifelhaften Eindruck auf andere, man verbaut sich auch jeden Weg zu einer möglichen Versöhnung.

RACLETTE Eine Käsespezialität, die aus der Schweiz kommt. Wer sie hier nachahmen will, halbiert einen würzigen Tilsiter-Käse und erhitzt die Schnittfläche mit Hilfe des dafür vorgesehenen Raclette-Gerätes. Den nach und nach schmelzenden Käse streicht man mit einem Messer oder Spatel (franz. Raclette) auf einen Teller. Dazu gibt es Gewürzgurken und Pellkartoffeln.

RADICCHIO Die allgemeine Begeisterung für die italienische Küche schlägt immer wieder neue Wellen und trägt von Zeit zu Zeit besondere Favoriten an die Oberfläche. Mal ist es Tiramisu, ein anderes Mal Mozarella oder Carpaccio. Die Nummer eins unter den Salaten heißt ohne Zweifel Radicchio. Typisch für den rotweiß-marmorierten Kopfsalat ist sein etwas bitterer Geschmack. Inzwischen haben ihn auch die Pasta-Experten für sich entdeckt und mischen ihn mit heißen Nudeln und Parmaschinken.

RAGLAN Ein Ausdruck aus der Schneidersprache. Gemeint sind Ärmel, die schräg vom Kragen her eingesetzt sind und dadurch die Schulterpartie runder erscheinen lassen.

RAKI Was Pastis für die Franzosen und Ouzo für die Griechen, ist Raki für die Türken. Und sie trinken den starken Feigenschnaps mit Anisgeschmack auch auf die gleiche Art und Weise: entweder ein kleines Schlückchen pur oder mit einfachem Wasser aufgefüllt.

RANDALIEREN Das kommt in der besten Gesellschaft vor und hat in den meisten Fällen mit großen Mengen Alkohol zu tun, die nun mal nicht jeder vertragen kann. Aus Restaurants und Bars kann sich ein unfreiwilliger Augenzeuge schnell verdrücken, wenn einem die Gläser um die Ohren fliegen. Wesentlich schwerer hat es ein Gastgeber, wenn bei ihm zu Hause das gleiche passiert. Die Devise lautet: so schnell wie möglich handeln. Bevor die Stimmung auf den Nullpunkt sinkt und Gäste bereits die Flucht ergreifen, sorgt man nachdrücklich dafür, daß randalierende Trunkenbolde auf dem kürzesten Weg das Haus verlassen. Allerdings nicht ohne daß man ihnen vorher die Autoschlüssel weggenommen hat.

RANGORDNUNG Man begegnet ihr in zwei klassischen Situationen des gesellschaftlichen Lebens: dem Kennenlernen und damit verbundenen Bekanntmachen und der Tischordnung bei großen festlichen Essen. Obwohl es immer mehr Menschen gibt, die beim Kennenlernen auf möglichst viel Förmlichkeit verzichten und bestenfalls ihre eigenen Namen vor sich hinmurmeln, sollte man doch nicht vergessen, wie wichtig es sein kann, andere Menschen auf die richtige Art zusammenzuführen, damit sie sich überhaupt näherkommen können. Ob man dabei außer acht läßt, dem Dienstranghöheren oder der älteren Person den fremden Namen beim Bekanntmachen zuerst zu nennen, ist heutzutage keine gesellschaftliche Katastrophe mehr. Hauptsache, man spricht die Namen korrekt und deutlich aus. Wem daran liegt, zwischen zwei Menschen, die er kennt, ein erstes Gespräch zu inszenieren, kann noch eine zusätzliche Hilfestellung leisten, indem er Dinge sagt wie „Frau Meier hat auch sehr lange in Afrika gelebt“ oder „Herr Schmitz war schon ganz neugierig, Sie kennenzulernen“ (→ Begrüßung → Tischordnung).

RAUCHEN Die Fronten zwischen Rauchern und Nichtrauchern haben sich in den letzten Jahren dramatisch verstärkt. Wobei es vielen Nichtrauchern nicht genügt, sich und ihre Partner von allen Aschenbechern dieser Welt fernzuhalten – sie würden den Rauchern am liebsten die Zigaretten verbieten. Mit ihrem Bemühen, möglichst gesund durchs Leben zu kommen, haben sie ja recht, sie dürfen ihre guten Vorsätze allerdings nicht auf andere übertragen. Das heißt zum Beispiel, ihren Gästen das Rauchen zu verbieten. Wer Leute zu sich nach Hause einlädt und fest entschlossen ist, die Gardinen zu schonen, muß das schon bei der Einladung deutlich machen. Es wäre mehr als unhöflich, erst an Ort und Stelle das Rauchen zu untersagen beziehungsweise die Raucher bei fünf Grad unter Null in den Garten zu schicken. Unabhängig davon kann man einem Kettenraucher ruhig zumuten, daß er in einem gewissen Rahmen auf passive Rauchschlucker Rücksicht zu nehmen hat. Mit anderen Worten: Man bläst den Leuten nicht den Qualm direkt ins Gesicht. Man macht sooft wie möglich den Aschenbecher leer. Man fuchtelt im Gespräch nicht ständig mit der brennenden Zigarette den Leuten vor der Nase herum. Man zieht als Spieler nicht die Karten mit der Hand, die gleichzeitig die Zigarette hält. Man bemüht sich als

Beifahrer in einem Mini-Cooper genau so um größere Rauchpausen wie in der unmittelbaren Nähe eines Kinderwagens. Man drückt in der Disko die Zigarette im Aschenbecher aus, bevor man auf die Tanzfläche geht. Man betritt das Haus als Gast nicht mit brennender Zigarette. Man begrüßt auch seine Gäste mit freien Händen. Und man putzt sich besonders gründlich die Zähne und benutzt ein erfrischendes Mundwasser, bevor man mit einem Nichtraucher ins Bett geht.

RECHAUD Früher waren das kleine Kupferöfchen, die man mit einer Kerze erwärmte. In modernen Haushalten benutzt man inzwischen an ihrer Stelle weniger romantische Warmhalteplatten, die mit Strom geheizt sind. Es wird wohl schwer sein, alle Schüsseln und Platten gleichzeitig bei der richtigen Temperatur zu halten. Wichtig sind vor allem Suppen, Saucen oder heiße Butter.

RECHNUNG Man kann sich möglicherweise eine Menge Ärger und Unannehmlichkeiten sparen, wenn man Rechnungen, die irgendwann wieder von Bedeutung sein könnten, sorgfältig aufhebt. Mir wurde das zum erstenmal klar, als ich meiner Reisegepäckversicherung einen Koffer als verloren meldete. Der in solchen Momenten fällige Papierkrieg wird erst richtig anstrengend, wenn man nicht in der Lage ist nachzuweisen, daß man alles, was auf der Verlustliste steht, auch wirklich gekauft und damit besessen hat. Versicherungen haben soviel schlechte Erfahrungen gemacht, daß sie bei allem, was als verloren gemeldet wird, zunächst einmal mißtrauisch sind. Wer also keine Rechnungen vorweisen kann, ist gezwungen, sich mühselig Zweitschriften und Bestätigungen ausschreiben zu lassen. Das kostet nicht nur Zeit, sondern auch Geld. Vor allem, wenn man bis ins Ausland telefonieren muß.

Genauso wichtig ist es, alle Belege aufzuheben, die Renovierungen eines Hauses oder einer Mietwohnung betreffen. Sie gelten als Argumente gegenüber dem Vermieter und sind besonders wichtig, wenn man auszieht. Unter Umständen geben sie einem die Möglichkeit, mit dem Nachmieter eine entsprechende Ablösesumme auszuhandeln.

Das gleiche gilt für die Anschaffung von Einbauküchen, Badezimmerarmaturen, Einbauschränken und anderem Hausrat. Auf diese Art ist man auch bei einem eventuellen Einbruch in der Lage, alle wichtigen Unterlagen für die Versicherung zusammenzutragen. Schlimm genug, wenn man den Schaden hat – die meist etwas schwerfällige Bürokratie sollte man sich wenigstens erleichtern.

RECHNUNG BEZAHLEN Es gibt heutzutage mehr Möglichkeiten, im Restaurant eine Rechnung zu präsentieren oder zu begleichen, als je zuvor. Vom obersten Blatt eines Notizblocks, das schwungvoll abgerissen und dem Gast vorgelegt wird, über den kleinen Silberteller, dessen Inhalt eine diskrete Stoffserviette für alle nur am Essen Beteiligten zu einem Geheimnis macht, bis zu den seltsamsten Kästchen, die dem Gast wie Aladins Wunderlampe überreicht werden. Aber auch der Betroffene kann wählen: Je nachdem, welcher Zahlungsmodus an Ort und Stelle Usus ist, reguliert er seine Schuld mit Bargeld, per Scheck oder Kreditkarte. Im Falle, daß er bargeldlos zahlt, ist ihm freigestellt, das entsprechende Trinkgeld extra auf den Teller zu legen oder aber den geforderten Betrag auf dem Scheck beziehungsweise auf dem Kreditkartenformular von vornherein zu erhöhen.

Wie wir alle wissen, kommt es oft genug vor, daß die finanziellen Möglichkeiten unter Freunden nicht gleichmäßig verteilt sind. Was jedoch noch lange nicht automatisch heißt, daß man demjenigen, der mehr hat, wie selbstverständlich die Rechnung überläßt. Wohlhabende Menschen scheinen daran gewöhnt zu sein, häufiger als andere die Brieftasche zu ziehen – sei es reinweg aus einer Großzügigkeit, die sie sich leisten können, aus Verlegenheit oder unter dem Druck eines vermeintlich schlechten Gewissens. Einige von denen, die davon profitieren, treiben mit Vergnügen im Fahrwasser ihrer „big spender“. Andere sind eher unangenehm berührt, wenn ihnen ständig die Rechnung vor der Nase weggerissen wird. In diesem Fall sollte man das ruhig sagen oder bewußt nach einer Möglichkeit suchen, sich so bald wie möglich für die Einladung zu revanchieren.

Frauen haben es leicht, wenn sie zu der Kategorie weiblicher Wesen gehören, die unbeteiligt die Augen niederschlagen, sobald sich der Kellner mit der Rechnung nähert. Sie haben es wesentlich schwerer, wenn sie zu der Kategorie der Frauen zählen, die selbst Geld verdienen und es demzufolge für selbstverständlich halten, sich an der Rechnung zu beteiligen. Da es

vor allem in der älteren Generation noch nicht viele Männer gibt, die in ihrer Erziehung auf diese neue Haltung vorbereitet wurden, hängt es an den Frauen, mit dem entsprechenden Fingerspitzengefühl vorzugehen. Das heißt: Wenn man zum erstenmal von einem Mann zum Essen ausgeführt wird (was meistens auch mit einer konkreten Einladung verbunden ist), ruft man auf keinen Fall nach der Rechnung oder reißt dieselbe dem Kellner aus der Hand. Man läßt dem Mann den Vortritt, bedankt sich für den netten Abend und stellt unter Umständen in Aussicht, daß man sich gern einmal dafür revanchieren möchte. Sei es durch eine Einladung in ihr Lieblingslokal oder zu einem kleinen Essen in den eigenen vier Wänden. Eine andere Art, dieses Thema zu bewältigen, ist ein offenes Wort unter vier Augen. Erwachsene Menschen finden dann auch einen Weg. Sei es, daß er und sie abwechselnd zahlen oder für den Fall, daß es ihm lieber ist, er weiterhin offiziell bezahlt und den Betrag später mit ihr verrechnet.
Wenn mehrere Paare miteinander ausgehen, hat sich eingebürgert, daß die Männer sich zum Schluß die Rechnung teilen. Bei Ehepaaren kein Problem, bei lose befreundeten Singles nicht selbstverständlich. Wer nicht grundsätzlich zu den Leuten gehört, die in solchen Situationen den berühmten „Igel in der Tasche" haben, findet auch hier eine Möglichkeit, sich zu revanchieren. Vielleicht wird nach dem Essen noch irgendwo ein gemeinsames Absackerchen getrunken und man nimmt die Gelegenheit wahr, für die anderen die Drinks zu zahlen. Frauen, die mit guten Freunden oder Brüdern über solche Probleme sprechen, wissen sehr wohl, daß Männer es heutzutage nicht mehr selbstverständlich finden, ständig für Frauen zu zahlen, aber oft nicht den Mut haben, das auch deutlich zu sagen (→ Trinkgeld).

REDE Es gibt Leute, die nur dann vor allen das Wort ergreifen, wenn es sich überhaupt nicht vermeiden läßt. Und es gibt Leute, die können es kaum erwarten, die nächste Rede ans Volk zu halten – auch wenn offensichtlich keiner Wert darauf legt. Es gibt Menschen wie Herbert Wehner, die beim Reden unwillkürlich die Aufmerksamkeit auf sich ziehen, und es gibt Redner wie Heinrich Lübke, die so wenig Sprachtalent hatten, daß man daraufhin sogar Witze kreierte. Wie in vielen anderen wichtigen Lebensfragen, gilt auch hier der Grundsatz „Weniger wäre

mehr". Lieber ein paar kurze prägnante Worte zum Thema, als ein endloser Vortrag, dem kein Mensch mehr folgen will.
Im privaten Bereich, das heißt in den meisten Fällen auf Familienfesten, sind es auch immer dieselben, die mit dem Löffel an die Gläser klopfen. Solange auf diese Art in alten Erinnerungen gekramt wird und man gemeinsam wunderbar sentimental werden kann, sollte man Onkel Otto ruhig reden lassen. Redseligen Verwandten aber, die nach der fünften Runde Schnaps meinen, sie müßten noch eine wichtige Mitteilung machen, hält man tunlichst davon zurück. Andere wohlwollende Familienmitglieder trinken unter Umständen keinen Schnaps, haben dafür aber eine angeborene spitze Zunge. Auf deren Reden kann man auch besser verzichten.
Im geschäftlichen Bereich sind die meisten Reden fällig, wenn ein Mitarbeiter befördert oder sonstwie ausgezeichnet wird. In großen Firmen ist es normalerweise nicht der Chef, sondern der zuständige Abteilungsleiter, der ein paar Worte spricht. Wenn es darum geht, besondere Leistungen oder langjährige Firmenzugehörigkeit in einer kurzen Rede entsprechend zu honorieren, sollte man sich so weit wie möglich an rein berufliche Dinge halten und nicht im Beisein der ganzen Belegschaft interne Anekdoten, die nur die eigene Abteilung angehen, unters Publikum bringen.
Als dritte Instanz gibt es noch die Festrede, die auch immer mit einem Festakt verbunden ist wie Richtfest, Schiffstaufe oder die Einweihung eines Denkmals. Da es bei solchen Veranstaltungen üblich ist, daß die Beteiligten nur Stehplätze haben, ist besonders darauf zu achten, daß der oder die Festredner sich kurz fassen. Bei sommerlichen Temperaturen hat man Festaktgäste schon in Ohnmacht fallen sehen.

REDENSARTEN Dem modernen Zeitgeist entsprechend haben sich – vor allem in der jungen Generation – Redensarten eingeschlichen, die aus ideologisch Gleichgesinnten verbal „Insider" machen sollen. Emanzen haben „keinen Bock" auf Männer, Yuppies finden Grüne „ultraschrill", und Grüne halten Yuppies für „ökologische Nullen". Nichts gegen neue Worte, die eine Sprache reicher und ausdrucksstärker machen. Aber viel einzuwenden gegen die abgedroschene Monotonie einer reglementierten Parteisprache. Wenn ich einem jungen Menschen ein Glas Wein zum Essen anbiete und die karge Antwort lautet „kein Alk", weiß ich nicht, ob ich schmunzeln soll oder mir um die vermeintliche Verkümmerung unserer schönen Muttersprache allmählich Sorgen machen muß.

REGENSCHIRM Ich hatte mal als Kind einen winzig kleinen buntgestreiften Schirm, auf den ich so stolz war, daß ich mich täglich nach Regen sehnte. Danach hatte ich nie wieder einen, und der kleine fröhliche Kinderschirm wird wohl auch der einzige Regenschutz in meinem Leben bleiben. Andererseits gibt es Menschen, die mit ihren Schirmen so verwachsen sind, daß sie sie bei jedem Wetter bei sich tragen. Männer, die gerne Kavalier sind und das auch mit dem Schirm beweisen wollen, müssen darauf achten, daß der gemeinsame Weg der teilbeschirmten Begleiterin auch wirklich Vorteile bringt. Der Schirm sollte größer als eine Frisbee-Scheibe sein und die Dame so zutraulich, daß sie sich bei ihrem Beschützer wenigstens einhängt. Ein aufmerksamer Gastgeber hat – selbst wenn er ihn selbst nicht benutzt – jederzeit einen Schirm parat, um heimkehrenden Gästen aus der Verlegenheit zu helfen oder sie wenigstens wohlbeschirmt bis zum Auto zu begleiten.

REISEGARDEROBE Egal, ob es um ein romantisches Wochenende in Paris geht, einen Busineßtrip nach New York oder drei Wochen Trekking im Himalaya – die meisten Leute wissen nicht, was sie einpacken sollen. Vor lauter Angst, sie könnten etwas Wichtiges nicht dabei haben, nehmen sie einfach immer zuviel mit. Eine der besten Möglichkeiten, sein Gepäck auf ein normales Maß zu reduzieren, ist ein Merkzettel, auf dem man in Stichworten notiert, auf welche Situationen man vorbereitet sein muß. Ein paar Beispiele: Strand, Segelboot, lange Autofahrten, Shopping, Restaurantbesuche, Hotelbar, Geschäftsessen, Management-Meeting etc. Für jede der relevanten Situationen wählt man die passende Lieblingskombination, in der man sich besonders wohlfühlt, inklusive aller Accessoires wie Krawatten, Strümpfe, Unterwäsche oder Schmuck. Je nachdem, wie lange die Reise dauern soll und was man am häufigsten vorhat, werden die einzelnen Bereiche mit einem oder mehreren Outfits aufgefüllt.
Zum Schluß ergänzt man alles, was häufig gewechselt wird wie Unterwäsche, Strümpfe oder weiße T-Shirts. Die wenigen Ur-

laubsorte, an denen man sich öfter mal umziehen muß, sind elegante Ressort-Hotels, in denen man für zwei oder drei Wochen an Bord geht. Wer diese Art von Reise bucht, weiß schon vorher, in welchen Rahmen er sich begibt und daß ein männlicher Gast abends nicht ohne Sakko ins Restaurant gelassen wird. Zum Trost sei gesagt, daß solche Häuser normalerweise mit einem modernen Wäscheservice ausgerüstet sind. Bei dieser Gelegenheit sollte man prinzipiell darauf hinweisen, daß es in den meisten südlichen Ländern der Tradition entspricht, sich abends gepflegt anzuziehen, auch wenn man nicht ins Zwei-Sterne-Restaurant geht. Gepflegt heißt nicht unbedingt Anzug und Krawatte. Männer würden zu Recht Amok laufen, wenn sie an den wenigen Tagen des Jahres, die sie ohne Bürozwang und Kleidervorschriften verbringen wollen, auch wieder mit solchen Vorschriften leben müßten. Die Freiheit hat allerdings Grenzen. Und sie wird falsch verstanden, wenn Urlauber meinen, sie könnten sich nach Sonnenuntergang in Strandshorts oder Jogginganzug an den Tisch setzen. Wer darauf besteht, paßt am ehesten auf einen Campingplatz oder in ein privates Ferienhaus. Es ist ein Teil des Respekts, den man seinen Mitmenschen und auch dem fremden Land schuldig ist, sich in der Öffentlichkeit korrekt zu kleiden. Ich bin immer wieder fassungslos, wenn ich auf den Terrassen meiner Lieblingscafés in der Innenstadt von Lissabon, Barcelona oder Istanbul sitze und vorüberziehende Touristen beobachte. Die meisten sehen so aus, als wollten sie eigentlich an den Strand und hätten sich im letzten Moment noch anders entschlossen. Männer tragen mit Vorliebe ihre Unterhemden statt T-Shirts, dazu Shorts, die wie häßliche Badehosen aussehen und knorrige Sandalen mit Socken dazu oder nur bequeme Badelatschen. Frauen haben sich im Überschwang der Urlaubsfreude von ihren Büstenhaltern befreit und zeigen das auch ganz deutlich.
Doch zurück zur Ergänzung der richtigen Reisegarderobe. Vorausgesetzt, alle in Frage kommenden Kombinationen sind verstaut, macht man sich noch Gedanken über zusätzliche Extras. Vor allem, wenn die Reise länger als ein Wochenende dauert. Wie Linus seine Schmusedecke, hat eine meiner Freundinnen auf allen Reisen eine federleichte Kaschmirdecke dabei. Sie ist groß genug, um kalte Frauenfüße zu wärmen, und klein genug, um als Schal um den Hals getragen zu werden. Es gibt Leute, die sich im Hotelzimmer ohne den eigenen Morgenrock nicht

zu Hause fühlen, und es gibt Männer, die trotz GI-Schnitt die Stadt nicht ohne Fön verlassen. Ich habe selbst in den Tropen meine geliebte graue Strickjacke dabei. Sie ist kuschelig weich und eine bewährte Waffe im Kampf gegen Klimaanlagen, die sich nicht ausschalten lassen. In bestimmten Gegenden, und vor allem auf langen Autofahrten, habe ich ein eigenes Handtuch dabei. Ich kann auf vieles verzichten, aber die Aussicht auf kleine knochenharte Handtücher für mehr als drei Tage ist mir unangenehm. Das heißt also: Jeder muß für sich entscheiden, was er für sich noch gerne dabei hätte, auch wenn es dem anderen sinnlos erscheint (→ Gepäck → Kofferkleid → Kofferpacken → Kulturbeutel).

REISEVORBEREITUNGEN Entsprechend der Devise, daß der Urlaub die schönste Zeit des Jahres ist, sollte man auch alles tun, damit diese Zeit auch wirklich schön wird. Je früher man mit den Reisevorbereitungen anfängt, um so entspannter kann man schließlich losfahren. Wenn ich an meine eigene Kindheit denke und die ersten endlosen Autofahrten nach Rimini und Cattolica, fallen mir immer die Schreckensschreie meiner Mutter ein, die auf diese Weise meinem Vater andeuten wollte, daß er noch einmal umkehren müsse. Gott sei Dank waren wir noch nicht auf der Autobahn, und Gott sei Dank handelte es sich nur um die Federballschläger oder um unser geliebtes Monopoly-Spiel. Viel schlimmer ist es, wenn man an der Grenze feststellt, daß der Paß abgelaufen ist oder keinen Führerschein dabei hat, wenn man am Ferienort ein Auto mieten möchte.
Alles, was mit Papierkram, also mit Behörden zu tun hat, kann man nicht früh genug erledigen. Bei der Vorbereitung der Reisedokumente geht es im wesentlichen um gültige persönliche Ausweispapiere, ein eventuelles Visum oder Transitkarten, Impfpaß, Kfz-Schein, Grüne Versicherungskarte und Internationalen Führerschein. Autofahrer informieren sich, in welcher Form und mit welchen Leistungen ihre Unfallversicherung im Ausland funktioniert. Für den Fall, daß man unterwegs ärztliche Hilfe braucht, holt man sich die entsprechenden Informationen bei seiner Krankenkasse. Bleibt last not least noch die Reisegepäckversicherung. Es ist sinnvoll, sich hin und wieder die Mühe zu machen, den Inhalt des Koffers plus Kamera und andere Wertgegenstände, die man bei sich trägt, auf einer langen Liste zusammenzustellen. Sie

werden sich wundern, welche Beträge dabei herauskommen. Das heißt: Die meisten Leute sind unterversichert.
Zu den Reisevorbereitungen gehört auch die Klärung der Frage, ob man sich für bestimmte tropische Länder impfen lassen muß oder eine Malaria-Profilaxe braucht.
Sobald Geldangelegenheiten und Dokumente organisiert sind, können Sie sich um die eigene Bequemlichkeit kümmern. Fluggäste und Bahnfahrer reservieren sich rechtzeitig Plätze, Autofahrer erleichtern sich die Reise durch Benzingutscheine und sorgen dafür, daß das Auto vor einer langen Fahrt rechtzeitig inspiziert wird. Wer nicht will, daß sein Briefkasten in Abwesenheit überquillt, spricht entweder mit der Post oder mit dem Nachbarn. Das gleiche gilt für Zeitungen und tägliche Brötchenlieferungen. Apropos Nachbarn: Für den Fall, daß man Sie erreichen muß, ist es immer ratsam, beim Nachbarn oder Hausmeister eine Adresse zu hinterlassen. Es gibt auch das umgekehrte Prinzip: Sie ergänzen Ihre Reiseunterlagen durch einen Zettel, auf dem Sie Namen und Adressen derjenigen notieren, die benachrichtigt werden sollen, falls Ihnen etwas passiert. So unangenehm dieses Thema ist und sowenig man mit solchen Dingen rechnet – es ist für Verwandte unter Umständen ein furchtbarer Schock, wenn sie von der Polizei aufgesucht werden.
Wer Haustiere unterzubringen hat, wartet damit auch nicht bis auf die letzte Minute. Speziell während der Hauptferienzeit ist es nicht immer einfach, Pflegeeltern für Hasen, Hunde und Katzen zu finden. Genauso muß das Thema Blumengießen rechtzeitig organisiert werden. Es genügt nicht, dem Nächstbesten die Wohnungsschlüssel in die Hand zu drücken mit dem frommen Wunsch, ab und zu mal nach den Blumen zu gucken. Wer niemand findet, der ihm vertrauenswürdig erscheint, erkundigt sich beim Blumenhändler. In großen Städten gibt es auch Gärtnereien, die für ihre Kunden solche Pflegedienste übernehmen. Allerdings muß man die Pflanzen dorthin bringen.
Wer all diese Dinge rechtzeitig erledigt hat, kann sich die letzten Tage vor der Abreise um nichts anderes mehr kümmern als um das Kofferpacken. Noch ein kosmetischer Tip: Gerade weil man außer Haus nicht immer die besten Voraussetzungen hat, seine Haare in die gewohnte Form zu bringen, ist ein Friseurbesuch knapp vor der Abreise immer eine gute Idee. Männer lieben im Urlaub unkomplizierte Superkurzhaarschnitte; Frauen geben ih-

rem Haar mehr Elastizität durch eine neue Dauerwelle und kümmern sich vor allem um die Pflege gefärbter Haare. Nachfärben in letzter Minute verhindert im Urlaub das Auftauchen häßlichdunkler Haaransätze. Damit sie in Bikini und Badeschuhen eine gute Figur machen, werden vor der Abreise die Fußnägel in sommerlichen Farben lackiert und alle überflüssigen Körperhaare sorgfältig entfernt.

REISEN IN EUROPA Auch wenn wir uns gerade daran gewöhnen, über den eigenen Zaun zu schauen und möglichst europäisch zu denken, werden auch in einem vereinten Europa die verschiedenen Länder ihre verschiedenen Mentalitäten bewahren. Wenn wir mit Österreich beginnen, das nach wie vor des Deutschen liebstes Reiseland ist, so genießen wir nicht nur Gröstl, Gulasch und Gumpoldskirchner, sondern auch eine Art von Charme und Liebenswürdigkeit Fremden gegenüber, die man von den meisten Ländern nicht mehr gewöhnt ist. Die Freundlichkeit des Engländers ist vergleichsweise unpersönlich. Menschliche Kontakte bleiben zunächst an der Oberfläche, man setzt auf trockenen Humor und Understatement in allen Lebensbereichen.

Während der Engländer keinem die Hand gibt, den Hofknicks hochhält und auf „How do you do?" keine Antwort erwartet, tut der Franzose genau das Gegenteil.

Wenn es um unsere südlichen Nachbarn geht, sorgen schon viel mehr Sonnentage pro Jahr für entscheidende Unterschiede in der Mentalität. Man lebt draußen und ist extrovertiert, man spricht mit den Nachbarn und diskutiert über Politik und Frauen an jeder Straßenecke. Und man steht lebenslänglich unter dem Einfluß der Großfamilie. Obwohl es in Ländern wie Italien, Spanien oder Griechenland inzwischen eine ganze Reihe von Frauen gibt, die sich mehr und mehr finanziell wie moralisch unabhängig machen, spricht man immer noch zu Recht von Männergesellschaften. Besonders drastisch spürbar auf Reisen durch Griechenland und in die Türkei. Obwohl die Frauen in Griechenland beispielsweise in den Medien heutzutage eine relativ große Rolle spielen, ist ihre gesellschaftliche Position nach wie vor untergeordnet. Abgesehen von wenigen Ausnahmen läßt sich das Zusammenleben von Männern und Frauen immer noch auf den traditionellen Nenner bringen: Frauen bleiben zu Hause und kümmern sich um

Kinder und Küche; Männer sitzen mit Freunden und Nachbarn im Kaffeehaus. Obwohl sie nicht dem Bild entsprechen, das sich progressive moderne Frauen von einem emanzipierten Mann machen, erliegen Touristinnen aus westlichen Ländern haufenweise den Schmeicheleien und dem heißblütigen Charme der südländischen Machos. Welcher Frau würde es schließlich nicht gefallen, Komplimente über ihre schönen blauen Augen zu hören. Da die Urheber dieser Komplimente normalerweise noch mehr wollen als nur Süßholz raspeln, liegt es an den Frauen selbst, rechtzeitig die Grenzen zu stecken.
Es liegt weitgehend am Mittelmeerklima, daß im Süden zu anderen Tageszeiten gegessen wird als bei uns. Überall da, wo viele Touristen sind, versucht man – zumindest in den Hotels – sich auf die Gäste einzustellen. Wer daran gewöhnt ist, zu frühstükken, sollte auch im Süden darauf achten, daß der Magen etwas zu tun bekommt. Es müssen ja nicht gleich Spiegeleier mit Speck sein. Denken Sie daran, daß der Körper mehr Flüssigkeit braucht, vor allem, wenn Sie zu den Sonnenanbetern gehören, und trinken Sie ein Glas Wasser, so oft Sie daran denken. Die Gewohnheit der Südländer, sich nach dem Mittagessen hinzulegen, ist kein Zeichen von übergroßer Faulheit, sondern hat durchaus einen positiven Sinn. Wie man so schön sagt, sind nur die für ihre zähe Art bekannten Engländer und tolle Hunde um diese Zeit des Tages auf der Straße. Speziell während der Sommermonate verlegen sich die Aktivitäten in die Zeit nach Sonnenuntergang. Die Menschen bleiben nicht im Haus, sie flanieren über die Straßen, bevölkern Bars und Cafés und erlauben ihren Kindern, besonders lange aufzubleiben. In allen Ländern rund ums Mittelmeer fungiert die zentrale Piazza als Mittelpunkt des gesellschaftlichen Lebens.

REISEN AUSSERHALB EUROPAS Wenn man eine Strecke von rund 19 000 Kilometern zurücklegt und ans andere Ende der Welt fliegt, erreicht man zwei Länder, die so europäisch beeinflußt sind, daß man die immense Entfernung fast vergißt. Die Rede ist von Australien und Neuseeland, die erst vor etwas mehr als 200 Jahren von den Europäern besiedelt wurden. Man hat keine Sprachschwierigkeiten, die Menschen sind so freundlich und aufgeschlossen wie kaum anderswo, und man hat auch als alleinreisende Frau keinerlei Probleme. Ganz anders ist es

wiederum in Nordafrika, das von uns nur einen Steinwurf entfernt liegt. Den entscheidenden Unterschied macht der Islam und die damit verbundene jahrhundertelange Kulturgeschichte. Auch hier haben wir es mit einer geschlossenen Männergesellschaft zu tun. Frauen bekommt man, wenn überhaupt, von Kopf bis Fuß verhüllt zu Gesicht, die wenigen westlich orientierten in den großen Städten sind nach wie vor Ausnahmen. Männer treffen sich täglich in den Kaffeehäusern und beherrschen auch das Geschäftsleben in den winkligen Gassen der großen Basare. Für viele Touristen ist der Basar eine der wenigen Möglichkeiten, der Mentalität dieser für uns schon recht exotischen Länder etwas mehr auf die Spur zu kommen. Mit dem Ergebnis, daß so ziemlich jeder erst einmal sein Lehrgeld zahlen muß. Araber sind geborene Händler, und bevor man sich an die vielen orientalischen Gerüche und Geräusche gewöhnt hat, findet man sich in einem der winzigen, mit Teppichen ausgeschlagenen Läden wieder, hält eine Tasse mit zuckersüßem Pfefferminztee auf den Knien und ist drauf und dran, ein Schachbrett aus Ebenholz und Elfenbein zu kaufen.
Übrigens: Was Geschäftemachen angeht, sind sich alle Araber, Makrebiner und Mongolen einig – es muß gehandelt werden. Westliche Langnasen, die widerspruchslos in die Tasche greifen und das geforderte Geld auf den Tisch blättern, sind nicht nur eine maßlose Enttäuschung, sie verlieren auch einen Teil ihres Gesichts. Und sie nehmen sich selbst eins der schönsten Ferienerlebnisse. Nur jemand, der es ausprobiert hat, erinnert sich mit Freuden an das endlose Feilschen in keiner gemeinsamen Sprache, an das Weggehen, Hinterherlaufen, Zurückholen und an alle damit zusammenhängenden Worte der orientalischen Zeichensprache.
In Südostasien beherrschen die drei Metropolen Hongkong, Bangkok und Singapur das internationale Kreditkartenspiel. Beschränkte sich früher das Touristengeschäft in erster Linie auf handliche Antiquitäten (Hauptsache Buddha), kleine Teppiche und Seidenbilder, die man für den Transport leicht zusammenrollen konnte, so wirft der „weiße Teufel“ heutzutage schon sein nimmersattes Auge auf bleischwere Blackwood-Kommoden, die selbst drei stämmige Chinesen nicht einmal mehr heben können. Man gibt lediglich für ein paar Minuten seine American- Express-Karte aus der Hand, macht inzwischen ein Polaroid von

dem guten Stück für die Lieben zu Hause und glaubt, damit wäre alles erledigt. Für den Moment ist das richtig – das mögliche dicke Ende folgt zirka zwei Monate später, wenn der Spediteur die Ware am Zoll abgestellt hat. Außer den Transportkosten sind Zoll und Mehrwertsteuer fällig, und da können unter Umständen ganz schöne Beträge zusammenkommen. Man macht sich den Einkaufsspaß in fernen Ländern damit größer, indem man sich vor der Abreise im Zollamt die entsprechenden Informationen besorgt.

REISEN MIT DEM FLUGZEUG (→ Flugzeug)

REKLAMATION Je teurer das Restaurant und je distinguierter das Personal, desto tiefer wollte ich als Kind unter den Tisch sinken, wenn mein Vater mit leisen, aber nachdrücklichen Worten dem Kellner mitteilte, daß sein Fasanenbrüstchen zäh war und das Tier womöglich an Altersschwäche gestorben sei. Meine Mutter brachte es fertig, extra nochmal mit dem Fahrrad bis zum Wochenmarkt zu fahren, um der armen Marktfrau eine Schachtel wurmstichiger Himbeeren mit den Worten „Ich hatte Sie nicht um Fleisch gebeten“ unter die Nase zu halten. Ich bin jetzt erwachsen und Gott sei Dank inzwischen genauso. Wer öfter im Restaurant ißt, kennt die Bemerkung, die ein Kellner üblicherweise macht, wenn er den Tisch abräumt: „Ich hoffe, es hat Ihnen geschmeckt.“ Vorausgesetzt, er hofft es wirklich, wird er gottfroh sein, wenn man konstruktive Kritik an der Küche übt, denn dann freuen sich die Nächsten um so mehr. Man darf natürlich nicht vergessen, daß jegliche Art von Reklamation für den, der sie verursacht hat, nicht angenehm ist. Das heißt: Man vermeidet, so weit wie möglich, ihn vor allen Leuten in Verlegenheit zu bringen, sondern trägt seine Kritik ruhig und sachlich vor. Um beim Beispiel Restaurant zu bleiben: Wer in freundlicher Form eine berechtigte Kritik vorträgt, kann damit rechnen, mit einem besonderen Dessert oder einem Glas Champagner getröstet zu werden. Oder, wenn der Appetit noch ausreicht, mit einem komplett neuen Essen. Es gibt also wirklich keinen Grund, eine kalte Suppe oder ein warmes Bier kommentarlos hinzunehmen. Dem Wirt ist es sicher auch lieber, man macht ihn auf Fehler aufmerksam, als daß man sein Lokal in Zukunft meidet.

RELIGION Während mehr und mehr die Erkenntnis durchsickert, daß mit den verschiedensten Religionen dieser Welt eigentlich immer der gleiche Gott gemeint ist, unterscheidet sich die eine Glaubensgemeinschaft von der anderen vor allem im täglichen Miteinander. Die einen essen freitags kein Fleisch, die anderen trinken prinzipiell keinen Alkohol, und wieder andere lehnen Schweinefleisch ab und dürfen während der Fastenzeit erst essen, wenn die Sonne untergegangen ist. Im Umgang mit Anhängern anderer Religionen sollten wir auf diese Unterschiede Rücksicht nehmen und nicht gerade Schweinebraten auf den Tisch bringen, wenn man einen orthodoxen Juden zum Essen eingeladen hat.

RENTNER Viele alte Menschen leben allein und sind ohne fremde Hilfe kaum noch imstande, ihren kleinen Haushalt zu versorgen. Es würde schon viel helfen, wenn man wenigstens in der eigenen Nachbarschaft ein offenes Auge darauf hielte und dafür sorgte, alten Menschen beim Tütenschleppen, Mülleimer heruntertragen oder Treppensteigen eine Stütze zu sein. Kinder können sich ihr Taschengeld aufbessern, wenn sie für alte Leute Lebensmitteleinkäufe und Botengänge übernehmen.

RESTAURANT Da ich zu den glücklichen (oder unglücklichen) Menschen gehörte, die häufiger in Restaurants essen als zu Hause, hatte ich jahrelang Zeit, meine Studien zu treiben. Besonders auf Reisen, wenn ich den Umständen entsprechend allein am Tisch sitze, mache ich mir zum Zeitvertreib einen persönlichen Sport daraus, zwischen den einzelnen Gängen andere Leute zu beobachten. Der größte Kulturschock in diesem Zusammenhang waren für mich nicht die weitverbreiteten schlechten Tischmanieren, sondern vielmehr die Tatsache, wie viele Paare allen Alters es offensichtlich schaffen, über Stunden zusammen am Tisch zu sitzen und kein Wort miteinander zu sprechen. Dabei ist doch gerade das angenehme Tischgespräch mindestens genauso wichtig wie das gute Essen. Noch etwas, das immer wieder auffällt: Sobald der Kellner aufgelegt und einen „Guten Appetit“ gewünscht hat, stürzen sich die meisten Menschen mit einer solchen Hast auf den Teller, als würde das nächste Stockwerk bereits in Flammen stehen. Man nimmt sich kaum Zeit, zwischendurch zu trinken, es sei denn, um große

Brocken schneller herunterzuspülen. Daß es Leute gibt, die gleichzeitig sprechen, kauen und trinken, möchte man nicht für möglich halten, die Wirklichkeit spricht jedoch dagegen. Ein weiteres empirisch erforschtes Ergebnis regelmäßiger Beobachtungen: Die gleichen Leute, die am weißgedeckten Tisch eines noblen Restaurants demonstrativ die Serviette benutzen, vergessen alles, was sie über Tischmanieren gehört haben, sobald sie am blankgescheuerten Tisch einer einfachen Bauernkneipe Platz genommen haben. Sie legen beim Essen einen Ellenbogen auf, fuchteln mit der Gabel in der Luft herum und benutzen die Papierserviette bestenfalls zum Naseputzen. Wer eine einfache Kneipe betritt, wird nicht erwarten, vom Oberkellner an den Tisch begleitet zu werden, ansonsten gelten im wesentlichen die gleichen Spielregeln wie überall:

1. Der Mann betritt das Restaurant als erster.
2. Man setzt sich nicht einfach auf den nächstbesten Platz, sondern wartet, daß einem der Tisch zugewiesen wird. Genausowenig wie man sich zu Leuten an den Tisch setzt, ohne vorher zu fragen, ob die Plätze frei sind.
3. Der Mann nimmt den Hut vom Kopf, wenn er einen geschlossenen Raum betritt; die Frau kann ihren aufbehalten.
4. Der Mann kümmert sich (wenn der Kellner es nicht tut) um die Garderobe. Er hängt die Mäntel auf und holt sie auch nach dem Essen wieder an den Tisch.
5. Der Mann wartet, bis die Frau sich gesetzt hat, schiebt ihr unter Umständen den Stuhl zurecht.
6. Er sorgt dafür, daß sie die Speisekarte bekommt. Wer die Bestellung aufgibt, spielt heute keine Rolle mehr. Die Weinfrage wird gemeinsam besprochen. Wer ihn bestellt, ist Gefühlssache. Wenn der Kellner den Mann fragt, was meistens passiert, wird er ihm auch antworten. Es ist heute nichts Ungewöhnliches mehr, wenn eine Frau sich mit Weinen gut auskennt und dementsprechend auch die Bestellung aufgibt. Es ist unaufmerksam vom Kellner, den Mann als ersten kosten zu lassen, wenn seine Begleiterin die Marke ausgesucht hat.
7. Wann immer es geht, ißt man gemeinsam. Wenn sich der Service verzögert, muß man jedoch deshalb seine Suppe nicht kalt werden lassen.
8. Der Mann steht auf, wenn die Frau zwischendurch den Tisch verläßt und erhebt sich nochmal, wenn sie zurückkommt.

9. Man wartet normalerweise mit dem Rauchen, bis alle mit dem Essen fertig sind. Leute, die sich einig sind, können auch zwischen den Gängen rauchen. Es ist jedoch unhöflich, sich eine Zigarette anzuzünden, wenn ein anderer noch ißt.
10. Man ruft nicht nach der Rechnung, kaum daß der letzte Bissen vom Teller ist, es sei denn, man hat eine dringende Verabredung. Beim Verlassen des Restaurants läßt der Mann die Frau bis zur Tür vorgehen, dann tritt er als erster auf die Straße (→ Kellner).

RHETORIK Menschen, die in ländlichen Gegenden aufwachsen, sprechen oft stärker dialektgefärbt als Großstädter. Konrad Adenauer pflegte lebenslänglich seinen rheinischen Akzent, und auch Helmut Kohl hört man deutlich an, daß seine Wiege in der Pfalz stand. Wichtiger als jeder Versuch, seine Herkunft zu verleugnen, ist im fortschreitenden Alter das Bemühen um eine gepflegte Umgangssprache. Schon manch einer ist böse erschrocken, als er zum erstenmal seine eigene Stimme auf dem Anrufbeantworter hörte. Wobei das Band das perfekte Medium ist, um sich selbst zu kontrollieren. Wer die Kunst des Sprechens selbst nicht in den Griff bekommt und deshalb unzufrieden ist, kann auch einen öffentlichen Rhetorikkurs belegen.

RINGE Jedesmal, wenn ich eine Frau sehe, die mehr als drei Finger mit jeweils zwei bis drei Ringen vollgeladen hat, frage ich mich, was sie sich dabei gedacht hat. Vor lauter Bäumen sieht man den Wald nicht mehr, es wirkt ganz einfach nur protzig. Ein oder zwei Ringe, die harmonisch auf die Kleidung abgestimmt sind, machen mit Sicherheit einen besseren Eindruck.

ROLLTREPPE In der Reihenfolge betritt man sie wie jede andere Treppe. Das heißt: Beim Hinauffahren steht der Mann hinter der Frau, auf dem Weg nach unten ist es umgekehrt. Vielen Leuten scheint es jedoch nicht zu gefallen, daß die Rolltreppe ihnen das Tempo vorschreibt. Damit sie im absoluten Eilschritt vorwärtskommen, hat es sich eingebürgert, daß „Steher" sich soweit wie möglich nach rechts stellen, während „Läufer" an ihnen vorbeihasten. Das ist besonders gemütlich, wenn beide mit reichlich Tüten bepackt sind oder auf Flughäfen mit Koffern. Wer nicht gleich Platz macht, wird grob zur Seite gedrängt. Man sollte dieser Art von Dauerläufern nachdrücklich empfehlen, mit dem Aufzug zu fahren.

ROSEWEIN Seine blaßrote Farbe verdankt er der Tatsache, daß er aus grünen und blauen Trauben gekeltert wird. Er wird häufig von Leuten ausgewählt, die sich zwischen Rot- und Weißwein nicht entscheiden können. Je nach Belieben trinkt man ihn mit Zimmertemperatur oder – vor allem im Sommer – leicht gekühlt. Serviert wird er im Rotweinglas.

ROSEN Unter den Blumen, die sprechen, stehen sie nach wie vor an erster Stelle. Eine einzelne rote Rose gilt als Zeichen besonderer Zuneigung – ein großer Strauß, für geliebte Menschen zum Geburtstag, enthält genau so viel rote Rosen wie Lebensjahre.

ROTWEIN Was bei Weißwein nicht nötig ist: Man öffnet eine Rotweinflasche möglichst schon eine Stunde vor dem Essen. Das mindeste, was man tun kann: den Inhalt nach dem Öffnen in eine Karaffe umgießen, damit der Wein sein Bouquet voll entfalten kann. Viele Feinschmecker halten sich nach wie vor streng an die Regel, zu hellem Fleisch und Fisch Weißwein und zu dunklem Fleisch und Wild Rotwein anzubieten. In einem Interview, das ich kürzlich mit dem Marquese di Antinori, einem der größten Weinhändler und Weinkenner Italiens, in Florenz hatte, definierte er die jeweilige Wahl des passenden Weines auf ganz persönliche Art: „Was für eine langweilige und einseitige Methode mit Dingen umzugehen, die zur Lebensfreude beitragen sollen. Ich richte mich viel lieber nach meinem Gemütszustand und nach den Jahreszeiten. Das heißt, zu winterlichen melancholischen Stimmungen paßt ein schwerer Rotwein. Leicht beschwingte Sommertage kombiniere ich häufig mit eisgekühltem frizierenden Weißwein. Wenn mir danach zumute ist, trinke ich auch zum Fisch einen leicht gekühlten Rotwein oder zum Ragout einen vollmundigen charaktervollen Weißen.“

RÜCKSICHT Hiermit ist nichts anderes gemeint als: weniger egoistisch zu sein und nicht nur an den eigenen Vorteil zu denken; nicht überall der erste sein wollen, sondern sich auch mal

zurückzunehmen, das Wohl anderer im Auge halten und nicht immer nur seine eigenen Interessen und seinen eigenen Spaß in den Vordergrund stellen.
Wie wenig Menschen heutzutage bereit sind, auf andere Rücksicht zu nehmen, offenbart sich am deutllichsten bei der Benutzung öffentlicher Verkehrsmittel. Es sollte eigentlich selbstverständlich sein, in solchen Momenten auf alle zu achten, die eventuell Hilfe brauchen wie zum Beispiel Frauen mit Kinderwagen, Körperbehinderte oder alte Leute. Natürlich gibt es im täglichen Leben ständig Gelegenheiten, die kleinen Schwächen anderer zu bemerken und darauf einzugehen. Das heißt zum Beispiel: Man steht jemandem zur Seite, der eine Fremdsprache nicht versteht. Man ist jemandem bei Tisch behilflich, der noch nie einen Hummer zerlegt hat. Man vermeidet es, stundenlang zu fachsimpeln, wenn jemand dabeisitzt, der nichts davon versteht.

RÜHREI Egal, ob es den Teller als Hauptmahlzeit füllt oder nur ein Teil des Frühstückbüffets ist: Rührei wird immer mit der Gabel gegessen und niemals mit dem Messer über den Teller geschoben.

RUHESTÖRUNG Der Unterschied zwischen laut und leise fängt schon bei den Stimmen an. Man könnte fast so weit gehen zu behaupten, daß es darunter besonders starke Organe gibt, die schon an Ruhestörung grenzen. In solide gebauten Häusern dürfte es schwer sein, einer nachbarlichen Konversation zu folgen. Wer jedoch schon mal das Pech hatte, im Liegewagen eine schlaflose Nacht zu verbringen, weil hinter der papierdünnen Wand zum Nachbarabteil gestritten wurde, weiß, wovon die Rede ist. Ruhestörungen beschränken sich allerdings nicht nur auf nächtliche Stunden. Neben einem musikalischen Menschen zu wohnen, der sich ab und zu ans Klavier setzt, hält man noch eher aus als neben einem professionellen Klavierlehrer, der den ganzen Tag unterrichtet. Was einige Leute unter schöner Musik verstehen, dröhnt unter Umständen wie ein tausendköpfiges Popkonzert durch Gärten und Hinterhöfe. Wenn man umgekehrt mit der verständlichen Bitte um Mäßigung wiederholt auf taube Ohren stößt, bleibt einem nichts übrig, als eine offizielle Verwarnung durch die Polizei in Anspruch zu nehmen.

RUNDEN GEBEN Was als eine zum Trinken animierende Tradition in rheinischen Kneipen schon immer an der Tagesordnung war, hat sich inzwischen als weitverbreitete Unart in allen Bundesländern durchgesetzt. Gab es ursprünglich noch besondere Motive wie Geburtstag, Beförderung oder ein verlorenes Kartenspiel, wartet man heute nicht mehr auf einen Anlaß, um sämtlichen Leuten am Tisch einen Schnaps zu offerieren. Daß die meisten keinen wollen und womöglich auch nicht vertragen, spielt keine Rolle. Die einzige Möglichkeit, dem künstlich verschärften Trinken aus dem Weg zu gehen: Man lehnt deutlich ab, und wenn man trotzdem bedient wird, läßt man das volle Glas ganz einfach stehen.

RUNDER TISCH Er bietet zweifellos die besten Voraussetzungen, wenn man sich mit allen Gästen gemeinsam unterhalten will. Bei einer in Frage kommenden Tischordnung achtet man auf das Prinzip der bunten Reihe und setzt Ehepartner wie üblich konsequent auseinander.

S

SAFARI Ich weiß nicht, ob Hemingway daran schuld ist, daß viele Menschen bei dem Stichwort Safari gleich an Tiere totschießen denken. Safari heißt im afrikanischen Sprachgebrauch nichts anderes als Reisen. Glücklicherweise wird heute mehr aus Kameras geschossen als aus Jagdflinten. Es war wohl mehr der allgemeine Ostafrika-Boom der sechziger und siebziger Jahre, der das Wort streckenweise in Verruf gebracht hat. Über Luxuscamps, Designer-Outfits im Tania-Blixen-Stil und Champagner-Büffets bei untergehender Sonne, hatte man fast vergessen, daß die afrikanischen Nationalparks trotz Kodak und Kommerz heute zu den letzten Paradiesen gehören, in denen sich Mensch und Tier noch einigermaßen natürlich gegenüberstehen.

SAKE Reisschnaps aus Südostasien, der zwischen den zahlreichen Gängen oder nach der Mahlzeit getrunken wird. Er wird grundsätzlich angewärmt, bevor man ihn in kleinen Schnapsbechern aus Porzellan auf den Tisch bringt.

SALAT Die allgemeine Vorliebe für gesünderes Essen und Rohkost im besonderen hat dazu geführt, daß die eigentliche Beilage Salat für viele Menschen ein Hauptgericht geworden ist. Auf jeder kleinen Bistro-Karte findet man heutzutage eine Auswahl verschiedenster Kreationen, mit den ausgefallensten Dressings. Was auf den ersten Blick bunt und appetitlich wirkt, entpuppt sich nicht selten als wilder Haufen grobgehackten Grünzeugs, daß, je weiter man sich nach unten durcharbeitet, immer fader wird. Zunächst hindert einen jedoch die sperrige Größe der Salatblätter daran, überhaupt mal mit dem Essen anzufangen. Da es strikt verboten ist, in Salatschüsseln mit dem Messer herumzustochern, versucht man verzweifelt sein Glück mit der Gabel oder bittet den Kellner, die Schüssel zurückzunehmen und in mundgerechtere Happen zu zerteilen.

SALATBAR Dem allgemeinen Vorsatz, gesünder zu essen, kommen meterlange Salatbars und -büffets in Bistros, Kantinen und neuerdings sogar in Gartenlokalen sehr entgegen. Der Gast nimmt seinen Teller vom Stapel und darf zu einem fixierten Preis so viel Grünzeug nehmen, wie er möchte. Doch immer dann, wenn es ihm selbst überlassen ist, die Größe seiner Portion zu bestimmen, schlägt manch einer deutlich über die Stränge. Was damit anfängt, daß er unnötig drängt, vor Ungeduld an der Nase anderer vorbei nach dem Salatbesteck greift und wahllos von jeder Schüssel etwas auf seinen Teller häuft. Normalerweise hat jeder Salat seinen eigenen Löffel, einen Greifer oder Salatbesteck, und das sollte man auch benutzen. Am Ende des Büffets hat der Gast noch einmal die Möglichkeit zu wählen: nämlich zwischen diversen Saucen (Dressings), frischen Kräutern, kleingehackten Zwiebeln und Eiern. Auch hier sollte er nicht nach dem Prinzip handeln: Alles, was bezahlt ist, kommt auf den Teller. Auf Roquefort-Dressing gehören nun einmal keine Zwiebel.

SALATTELLER Er steht normalerweise links vom Gedeck, Linkshänder dürfen ihn auf die rechte Seite stellen. Wenn es einen gibt, sollte man ihn auch benutzen, wobei man darauf achtet, ihn nicht so vollzuladen, daß die Blätter über den Tellerrand ragen. Wer seinen Salat vorweg ißt (was immer häufiger vorkommt), darf den Salatteller auf sein Gedeck legen. Im umgekehrten Fall – man ißt den Salat zum Schluß – stellt man den Salatteller nicht auf das benutzte Geschirr, sondern wartet, bis die schmutzigen Teller abgeräumt sind.

SANDALEN Obwohl sie im Sommer sehr praktisch sind, gehören sie nach wie vor zu den Stiefkindern der internationalen Schuhdesigner. Wobei Männer davon weitaus schlimmer betroffen sind als Frauen. Deshalb speziell an sie der Appell: wenn sie schon so scheußlich aussehen, dann doch wenigstens die Socken wegzulassen. Sandalen gehören an den Strand und in Gottes freie Natur und haben rund um den Schreibtisch nichts zu suchen. Männer wie Frauen sollten Füße und Fußnägel einer strengen Kontrolle unterziehen, bevor sie in Sandalen spazierengehen.

SANDWICH Der Phantasie sind keinerlei Grenzen gesetzt, solange zwei gebutterte Brotscheiben nach oben und unten die Grenzen stecken. Dazwischen mischen sich Schinken, Käse, kalter Braten, Gürkchen, Salatblätter, hartgekochte Eier und vieles andere mehr zum sogenannten Belag. Als Erfinder des Sandwichs hat John Montagu, der vierte Earl of Sandwich und Erster Lord der britischen Admiralität, seiner Familie für alle Zeiten auf unmilitärische Art Ehre gemacht. Er war als guter Kartenspieler bekannt, der regelmäßig mehr als 24 Stunden ununterbrochen am Pokertisch verbrachte. Um seine geliebten Karten nicht unnötig lange aus der Hand legen zu müssen, kam er auf die Idee mit den belegten Broten.

SARKASMUS Es gibt Zeiten, da bin ich davon überzeugt, daß er, in seiner Definition als beißender Spott, einem Menschen angeboren ist und einen wichtigen Teil seiner persönlichen Mentalität ausmacht. Es gibt Zeiten, da bin ich genau so überzeugt, daß Sarkasmus hauptsächlich von Menschen ausgeht, die mit sich und ihrer Umwelt in einem solchen Maße unzufrieden sind, daß sie sich nur noch Luft machen können, indem sie anderes oder andere lauthals verhöhnen. Was auch immer der Hintergrund ist, fest steht: Es sind unangenehme Zeitgenossen.

SAUCEN Sie sind eigentlich dazu gedacht, dem Essen noch einen zusätzlichen geschmacklichen Effekt zu geben. Sie sollen ausschließlich das verfeinern, wozu sie gedacht sind – Fisch, Fleisch, Geflügel oder Gemüse – und sind nicht dafür gemacht, den kompletten Tellerinhalt darin zu baden. Ihre flüssige Natur bringt es mit sich, daß sie im Handumdrehen auf Tischdecken, Seidenblusen und Krawatten häßliche Spritzer hinterlassen, deren Entsorgung ungeduldigen Zeitgenossen unter Umständen den ganzen Spaß am Essen verdirbt. Wenn Saucen extra gereicht werden, bedient man sich nicht mit dem eigenen Löffel und kümmert sich darum, daß die Sauciere zügig weitergegeben wird.

SAUNA Ihrer skandinavischen Tradition entsprechend ist die Sauna ein Ort der Ruhe und Entspannung. Und kein Treffpunkt für zwei klatschsüchtige Freundinnen, die sich offensichtlich viel zu sagen haben. Besonders in der gemischten Sauna erinnert man sich daran, daß Nacktsein nicht gleichzusetzen ist mit Sichgehenlassen und daß die meisten Körper, wenn sie ausgezogen sind, besonders unattraktiv wirken, wenn ihnen außer dem Halt auch noch die Haltung fehlt. In den gemeinsamen Ruheräumen ist es angebracht einen Bademantel um die bloßen Hüften zu knoten – schließlich wurde er extra für solche Gelegenheiten erfunden!

SAVARIN Bei diesem köstlichen Dessert handelt es sich um einen in Alkohol (mit Vorliebe Rum oder Kirschwasser) getränkten Hefekuchen, der in Ringform gebacken wird. Wie die kurze Beschreibung bereits vermuten läßt, kombiniert man ihn eher mit einer leichten Speisenfolge als mit einem schweren winterlichen Essen.

SCAMPI (→ Garnelen)

SCHADENERSATZ Kleine Jungen schmeißen beim Nachbarn die Fensterscheibe ein, große Hunde beißen kleine Hunde, und Machos, die Hausfrau spielen wollen, fällt schnell mal ein Teller aus der Hand. Eigentlich nicht unbedingt ein Grund für große Aufregung. Für denjenigen, der den Schaden angerichtet hat beziehungsweise dafür verantwortlich ist, muß es ganz selbstverständlich sein, für die anfallenden Kosten aufzukommen, nachdem er sich in aller Form entschuldigt hat. Das gilt selbst-

verständlich auch für Dinge, die ausgeliehen werden und beschädigt zurückkommen.
Einige selbstgefällige Hundebesitzer, die sich ansonsten einen Spaß daraus machen, ihren spitzzahnigen Lumpi auf seine Artgenossen zu hetzen, schauen am liebsten in eine andere Richtung, wenn ihr Goldstück zubeißt, oder kriegen es sogar fertig, dem armen Opfer die Schuld in die Schuhe zu schieben. Wer nicht in der Lage ist, einen großen kräftigen Hund zu erziehen, muß schließlich dafür bezahlen.

SCHAMGEFÜHL Ein Wort, das anscheinend aus der Mode kommt. Man hat nicht nur damit aufgehört, seinen Körper im Beisein anderer an den wichtigsten Stellen zu bedecken – man geht förmlich mit seiner Nacktheit hausieren. Bundesdeutsche Postboten könnten ein Lied davon singen, was sich ihnen am späten Vormittag hinter ganz gewöhnlichen Wohnungstüren bietet. Ein Gast, der zu früh das Haus betritt, darf sich heutzutage nicht wundern, wenn die Gastgeber im halbbekleideten Zustand die Türe aufmachen. Wer in einem fremden Haus übernachtet, muß damit rechnen, daß ein Großteil der Familie sich im splitternackten Zustand die Badezimmertür in die Hand gibt. Menschen mit Morgenröcken begegnet man bestenfalls noch am Frühstückstisch oder auf dem Weg zur Mülltonne. Der Mangel an Schamgefühl im privaten Bereich ist mit Sicherheit ein Teilergebnis der notorischen Ausziehhysterie in der Öffentlichkeit. Man schüttelt den Kopf über Sextourismus in der dritten Welt und hilft zur gleichen Zeit heimlich mit, die Einschaltquoten von Sexsendungen wie Tutti-Frutti in die Höhe zu treiben. Der stereotype Hausfrauenstrip im Fernsehen ist der beste Beweis, daß bloßes Zurschaustellen eines Körpers nicht mal sexy ist, geschweige etwas mit Erotik zu tun hat.

SCHEIDUNG Wer heute noch den Mut hat, in den unsicheren Hafen der Ehe einzulaufen, sollte sich, trotz aller romantischer Euphorie, Gedanken über eine mögliche Scheidung machen, bevor er irgend etwas unterschreibt. Im Rahmen der neuerdings modern gewordenen sexuellen „Zwangswirtschaft“, die aus den juristischen Hintergründen einer angeblich freiwilligen Lebensgemeinschaft nichts als eine Art finanzielles Fiasko macht, ist es wichtig, für den schlimmsten Fall rechtzeitig Vorsorge zu treffen. Natürlich auch vertraglich. Wer heutzutage als zielstrebiger junger Mann mit blauen Augen bedingungslos Ja sagt, verwandelt sich womöglich wenige Jahre später als Vater von gesunden Zwillingen in eins von Tausenden Scheidungsopfern, die auf unbestimmte Zeit dazu verdammt sind, für Exfrau und Kinder den nimmermüden Zahlmeister zu markieren. Wem daran liegt, zu Beginn des gemeinsamen Wegs ins Ungewisse nicht sein hart erarbeitetes Privatvermögen in die Ehe zu „investieren", muß zu dem für viele Beteiligte unpopulären Mittel des Ehevertrags greifen. So kann er wenigstens einigermaßen sicher sein, daß sich eine mögliche Scheidung nicht nur für einen der beiden Betroffenen „rentiert". Und er hält damit auch seiner Frau die Möglichkeit offen, sich Jahre später in die glückliche Gruppe derer einzureihen, die bei jeder Gelegenheit verkünden: „Mein Ex und ich, wir verstehen uns prima!" Wie gut sie sich wirklich verstehen, wissen nur die Betroffenen. Viele machen nur nach außen hin eine gute Miene, um nicht dauernd irgendwelche unangenehmen, indiskreten Fragen beantworten zu müssen. Und gerade die sollte man ihnen wirklich ersparen!

SCHENKEN (→ Geschenke)

SCHERZARTIKEL Wie jeder weiß, läßt sich über Humor streiten, und worüber Herr Meier sich totlacht, das kann Frau Meier völlig kalt lassen. Darüber sollte man gründlich nachdenken, bevor man Scherzartikel einsetzt, um andere zum Lachen zu bringen. Knallfrösche, Lachsäcke und Niespulver bereichern zwar jeden Kindergeburtstag, Erwachsene können selten damit umgehen. Ich werde nie vergessen, wie ein sonst so humorvoller kettenrauchender Freund darauf reagierte, als wir einige seiner Zigaretten mit „Zündstoff" preparierten. Je wütender er wurde, desto lauter mußten wir lachen, bis uns endgültig klar wurde, daß er für unseren Scherz überhaupt kein Verständnis hatte (→ Feuerwerk).

SCHIFFSREISE (→ Kreuzfahrt)

SCHLANGE STEHEN Man muß in England Bus gefahren

sein oder in Polen Bananen gekauft haben, um zu beurteilen, was es heißt, auf disziplinierte Art um etwas anzustehen. Solange die Schlange, das heißt, ihr Verlauf, eindeutig zu erkennen ist, kann man beim Hintenanstellen kaum einen Fehler machen. Kritisch wird es oft erst, wenn alle am Samstagmorgen wenig Zeit haben und von sämtlichen Seiten in Richtung Verkaufstheke drängen. In solchen Situationen bekommt man schnell einen Blick dafür, welche Leute sich problemlos anpassen und welche sich vordrängen um jeden Preis.

SCHMATZEN Aufgrund der Tatsache, daß wir hier nicht in China sind, wo Schmatzen zum guten Ton gehört und als Zeichen äußersten Wohlbefindens gedeutet wird, ist und bleibt es in unseren Breitengraden verboten.

SCHMINKEN Das Auftragen von Make-up ist eine sehr persönliche Sache, die man entsprechend diskret behandeln sollte. Das heißt: Es gehört nicht in die Öffentlichkeit. Dabei geht es nicht nur um das Nachziehen des Lippenstifts, sondern auch um jegliches andere Auffrischen von Make-up durch Puder, Rouge und sonstige Schminkutensilien. (→ Make-up → Restaurant)

SCHMUCK An der Art, wie sie ihren Schmuck trägt, kann man viel über eine Frau erfahren. Am auffälligsten sind diejenigen, die ständig Schmuck anlegen und auch immer viel davon – am frühen Morgen, am Strand, beim Sport und auf dem Wochenmarkt die gleichen dicken Brillanten wie bei einer großen Abendgesellschaft. Darüber muß man ja wohl nicht viel sagen. Etwas weniger dramatisch wirken einzelne schöne Teile, die aber dadurch an Glanz verlieren, daß sie modisch falsch kombiniert werden. Eine feine Perlenkette paßt nun mal nicht zum grobgestrickten Rollkragenpullover, ein Brillantcollier nicht zum Lodenjanker. Dann gibt es noch Frauen, die unentwegt Schmuck tragen, der typmäßig gar nicht zu ihnen paßt. Wer kleine, mollige Hände hat, sollte keine zierlichen Ringe tragen; wer einen kurzen Hals hat, sollte keine langen Ohrringe tragen, und wer kräftige Handgelenke hat, verzichtet lieber auf eine filigrane Brillantuhr. Fehlen nur noch die Frauen, die immer das wollen, was alle tragen. Das heißt plakativen Markenschmuck, den man von weitem erkennt und auch vom Preis her identifizieren kann.

Wer unsicher ist bei der Wahl der richtigen Accessoires, sollte sich folgendes merken:
1. Je prominenter und ausgefallener das Schmuckstück, desto einfacher wählt man die Kleidung. Mit einem schlichten schwarzen Kleid kann man nie etwas falsch machen.
2. Ein elegantes Abendkleid wird von auffallenden Ohrringen, Kette, Armbändern und Abenduhr gleichzeitig vollkommen erschlagen. Entweder Ohrringe oder Kette, ein einzelnes schönes Armband kommt besser zur Geltung als mehrfaches Drunter und Drüber.
3. Obwohl es Frauen gibt, die zu Jeans und weißem T-Shirt ein richtig klotziges Goldarmband durchaus gut tragen können, begibt man sich bei der Kombination von sportlichen Sachen mit Edelschmuck doch sehr leicht aufs Glatteis. Mit einem Paar unechter Designer-Ohrringe, die man zum Modeschmuck zählt, aber nicht zum billigen Flitter, kann man wesentlich weniger falsch machen.
4. Ältere Damen bekommen, wenn sie zu sehr mit Gold und Brillanten beladen sind, sehr leicht einen unseriösen Lametta-Effekt. Sie wirken viel feiner und vornehmer, wenn sie zum silbernen Haar nur wenige, ausgewählt schöne Stücke tragen.

SCHNECKEN Wenn sie als Mahlzeit auf den Tisch kommen, dreht es sich normalerweise um Weinbergschnecken. Sie leben bevorzugt auf kalkreichen Böden, und mit Kalk verschließen sie auch ihr Haus, wenn sie sich im Herbst zu einem langen Winterschlaf zurückziehen. Die alten Römer waren die ersten, die sich in den Weinbergen von Burgund auf ihre Spur begaben und sie als Delikatesse für ihre Tafelfreuden entdeckten. Vor lauter Begeisterung legten sie sogar Schneckengärten an, in denen die Tiere vor dem Verzehr gemästet wurden. In Deutschland stammt der größte Teil der Weinbergschnecken heutzutage aus Schneckenfarmen im Frankenland.
Obwohl es mehr und mehr Tierschützer unter den Feinschmekkern gibt, die auch Schnecken inzwischen zu dem zählen, was sie nicht mehr auf den Tisch bringen würden, gibt es immer noch genug andere, die sich über ein Dutzend davon auf ihrem Teller freuen. Das zarte Innenleben erinnert geschmacklich an Kalbfleisch und ist leichter ans Tageslicht zu befördern, als man meint. Man braucht dazu nur ein Schneckenbesteck, bestehend aus

Zange, Gabel und Löffel. Im halben oder ganzen Dutzend werden die zierlichen Schalentiere in der Schneckenpfanne serviert, meist schwimmen sie schon in Knoblauchbutter. Mit der Schneckenzange greift man sich eine und holt mit Hilfe der zweizinkigen Gabel das winzige Stückchen Fleisch aus dem Gehäuse. Der Löffel ist für Butter oder Tunke, in die man wahlweise Weißbrot tunkt.

SCHNITTCHEN (→ Canapés)

SCHORLE Leichter verträglich als Wein und interessanter im Geschmack als Wasser: Die Schorle ist eine prickelnde Mischung aus beiden. Mit ein paar Spritzern Zitrone ergänzt, eignet sie sich hervorragend als belebendes Sommergetränk. Überflüssig zu erwähnen, daß man zum Mischen oder wie die Österreicher sagen, zum Spritzen, nicht den teuersten Wein nimmt. Leider Gottes erlebt man es immer wieder, daß Leute, die nichts von Weinen verstehen und dementsprechend auch nicht ahnen, was sie anrichten, bei einem festlichen Abendessen Spitzenweine mit Wasser „auffüllen". Zählt zu den Todsünden!

SCHOTTENROCK Das einzige Kleidungsstück, unter dem Männer ungestraft nackt sein dürfen. Natürlich nur dann, wenn sie aus Schottland sind. Frauen kombinieren Schottenröcke der Tradition entsprechend mit dicken Wollstrümpfen und flachen Sportschuhen.

SCHREIBTISCH Für den, der daran arbeitet, ist er unter Umständen ein Heiligtum. Für einen Menschen, der ihn saubermachen soll, womöglich eine Katastrophe. Bevor man die versteckte Ordnung im Chaos durcheinanderbringt, faßt man besser nichts an. Wer auf Reisen geht, sollte seinen Schreibtisch in einem Zustand verlassen, der es erstens möglich macht, etwas zu finden, das gesucht wird, und der außerdem so übersichtlich ist, daß man ihn vorsichtig abstauben kann.
Schreibtische sagen viel über den Menschen, der täglich an ihnen sitzt. Die einen schmücken ihren Arbeitsplatz grundsätzlich mit frischen Blumen, andere bringen von zu Hause ihre Lieblingstasse und das halbe Familienalbum mit, wieder andere können es nicht ertragen, irgend etwas Persönliches im Büro

um sich zu haben. Der Schreibtisch soll nicht auf eine unpersönliche Art aufgeräumt sein, aber auch nicht wie ein privates Wohnzimmer aussehen.

SCHÜLER Sie haben heute bei weitem nicht mehr soviel Respekt vor den Lehrern wie die Generation ihrer Großeltern. Blindes Obrigkeitsdenken, bei dem Zuwiderhandeln mit Stockschlägen auf die ausgestreckte (und mit Zwiebel eingeriebene) Hand geahndet wurde, ist etwas, wonach man sich nicht zurücksehnen muß. Wesentlich bessere Manieren, die weniger mit Angst als mit guter Erziehung zu tun haben, wären allerdings wünschenswert. Kinder, die es nicht für nötig halten, sich in der Schule einem gewissen Ordnungsprinzip anzupassen, tanzen auch zu Hause ihren Eltern auf dem Kopf herum. Dabei käme es ihnen in vieler Hinsicht zugute, wenn die Eltern sie wenigstens darauf vorbereitet hätten, pünktlich zu sein und über eine gewisse Zeit ruhig zu sitzen. Es gibt mehr denn je Kinder, die nervlich weniger belastbar sind als Erwachsene. Man nennt sie mit dem Fachausdruck hyperaktiv, gemeint ist die moderne Ausgabe des früheren Zappelphilipps.

SCHUHE Man unterscheidet zwischen klassischem Schuhwerk, das über jede Kritik erhaben ist, und zahllosen modischen Variationen, die selten länger als eine Saison halten. Es ist immer besser, sich auf zwei bis drei Paar „anständige" Schuhe zu beschränken, als wahllos oder zu spontan zu kaufen. Denn gerade bei Schuhen bewährt sich der Wahlspruch: Qualität geht über Quantität.

SCHUHE PUTZEN Ein echter Schuhliebhaber macht aus der Pflege seiner besten Stücke im Schrank einen wahren Kult. Er verwendet nur die edelste Schuhcreme, superweiche Lappen und für jede Farbe eine eigene Bürste. Wer auf sich und seine Schuhe hält, nimmt auch sein eigenes Schuhputzzeug mit auf Reisen. Das, was in europäischen Grandhotels früher selbstverständlich war, nämlich seine Schuhe vor die Zimmertür zu stellen, die dann über Nacht auf Hochglanz gebracht wurden, ist heute eine Seltenheit geworden. Zu den wenigen Ausnahmen zählen heute noch die serviceorientierten Nobelhotels in der englischen Hauptstadt.

SCHWITZEN Eine völlig normale Reaktion des Körpers, wenn die Temperaturen eine bestimmte Grenze überschreiten, und ebenso denkbar aus vielen anderen Gründen. Zum Beispiel aus Angst, aus innerer Unruhe oder weil man über eine gewisse Zeit nonstop getanzt hat. Schwitzen ist natürlich, Körpergeruch hingegen überflüssig. Wer sich regelmäßig duscht, ein Deodorant benutzt und frische Sachen anzieht, muß sich in dieser Richtung keine Gedanken machen (→ Hygiene → Kosmetik).

SEIDENSTRÜMPFE Sie werden nicht nur von Frauen getragen. Zum abendlichen Dinnerjacket, zum Cut oder zum Frack trägt der Mann grundsätzlich Kniestrümpfe aus fein gewirkter Seide.

SEKT Nicht alles, was sich in Deutschland Sekt nennt, wird auf die gleiche Weise hergestellt. Man unterscheidet zwischen Qualitätsschaumwein mit amtlicher Prüfnummer, Prädikatsschaumwein, der zu 60 Prozent deutschen Wein enthalten muß, und ganz normalem Schaumwein, der aus verschiedenen europäischen Lagen zusammengeschnitten wird. Er wird in jedem Fall eiskalt getrunken. Die Flöte oder der Sektkelch wird vorsichtig zu zirka zwei Dritteln vollgegossen, damit er nicht überschäumt.

SEKTQUIRL Durch die Flaschengärung enthält Sekt Kohlensäure. Wer sie nicht verträgt, verwendet einen kleinen Handquirl, der – mehrmals in beide Richtungen gedreht – die überflüssigen Luftblasen vertreibt.

SELBSTBEDIENUNG Jegliche Art von Dienstleistung ist heutzutage teuer geworden. Kein Wunder also, daß man versucht, in Hotels und Restaurants so wenig Leute wie möglich zu beschäftigen. Mit dem Effekt, daß sich beispielsweise Hotelgäste schon zum Frühstück selbst bedienen müssen. Es ist durchaus zumutbar, daß man seine Croissants, eine Portion Konfitüre, ein Glas Orangensaft und sein Rührei mit Schinken ohne fremde Hilfe an seinen Tisch holt. Man darf allerdings auch erwarten, daß die Dinge, die nach wie vor vom Personal erledigt werden, auch gut funktionieren und man nicht länger als zehn Minuten auf seinen Kaffee warten muß.

SELFMADEMAN Ein Mann, der alles alleine geschafft hat. Ohne Beziehungen, Protektionen, ohne das Geld oder die Fürsprache seiner Familie. Er ist normalerweise einen langen, harten Weg gegangen. Er kennt den Wert des Geldes, er hat es gelernt, mißtrauisch zu sein, er hat mehr Menschenkenntnis als andere und er weiß, was es bedeutet zu sagen „nie wieder arm".

SENATOR-LOUNGE Wer viel häufiger als der Durchschnitt in die Luft geht (Vielflieger) oder erster Klasse fliegt, genießt das Privileg, Wartezeiten auf dem Flughafen in der sogenannten Senator-Lounge hinter sich zu bringen. Man sitzt gemütlich, man trinkt umsonst, man kann in die ganze Welt telefonieren, man ist mit internationalem Lesestoff versorgt und man wird, wenn nötig, vom Bodenpersonal bis zum Gate begleitet.

SENF Wer eine rheinische Kneipe oder Hausbrauerei betritt, findet normalerweise ein Steinguttöpfchen mit scharfem Senf auf dem Tisch. Gegessen wird er mit Blutwurst, Bratwurst oder zum gepökelten Eisbein. Wer dem kulinarischen Nord-Süd-Gefälle folgt, findet auf dem Weg in den Süden eine Art Koexistenz von scharfen und süßen Senftöpfchen und – schließlich in Bayern angekommen – die absolute Vorherrschaft des süßen Senfs, in Kombination mit Leberkäs oder den traditionellen Weißwürsten. Egal, um welche spezielle Sorte es sich handelt: Man benutzt niemals sein eigenes Messer, um sich vom Senf zu bedienen, sondern grundsätzlich nur die dafür vorgesehenen kleinen Löffel.

SERVIEREN Es gibt eine einfache Faustregel, nach der sich alles richtet: Teller werden grundsätzlich von links angereicht von rechts abgeräumt. Wenn zwischendurch neue Teller aufgelegt werden, passiert das ebenfalls von links. Beim Abräumen von benutztem Geschirr wird darauf geachtet, nicht unnötig laut mit den Tellern zu klappern.
Bei einem besonders festlichen Essen, daß dem offiziellen Protokoll folgt, werden zuerst die beiden ranghöchsten Damen bedient, die normalerweise rechts und links vom Hausherrn sitzen. Danach folgen alle anderen Damen, die Hausfrau zum Schluß. Anschließend wird das gleiche Verfahren auf die männlichen Gäste angewandt: vom Ranghöchsten bis zum Hausherrn. Auch

für kleinere, private Essen sollte man sich merken: Es wird immer bei einer Dame angefangen, nur nicht bei der Hausfrau. Der Hausherr kommt immer als letzter an die Reihe. Jüngere Gäste werden niemals vor Ranghöheren bedient. Weingläser werden immer von rechts nachgefüllt.

SERVIERWAGEN Je mehr Personen am Tisch sitzen und je weniger Platz bleibt, um Schüsseln und Platten abzustellen, desto sinnvoller ist es, zur Entlastung einen Servierwagen einzusetzen. Nebenbei bemerkt, ist er der ideale Platz für Warmhalteplatten und bietet damit eine zusätzliche Möglichkeit, das Essen wohltemperiert bereitzuhalten.

SERVIETTE Die Zeiten sind vorbei, in denen überdimensionale weiße Damastservietten das Format ein mal einen Meter aufwiesen. Dennoch ist es auch heute noch begrüßenswert, seinen Gästen eine möglichst große, leicht gestärkte, blütenweiße neben den Teller zu legen. Die Serviette wird spätestens in dem Moment, wenn sich der Kellner mit der ersten Schüssel nähert, auf dem Schoß entfaltet. Bevor man das Glas zum Mund hebt, wischt man sich mit der Serviette leicht über die Lippen. Allerdings ist sie weder ein Ersatz fürs Taschentuch noch dazu da, sich die Schweißperlen von der Stirn zu wischen oder seine Brille zu putzen. Nach Beendigung der Mahlzeit wird sie – lose zusammengefaltet – wieder neben den Teller gelegt. Es ist nur Kindern und alten Leuten gestattet, sie während des Essens locker in den Hemdkragen zu stecken beziehungsweise um den Hals zu binden.

SERVIETTENRING Wer ein Faible hat für schöne Tischdekorationen, rollt die Stoffservietten zusammen und steckt sie in einen Serviettenring. Sie sind üblicherweise aus Silber, und es gehört zu den angenehmen Familientraditionen, sie über Generationen hinweg zusammenzutragen.

SETS Moderne Eßtische sind nicht immer aus Holz, sondern aus Glas, Acryl, Marmor und vielen anderen Materialien. Um die Schönheit seiner Oberfläche nicht gänzlich mit einem Tischtuch zu verdecken, ist man in den letzten Jahren dazu übergegangen, an ihrer Stelle alle möglichen Arten von Sets zu benutzen. Passend zum Tisch und zum jeweiligen Porzellan sind sie aus Stoff,

Bast, Plastik oder Bambus. Beim Tischdecken achtet man darauf, daß das ganze Gedeck auf ihnen Platz hat. Außer den Tellern und dem Besteck auch die Gläser und Servietten.

SEXTOURISMUS Speziell in Ländern der dritten Welt sind Männer wie Frauen darauf angewiesen, sich mit Ausländern für Geld einzulassen, um ihre miserable Lebensqualität ein wenig zu verbessern. Entsprechend dem Prinzip von Angebot und Nachfrage, ist man zu jeglicher Art von Sonderwünschen zu haben. Um die westlichen Kunden bei der Stange zu halten, schrecken Väter nicht davor zurück, ihre minderjährigen Kinder als Prostituierte zu verkaufen. Und sie werden so lange damit weitermachen, wie es Männer gibt, die sich ein persönliches Armutszeugnis ausstellen, indem sie diese Art schmutziges Geschäft forcieren.

SHERRY Sir Alexander Fleming, der Entdecker des Penizillins, sagte einmal: „Penizillin heilt wohl die Menschen, doch Sherry läßt die Toten auferstehen." Die Geschichte dieses schweren andalusischen Weins reicht weit zurück. Es steht geschrieben, daß schon Columbus für seine weiten Seereisen mit Wein aus Xeres versorgt wurde. Erst seit dem 17. Jahrhundert jedoch kennt man ihn unter dem Namen Sherry. Seinen großen Boom erlebte er im 19. Jahrhundert, als 40 Prozent des spanischen Weinexports schon Sherry waren. Heutzutage werden rund 130 Millionen Liter Sherry in die ganze Welt verkauft. Davon trinken die Engländer, Holländer und Deutschen zusammen schon 70 Prozent. Er ist in erster Linie ein Dessertwein, man verwendet ihn auch zur Verfeinerung von Suppen und Saucen. Zu den bekanntesten Sorten zählen Fino, Oloroso, Manzanilla und Amontillado. Durch den unterschiedlichen Zuckergehalt entstehen drei Geschmacksrichtungen: Dry (weniger als fünf Gramm Zucker pro Liter); Medium (fünf bis 80 Gramm Zucker pro Liter); Cream (80 bis 135 Gramm Zucker pro Liter). Die Finos mit ihrem charakteristischen Mandelgeschmack sind bekannt als klassische Aperitifs. Der leicht bitter schmeckende Manzanilla – er hat mit nur 15,5 Prozent den niedrigsten Alkoholgehalt – wird auch gerne zu geräuchertem Fisch und anderen Meeresfrüchten gereicht. Finos und Manzanillas werden gekühlt getrunken, die anderen Sherrys bei etwa 18 Grad Zimmertemperatur. Sherry ist genauso wie anderer Wein empfindlich gegen Sauerstoff. Die besonders sensiblen Finos und Mazanillas sollten nach dem Öffnen nicht länger als eine Woche im Kühlschrank stehen, die anderen Sorten halten sich – gut verschlossen – mindestens einen Monat.

SHOPPING Eine der Lieblingsbeschäftigungen der modernen Konsumgesellschaft. Im Gegensatz zum gezielten Einkauf von Dingen, die man braucht, bedeutet Shopping soviel wie Stadtbummel mit Schaufenstern und gelegentlichen Spontankäufen. Es liegt in der Natur der Sache, daß man auf diese Art wahllos konsumiert und vieles nach Hause bringt, was man drei Tage später am liebsten wieder zurücktragen würde.

SHORTS In tropischen Ländern sieht man mehr Shorts als Hosen auf der Straße. In Ländern mit englischer Tradition wie Australien, Neuseeland, Kenia oder die Bermudas haben Männer in öffentlichen Diensten schon lange die unbequemen langen Hosen gegen Shorts getauscht. In Amerika entspricht es dem relaxten Freizeitdenken, sich bei jeder Gelegenheit „casual“ zu kleiden und überall da, wo die Sonne scheint, in kurzen Hosen herumzulaufen. In unseren Breitengraden rangierte das unkomplizierte Kleidungsstück bis vor wenigen Jahren hauptsächlich unter Stichworten wie Sport oder Strand. Vielleicht reagieren wir deshalb auch etwas empfindlicher bei der Beurteilung der Frage, ob Bauch und Beine gut genug sind, die Knie freizulegen.

SICH VORSTELLEN Es gibt im Alltag ständig eine Gelegenheit oder auch die Pflicht, sich selbst neuen Gesprächspartnern vorzustellen: in der Nachbarschaft, im Sportverein, bei öffentlichen Veranstaltungen oder im Geschäftsleben. Die eigene Verlegenheit oder eine lautstarke Geräuschkulisse sind mit dafür verantwortlich, daß eine hingemurmelte Namensnennung meist ungehört untergeht. Um den ersten Kontakt sich und anderen leichter zu machen, sollte man also darauf achten, in jedem Fall seinen Namen laut und deutlich anzugeben. Wobei folgende Regeln zu beachten sind:

1. Akademische oder Adels-Titel werden grundsätzlich nicht genannt.
2. Männer bezeichnen sich nicht selbst als „Herr Meier“. Sie

haben die Wahl zwischen der neuerdings immer häufiger benutzten Formulierung „Ich bin Hans Meier“ und dem früher meist üblichen „Mein Name ist Hans Meier“.
3. Bei Frauen akzeptiert man (vorläufig noch) als dritte Art, sich namentlich bekanntzumachen: „Ich bin Frau Meier“ oder „Ich bin Frau Elke Meier“.
Man hat sich daran gewöhnt, den Vornamen mit anzugeben. Die Bezeichnung „Fräulein“ ist auch in diesem Zusammenhang tabu.

SIEGELRING Um einen zu tragen, muß man heutzutage nicht unbedingt aristokratischer Herkunft sein, dennoch setzt es eine gewisse Persönlichkeit voraus. Der goldgefaßte plangeschliffene Stein trägt normalerweise ein Familienwappen oder ersatzweise die Initialen seines Trägers. Genaugenommen sogar in Spiegelschrift, für den Fall, daß man ihn doch einmal als Siegel benutzt.

SIESTA Das sinnvolle Nachmittagsschläfchen der Südländer hat leider Gottes bei uns noch nicht Furore gemacht. Je heißer die Sonne während der Sommermonate herunterbrennt und jegliche Art von Arbeit zur Belastung macht, desto konsequenter werden zur Mittagszeit Ladentüren und Fensterläden geschlossen und erst gegen fünf Uhr nachmittags wieder aufgemacht. Dementsprechend verschieben sich die offiziellen Geschäftszeiten im Süden auf den Vormittag und den frühen Abend. Als Tourist sollte man in jedem Fall darauf Rücksicht nehmen.

SIEZEN (→ Duzen)

SILBERHOCHZEIT Ein Ehepaar, das 25 Jahre verheiratet ist, feiert mit Freunden und Verwandten die sogenannte Silberhochzeit. Den äußeren Rahmen für dieses sehr private Fest kann man selbst bestimmen. Für die einen ist es selbstverständlich, an diesem Tag mit den Gästen gemeinsam in die Kirche zu gehen; für die anderen ist es reizvoll, auf alten Spuren zu wandeln und beispielsweise nach der Feier nochmals die gleiche Hochzeitsreise anzutreten wie vor 25 Jahren. Im Falle, daß sehr festlich gefeiert wird, trägt der Ehemann an diesem Tag einen Stresemann.

SILVESTER Außer dem Geburtstag einer der schönsten Tage des Jahres. Viele Leute würden eher die Telefonnummer ihres Zahnarzts vergessen, als die Antwort auf die Frage, was sie vor fünf Jahren zu Silvester gemacht haben. Wochen vor dem wichtigen Ereignis fängt man damit an, sich darüber Gedanken zu machen, ob man diesmal vielleicht doch lieber zu zweit allein sein möchte, den Freund mit der größten Wohnung zu einem Fest animiert oder sich rechtzeitig zu einem der festlichen Silvestermenüs anmeldet, wo der Wein schon soviel kostet wie sonst der ganze Abend. Man macht sich mitunter einen richtigen Streß daraus, um Himmels willen das Richtige zu tun und bei dem Fest dabeizusein, von dem anschließend die meisten Leute sprechen. Dabei kann es soviel angenehmer sein, sich mit wenigen Freunden zu Hause zusammenzusetzen, sich statt großem Menü mit einem kleinen kalten Büffet viel Arbeit zu ersparen. (Waren Sie schon mal am 31. Dezember in einem Feinkostgeschäft?) Und auch viel Geld, indem man opulente Feuerwerkskörper durch ein paar kunterbunte Knallbonbons ersetzt (→ Feuerwerk).

SINGLES Obwohl es immer mehr alleinlebende Frauen gibt, die mit ihrem Schicksal durchaus zufrieden sind, stehen sie in den Augen der Gesellschaft anders da als männliche Singles: Bei einem Mann nimmt man an, daß er freiwillig alleine ist, während man bei einer alleinstehenden Frau davon ausgeht, daß sie keinen abbekommen hat. Diese altertümliche Sicht der Dinge hat natürlich auch Konsequenzen im gesellschaftlichen Zusammenleben. Eine Frau allein an der Bar, im Restaurant, Hotel oder in einer großen Gesellschaft, erntet auch heute noch vielerorts mitleidige Blicke, oder man ist gleich davon überzeugt, daß sie auf Männerfang aus ist.
Genausowenig wie man zu einem kleinen privaten Abendessen fünf Männer und eine Frau bittet, lädt man drei Ehepaare zusammen mit einer alleinstehenden Frau ein. Sollte man wirklich nicht mehr als ein Single im Freundeskreis haben, organisiert man einen netten Kollegen aus dem Büro oder läßt noch eine zusätzliche Person mitbringen.

SITTEN Nach dem Motto „andere Länder – andere Sitten" geht man zu Recht davon aus, daß eine uns fremde Mentalität auch entsprechend andere Gewohnheiten mit sich bringt. In der

Karibik ist es völlig normal, mit verschiedenen Partnern Kinder zu haben, ohne verheiratet zu sein. Der Franzose reicht zu jeder Mahlzeit sein geliebtes Stangenweißbrot, der Engländer trinkt Tee und der Italiener am liebsten Rotwein. Doch auch innerhalb der Landesgrenzen gibt es von Norden nach Süden unterschiedliche Bräuche. Der Münsteraner trinkt seinen Schnaps aus dem Zinnlöffel, der Bayer sein Bier aus dem Maßkrug, den Schwaben treibt es zu Zwiebelkuchen und neuem Wein in die Besenwirtschaft und der Rheinländer steht am liebsten an der Theke. Angesichts der Tatsache, daß immer mehr Hamburger nach München wollen und Münchner nach Kitzbühel, ist schon einiges vom alten Brauchtum verlorengegangen. Es wäre wünschenswert, es zu erhalten und, wenn nötig, wiederzubelegen, weil es soviel über die Menschen verrät, die es irgendwann einmal erfunden haben.

SITZEN Auf den ersten Blick die einfachste Sache der Welt. Spätestens auf den zweiten Blick sieht man jedoch, daß es offensichtlich gar nicht so einfach ist, seine Beine derart zu sortieren, daß es einigermaßen anständig aussieht. Jungen Mädchen hat man früher eingeredet, es gäbe keine andere Möglichkeit, auf schickliche Art Platz zu nehmen, als seine Füße und Beine parallel nebeneinander zu stellen, wobei man das ganze seitlich abwinkelt. Gleichzeitig wird der Rock mit einer unauffälligen Geste übers Knie geschoben und anschließend glattgestrichen. So streng sind die Mütter von heute sicher nicht mehr, obwohl manche gut daran täten, sowohl dem Sohn als auch der Tochter ein paar grundsätzliche Dinge klarzumachen. Wobei es einen großen Unterschied macht, ob der Sprößling zu Hause in einem dicken Sessel lümmelt und ein Buch liest, oder ob er mit den Eltern im Restaurant sitzt und sich wenigstens bemühen könnte, nicht mit dem ganzen Oberkörper auf dem Tisch zu liegen. Wer seine Kinder frühzeitig durch Gymnastik oder Ballettstunden daran gewöhnt, Körperbewußtsein zu entwickeln und damit auch eine spontan gute Haltung, hat schon einiges erreicht. Wer aufmerksam in die Runde schaut, wird entdecken, daß es beileibe nicht nur die jungen Mädchen sind, die nicht wissen, wie sie im Minirock die Beine übereinanderschlagen sollen ...

SITZPLATZ Überall da, wo es die Möglichkeit gibt, entweder zu stehen oder zu sitzen, entspricht es dem Gebot der Höflichkeit, dafür Sorge zu tragen, daß ältere und schwächere Menschen sowie schwangere Frauen nicht stehen müssen. Eltern sollten ihre Kinder so erziehen, daß sie von selbst ihren Platz anbieten, ohne daß man sie dazu auffordern muß.

SMOKING Die meisten Leute haben längst vergessen, woher sein Name kommt. Nämlich von dem englischen „to smoke" (Rauchen). Die Engländer haben ihn auch erfunden und trugen ihn zunächst vornehmlich tagsüber in ihren Clubs und Rauchsalons. Inzwischen ist der schwarze Gesellschaftsanzug aus feinem weichen Tuch nur noch abends salonfähig. In seiner ursprünglichen Form ist er einreihig geschnitten, mit schwarzem Seidenrevers (die modische Variante in Form eines Schalkragens tauchte erst später auf). Der Mann von Welt kombinierte ihn mit nichts anderem als einem leicht gestärkten Faltenhemd mit Umlegekragen, schwarzer Schleife und Weste. Die Weste gibt ihrem Träger die Möglichkeit, im Laufe des Abends die Jacke zu öffnen. Anders als beim zweireihigen Smoking, der sich im Laufe der Jahre als Alternative dazugesellte. Man läßt ihn normalerweise geschlossen (er hat keine Weste) und ergänzt ihn wahlweise mit einem schlichten weißen Smokinghemd mit Schleife oder auch mit dem etwas steiferen Pikeehemd. Seit es sich eingebürgert hat, statt der schweißtreibenden Weste einen breiten Seidengürtel, den sogenannten Kummerbund, um des Leibes Mitte zu schlingen, kann man auch den Zweireiher offen tragen (→ Abendgarderobe → Kummerbund).

SNACK Ursprünglich verstand man unter dem amerikanischen Wort Snack nichts anderes als kleine belegte Brothäppchen, die man mit einem Mal in den Mund schieben kann. Inzwischen wurde der Begriff erweitert und bezeichnet jegliche Art von kleinen unkomplizierten Zwischenmahlzeiten.

SNOB Entstanden ist dieses seltsame Wort aus einer Abkürzung, die an englischen Universitäten geläufig war: „s. nob." steht für die beiden lateinischen Worte „sine nobilitate" und heißt soviel wie „ohne Adel". Es war im Grunde eine formelle Antwort auf die Tatsache, daß in England Adelstitel nicht automatisch an alle Nachkommen gleichermaßen weitervererbt werden. Unter einem Snob versteht man heutzutage im negativen Sinn einen Vornehmtuer, dem man sofort anmerkt, daß er sich mit fremden Federn schmückt. Im positiven Sinn ist ein Snob ein kauziger Vogel, dem nichts verhaßter ist als Gleichmacherei und der seine Schrullen und Spleens pflegt wie seine Augäpfelchen.

SOCKEN Obwohl man allgemein annimmt, daß nur die Männer den Frauen auf die Beine schauen, sollten die Männer zumindest darauf gefaßt sein, daß ihnen das auch mal passiert. Die beste Art sich vorzubereiten, ist der lebenslängliche Entschluß, nie wieder Socken zu kaufen, die so kurz sind, daß sie ein winterlich weißes, stark behaartes Männerbein den Blicken der Öffentlichkeit preisgeben, sobald der Mann seine Beine im Sitzen übereinanderschlägt. Außerdem sollte er für alle Zeiten davon Abstand nehmen, zu dunklen Hosen weiße Socken zu tragen, was in den letzten Jahren an den Füßen der deutschen Männer zu einer wahren Manie geworden ist. Der Mann kombiniert alles, was er trägt, in erster Linie mit schwarzen, dunkelblauen und dunkelgrauen Socken. Zu Sportschuhen, Shorts und Jeans kann er, wenn es ihm gefällt, auch weiße Socken tragen. Ein Busineßanzug mit dunklen Schnürschuhen und weißen Socken ist auf jeden Fall streng verboten.

SOCIAL FINGER Wir haben für ihn in unserer Sprache zwar keine eigene Bezeichnung, und dennoch mögen wir ihn genausowenig wie die Engländer. Gemeint ist der kleine Finger der rechten Hand, die normalerweise das Messer führt, Teetassen anhebt oder Gläser hält. Manch einer, der meint, besonders vornehm sein zu wollen, läßt sich nicht davon abhalten, das Fingerchen auf höchst zierliche Art von der Hand abzuspreizen. Wobei ich ziemlich sicher bin, daß viele es selbst gar nicht merken. Wer sich in nächster Umgebung an einem solchen Fingerchen stößt, sollte ruhig den Mut haben, mit einer humorvollen kleinen Bemerkung darauf aufmerksam zu machen.

SOIREE Eine elegante Abendgesellschaft, die immer mit einer Veranstaltung verbunden ist. Kleidervorschriften für eine Soiree entnimmt man gegebenenfalls der Einladung. In Zweifelsfällen erkundigt man sich telefonisch.

SOLEIER Sie gelten als klassische Beilage zu Berliner Weißbier und stehen inzwischen auf vielen bundesdeutschen Kneipentheken als willkommener Snack zwischen zwei Bierchen. Bevor man sie essen kann, müssen die hartgekochten Hühnereier rund 24 Stunden in einer starken Salzlösung liegen. Dann wird das Ei geschält, halbiert, das Eigelb mit Senf, Öl, Essig, Salz und Pfeffer vermischt und wieder in die beiden Eihälften gefüllt. Soleier werden aus der Hand gegessen.

SORBET Nach dem ursprünglichen Rezept der alten Perser handelte es sich grundsätzlich um stark gesüßten Fruchtsaft (am liebsten Granatapfel), der mit geschlagenem Ei vermischt, mit Likör parfümiert und anschließend leicht gefroren wurde. Heute rangieren an erster Stelle das erfrischende Zitronensorbet und andere tropische Fruchtsäfte, die häufig mit Rum oder Wodka parfümiert werden. Statt Fruchtsaft verwendet man als Basis auch kräftigen Weißwein, Marsala oder Sherry.
Die neue Mode, langatmige Menüfolgen in Sterne-Restaurants durch leichte Sorbets zu unterbrechen, hat schon wieder stark nachgelassen.

SOUPER Wer zu einem Souper eingeladen ist, weiß automatisch, daß es sich um ein besonders festliches Abendessen handelt und bereitet sich auch entsprechend darauf vor. Wer andere zu einem Souper nach Hause einlädt, ist ebenfalls verpflichtet, diesen Rahmen mit dem richtigen Inhalt zu füllen. Wer sich nicht in der Lage fühlt, den Abend so perfekt zu organisieren, daß er nicht mehr in der Küche steht, wenn die Gäste kommen, hilft sich ausnahmsweise mit gemieteten Küchenkräften oder einem Leihkellner.

SPÄTLESE Ein edler Tropfen, der besonders lange in der Flasche gereift ist. Weinliebhaber zelebrieren ihn pur zu besonderen Gelegenheiten. Für normal Sterbliche wäre er als Tischwein in jedem Fall zu schwer und zu süß (→Wein).

SPAGHETTI Original italienische Spaghetti erkennt man unter anderm daran, daß sie ungefähr doppelt so lang sind wie deutsche, nämlich rund 50 Zentimeter. Damit wären wir auch schon bei der zentralen Frage: Wie kriege ich die überlangen

Nudeln auf die Gabel und womöglich auch noch in den Mund, ohne daß es zu irgendwelchen Katastrophen kommt? Zur Vorbeugung jeglicher Art von Malheur wird in Deutschland zur Gabel auch noch ein Löffel serviert. Wer noch ungeübt ist, macht die ersten Versuche am besten zu Hause und bindet sich die Serviette ausnahmsweise um den Hals. Mit der Gabel werden ein paar wenige Nudeln herausgezogen und auf der Innenseite des Löffels zu einem Knäuel gedreht, das möglichst nicht so groß ist, daß man es kaum noch in den Mund bringt. Normalerweise bleiben auch bei geschicktem Wickeln noch ein paar Fäden hängen, die sich einfach nicht mitdrehen lassen. Sobald man das Knäuel im Mund hat, beißt man sie einfach durch und läßt die Reste auf die Gabel sinken. Hobbyköche, die mit der italienischen Küche nicht so vertraut sind, machen sich die ganze Sache dadurch schwieriger, daß sie die Spaghetti nicht, wie es sein sollte, vor dem Essen mit wenig, aber sehr konzentrierter Sauce vermischen, sondern ein ziemlich dünnflüssiges Tomatensößchen separat darüberschütten. Nicht nur, daß die Nudeln sich nicht richtig mit der Sauce verbinden können, sie bildet auf dem Grund des tiefen Tellers einen suppenähnlichen Fond, der tropft und leicht mal durch die Gegend spritzt. Ein Tip: Geriebener Parmesankäse macht die Sauce kompakter und gibt auch beim fleißigen Drehen mehr Halt. Wer lange genug mit Löffel und Gabel geübt hat, läßt den Löffel später weg und dreht seine Spaghetti, wie ein richtiger Italiener, problemlos am Tellerrand.

SPANISCHE KÜCHE Jedesmal, wenn ich nach Andalusien komme, könnte ich mich von Rotwein und Tappas förmlich ernähren. Nirgendwo sonst in Spanien ist die Auswahl so groß wie dort: Auf den ovalen Silberplatten der obligatorischen Vorspeisenbüffets und in den gläsernen Theken der Bodegas findet sich einfach alles, was das Herz begehrt. Gefüllte Oliven, frittierte Zucchinischeiben, die verschiedensten Tortillas (Kartoffelpfannkuchen), kaltes Auberginengemüse, winzige scharf gefüllte Paprikaschoten, Mayonnaiseeier, überbackene Tomaten, Muscheln in Knoblauchsauce, Tintenfischsalat mit Petersilie, kalte Scampi mit Knoblauchmayonnaise, eingelegte Sardinen, saure Pilze und, nicht zu vergessen, der allseits beliebte (kalorienreiche) Insalata Russia, eine spanische Mischung aus rheinischem Kartoffelsalat und russischen Eiern plus einer Handvoll grüner

Erbsen, der soviel Mayonnaise hat, daß er am Löffel kleben bleibt. Die Augen sind meist größer als der Magen, und es empfiehlt sich immer, mit der Bestellung des Hauptgerichtes zu warten, bis man die Vorspeisen gegessen hat. Vielleicht schafft man noch einen gegrillten Fisch ohne alles oder eine Portion Ochsenschwanz mit sauer-scharfer Sauce. Auf keinen Fall darf man Spanien verlassen, ohne wenigstens einmal Paella gegessen zu haben, die aus Valencia stammende würzige Reispfanne mit Hühnerfleisch, Muscheln, Scampi und Gemüse. Nicht jeder schafft es, nach einer opulenten spanischen Speisefolge noch ein Dessert zu essen. Ich schaffe es jedesmal, ohne Rücksicht auf Verluste (Kalorien), noch ein bißchen Platz zu lassen für meine geliebte Creme Catalan, den mit Karamelzucker überzogenen köstlich-kühlen Traumpudding. Als Digestivo hilft anschließend ein Caragillo, starker Kaffee mit einem kleinen Schuß Cognac.

SPARERIBS Auch in bayerischen Biergärten gehören sie inzwischen zum Standardprogramm: knusprig gebratene Schweinerippchen, die man in eine feurig-mexikanische Tomatensauce tunkt. Selbstverständlich mit den Fingern und nicht mit Messer und Gabel. Beim Zerteilen der Spareribs bitte aufpassen, daß es keine Fettspritzer gibt! In Ermangelung von Fingerschalen und Stoffservietten, reinigt man seine Hände, so gut es geht, mit einem Extraschwung Papierservietten.

SPARGEL Das, was vom cremigweißen Edelgemüse schließlich auf den Teller kommt, sind nur die jungen Triebe der insgesamt anderthalb Meter hohen Spargelpflanze. Bei uns in Deutschland wächst er auf sandigem Boden in der Gegend von Braunschweig, Lübeck, Mainz, Straelen, Schwetzingen und Schrobenhausen. Die Franzosen lassen die Sprosse noch etwas länger aus dem Boden wachsen. Sie sammeln in dieser Zeit zusätzlich Vitamin C und nehmen eine bläulich-grüne Färbung an. Den französischen Spargel kocht man, so wie er ist, der deutsche wird vorher abgeschält. Wenige Feinschmecker, die sich jedes Jahr auf die Spargelmonate Mai und Juni freuen, wissen, daß die Ägypter schon vor 4500 Jahren Spargel kannten. In Deutschland wurde er im 16. Jahrhundert zum erstenmal in der Gegend von Stuttgart angebaut. Spargel ist extrem empfindlich und nimmt leicht den Geschmack an, wenn Messerklingen auf die alte Art legiert sind. Deshalb wurde er früher nur mit den Händen gegessen. Inzwischen wird Besteck anders behandelt und man darf getrost zuschneiden. Es ist genauso korrekt, die Spargelstange unterhalb des Kopfes zu greifen und dann allmählich in den Mund zu schieben, während man von unten mit der Gabel stützt. Oder, ganz ohne Besteck (bei einem reinen Spargelessen), indem man ihn am Ende greift, den Kopf in Butter stippt und dann zum Mund führt. Fingerschalen und große Stoffservietten gehören dazu.

SPEISENFOLGE Wer ein wirklich perfektes Menü zusammenstellen möchte, tut nicht nur genug daran, die klassische Speisenfolge einzuhalten, bestehend aus kalter Vorspeise, Suppe, Fisch oder warme Vorspeise, Fleisch oder Wild mit Gemüse, Käse, Dessert. Es kommt auch darauf an, daß sich weder die großen Zutaten noch der Geschmack, noch die Farbe wiederholt. Das heißt zum Beispiel: Nach einer Rindfleischbrühe kommt kein Tafelspitz auf den Tisch. Oder: Einem gebratenen Fisch folgt kein gebratenes Fleisch. Nach einer hellen Sauce folgt immer eine dunkle. Gemüse serviert man entweder in der Suppe oder als Beilage (→ Menü).

SPEISEKARTE In einigen der besonders exklusiven (und meist auch besonders teuren) Restaurants ist es nach wie vor üblich, den weiblichen Gästen eine sogenannte Damenkarte vorzulegen, das heißt, eine Karte, auf der die Preise fehlen. Es ist keinesfalls eine falsch verstandene Interpretation von Gleichberechtigung, wenn Frauen Wert darauf legen, zu wissen, was ein Peffersteak kostet. Bestehen sie also ruhig darauf, eine normale Speisekarte zu lesen. Schließlich könnte es doch sein, daß Sie Ihre männliche Begleitung zum Essen eingeladen haben . . . (→ Restaurant)

SPEZIALITÄTEN Die meisten Restaurants sind heutzutage von vornherein spezialisiert, die anderen favorisieren normalerweise im wesentlichen die Rezepte der regionalen Küche. Um ihre Gäste mit einer möglichst großen Speisenauswahl zufriedenzustellen, füllen viele Küchenchefs ihr Angebot mit internationalen Standardgerichten auf. Doch, selten, daß alles gleichermaßen gut gekocht wird. Wer in einem bayerischen Gasthof ein Pfeffersteak mit Pommes Gratin bestellt, oder bei einem Griechen Wiener Schnitzel, ist anschließend meistens enttäuscht. Mit den Spezialitäten des Hauses ist man immer besser beraten.

SPIEGELEIER Für alle, die morgens schon richtig Appetit haben, gehören sie zu einem großen Frühstück, für andere als „Strammer Max“ auf gekochten Schinken mit einer Scheibe Brot darunter und für die Bayern als Garnitur auf ihren geliebten Leberkäs. Als Faustregel gilt: Spiegeleier ohne alles werden grundsätzlich nur mit der Gabel gegessen.

SPIELKASINO Wir wollen an dieser Stelle nicht von denen sprechen, die mit so viel Leidenschaft an einen Roulettetisch treten, daß sie nicht aufhören können, bis der letzte Pfennig verspielt ist und die Sucht sehr leicht zum Verhängnis führt. Es geht mehr um Menschen, die sich hin und wieder ein bißchen Spaß und ein bißchen Spannung leisten wollen, immer mit dem Bewußtsein, daß es wirklich nur ganz selten vorkommt, einen Gewinn mit nach Hause zu tragen. Wer an einem Abend Glück hat, kommt meist am nächsten nochmal wieder und liefert nicht nur den Gewinn ab, sondern noch ein bißchen darüber hinaus. Abgesehen vom Gewinnen und Verlieren ist der Besuch eines Spielkasinos, speziell wenn es sich um so elegante Etablissements handelt wie in Lissabon, Deauville oder Monte-Carlo, auch immer ein kleines gesellschaftliches Ereignis. Für Neureiche eine der wunderbaren Gelegenheiten – mit Davidoff im Gesicht, brillantenbesetzter Protzuhr unter der Manschette und Goldmarie im Schlepptau –, einmal richtig Geld zu zeigen. Oder für Möchtegernmänner einige der wenigen Stunden im Jahr, wo sie sich wie Cincinatti Kid fühlen und eiskalte Nerven beweisen können, in dem sie einfach alles auf die 18 setzen. Wer also richtig Spaß am Spiel haben will, zieht sich elegant an (Männer im dunklen Anzug oder Dinnerjacket), steckt Ausweispapiere und auf keinen Fall mehr, als er riskieren möchte, ein, geht zunächst mit der Dame seines Herzens schön und stilvoll essen, um die Vorfreude zu genießen und gegen Mitternacht auf ein Stündchen ins Kasino. Zur klassischen Austattung internationaler Spielerparadiese bis hinunter zu Hotel- und Schiffskasinos gehören Roulette, Baccara und Black Jack. Wer davon überzeugt ist, sich und seine Brieftasche fest im Griff zu haben, sollte außer dem obligatorischen Besuch eines der europäischen Nobelkasinos auch einmal im Leben in eine Spielstadt wie Las Vegas, Atlantic City oder Reno in Amerika oder Sun City in Südafrika reisen. Selbst Ehefrauen, die nur Mitfahren, um das Schlimmste zu verhindern, stehen irgendwann zumindest vor den einarmigen Banditen (Slot Machines) und freuen sich wie verrückt, wenn es ihnen gelingt, drei Pflaumen oder Zitronen nebeneinander auszubremsen. Der Automat freut sich auch, wirft alle Flashlights an, heult und jault vor Begeisterung und wirft im lauten Stakkato eine Münze nach der anderen heraus. Wenn man Glück hat, sind es ganze Dollars und keine Quarters und mindestens soviel, daß man wenigstens noch das Taxi zurück ins Hotel damit finanzieren kann.

SPORT In frühester Jugend werden meist schon die Weichen dafür gestellt, ob ein Mensch in seinem späterem Leben Sport treibt oder nicht. Eltern, die sich selbst als unsportlich bezeichnen würden, sollten alles tun, sportliche Ambitionen bei ihren Kindern zu fördern. Außer Schwimmen, Radfahren oder Tennis sollte jedes Kind einmal die Erfahrung gemacht haben, bei einem Mannschaftssport mit dabeizusein. Das dient nicht nur zum körperlichen Training, sondern sensibilisiert den Menschen auch, wenn es darum geht, Fairneß oder Teamgeist zu entwikkeln. Sportarten, die in Clubs betrieben werden wie Rudern, Golf oder Tennis, schaffen außerdem viele Möglichkeiten, Menschen kennenzulernen und Freundschaften zu schließen.

SPOTT (→ Sarkasmus)

SPRACHE (→ Rhetorik)

SPUCKEN Hier ist nicht die Rede von einer gelegentlich feuchten Aussprache, sondern von Menschen, die sich nicht genieren, in der Öffentlichkeit kräftig auf den Boden zu spucken. Sie geben sich nicht einmal Mühe, ihrer Unart auf diskrete Art nachzukommen. Sie kommen einem auf der Straße entgegen, holen Luft aus den tiefsten Tiefen ihrer Lungen und spucken einem das Ergebnis knapp neben die Füße. Auch in China, einem Land, wo Spucken Tradition hat, ist es selbst bei Androhung von Strafe fast unmöglich, die Leute davon abzubringen. Mit Leuten sind komischerweise immer nur Männer gemeint. Oder haben Sie schon mal eine Frau beobachtet, die auf die Straße spuckt?

STAND-BY Wer es aus irgenwelchen Gründen nicht schafft, seinen Flug fest zu buchen, hat immer noch die Möglichkeit, „Stand-By“ sein Glück zu versuchen. Das heißt: Er wird in die Warteliste der vollgebuchten Maschine pro forma aufgenommen und fliegt mit, wenn Passagiere absagen oder einfach nicht erscheinen. Stand-by zu fliegen ist Ermessenssache. Auf Strecken, die mehrmals täglich beflogen werden, hat man immer eine gute Chance mitzukommen. Keiner wird allerdings so unklug sein zu packen, sein Zimmer aufzugeben und zum Flugplatz zu fahren, auf die vage Aussicht hin, von Wartelisten-Position Nummer 20 aus auf den einzigen Flieger von Invercargill nach Stewart Island (Südinsel Neuseeland) zu kommen.

STANDESAMT Viele Brautpaare verzichten heutzutage auf eine kirchliche Trauung und heiraten nur im Standesamt. Dennoch möchten sie nicht auf einen feierlichen Rahmen verzichten. Das muß auch nicht sein. Der erste Schritt dahin ist eine sorgfältige Inspektion des „Tatorts“. Nicht immer ist das zuständige Standesamt das schönste Gebäude der Stadt, und es macht keinerlei Probleme, die Trauung da vornehmen zu lassen, wo es einem besser gefällt. Man muß nur rechtzeitig anfangen zu suchen, damit überfüllte Terminpläne einem nicht noch im letzten Moment einen Strich durch die Rechnung machen. Was die Trauung betrifft, kann sie genauso festlich sein wie in der Kirche. Es gibt keinen Grund dafür, daß die Braut nicht im weißen Kleid und der Bräutigam im Cut oder Stresemann erscheinen. Sämtliche Begleitpersonen – vor allem die Trauzeugen – sollte man rechtzeitig über die gewünschte Kleiderordnung informieren, damit sie sich auch darauf einstellen können. Wer will, kann die musikalische Untermalung auch nach seinem persönlichen Geschmack organisieren und ist nicht auf das angewiesen, was das amtliche Tonband vorgesehen hat. Noch ein Tip: Es bedeutet oft ein großes Risiko, das Gelingen der wichtigsten Fotos des Lebens dem Zufall zu überlassen beziehungsweise dem, der gerade seine Kamera dabei hat. Geben Sie ruhig ein paar Mark mehr aus für professionelle Fotos, an denen Sie viele Jahre Spaß haben.

STANDING OVATIONS Für einen Schauspieler, Sänger, Regisseur oder Dirigenten die größte Auszeichnung, die ein Publikum beim Applaus zu bieten hat. Man zeigt eine besondere Art von Respekt und Anerkennung, indem man beim Klatschen nicht sitzen bleibt, sondern sich geschlossen von den Sitzen erhebt und weiterapplaudiert.

STAUBMANTEL Dieses altmodische Wort ist längst aus der Mode gekommen – die Großfamilie der Trenchcoats hat es ganz einfach verschluckt. Im Unterschied zum derben Schnitt der meisten Regenmäntel ist der Staubmantel das beste Beispiel für modisches Understatement. Er ist schlicht und unauffällig geschnitten, doch immer weit genug, jegliche Art von Kleidung in losen Falten zu umhüllen. Der feine sandbeige Stoff macht ihn angenehm im Tragen und wunderbar leicht.

STEAKS Viele Leute, die sich intensiv mit ihrer Umwelt befassen, sind der Qualität des Fleisches gegenüber heute mißtrauischer denn je. Doch selbst unter ihnen gibt es einige, die hin und wieder Lust auf ein saftiges Steak haben. Wer es im Restaurant bestellt, sagt normalerweise dem Kellner, auf welche Art er es gebraten haben möchte: rare (ziemlich roh), medium (halb durch) oder well done (ganz durch). Auch bei einer soliden Fleischqualität ist es ratsam, sich an Stelle des normalen Messers ein extrascharfes Steakmesser geben zu lassen. Zu zähes Fleisch muß man keinesfalls verbissen hinunterwürgen. Man schneidet die schlechten Stücke heraus, oder läßt sich, wenn das ganze Steak nichts taugt, ein neues geben. Halbherzige Fleischesser, die Stunden damit zubringen, ein Stück Lende auf dem Teller zu sezieren, sind kein schöner Anblick für andere Gäste und sollten vielleicht doch lieber etwas anderes essen.

STEHPARTY (→ Cocktailparty)

STERNZEICHEN Das letzte Mal, als mir eine dieser Freizeitastrologinnen auf den Kopf zusagte, ich sei ein Skorpion, habe ich behauptet, eine Jungfrau zu sein. Nachdem sie mir daraufhin lang und breit auseinandergesetzt hatte, was an mir typisch Jungfrau sei, habe ich sie schließlich darüber aufgeklärt, daß ich in Wirklichkeit ein Löwe bin. Das hat sie schon nicht mehr sonderlich interessiert, denn ihre ganze Aufmerksamkeit gehörte inzwischen einem angeblichen Fisch. Leichtfüßige Gespräche über Sternzeichen können mitunter sehr amüsant sein. Sie können einem aber auch den letzten Nerv töten. Nämlich dann, wenn sie ihren spielerischen Charakter verlieren und sich auf Statements beschränken wie „Ich kann einfach nicht mit Zwillingen“ oder „Alle meine Freundinnen sind Waagen“.

STEWARDESS Ich frage mich manchmal, woher manche Männer, die einmal im Jahr geschäftlich von Frankfurt nach Hamburg fliegen, den Mut hernehmen, sich einzubilden, bei einer Stewardeß landen zu können. Vielleicht sind sie es von zu Hause nicht gewöhnt oder verwechseln das Lufthansa-Bordbuch mit Erica Jongs „Angst vorm Fliegen“ oder geraten schlicht und ergreifend in Höhenrausch, sobald sie höher als zehn Zentimeter über dem Erdboden schweben. Immer wieder kann man jedenfalls beobachten, wie sie im angeschnallten Zustand James-Bond-Allüren entwickeln, mit smarter Siegermiene nach einem zweiten Gin Tonic verlangen und eine Viertelstunde später nach der Telefonnummer. Als ob die arme Stewardeß nicht schon genug zu tun hätte. Ich kann mich nur ganz dunkel daran erinnern, daß in den sechziger Jahren ein paar Storys im Playboy standen, in denen Stewardessen als lebenslustige Vielfliegerinnen beschrieben wurden, die ständig auf der Suche nach ihrem Traummann wären. Aber das ist doch schom ziemlich lange her . . .

STIL Auch wenn man mit einem silbernen Löffel im Mund geboren wird, heißt das noch lange nicht, daß man Stil hat. Erst nach vielen Jahren, in denen der Mensch sieht und hört und lernt und schließlich auch Erfahrungen sammelt, entwickelt er allmählich seinen ganz persönlichen Stil und damit auch seine ganz persönliche Art, auf Dinge zu reagieren, mit Menschen umzugehen, sich gesellschaftlich zu orientieren usw. Diese eindeutigen klaren Linien machen ihn für andere unverwechselbar und geben ihnen bei Zuwiderhandlungen die Möglichkeit zu sagen „Das entspricht nicht seinem Stil“. Im allgemeinen Sprachgebrauch benutzt man das Wort Stil im Sinn von Klasse. Wer sich also stilvoll benimmt, zeigt damit Klasse oder besser gesagt Format. Natürlich nicht zu verwechseln mit rein äußerlichem stilistischem Harmoniebedürfnis, das Salvatore Dali seinerzeit mit den

Worten verspottete: „Hauptsache die Farbe der Augenbrauen paßt perfekt zum Teppichboden."

STILBRUCH Je nachdem wie man persönlich dazu steht, ist er noch lange kein Beinbruch. Leute, die zu ihren Fehlern stehen und über sich selbst lachen können, bleiben völlig gelassen, wenn man sie darauf aufmerksam macht, daß man trockene Martinis nicht aus Rotweingläsern trinkt. Leute, die sich selbst für unfehlbar halten, versinken im Fußboden, wenn man ihnen mitteilt, daß man Jeans nicht mit Krokogürtel trägt.

STIPPEN Was für Franzosen und Italiener täglich Brot ist, verursacht uns immer noch Kopfschmerzen: Darf man nun die restliche Sauce mit Brot vom Teller stippen oder nicht? Auch wenn alle anderen dagegen sein sollten, sage ich weiterhin Ja. Selbstverständlich wird man sich davor hüten, halbe Brötchen oder scheibenweise Toast über den Teller zu schieben. Gegen ein anständig eingetunktes Stück Weißbrot hat doch wohl keiner etwas einzuwenden. Was würde einem sonst an Spaß beim Essen verlorengehen!

STRASSENANZUG Sein auffälligstes Kennzeichen ist, daß er völlig unauffällig zu sein hat. Als universelles Kleidungsstück bleibt er farblich neutral (am liebsten in Grau), zurückhaltend im Schnitt (gradliniger Ein- oder Zweireiher) und klassisch in den Stoffen (im Winter vor allem Flanell, im Sommer Baumwolle, Leinen und luftdurchlässige Frescos). Das Ganze selbstverständlich in Uni oder ganz dezenten Mustern wie Fischgräten, Glencheck oder Nadelstreifen.

STREIT Wie man weiß, kommt er in den besten Familien vor. Was möglicherweise in einem ruhigen Gespräch anfängt, wird zur heftigen Diskussion, entwickelt sich weiter zur ernsthaften Auseinandersetzung und endet schließlich als fürchterlicher Krach. Obwohl beide Beteiligten sich anfangs bemüht haben, sachlich zu bleiben, gehen einem doch irgendwann die Pferde durch und es werden Sachen gesagt, die in solchen Momenten einfach nur verletzen sollen und dem Urheber hinterher meist leid tun. Böse Worte, die einem im Eifer des Gefechtes wie häßliche Kröten aus dem Hals springen, sind zwar nicht ganz so dramatisch wie schriftlich niedergelegte Beschimpfungen – aber auch sie lassen sich nicht mehr ungeschehen machen. Manch einer hat es später tausendmal bereut, sich im entscheidenden Moment nicht beherrscht zu haben. Andererseits sagt man, daß immer auch ein Quentchen Wahrheit an dem ist, was man laut und unkontrolliert von sich gibt. Unabhängig davon, was man sagt und wie es wirklich gemeint ist, sollte man sich auf keinen Fall in der Öffentlichkeit streiten. Vor allem nicht im Beisein von guten Freunden, denen es normalerweise peinlich ist, auf diese Art zu unfreiwilligen Zeugen zu werden. Am schlimmsten sind Leute, die es förmlich darauf anlegen, ihren Partner vor anderen Menschen bloßzustellen und sichtlich Spaß daran haben, ihre intimsten Dinge an irgendwelchen Stammtischen auszubreiten.

STRESEMANN Obwohl dieser traditionelle Anzug nur tagsüber getragen wird, begegnet man ihm im täglichen Leben nur ganz selten. Er ist vielmehr der klassische Gesellschaftsanzug für Politiker und Diplomaten und verdankt ja auch seinen Namen dem ehemaligen deutschen Außenminister Gustav Stresemann, der ihn als erster trug. Man erkennt ihn schon von weitem an seiner typisch graugestreiften Tuchhose zum schwarzen Jackett. Im Falle, daß das Jackett einreihig ist, wird es mit einer ebenso schwarzen oder auch grauen Weste kombiniert. Zum weißen Hemd mit Umlegekragen und doppelten Manschetten paßt ein schwarzer oder dunkelgrauer Seidenbinder.

STUDIENZEIT Es ist kaum zwanzig Jahre her, daß in Deutschland die Universitäten kopfstanden und rebellierende Studenten von Berlin bis München nach einer Hochschulreform verlangten. Lehrmethoden und -inhalte waren einfach hoffnungslos veraltet, das gleiche galt für die Lehrkörper. Dennoch heiligte in diesem Fall der Zweck nicht die Mittel – die radikalen Studenten veranstalteten jahrelang politischen Terror auf Kosten Unschuldiger und Unbeteiligter und brachten den Staat an den Rand der Anarchie. Die Revolution hat längst ihre Kinder entlassen, an den Hochschulen wurden zumindest in Teilbereichen sachliche Verbesserungen durchgesetzt, der Terroristenspuk scheint verflogen. Und mit ihm auch der letzte Rest von Romantik, der im Rückblick auf die Vergangenheit die Studienzeiten mit lauter schönen Erinnerungen verband. Man hatte als Student wesentlich weniger Geld als heute und statt Golf GTI nur ein klappriges Fahrrad – aber dafür gab es den schwärmerischen studentischen Geist, gemütliche Kneipen, fröhliche Ateliersfeste und genug Zeit, im Notfall noch ein Semester oder zwei anzuhängen. Schließlich hat man keine Lust, seine Zeit in Studentenkneipen zu verplempern – man will diese Jahre so schnell wie möglich hinter sich bringen, um so früh wie möglich Examen zu machen. Auch wenn ein „studium generale" im Faustschen Sinne heutzutage nicht mehr möglich ist, sollten die Studenten sich mit der Vorbereitung ihrer Karriere soviel Zeit lassen, daß sie nicht zu sogenannten Fachidioten werden.

SÜDWEINGLAS In der Größe liegt es zwischen dem Weißweinglas und dem Schnapsglas. Es hat einen zierlichen Stiel und besteht in seiner ursprünglichen Form aus feingeschliffenem Kristall. Je zarter das Glas, desto besser schmecken daraus Sherry, Portwein oder Marsala.

SUPPE Als fester Bestandteil einer mehrgängigen Menüfolge erscheint sie überwiegend in legierter beziehungsweise in pürierter Form; als Hauptgericht handelt es sich in erster Linie um Eintöpfe mit Geflügel, Fleischeinlagen oder Fisch. Während deftige Eintöpfe oder feine Gemüsesuppen (wie die italienische Minestrone) normalerweise im Suppenteller serviert werden, kommen die meisten anderen Suppen mit Tasse und Unterteller auf den Tisch. Strenggenommen dürfen Suppenteller nicht angehoben werden, um die restliche Suppe auszulöffeln, während man Suppentassen hochnehmen und austrinken darf. Man unterscheidet im wesentlichen zwei Löffelformen: die breite runde und die schmale, nach vorne spitz zulaufende. Runde Löffel sind eine Erfindung der Angelsachsen, die daran gewöhnt sind, die Suppe mit der Querseite des Löffels zum Mund zu führen. In unseren Breiten ist es üblich, von der Spitze des Löffels zu essen. Egal, wie heiß die Suppe auf den Tisch kommt, Schlürfen ist verboten. Außerdem sollte man darauf achten, nicht den Mund zum Löffel, sondern den Löffel zum Mund zu führen. Das Ganze möglichst, ohne dabei einen oder zwei Ellenbogen auf den Tisch zu legen.

SUSHI (→ Japanische Küche)

SWEATSHIRT Seit das Wort Freizeitmode großgeschrieben wird, begegnen sie uns auf Schritt und Tritt: als Oberteil eines sportlichen Jogginganzuges oder auch im Alleingang zu Shorts oder Jeans. Da man modische Grenzen nicht mehr so streng zieht wie früher, tragen Männer T-Shirts unter dem Anzug oder Sakkos über Jeans. Dagegen ist auch gar nichts zu sagen. Sweatshirts allerdings haben schon wegen ihres Volumens keinen Platz unter einem Blazer – sie passen besser zu Lederjacken oder lässig geschnittenen Blousons.

T

TABUS Es gibt Dinge im Leben, über die man nicht spricht, und es gibt Dinge, die man ganz einfach nicht tut. Dennoch: Vieles von dem, was in der Generation unserer Eltern noch zu den absoluten Tabuthemen gehörte wie Scheidung oder Schwulsein, kann man heute in jeder Zeitung lesen. Im persönlichen Bereich entwickelt man im Laufe der Erziehung allmählich ein Gefühl dafür, was man sagen oder tun könnte und was nicht. Mit der Ignorierung einiger Tabus kann man unter Umständen dazu beitragen, alte Vorurteile abzubauen. Man kann aber auch, wenn man zu forsch darangeht, die Intimsphäre anderer Menschen verletzen.

TAFEL AUFHEBEN Nach einem festlichen Abendessen ist es die Aufgabe der Hausfrau, mit einem kleinen Zeichen den Gästen zu verstehen zu geben, daß zumindest der offizielle Teil des Essens zu Ende ist. Das heißt nicht, daß jeder vom Tisch aufzuspringen hat, sondern einfach nur die Möglichkeit, sich ab sofort frei zu bewegen. In großen Gesellschaften ist es nicht üblich, den Rest des Abends am Tisch sitzenzubleiben – man verteilt sich in Salons oder setzt sich zu kleineren Gruppen zusammen. Im privaten Kreis kann es sehr gemütlich sein, den ganzen Abend gemeinsam um einen Tisch zu sitzen. Das Essen wird genüßlich ausgedehnt, die letzten Teller erst abgeräumt, wenn das letzte Stück Käse gegessen ist.

TAFELWEIN Ein leichter Landwein, der fast zu jedem Essen paßt. In einfacheren Lokalen kommt er als Hauswein auf den Tisch. Egal, ob weiß, rosé oder rot, er wird nicht in der Flasche, sondern in einer Karaffe serviert.

TAKTGEFÜHL Wer einen Bankrotteur in der Öffentlichkeit auf seine letzte Pleite oder einen Mann mit Toupet auf seinen Haarausfall anspricht, leidet selbst unter mangelndem Taktgefühl. Ein Mensch mit guter Erziehung nimmt Rücksicht auf die Gefühle und Empfindlichkeiten anderer und bohrt nicht, wie man so schön sagt, mit dem Messer in offenen Wunden herum.

TANZEN Zu den typischen Zeichen unserer Zeit gehört die Tatsache, daß mehr in Diskotheken getanzt wird als in Ballsälen. Das heißt: Der Zugang zur Tanzfläche ist im Vergleich zu früher wesentlich unkomplizierter geworden. Selbstbewußte junge Mädchen warten nicht mehr, bis sie zum Tanzen aufgefordert werden, sondern gesellen sich auch allein oder mit Freundinnen zu den anderen. Auf einem organisierten Ball oder bei anderen offiziellen Tanzveranstaltungen haben allerdings die alten Spielregeln weiterhin Gültigkeit. Der Mann bittet höflich um einen Tanz, führt seine Auserwählte zur Tanzfläche (wobei sie vorgeht) und bringt sie später wieder an ihren Platz zurück. Übertriebene Kratzfüße und tiefe Verbeugungen sind heutzutage überholt.

TANZSTUNDE Wer sich als Zaungast in eine Disko begibt und junge Leute beim Tanzen beobachtet, kann sich kaum vorstellen, daß sie die Kreisdrehung beim langsamen Walzer beherrschen. Die Wirklichkeit sieht jedoch anders aus, und man kann die Tanzstunde getrost als angenehme Pflicht bezeichnen. Sie ist schließlich nicht nur dazu da, korrekte Schrittkombinationen zu vermitteln, sondern schafft auch die Voraussetzung für 15- und 16jährige Jungen und Mädchen, die sich sonst nur auf dem Schulhof begegnen, sich auf andere Art näherzukommen. Mädchen, die am liebsten in Jeans und Turnschuhen herumlaufen, haben plötzlich Lust, kurze Röcke, Haarschleifen und Lackschuhe zu tragen. Jungen, die sonst jede freie Minute auf dem Fußballplatz verbringen, waschen sich die Haare und schneiden ihre Fingernägel. Auch wenn sie im Laufe der Jahre nur selten Gelegenheit haben, eine Samba aufs Parkett zu legen, die Zeit der Tanzstunde wird ihnen angenehm in Erinnerung bleiben.

TASCHENGELD Wenn man sieht, wieviel Schulkinder mit sich herumtragen, um Kinokarten, Süßigkeiten und Limonade zu kaufen, fragt man sich, ob es überhaupt noch Taschengeld gibt. Oder ob die Eltern jedesmal Geld nachschieben, wenn ein Loch in der Kasse ist. Wer sich die Mühe macht nachzufragen, erfährt, daß Kinder offenbar über sehr viel mehr Geld verfügen können, als gut für sie ist. Damit sie später ein gesundes Verhältnis zum Geld haben, ist es wichtig, sie daran zu gewöhnen, daß sie mit einer begrenzten Summe monatlich auszukommen haben.

TASCHENTUCH Männer haben heutzutage meist nur dann ein Taschentuch dabei, wenn sie einen Schnupfen haben. Ein Gentleman der alten Schule würde niemals das Haus verlassen, ohne ein blütenweißes glattgebügeltes Taschentuch für alle Lebenslagen bei sich zu haben. Es gibt Menschen, die putzen sich ganz selten die Nase, und es gibt andere, die laufen ständig mit einem Schnupfen herum. Unabhängig davon, daß Bazillen anstecken können, sind gebrauchte Taschentücher nicht unbedingt ein schöner Anblick. Statt sie unter das Sofakissen zu stecken oder in den Ärmel, sollte man sie in der Hand- oder Hosentaschen halten. Äußerst praktisch sind Papiertaschentücher, die nur einmal benutzt und anschließend gleich weggeworfen werden.

TASCHENUHR Schöne alte Erbstücke, die leider viel von ihrem Sinn verloren haben, seit Männer ihre Anzüge kaum noch mit Westen kombinieren. Es lohnt sich jedoch, das Andenken an den Großvater hochzuhalten und auf festliche Gelegenheiten zu warten, die das Anlegen einer Taschenuhr möglich machen.

TAUFE Man läßt einem Neugeborenen genügend Zeit, sich an seine neue Umgebung zu gewöhnen, bevor man es zur Taufe trägt. Manche Eltern sind heute soweit, auf die konventionelle Art des Taufens ganz zu verzichten, um ihren Kindern die Möglichkeit offen zu lassen, diese wichtige Entscheidung später selbst zu treffen. Folgt man jedoch den Vorschriften seiner Kirche, so besteht der erste Schritt darin, den Tauftermin mit dem zuständigen Geistlichen zu besprechen. Der Taufakt selbst wird normalerweise in der Kirche vorgenommen, in Ausnahmefällen auf Wunsch auch zu Hause. Als Taufpaten eignen sich am besten Verwandte und Freunde, die auch ein längerfristiges Interesse am Wohlergehen des Kindes haben. Auch wenn es dafür keine festen Vorschriften geben kann, eine gewisse Aufmerksamkeit sowie Weihnachts- und Geburtstagsgeschenke werden indirekt von Taufpaten erwartet. Der Taufe folgt eine kleine Familienfeier, die man am besten nach Hause verlegt, um dem Baby zuviel Zigarettenqualm und Unruhe zu ersparen.

TAXI Nur weil es sich hier um eine bezahlte Dienstleistung handelt, kann sich ein Fahrgast noch lange nicht benehmen, als hätte er das Taxi gekauft. Er hat kein Recht, das Radio zu bedienen, sich ungefragt eine Zigarette anzuzünden oder sämtliche Fenster aufzumachen. Es ist außerdem ein Zeichen für schlechtes Benehmen, wenn er sich mit einer zweiten Person so intim unterhält, als ob der Fahrer gar nicht dabeisäße. Wer Grund hat, mit dem Taxifahrer nicht zufrieden zu sein, zahlt keinen Pfennig mehr, als den geforderten Betrag. Ansonsten rundet er krumme Summen auf oder gibt ein kleines Extra-Trinkgeld. Umgekehrt darf man außer Bremsen und Gasgeben auch von dem Fahrer einiges erwarten: eine höfliche Begrüßung, das Einladen von Koffern und Taschen und auch eine Geräuschkulisse, die einem auf längeren Fahrten nicht den letzten Nerv tötet.

TEELÖFFEL Die wichtigste Aufgabe dieses kleinen Löffels, der auch Kaffeelöffel genannt wird, ist das gleichmäßige Verteilen von Zucker in Tee oder Kaffee. Ich würde wirklich etwas vermissen, wenn alle diejenigen, an deren lautstarkes Umrühren ich mich endlich gewöhnt habe, plötzlich aufhören würden, mit dem Löffel gegen die Tasse zu schlagen. Da man diese Art von Sentimentalität nicht allgemein voraussetzen kann, empfehle ich, mit etwas mehr Rücksicht und weniger Klappern weiterzurühren.

TEEWAGEN (→ Servierwagen)

TELEFON Eine der schönsten und zugleich schrecklichsten Erfindungen dieses Jahrhunderts. Wie schön, jemand schnell und problemlos anzurufen, wenn man ihm etwas Wichtiges zu sagen hat. Und wie schrecklich, bis in den letzten Winkel seines privaten Bereiches von dem ständigen Geklingel dieser notorischen Nervensäge verfolgt zu werden. Meine ganze Ungeduld gehört Leuten, die offensichtlich alle Lücken des täglichen Lebens mit Telefongesprächen ausfüllen, für die es kein natürliches Ende gibt. Und mein ganzes Verständnis gehört denen, die es hin und wieder schaffen, sich an einen stillen Ort abzuseilen und für niemanden mehr erreichbar zu sein. Als Zwischenlösung empfehle ich auch für den privaten Haushalt einen Anrufbeantworter: Man hört heimlich mit und nimmt nur ab, wenn einem danach zumute ist. Wenn man allerdings den Hörer von der Gabel nimmt, ist das Versteckspiel zu Ende und es ist selbstverständlich, seinen Namen zu sagen und zwar so, daß man ihn am anderen Ende der Leitung versteht. Auch der Anrufer nennt seinen Namen, sagt förmlich Guten Tag und nennt den Grund seines Anrufes. Vor neun Uhr morgens, während der Mittagszeit und Abends nach 22 Uhr ruft man nur an, wenn es einem ausdrücklich erlaubt wurde.

TELEFONZELLE Sie ist ein Teil der Öffentlichkeit und dazu gedacht, ein schnelles Telefongespräch von unterwegs möglich zu machen. Nach dem altbekannten Motto „Fasse dich kurz" entspricht es nicht dem Sinn der Sache, von der Straßenecke aus sein gesamtes Adreßbuch durchzutelefonieren. Wer draußen sehr lange warten muß, darf ruhig einmal zwischendurch klopfen, um daran zu erinnern, daß eine Telefonzelle für alle da ist.

TELEGRAMM Wenn der Telegrammbote vor der Türe steht, kriegt man automatisch Herzklopfen. In 99 von 100 Fällen handelt es sich entweder um sehr gute oder sehr schlechte Nachrichten. Daran sollte man denken, bevor man selbst eins losschickt und womöglich andere Menschen beunruhigt. Vor vielen Jahren war ich als Trauzeugin in Venedig, als Freunde von mir heimlich geheiratet haben. Die fünf Telegramme an die engsten Familienmitglieder mit der Frage „Was meint ihr wohl, wer heute in Venedig geheiratet hat?" kamen wesentlich weniger gut an, als sie vermutet hatten.

TENNISMODE Gottfried von Cramm, der Grandseigneur

der deutschen Tennisgeschichte, würde sich im Grab umdrehen, wenn er sehen könnte, welches kunterbunte Bild sich heute auf den Tennisplätzen bietet. Obwohl es in quasi jedem Haushalt eine funktionsfähige Waschmaschine gibt, findet man kaum noch Spieler, die den weißen Sport in diesem Zusammenhang ernstnehmen. Statt schmalplissierten blütenweißen Faltenröckchen unter schlichten weißen Oberteilen, klassischen Baumwollpolos und dem ehemals obligatorischen dicken Zopfpullover mit V-Ausschnitt, sieht man neuerdings pink- und lilafarbene Schulterpartien, farbige Drachenmotive auf dem Rücken und giftgrüne Socken. Für mich ein weiterer Schritt weg von stilistisch einwandfreien Traditionen in Richtung Geschmacklosigkeit und Beliebigkeit der Dinge.

TESTAMENT (→ Erbfolge)

THAILÄNDISCHE KÜCHE Die Zubereitung der Speisen entspricht im wesentlichen den allgemeinen Richtlinien der asiatischen Küche. Das heißt mit anderen Worten: Möglichst frische Zutaten, alles kleingeschnitten, viel Gemüse und Kräuter, als Beilage Reis, als Getränk dazu verschiedene Sorten aromatischer Tees. Ihr besonderes Kennzeichen: Unter den vielen exotischen Gewürzen liegt die Betonung auf rotem Chilipfeffer, der den größten Teil der Speisen für unseren Gaumen fast ungenießbar macht. Deshalb die obligatorische Frage des Kellners an den Touristen: „Spicy or not spicy?“

THEATERBESUCH Ambitionierte Kulturmenschen gehen ins Theater wie andere Leute ins Kino. Für eine von vielen Vorstellungen muß man sich nicht sonderlich zurechtmachen, bei Theaterpremieren erscheinen Männer im dunklen Anzug und Frauen im Cocktailkleid.

THE DANSANT Ein vornehm-nostalgischer Ausdruck, der zu gut zu sein scheint, für das, was davon übriggeblieben ist. Abgesehen von einigen eleganten Fünfuhrtees mit Tanzgelegenheit in renommierten europäischen Grandhotels reduziert sich das Tanzen bei Tageslicht auf eine Handvoll feuchtfröhlicher Ausflugslokale und eine Art Ringelpiez mit Anfassen beim Après-Ski.

THEKENSTEHER Einer der sichtbaren Unterschiede zwischen Rheinländern und Bayern: Der Rheinländer steht am liebsten an der Theke, während der Bayer gerne am Tisch sitzt, auch wenn er dabei keinen Schweinsbraten verzehrt. Der Grund dafür liegt nicht darin, daß der Bayer das geringere Stehvermögen hat, sondern vielmehr darin, daß der Rheinländer mehr und mit möglichst vielen Leuten reden möchte. Das heißt: Die Theke kann ihm gar nicht lang und voll genug sein. Wer sich dazugesellt, sollte sich allerdings klarmachen, daß die Theke eine gewisse Bereitschaft signalisiert, mit anderen Menschen Kontakt aufzunehmen. Es wäre fehl am Platz, dem Thekennachbar die kalte Schulter zu zeigen, wenn er mit einem anstoßen möchte.

TISCH ABRÄUMEN Es ist weniger dramatisch, nach einem privaten Abendessen die Teller von links, also von der falschen Seite abzuräumen, als sie den Gästen im falschen Moment geräuschvoll wegzuziehen. Manche Leute haben ein besonderes Talent, gerade dann für Unruhe am Tisch zu sorgen, wenn eine interessante Unterhaltung aufkommt. Oder sie stellen schon die ersten Teller zusammen, wenn einige der Gäste mit dem Essen noch nicht fertig sind.

TISCHDAME/TISCHHERR Auch wenn man nicht neben seinem absoluten Wunschkandidaten plaziert wurde, respektiert man die Entscheidung des Gastgebers und verhält sich seiner Rolle entsprechend. Während man freundlich und zurückhaltend Konversation macht, wobei man die andere Person auch einmal zu Wort kommen läßt, achtet der Mann darauf, daß seine Tischdame mit Essen und Trinken versorgt ist und gegebenenfalls auch mit einem Aschenbecher. Tischdamen sind nicht zu verwechseln mit Animierfräuleins und auch nicht mit Stammtischfreunden, an denen man die Wirkung seiner neuesten Witze ausprobiert.

TISCHDECKE Ein schöner Glastisch, eine edle Marmorplatte und auch ein blankgescheuerter Bauerntisch brauchen nicht unbedingt eine Tischdecke. Ganz im Gegenteil. In solchen Fällen ist es jedoch ratsam, den Gedecken passende Sets unterzulegen. Das sieht gut aus und hilft außerdem, den Tisch vor Flecken oder Kratzern zu schonen. Wer lieber eine Tischdecke auflegt, achtet immer darauf, daß die richtigen Proportionen eingehalten werden. Lieber ein überdimensionales weißes Leinenlaken, das auf dem Fußboden endet, als eine zu kurz geratene Tischdecke. Die Servietten sollten möglichst aus dem gleichen oder sonst aus einem passenden Stoff sein.

TISCHDEKORATION Sie sollte, wenn möglich, zum Anlaß, zum Tisch und zum Zimmer passen. Ein kunstvolles Gebinde aus weißen Lilien paßt ebensowenig in eine rustikale Bauernecke wie ein Strohblumensträußchen in ein Jugendstilzimmer. Sympathische Kleinigkeiten wie Osterhasen oder Maikäfer aus Schokolade auf dem Teller machen oft mehr her als ein Tisch, der mit so vielen Blumen und Kerzen beladen ist, daß man seinem Gegenüber nicht mehr in die Augen sehen kann.

TISCHGESPRÄCH Eine Erleichterung für den Gastgeber, wenn es sich von allein entwickelt und lähmend für alle (Un-)Beteiligten, wenn es im Sande verläuft. In vielen Fällen weiß man schon vorher, daß man sich auf das Mitteilungsbedürfnis seiner Gäste verlassen kann und muß sich um nichts kümmern. Wer allerdings schon ahnt, daß eine vermutlich sprachlose Gesellschaft auf ihn zukommt, versucht, dem Schlimmsten vorzubeugen, indem er sich rechtzeitig Gedanken macht über Themen, die seine Gäste bei aller Zurückhaltung aus der Reserve locken könnten. Natürlich kann es auch passieren, daß ein Tischgespräch in die falsche Richtung läuft. Einer der Gäste entschuldigt sich mit Zahnschmerzen und plötzlich erzählen sich alle die Krankheitsgeschichten der letzten zehn Jahre. Oder man macht sich gesprächsweise über Leute her, die zehn Minuten vorher das Haus verlassen haben. Es hängt dann von der Geschicklichkeit des Gastgebers ab, möglichst unauffällig einzugreifen und auf ein anderes Thema zu lenken.

TISCHMANIEREN Auch ohne ständig das Haar in der Suppe zu suchen, läßt sich leicht feststellen: Es gibt viel mehr Menschen mit schlechten als Menschen mit guten Tischmanieren. Es fängt schon mit der Haltung an. Wer mit Genuß ißt, sollte auch bequem dabei sitzen und nicht so stocksteif, als hätte er einen Kleiderbügel im Rücken. Unter bequem versteht man aber nicht, daß sich einer lässig über den Tisch hängt und beide

Ellenbogen neben den Teller legt. Bei der Ausstattung des eigenen Eßzimmers achtet man darauf, daß Tische und Stühle in der richtigen Relation zueinander stehen, das heißt, eine optimale Sitzposition erreicht wird. Besonders angenehm sind Stühle mit Armlehnen, die viele Leute davon abhalten, die Ellenbogen auf den Tisch zu stützen und den Rücken über den Teller zu beugen. Bei mehr oder weniger hoffnungslosen Fällen, die sich auch gar keine Mühe geben wollen, ihre Tischmanieren zu verbessern, ist schon viel gewonnen, wenn sie beim Kauen wenigstens den Mund geschlossen halten. Ein Mensch, der sich in Embryohaltung an der Tischkante festklammert, ist leichter zu ertragen als einer, der sich den Mund vollstopft und dabei lauthals weiterredet. Zu den unangenehmen Tischgenossen gehören auch die Schnellesser. Sie verschlingen in Windeseile alles, was auf dem Teller liegt und sind grundsätzlich als erste fertig.

TISCHORDNUNG Über den vielen Vorbereitungen, die zu einem Abendessen gehören, vergißt man oft die Tischordnung. Oder man macht ganz bewußt keine, weil man glaubt, daß zehn Gäste es schon selbst schaffen, sich anständig um den Tisch zu verteilen. Häufig mit dem Ergebnis, daß sich die Paare und guten Freunde in einer Ecke zusammensetzen. Das muß auch gar nicht unbedingt heißen, daß am Tisch keine Freude mehr aufkommt. Dennoch ist es in den meisten Fällen besser, man dirigiert die Sitzordnung. Auf diese Weise werden auch einmal Leute zu Tischnachbarn, die selten zusammenkommen. Es entsteht mehr Spannung und vielleicht auch ein interessantes Tischgespräch.

TITEL (→ Adel → Protokoll → Rangordnung)

TOAST Zu Suppen, Pasteten und diversen Salaten kommt meistens Toast auf den Tisch. Damit er so warm und knusprig wie möglich gegessen wird, legt ihn der Kellner dem Gast direkt auf den Brotteller. Er wird nicht geschnitten, sondern in Stücke gebrochen, die man einzeln mit Butter bestreicht. Im privaten Kreis werden die Toastscheiben zum Warmhalten in eine Serviette gewickelt und in einen Brotkorb gelegt.

TODESANZEIGE Wenn man die entsprechenden Seiten in der Tageszeitung aufschlägt, stößt man immer wieder auf zwei

Arten von Todesanzeigen: private, die von den Familienangehörigen aufgegeben werden, und geschäftliche, mit der eine Firma den Verlust eines wichtigen Mitarbeiters bedauert. Während sich die zweite Form normalerweise in ruhigen sachlichen Worten darstellt, schießen private Todesanzeigen des öfteren übers Ziel hinaus. Formulierungen wie in „unsäglicher Trauer" oder „wurde in der Blüte seiner Jahre von uns gerissen" klingen entweder zu persönlich oder auch zu dramatisch. Die Todesanzeige soll ja den Sinn einer öffentlichen Bekanntmachung erfüllen und ist nicht dazu da, seinem Schmerz überdeutlich Ausdruck zu verleihen.

TODSÜNDEN Als Resultat langjähriger Beobachtungen und der entsprechenden persönlichen Erfahrungen werden an dieser Stelle die zehn absoluten Todsünden des schlechten Benehmens zusammengefaßt:

1. weiße Socken zum dunklen Anzug
2. Wasser in einen edlen Wein gießen
3. Teller abräumen, wenn noch gegessen wird
4. mit vollem Mund trinken
5. seinem Partner im Beisein anderer in den Rücken fallen
6. beim Essen rauchen ohne zu fragen
7. Kellner herumkommandieren
8. vom Aussterben bedrohte Tiere als Mäntel tragen
9. als Mann sitzenbleiben. wenn eine Frau den Raum betritt
10. dem Chef des Hauses Trinkgeld geben

TOILETTE Obwohl es auch Männer gibt, die nach jedem zweiten Bier zur Toilette eilen, werden sie, was diese menschlichen Bedürfnisse betrifft, von den Frauen um Längen geschlagen. Bei der Gelegenheit muß nochmals darauf hingewiesen werden, daß Freundinnen, die regelmäßig paarweise in diese Richtung verschwinden, einen seltsam konspirativen Eindruck hinterlassen, vor allem dann, wenn sie auch noch albern kichernd an den Tisch zurückkommen. Dann gibt es noch eine andere Art weiblicher Wesen, die mehrmals pro Abend für längere Zeit verschwinden. Wenn sie endlich wieder auftauchen, haben sie Frisur und Make-up komplett erneuert und sich dermaßen mit einem exotischen Moschusduft eingesprüht, daß ihre Tischnachbarn kaum noch atmen können. Auf internationalen Flughäfen gehen Touristinnen noch ein Stück weiter: Sie ziehen sich bis auf die Unterwäsche aus, machen aus dem Waschraum zuerst ein Badezimmer und anschließend eine Umkleidekabine.

TOLERANZ Es ist zweifellos ein Zeichen von Stärke und meist erst das Ergebnis vieler Lebenserfahrungen, wenn ein Mensch von sich behaupten kann, tolerant zu sein. Je weniger Selbstsicherheit vorhanden ist, um so mehr ist man geneigt, das Haar bei anderen in der Suppe zu finden. Toleranz heißt unter anderem: Verständnis haben für Menschen, die viel jünger oder viel älter sind. Verständnis haben sowohl für Menschen, die in Kleidung und Auftreten nicht den allgemeinen Normen entsprechen, als auch für Menschen, die einer anderen Gesellschaftsschicht oder einem völlig unterschiedlichen Kulturkreis angehören – vor allem aber Verständnis für Andersdenkende.

TOPFPFLANZEN Wer Blumen verschenken will und sich über den Geschmack der Gastgeberin nicht im klaren ist, läßt lieber die Finger von Topfpflanzen. Ein Strauß Tulpen ist nach wenigen Tagen verblüht – ein ungeliebtes Alpenveilchen im Topf leistet einem noch eine ganze Weile Gesellschaft.

TÖRTCHEN Die winzigen Tortenböden aus ungezuckertem Mürbeteig nennt man auch Torteletts oder Tarteletts, wenn sie mit herzhaft-pikanten warmen und kalten Speisen belegt werden. Für süße Nachspeisen wird der Teig vorher leicht gezuckert und wahlweise mit Obst belegt und mit Geliermasse überzogen.

TOURISMUS (→ Reisen)

TOUPET (→ Perücke)

TRANCHIEREN Eine Kunst, die nicht jeder versteht, der aus der Küche kommt. In manchen Familien übernimmt sogar der Hausherr diese Pflicht. Es ist durchaus üblich, das Tranchierbesteck einem Gast zu überlassen, wenn so am ehesten gewährleistet ist, daß die Gans oder das Roastbeef professionell zerlegt werden. Beim Tranchieren kommt es nicht auf Kraft an, sondern auf das richtige Tranchierbesteck. Wenn es um Fleisch geht, hält man das Stück mit der großen, zweizinkigen Tranchiergabel, während man mit dem Messer an den richtigen Stellen die Schnitte ansetzt. Geflügel wird auch mit Messer und Gabel oder mit der Geflügelschere zerteilt.

TRANSPIRIEREN (→ Schwitzen)

TRAUBEN Es ist eine absolute Unart von Obstschalen, die auf dem Tisch stehen, Trauben einzeln herunterzuzupfen. Wer davon essen möchte, nimmt eine speziell dafür gedachte Traubenschere (oder auch ein anderes Schneidewerkzeug) zur Hand und trennt sich eine Dolde ab. Wenn Trauben als Nachtisch serviert werden, legt man sie – so wie es die Südländer tun – am besten in eine Schüssel mit kaltem Wasser.

TRAUZEUGE Neben dem Brautpaar sind die beiden Trauzeugen die wichtigsten Personen auf dem Standesamt. Wer es vorzieht, während einer Auslandsreise den Bund fürs Leben zu schließen, muß die Zeugen nicht unbedingt von zu Hause mitnehmen. Man mietet sich welche vor Ort (mit Hilfe des zuständigen Standesamts) oder bittet jemand vom Hotelpersonal um diesen Gefallen.

TRENCHCOAT Dieser klassische Mantel hat vielerlei Funktionen. Unter anderem ist es erlaubt, ihn in Ermangelung eines speziellen Abendmantels als Notlösung über dem Smoking zu tragen.

TREPPE Wenn Mann und Frau gemeinsam die Treppe benutzen, geht die Frau auf dem Weg nach oben vor – damit er sie eventuell auffangen kann. Beim Hinuntergehen ist er vorne, damit er sie wiederum schützen kann, im Falle, daß sie stolpert.

TRINKGELD Es wird nicht mehr lange dauern, bis der internationale Touristenstrom so weit vorgedrungen ist, daß die Menschen in den letzten, zur Zeit noch als „non tipping countries“ bekannten Ländern auch bereit sind, für Dienstleistungen jedweder Art die Hand aufzuhalten. Das heißt mit anderen Worten: Mit dem Tourismus kommen auch die Trinkgelder ins Land. Zwei aktuelle Beispiele: Australien und Neuseeland, die beiden letzten großen Entdeckungen auf dem Fernreisemarkt. Zu den wenigen Ausnahmen gehören noch eine Handvoll Ostblockstaaten und Rotchina, wo es dem zahlungsfreudigen Weltenbummler passieren kann, daß sein Trinkgeld zurückgewiesen wird. Als geizig bekannt sind Engländer und Franzosen. Am tiefsten und am häufigsten greifen die Japaner in die Tasche – sie können es sich auch am besten leisten. Auf Schritt und Tritt ein paar Mark extra draufzulegen, wenn man auf Reisen ist, kann ganz schön anstrengend sein. Das fängt schon bei der Lektüre der verschiedenen Speisekarten an, aus denen nicht immer klar hervorgeht, ob die zehn Prozent Service automatisch auf der Rechnung erscheinen oder nicht. Nicht jeder hat Lust, diesen Dingen zu jeder Zeit auf den Grund zu gehen. Wer es sich leicht machen will, hält sich, über den Daumen gepeilt, an das Prinzip, auf alles rund zehn Prozent extra zu rechnen – vorausgesetzt natürlich, er war mit dem Service zufrieden. Zimmermädchen und Etagenkellner sollte man schon bei der Ankunft mit einem kleinen Schein gute Laune machen, wobei es nicht nur darauf ankommt, daß man etwas gibt, sondern, auch wie man das tut. In Erinnerung an die Lebensweisheit „Geben ist schöner als Nehmen“, geht man auch hier mit Taktgefühl vor und wirft den Leuten nicht einfach das Geld vor die Füße. Das gleiche gilt, wenn es um die dienstbaren Geister an der Rezeption geht. Im Laufe eines längeren Aufenthaltes nimmt man des öfteren ihre Hilfe in Anspruch, läßt sich Theaterkarten besorgen, Tische bestellen und Telefonnummern heraussuchen. Die angenehmste Art sich zu bedanken, ist ein dezenter Umschlag, den man dem Chef-Concierge bei der Abreise überreicht. Sein Inhalt wird gerecht unter den Kollegen verteilt.

TRITTBRETTFAHRER Das Wort sagt eigentlich schon alles. Hier geht es um Menschen, die mit Vorliebe im Fahrwasser anderer segeln, sich gerne an gedeckte Tische setzen, von Geschäftsbeziehungen profitieren und selten auf Ideen kommen, selbst etwas für andere zu tun. Es ist nicht schwer, ihr System zu durchschauen, aber auch nicht immer leicht, sie für alle Zeiten loszuwerden.

T-SHIRT Es gibt wohl kein zweites Kleidungsstück, das in den letzten zwanzig Jahren einen so grandiosen Siegeszug durch alle Kleiderschränke gemacht hat, wie das T-Shirt. Sein Name steht für seine einfache Form – ansonsten sind der Phantasie keine Grenzen gesetzt. Ein Wermutstropfen trotz aller Begeisterung: Überall da, wo Touristen in größeren Mengen auftreten, blüht neuerdings der Massenhandel mit billigen Baumwollhemdchen aller Art. Man kann sich nur noch aussuchen, ob man für Nivea oder Coca-Cola Reklame laufen will oder ob man sich, zum Beispiel als Andenken an eine Chinareise, T-Shirts mit Slogans verkaufen läßt wie „I climbed the wall".

TÜRE ÖFFNEN Beim Betreten einer Bar, eines Hotels oder eines Restaurants geht der Mann immer vor. Frei nach dem Motto „Drinnen könnte ja gerade eine Schlägerei stattfinden" klärt er mit einem prüfenden Blick die Situation und läßt seine Begleiterin eintreten.

TÜRSCHILD Je dezenter das Türschild, desto geringer die Chance die Aufmerksamkeit von Bettlern, Händlern und Hausierern zu wecken. Wer nicht will, daß es möglicherweise mehrmals am Tag klingelt, befestigt einen Hinweis (gibt es vorgedruckt in jedem Schreibwarengeschäft) am Türschild oder Briefkasten, daß er auf Postwurfsendungen ebensowenig Wert legt wie auf Bettler und Hausierer.

TÜRSTEHER Diverse Nachtbars und Nobeldiskotheken haben es sich zur Gewohnheit gemacht, ihre Gäste zum Klingeln zu zwingen und einer Person ihres Vertrauens die Entscheidungsgewalt zu überlassen, wer über diese Schwelle treten darf und wer draußen stehenbleiben muß. Trotz zahlreicher kritischer Berichte und Analysen zu diesem Thema ist es bis heute nicht gelungen, sich von einem vermeintlichen Wunschgast ein klares Bild zu machen. Auch ein Blick hinter die Tür hilft einem da nicht weiter. Ganz im Gegenteil. Wenn man sieht, welche abenteuerlichen Typen, die weder nach Geld noch nach Gusto, noch nach großer Welt aussehen, die Barhocker bevölkern, ist man erst richtig verwirrt. Man sollte es einfach dem Zufall überlassen, ob man dem Auge des Türstehers standhält und es wirklich nicht persönlich nehmen, wenn man nicht zu seinen Favoriten zählt.

U

U. A. W. G. Mit richtigen Worten: Um Antwort wird gebeten. Sie stehen in dieser gewöhnlichen Abkürzung unter fast jeder offiziellen und vielen privaten Einladungskarten. In den meisten Fällen ist der letztmögliche Termin für Zusage oder Absage als Datum mit aufgeführt. Man sollte sich strikt daran halten, damit die Gästelisten rechtzeitig abgehakt werden können.

ÜBERGEPÄCK Es ist immer eine Frage, wohin und wie weit man fliegt, um zu erfahren, wieviel Kilo Gepäck erlaubt sind. Wer mehr auf die Waage bringt, muß unter Umständen empfindlich draufzahlen. Damit man nicht erst am Flughafen feststellt, daß der Koffer viel schwerer ist als man dachte, empfiehlt es sich, ihn vorher zu Hause auf die Badezimmerwaage zu stellen.

UMARMUNG Wenn sich heutzutage Freunde auf der Straße, im Restaurant oder in der eigenen Wohnung begegnen, fällt die Begrüßung meist herzlicher aus, als das früher üblich war. Auch wer sich eher flüchtig kennt, scheut sich nicht vor einem vertraulichen Küßchen-Küßchen-Kontakt. Da kann man nur mit den französischen Urhebern dieser zärtlichen Begrüßungsform sagen „Chaqun à son gout“ (jeder nach seinem Geschmack). Die theatralischen Umarmungen, die neuerdings in Mode gekommen sind und an verlorene Söhne oder Spätheimkehrer erinnern, sollte man sich allerdings schnellstens wieder abgewöhnen. Hier geht es wohl doch mehr um Show als um Herzlichkeit.

UMKLEIDEKABINE Beim Anprobieren verschiedener Kleidungsstücke muß man sich darüber im klaren sein, daß man zumindest einen Teil davon anschließend im Laden läßt und andere Leute das noch anziehen wollen. Das heißt: Bei Unterwäsche und Bademoden behält man grundsätzlich die eigene Wäsche am Körper. T-Shirts und Pullis, die man über den Kopf ziehen muß, werden vor Make-up-Spuren geschützt, indem man sich vorher einen (im Laden meist vorhandenen) Chiffonschal über den Kopf bindet. Weiteres Herumsuchen an den Kleiderständern sollte möglichst nicht in der Unterwäsche stattfinden. Es sind noch andere Kunden im Laden.

UMTRUNK Wer im Büro Geburtstag feiert, lädt seine Kollegen kurz vor Feierabend zu einem Umtrunk ein. Ein paar Flaschen Wein oder Bier und Knabberzeug sind für diesen Anlaß vollkommen ausreichend. Wichtig ist, daß man allen rechtzeitig Bescheid sagt, damit sich keiner übergangen fühlt. Ein Umtrunk ist vollkommen zwanglos und läßt jedem die Freiheit, zu kommen und zu gehen, wann er möchte.

UMWELTVERSCHMUTZUNG Wenn man zwanzig Jahre lang seine Wochenendeinkäufe in Plastiktüten nach Hause getragen hat, ist es nicht ganz leicht, sich umzustellen. Deshalb ist es um so wünschenswerter, daß Kinder in der Familie und auch in der Schule so früh wie möglich ein entsprechendes Umweltbewußtsein entwickeln. Daß sie sich zum Beispiel daran gewöhnen, Energie zu sparen, indem sie nicht im ganzen Haus das Licht brennen lassen, oder sich selbst aufs Fahrrad setzen, damit sie nicht mit dem Auto zur nahe gelegenen Schule gebracht werden müssen, leere Flaschen in den dafür vorgesehenen Container werfen und nicht in den nächsten Papierkorb und Papiertüten benutzen statt Plastikbeutel.

UNDERDRESSED Ein Theaterbesucher, der im Jogging-Anzug im Parkett sitzt, eine Taufpatin in Jeans oder ein Bankdirektor im Rollkragenpullover – alle drei sind underdressed. Das heißt: Sie haben sich für die betreffende Gelegenheit nicht gut genug angezogen. Wer nicht sicher ist, welche Kleidung zu einem gegebenen Anlaß von ihm erwartet wird, fragt lieber noch einmal nach, bevor er sich zum Gespött oder zum Außenseiter macht.

UNDERSTATEMENT Eine positive Art zu untertreiben. Um ein paar Beispiele zu nennen: Man fährt ein kleines unauffälliges Auto, obwohl man sich ein großes leisten könnte. Man trägt qualitativ gute, aber dezente Sachen, die auf den ersten Blick nicht auffallen. Man gibt sich anderen gegenüber bescheiden und zurückhaltend und zeigt nicht dauernd, was man hat. Man buhlt nicht um die Gesellschaft der Schönen und Reichen und genießt dafür die Vorzüge einer echten Freundschaft.

UNHÖFLICHKEIT Man macht sich das Leben so viel leichter, wenn man seinen Mitmenschen höflich gegenübertritt. Mit einem freundlichen Gruß, einem netten Lächeln und einer gewissen Aufmerksamkeit. Muffige Verkäuferinnen, miesepetrige Kellner und humorlose Taxifahrer haben ganz einfach ihren Beruf verfehlt.

UNSITTEN (→ Todsünden)

UNTERHALTUNG (→ Tischgespräch)

UNTERMIETER (→ Möbliertes Zimmer)

UNTERSCHRIFT Viele Leute müssen Lehrgeld zahlen, bis sie gelernt haben, mit ihrer Unterschrift vorsichtiger umzugehen. Man wollte doch nur mit einer kleinen Spende helfen – und schon hat man ein Jahresabonnement für zwei Zeitschriften bestellt. Man wollte doch nur einen zweiten Nebenapparat – und schon hat man eine Telefonanlage für das ganze Haus am Hals. Man wollte sich doch nur den Zahlungsverkehr erleichtern – und schon hat sich jemand mit der Vollmacht vom Konto bedient.

UNZUVERLÄSSIGKEIT Es ist ein schlechter Charakterzug, wenn jemand sich als chronisch unzuverlässig erweist. Er hat fest versprochen anzurufen, und er tut es nicht. Er hat zugesagt, während der Abwesenheit die Blumen zu gießen, und er hat sie vertrocknen lassen. Er wollte die Adresse vom Hotel durchgeben, und er hat es wieder vergessen. Noch ein paar solche Erfahrungen und man wird ihm nie wieder etwas zutrauen. Statt sich ständig für irgendwelche Gefälligkeiten anzubieten, die er nicht einhält, würde er sich lieber zurückhalten, und besser überlegen, was er verspricht.

V

VERABREDUNG Wenn zwei Menschen sich um eine bestimmte Zeit an einem bestimmten Ort treffen wollen, haben sich beide daran zu halten. Daß man pünktlich ist, wird vorausgesetzt. Daß man ohne Absprache mit dem anderen einfach noch andere Leute mitbringt, ist ziemlich ungehörig. Eine Verabredung mehrmals hintereinander mit fadenscheinigen Entschuldigungen abzusagen, ist ausgesprochen unhöflich. Und es ist richtig frech, die Person, mit der man sich trifft, nach kurzer Zeit sitzenzulassen, weil man noch eine andere Verabredung hat.

VERABSCHIEDEN Es ist nicht immer leicht abzuschätzen, ab welcher Menge Menschen man auf einem Fest alle Anwesenden mit einem Handschlag begrüßen oder auch verabschieden muß. Die allgemeinen Sitten sind etwas lockerer als früher, und es ist sicherlich kein Zeichen von Unhöflichkeit, wenn man zu allen Hallo sagt und darauf verzichtet, in großer Runde die Hände zu schütteln. In aller Form begrüßt werden immer die Gastgeber und man reicht auch den Gästen die Hand, wenn man sich zu einer kleinen Gruppe gesellt.

VERBEUGUNG Moderne Mädchen knicksen nicht, und Männer verzichten so weit wie möglich auf Verbeugungen. Sie signalisieren eine devote Haltung und passen nicht in eine Gesellschaft, die Klassenunterschiede abgeschafft hat.

VEREINSMEIEREI Ein Mensch, dem das Herz in der Gruppe aufgeht, der sich gerne im Auftrag anderer starkmacht und im Kegelclub immer das große Wort führt. Während er in der Illusion lebt, für die anderen unentbehrlich zu sein, wird seine Hyperaktivität bestenfalls ausgenutzt, und ansonsten geht er den Leuten auf die Nerven.

VERKÄUFERIN Seit die Personalkosten gestiegen sind, ist

man als Kundin in einem großen Kaufhaus oder auch in einem Modegeschäft weitgehend sich selbst überlassen. Findet man endlich jemand, um in höflicher Form eine Frage zu stellen, ist diese Person prompt in der Abteilung nicht zuständig. Wirklich gute Beratung, speziell in Modefragen, ist sehr selten geworden. Dennoch sollte man sich nicht so leicht abwimmeln lassen und notfalls nach dem Abteilungsleiter oder Geschäftsführer verlangen, bevor man aus Verlegenheit das Falsche kauft. Es gibt allerdings auch das umgekehrte Beispiel: Die Verkäuferin ist höflich und zuvorkommend, während die Kundin sich eindeutig im Ton vergreift. Der entscheidende Unterschied: Die Kundin kann jederzeit gehen, die Verkäuferin muß unter Umständen gute Miene zum bösen Spiel machen.

VERLOBUNG Sie ist im Laufe der letzten zwanzig Jahre immer mehr aus der Mode gekommen. Die Zeit zwischen Eheversprechen und Heirat war dafür gedacht, seinen Entschluß noch einmal gründlich zu prüfen. Außerdem bekamen zwei junge Menschen erst durch ein offizielles Verlöbnis die Möglichkeit, sich ohne Schwierigkeiten gegenseitig zu besuchen. Die Zeiten haben sich gründlich geändert, heute ist es ganz normal, auch ohne verlobt zu sein, vor der Hochzeit bereits zusammenzuleben. Warum verlobt man sich dann überhaupt noch? Erstens aus den gleichen romantischen Motiven, die einen Mann und eine Frau zum Standesamt treiben und zweitens, weil noch längst nicht alle jungen Menschen sich moralisch so frei fühlen, wie man glaubt. Mit einer offiziellen Verlobung, die durch nichts und niemand schriftlich festgelegt wird, sondern nur auf mündlichem Versprechen basiert, sind dennoch juristische Konsequenzen verbunden. Man will auf diese Weise verhindern, daß für einen der Partner große finanzielle Schäden entstehen, die im direkten Zusammenhang mit einem zukünftigen gemeinsamen Leben standen. Bei einer eventuellen Trennung müssen laut Gesetz Briefe und Geschenke wieder zurückgegeben werden. Auch wenn der angehende Ehemann es für überholt ansieht, nach dreijährigem Zusammenleben offiziell um die Hand seiner Partnerin anzuhalten, ist spätestens mit der Verlobung der Moment gekommen, die Eltern der Braut beziehungsweise des Bräutigams kennenzulernen. Noch besser: die Familien auf unkomplizierte Art zusammenzubringen, bevor man sich an die konkreten Hochzeitsvorbereitungen macht. Einige Leute nutzen diese Gelegenheit, sich mit den zukünftigen Verwandten bei einem Glas Wein zu „verbrüdern"; andere tun das erst bei der Hochzeit. Nur bei ganz jungen Leuten ist es eigentlich noch angebracht, daß der Bräutigam dem Vater der Braut klarzumachen versucht, wie er sich die wirtschaftliche Seite seines neuen Lebens vorgestellt hat. Große Verlobungsfeiern mit schriftlichen Anzeigen und vielen Gästen und Geschenken sind sehr selten geworden. Ein kleines Essen im Familienkreis ist vollkommen ausreichend. Die Eltern schenken meist schon etwas Praktisches für den zukünftigen Haushalt; das angehende Ehepaar beschenkt sich gegenseitig mit den Verlobungs- und späteren Eheringen oder anderen Dingen, die weniger eine praktische als eine bleibende Erinnerung sein sollen.

VERSPÄTUNG (→ Unpünktlichkeit)

VERSPRECHER Durch die Existenz vieler fremdländischer Küchen in Deutschland und durch verstärktes Reisen in der ganzen Welt haben sich viele neue Worte in unsere Sprache eingeschlichen, mit denen jedoch nicht jeder umzugehen weiß. Und das tut manchmal in den Ohren weh. Zu den beliebten Dauerbrennern unter den Sprechfehlern gehören vor allem italienische Worte, die im Plural genannt werden. Dabei heißt die Mehrzahl von Scampi nicht Scampis, sondern einfach nur Scampi. Das gleiche gilt für Gnocchi, Zucchini und Maccaroni. Wer sein Lieblingsgetränk auch für andere bestellen möchte, verlangt nicht nach drei Camparis, sondern – wenn er korrekt sein will – drei Campari. Und wer statt Nudeln lieber Spaghetti sagt, sollte sich doch bitte daran gewöhnen, daß man das „S" nicht wie „Sch" ausspricht. Trotz einer langjährigen Tradition als Ferieninsel haben sich noch nicht alle Mallorca-Urlauber daran gewöhnt, daß die beiden „l" in der Mitte wie „j" gesprochen werden. Der gute Eindruck, um den man sich bemüht, geht im Handumdrehen verloren, wenn man mit den einfachsten Fremdwörtern nicht umzugehen versteht. Mein Rat: Bei Unsicherheiten in der Aussprache stets in einem Fremdwörterbuch oder Lexikon nachschlagen.

VERWANDTE Im direkten Zusammenhang mit der Tatsache, daß die Menschen allgemein viel mobiler geworden sind und auf dem Weg über ein Studium oder eine andere Ausbildung sehr oft für immer nicht nur das Haus, sondern auch die Stadt verlassen, hat sich auch das Zusammenleben der Großfamilien grundlegend geändert. Onkel, Tanten, Großmütter und Cousinen, die früher gleich um die Ecke wohnten, leben heutzutage in alle Winde verstreut. Das führt irgendwann unweigerlich dazu, daß Freunde und Kollegen, mit denen man die meiste Zeit verbringt, einem mehr ans Herz gewachsen sind als die eigene Familie. Eltern und Geschwister besuchen sich zu Weihnachten und feiern zumindest die „runden" Geburtstage zusammen, ansonsten sieht man sich selten. Weitläufige Verwandte trifft man alle paar Jahre auf dem Friedhof, einige Cousinen würde man auf der Straße schon nicht mehr erkennen. Wenn es nun darum geht, ein Fest vorzubereiten, an dem früher die ganze Familie beteiligt war, kann man sich ruhig die Freiheit nehmen, nur die Verwandten einzuladen, die man wirklich regelmäßig sieht, und ansonsten lieber mit seinen engen Freunden zu feiern.

VIP Die Abkürzung steht für „Very Important Person". Es geht also um Menschen, die aus verschiedenen Gründen wichtiger und prominenter sind als andere. In der Öffentlichkeit wirkt sich das oft in der Form aus, daß so eine kleine privilegierte Gruppe vom breiten Volk auch räumlich getrennt wird. Bei Pferderennen oder Golfturnieren werden Prominente (mit Einladung oder Sonderausweis) im sogenannten VIP-Bereich untergebracht; nach Einweihungen oder Premieren folgt oftmals ein VIP-Empfang für ausgewählte Persönlichkeiten. Um zu dieser Art von elitärer Gruppe zu gehören, muß man jedoch nicht immer etwas Besonderes sein. Es genügt oft schon, besonders viel Geld zu haben. Beispiel: Passagiere, die es sich leisten können, erster Klasse zu fliegen, treffen sich vor dem Abflug in der VIP-Lounge, wo sie unter sich sind, in bequemen Clubsesseln sitzen und kostenlos mit Getränken versorgt werden.

VISITENKARTE Früher hatten nur Geschäftsleute, Politiker und andere hochgestellte Persönlichkeiten eine Visitenkarte. Inzwischen gibt es kaum noch Leute, die nicht in der Lage sind, im kleinsten privaten Kreis eine gedruckte Karte vorzulegen, statt wie früher die gewünschte Anschrift auf ein Stück Papier zu schreiben. Das international üblich gewordene schnelle Kartentauschen entspricht der unkomplizierten Art des Kennenlernens und ist auch ein Ergebnis des ständig wachsenden Tourismus. Visitenkarten zu sammeln kann zur Manie werden. Oft weiß man schon gar nicht mehr, wer sich hinter dem gedruckten Namen verbirgt, wenn man nach einer Reise nach Hause kommt. Bei privaten Visitenkarten sind der Phantasie keine Grenzen gesetzt. Man sollte nur daran denken, ein Format zu wählen, das es unkompliziert macht, die Karte bei jeder Gelegenheit leicht einzustecken. Geschäftskarten orientieren sich an bestimmten äußeren Normen und sollten in der Formulierung grundsätzlich sachlich und informativ sein. Menschen, die häufig reisen, ergänzen ihre Telefon- beziehungsweise Fax-Nummer außer der regionalen mit der internationalen Vorwahl des Landes.

VORGESETZTE Von der kleinsten Agentur, die nur zehn Mitarbeiter hat, bis zur komplizierten Hierarchie perfekt organisierter Großbetriebe findet man die verschiedensten Arten von Vorgesetzten. Es ist naheliegend, daß sich Mitarbeiter in kleinen Büros näherkommen und oft anders miteinander umgehen als in großen Firmen. Dennoch hängt es nicht von der Zahl der Mitarbeiter ab, wie ein Chef oder Vorgesetzter sich verhält. Es gibt Drei-Mann-Betriebe, in denen ein überaus bürokratischer Ton herrscht, und es gibt Großbetriebe, in denen sich ganze Büroetagen duzen. Es gibt keine Patentrezepte, deren präzise Befolgung ein perfektes Betriebsklima mit sich bringt. Es gibt nur die Erfahrung, daß zu starke menschliche Nähe im Berufsleben, die sich möglicherweise auch in den privaten Bereich überträgt, meistens nicht guttut. Berufliche Nähe ja: der regelmäßige Kontakt, die offene Tür, die Bereitschaft zuzuhören. Man muß sich jedoch nicht mit seinen Angestellten duzen, um im Sinne der gemeinsamen Arbeit gut mit ihnen auszukommen.

VORGEWÄRMTE TELLER Wenn mehr als sechs Leute am Tisch sitzen, ist es nicht leicht, das Essen für alle gleichzeitig heiß auf den Tisch zu bringen. Im Ofen vorgewärmte Teller geben der Hausfrau die nötige Extrazeit, Schüsseln und Platten in Ruhe aufzutragen, und den Gästen die Möglichkeit, alle Beilagen in Ruhe aufzulegen, ohne daß das Essen kalt wird. In guten Restaurants sollten vorgewärmte Teller selbstverständlich sein.

VORLEGEBESTECK Suppenkelle, Soßenlöffel, Fleischgabel, also alles, was man an Besteck braucht, um sich während des Essens zu bedienen, wird mit den Gedecken gleichzeitig aufgelegt, bevor das Essen aus der Küche kommt. Wenn der Platz es erlaubt, liegen die einzelnen Teile des Vorlegebestecks parallel nebeneinander im inneren Bereich der Tischdecke.

VORSPEISE Während man sich in früheren Zeiten mehr oder weniger darauf beschränkt hat, ein kleines Menü mit einer Suppe oder einem Salat als Vorspeise zu beginnen, gibt es inzwischen eine Riesenauswahl an kalten und warmen Entrees, die oftmals ein ganzes Vorspeisenbüffett füllen. Es ist heute gar nicht mehr üblich, der traditionellen Zusammenstellung eines Menüs zu folgen. Besonders Leute, die nicht gerne Fleisch essen, haben sich mit Vergnügen daran gewöhnt, statt Suppe und Hauptgericht mit Beilagen ihre Speisenfolge aus lauter verschiedenen Vorspeisen zusammenzustellen.

VORSTELLEN (→ Begrüßung)

VORURTEILE Der internationale Reiseboom hat in den letzten Jahren dazu beigetragen, daß einige Vorurteile allmählich abgebaut werden. Gerade aber die Deutschen mit ihrem wohlorganisierten Schubladendenken neigen zu Klischees wie: Italiener klauen Autoradios; Australier haben keine Kultur; Griechen können nicht kochen; Holländer mögen uns nicht. Kein Mensch kann von sich behaupten, daß er von solchen Vorurteilen gänzlich frei ist. Intelligente Menschen sind jedoch jederzeit bereit, differenziert über die Dinge nachzudenken, um Vorurteile abzubauen und zu beseitigen.

W

WALKMAN Am Wackeln des Kopfes und Zucken der Füße läßt sich für einen Außenstehenden leicht feststellen, ob einer, der Kopfhörer trägt, gerade auf Sendung ist. Eine angenehme Art auf Menschen Rücksicht zu nehmen, die durch laute Musik eventuell gestört würden. Wer selbst ab und zu solch einen Walkman trägt, weiß, wieviel Spaß es macht, sich auf Langstreckenflügen oder bei ausgedehnten Zugfahrten seine Lieblingsmusik aufzulegen und von der Umwelt völlig „auszuklinken“. Wenn man zu zweit reist und beispielsweise für mehrere Stunden im Auto unterwegs ist, kann es unter Umständen dem Reisegefährten gegenüber sehr unhöflich sein, ihn ständig mit dem Steuer, der Straße und den eigenen Gedanken allein zu lassen.

WARTEZIMMER (→ Arztbesuch)

WASSERGLAS In Restaurants und auch in privaten Haushalten hat es sich längst eingebürgert, auch wenn allgemein Wein getrunken wird, von vornherein auch Wassergläser mit auf den Tisch zu stellen. Ihre korrekte Position ist links über dem Teller – die klassische Gläserreihe mit Wein-, Champagner- und Likörglas steht immer oben rechts vom Gedeck.

WASSERTRINKER Wer Gäste einlädt, muß sich im Zusammenhang mit dem allgemeinen Trend zum gesunden Leben darauf einstellen, daß ein Großteil der Gäste ausschließlich nach Wasser verlangt, und zwar in ziemlichen Mengen. Seit es sich herumgesprochen hat, daß der Körper mindestens zwei Liter Flüssigkeit am Tag braucht, kann man bei einigen Leuten schon von fanatischen Wassertrinkern sprechen. Sie trinken mindestens ein Glas auf nüchternen Magen, zu allen Mahlzeiten und werden auch sofort unruhig, wenn auf ihrem Schreibtisch nicht mindestens eine Flasche Wasser steht.

WEIN Irgendwann kommt für jeden der Tag, an dem er zum erstenmal eine Weinkarte vorgelegt bekommt. Was die Preise für offene Schoppen, Karaffen und Flaschen angeht, so stehen sie normalerweise in einer gesunden Relation zu den Preisen auf der Speisekarte. Darüber hinaus wird eine Weinkarte zum Ende hin mit ein paar Spitzenqualitäten aufgefüllt, die dem Weinliebhaber die Möglichkeit geben, auf Wunsch etwas Besonderes zu bestellen. In einem italienischen Restaurant dominieren italienische Weine, in einem spanischen Restaurant spanische und in einem griechischen Restaurant griechische. Nur in deutschen Restaurants kann man dieses Prinzip nicht so konsequent anwenden. Vor allem, seit der Trend in den letzten zwanzig Jahren immer mehr zu trockenen Weinen gegangen ist und die deutschen Winzer diesen Anspruch nur zu einem kleinen Teil erfüllen können, werden Weinkarten in deutschen Restaurants ganz stark von französischen und italienischen Produkten mitbestimmt. Wer sich mit den deutschen Lagen nicht gut auskennt, was erstaunlich oft der Fall ist, ist bei der Wahl seines Weines immer gut aufgehoben, wenn er von den italienischen oder französischen Weißen oder Roten zumindest die gängigsten Marken kennt. Auch wenn nicht jeder Muscadet gleich schmeckt und nicht jeder Chardonnay staubtrocken ist, kann man sicher sein, keine groben Schnitzer zu machen, wenn man sich an die Namen der Weine hält, die zu den beliebten Klassikern auf der Karte gehören. Einige Beispiele: Zu den gängigen französischen Rotweinen gehören Beaujolais, Bordeaux, Chateauneuf-du-Pape und Côte du Rhone. Weiße französische Klassiker sind Muscadet, Sancerre, Chablis, Chardonnay und Entre-Deux-Mers. Aus Italien bevorzugt man unter den Rotweinen Chianti, Corvo, Barolo und Bardolino; unter den Weißweinen Orvieto, Pino Grigio, Frascati und Verdicchio.

Als allgemeine Richtlinie kann man sich merken, daß zu dunklem Fleisch und Wild vorzugsweise Rotwein und zu hellem Fleisch, Fisch und Geflügel überwiegend Weißwein kombiniert wird. Es handelt sich jedoch letzten Endes nur um Empfehlungen und keineswegs um eiserne Regeln. Die Franzosen, Italiener und Spanier trinken zum Fisch genauso gerne Rotwein, und zum Steak paßt an einem warmen Sommertag ein leichter spritziger Weißwein in eisgekühltem Zustand bestimmt besser als ein Rotwein. Das heißt: Wenn Sie zu zweit essen gehen, der eine Forelle ißt und der andere ein Gulasch, kann man sich problemlos auf einen fruchtigen Badener Weißwein einigen, auch wenn der Kellner die Augenbrauen hochzieht. Wer kompromißbereit ist, einigt sich auch problemlos auf einen leichten Rosé aus dem Rhonetal. Außerdem bieten die meisten Restaurants auch offene Schoppen an, damit die Gäste die Möglichkeit haben, weniger zu trinken und nach verschiedenem Geschmack auszuwählen (→ Beaujolais → Bordeaux → Roséwein → Rotwein → Gläser).

WEINBERGSCHNECKEN (→ Schnecken)

WEINPROBE Sie ist nicht dazu gedacht, sich am hellichten Tag in kürzester Zeit zu betrinken, sondern soll Interessenten mit neuen Weinen und ihren spezifischen Anbaugebieten vertraut machen. Das heißt nichts anders als: Von dem Wein wird nur minimal getrunken, der Rest wird in dafür vorgesehene Eimer gespuckt. Um die Geschmacksnerven zwischen zwei Weinen zu neutralisieren, ißt man kleine Stückchen Brot.

WEISSE SOCKEN Sie sind den fanatischen Verfechtern der optischen Selbstdarstellung seit langem schon ein solcher Dorn im Auge, daß es fast schon wieder komisch ist, wenn jemand gegen die eiserne Regel verstößt. Die Regel sagt: Weiße Socken gehören auf den Sportplatz und nicht als ein heller Schandfleck zwischen einen dunklen Anzug und schwarze Schnürschuhe. Obwohl sie doch viel schneller schmutzen als dunkle Strümpfe und obwohl sie von allen Lifestyle-Magazinen nachhaltig verspottet werden, wollen deutsche Männer auf ihre geliebten weißen Socken offensichtlich nicht verzichten. (→ Socken)

WEISSWÜRSTE Die Bayern selbst werden immer wieder dabei beobachtet, wie sie ihr Nationalgericht an der Pelle packen, an einem Ende aufbeißen, in süßen Senf stippen und genüßlich auszuzeln. Dem Ausländer, damit sind alle Personen außerhalb Bayerns gemeint, empfiehlt er folgendes: die Weißwurst in der Mitte längs aufschneiden, das Messer in die Schnittstelle drücken und die Wursthälften nach links und nach rechts aus der Pelle schieben, Stück für Stück mit Messer, Gabel und süßem Senf und natürlich einer Brezn essen.

WIDMUNG Seit weniger mit der Hand geschrieben wird als früher, sind auch Eintragungen in Gästebücher und persönliche Widmungen zu Stiefkindern der zwischenmenschlichen Beziehungen verkümmert. Aus einem Buch wird im Handumdrehen ein ganz persönliches Geschenk, wenn man sich die Mühe macht, ein paar herzliche Worte hineinzuschreiben. Die Herzlichkeit sollte allerdings nicht zu intim sein, denn man muß davon ausgehen, daß auch noch andere Leute das Buch in die Hand nehmen.

WILDE EHE Die tendenziöse Formulierung dieses Schlagwortes sagt schon aus, daß es ursprünglich im negativen Sinn verwendet wurde. Heutzutage ist es für die Mehrheit der Menschen nicht mehr von Bedeutung, ob ein Paar mit oder ohne Trauschein zusammenlebt. Viele junge Leute leben ganz bewußt eine Zeitlang in „wilder Ehe“, um sich darüber klarzuwerden, ob sie überhaupt zusammenpassen und später einmal heiraten wollen.

WINDSORKNOTEN Im Gegensatz zum einfachen Krawattenknoten wird der Windsorknoten so kunstvoll geschlungen, daß die Krawatte nicht mehr verrutschen kann. Voraussetzung für sein Gelingen ist ein schmales Krawattenteil.

WÜRDENTRÄGER (→ Protokoll)

WÜRSTCHEN Sie werden wahlweise mit der Hand oder aber mit Messer und Gabel gegessen. In einem guten Restaurant nimmt man das Besteck; in Gartenlokalen, an Imbißständen oder in der eigenen Wohnküche kann man die Würstchen getrost mit der Hand in den Senf stippen.

Z

ZABAGLIONE Eine der köstlichsten italienischen Nachspeisen. Sie wird aus Eiern, Zucker, Weißwein und Marsala so lange im Wasserbad geschlagen, bis sie den Traumzustand zwischen steif und flüssig erreicht hat.

ZAHNARZT Mancher Zahnarzt weiß viele Geschichten zu erzählen. Von elegant gekleideten Männern und Frauen, die mit teuren Autos vorfahren, nachdem sie zehn Jahre nichts für ihre Zähne getan haben, den Mund aufsperren und den entsetzten Arzt mit einem zahnhygienischen Zustand konfrontieren, der ihn immer wieder erschüttert. Es gibt heutzutage wirklich keinen Grund mehr, aus Angst vor Schmerzen einen Zahnarztbesuch über jede Gebühr aufzuschieben. Es geht ja nicht nur um Schäden, die repariert werden müssen, sondern auch um Zahnpflege: Mindestens zweimal im Jahr ist es angebracht, auch wenn die Zähne gesund sind, sie zu reinigen und den Zahnstein entfernen zu lassen. Man ist das nicht nur sich, sondern auch seinen Mitmenschen schuldig.

ZAHNPFLEGE Wer seine Zähne gründlich sauber halten und möglichst lange frei von Karies sein will, sollte sich nicht nur morgens und abends, sondern auch nach jeder Mahlzeit die Zähne putzen. Hartnäckige Speisereste, die sich beim bloßen Putzen nicht entfernen lassen, entfernt man regelmäßig mit Zahnseide. Natürlich unter Ausschluß der Öffentlichkeit.

ZAHNSTOCHER Es ist nicht nur ein Zeichen von völlig falsch verstandener Zahnpflege, wenn Leute sich stundenlang mit Zahnstochern in den Zähnen herumbohren. Wer einen Grund hat, den Zahnstocher zu benutzen, löst ihn aus (der hoffentlich vorhandenen) Papierhülle, hält sich kurz die Hand vor den Mund und befreit sich von einem lästigen Speiserest. Der Zahnstocher landet anschließend sofort auf dem Tellerrand und nicht im Aschenbecher.

ZEICHENSPRACHE Ein freundlicher Autofahrer informiert einen anderen Verkehrsteilnehmer per Handzeichen, daß er seinen Scheinwerfer irrtümlich aufgedreht hat. Ein unfreundlicher Autofahrer beschimpft seine Mitmenschen ebenfalls per Zeichensprache, wenn er sich über sie ärgert. Unabhängig davon, daß diese Art von Selbstjustiz inzwischen mit Geldstrafen geahndet wird, ist es natürlich auch ein Zeichen von schlechter Kinderstube, sich auf diese Weise gehenzulassen. Besonders vorsichtig muß man im Ausland sein. Was hierzulande ein Zeichen von Freude oder Bewunderung ist, kann in einem orientalischen Land genausogut negativ interpretiert werden. Frauen sollten es vermeiden, ihre Gleichberechtigung unter Beweis zu stellen, indem sie sich der gleichen, meist vulgären Handzeichen bedienen wie die Männer. Sie stellen sich damit auf die gleiche primitive Stufe oder werden in einer traditionellen Männergesellschaft völlig falsch verstanden.

ZEITUNGLESEN Das morgendliche Zeitunglesen ist für viele Menschen ein wichtiges tägliche Ritual. Dabei sollte man sie auf keinen Fall stören. Wenn mehrere Leute gemeinsam die Absicht haben, eine von diesen vielseitigen Wochenendausgaben durchzuschmökern, sollte man sich die Mühe machen, die Seiten wieder anständig zusammenzufalten, bevor man sie weitergibt.

ZEUGNISSE Bewerbungsunterlagen sind auch heute für viele Leute nicht vollständig, wenn sie nicht sämtliche Zeugnisse beinhalten. Nicht nur aus der Schulzeit, sondern auch Zeugnisse von früheren Vorgesetzten und Arbeitgebern. Wer von vornherein weiß, daß diese Dinge in seiner Berufssparte üblicherweise verlangt werden, achtet darauf, daß seine Unterlagen immer komplett sind. Man kann zwar nachträglich Zeugnisse anfordern, aber was machen Sie, wenn der Chef inzwischen auch gekündigt hat?

ZIGARREN/ZIGARETTEN (→ Rauchen)

ZIMMERSERVICE Viele Hotels sind heute soweit, ihren Gästen rund um die Uhr Zimmerservice anzubieten. Eine Sache, von der man Gebrauch machen sollte, die man wirklich genießen kann und außerdem eine ideale Lösung für Morgenmuffel, die schlecht aus dem Bett kommen und auf diese Art in vielen Hotels die offiziellen Frühstückszeiten verpassen. Zimmerservice bedeutet jedoch nicht, daß man den Zimmerkellner als seinen persönlichen Laufburschen betrachtet und ihn für jeden Kaffeelöffel und jeden Eiswürfel einzeln kommen läßt.

ZUG FAHREN Unabhängig davon, ob Sie von Bonn nach Köln oder von Kapstadt nach Johannisburg unterwegs sind, gelten im Zug einige eiserne Regeln für gutes Benehmen. Das fängt schon beim Einsteigen an. Wenn der Zug hält, ist für alle genug Zeit, in den meist schon reservierten Waggons in Ruhe Platz zu nehmen. Was einige ganz Eilige nicht davon abhält, beim Einsteigen dermaßen zu drängeln, daß sie ihre schweren Koffer anderen Reisenden in die Waden drücken. Hauptsache, man hat sein eigenes Gepäck schnellstens verstaut, wo die anderen ihre Koffer abstellen, kann einem ja egal sein. Auch für gleichberechtigte Frauen ist es immer noch schwierig, in einem vollbesetzten Abteil einen großen Koffer ins Gepäckfach zu stemmen. Beim

Aufhängen von Mänteln und Regenschirmen achtet man darauf, dem Nachbarn noch soviel Platz zu lassen, daß er anständig sitzen kann. Da ich selbst zu den Leuten gehöre, die mit Freuden Zug fahren, habe ich im Laufe der Jahre so meine Erfahrungen gemacht. Während man in Ländern der dritten Welt nicht mit der Wimper zuckt, wenn eine Bäuerin mit einem Korb voller Hühner das völlig überfüllte Abteil in einen beschaulichen Aufruhr versetzt, kriege ich vor Wut heimliche Hitzewellen, wenn sich auf einer Fahrt mit der Deutschen Bundesbahn wieder mal einer von denen neben mich setzt, die sich sofort in die weitausgebreitete Bildzeitung vertiefen und dabei ihre Ellenbogen so weit nach links und rechts ausstellen, daß zwei Leute nicht mehr sitzen können. Ähnlich rücksichtslos sind notorisch schnarchende Dauerschläfer, die (mit geschlossenen Augen) ihre Beine so weit ausstrecken, daß man die eigenen unters Kinn ziehen muß. Ungeklärt ist offensichtlich auch die Frage, ob man die Mitreisenden grüßen sollte, wenn man das Abteil betritt. Man muß sicherlich nicht jedem die Hand schütteln und fragen, wie es ihm geht. Ein leichtes freundliches Kopfnicken ist jedoch das wenigste, was man einem Menschen zumuten kann, der einen so kleinen geschlossenen Raum betritt.

Es ist unhöflich – speziell bei winterlichen Temperaturen – das Fenster weit zu öffnen, ohne die anderen gefragt zu haben. Das gleiche gilt für die Abteiltür, durch die – im offenen Zustand – Lärm und Zigarettenqualm eindringen. Auch wenn nicht geraucht wird, sind Aschenbecher nicht als Mülleimer zu benutzen. In den Gängen sind überall Boxen für Abfall angebracht.

Wer es gewohnt ist, darauf zu achten, daß sich auch andere wohlfühlen, stellt während einer langen Reise zwischendurch auch mal seinen Fensterplatz zur Verfügung, hilft älteren Personen grundsätzlich mit dem Gepäck und paßt auch darauf auf, wenn Mitreisende in den Speisewagen gehen. Es wird allgemein darum gebeten, nicht unnötig lange im Speisewagen die Plätze zu blockieren, damit andere Reisende nachrücken können.

ZUHÖREN Auch wenn es manchmal schwerfällt: Es gehört zu jeglicher Art von menschlichem Meinungsaustausch mit dazu, daß man dem anderen zuhört, daß man ihn in Ruhe aussprechen läßt. Speziell in geschäftlichen Diskussionen und Podiumsgesprächen macht es einen denkbar schlechten Eindruck, einem anderen Redner ins Wort zu fallen.

ZUPROSTEN (→ Anstoßen)

ZURÜCKHALTUNG Wer einmal eingesehen hat, daß seine eigene Person nicht der Mittelpunkt der Welt ist, dem wird es in Zukunft nicht schwerfallen, sich in Gesellschaft anderer im rechten Maß zurückzuhalten. Man muß sich nicht immer nach vorne drängen, als erster den leeren Teller hochhalten, vor allen anderen sein komplettes Menü bestellen und immer das größte Stück vom Braten bekommen. Und man sollte vor allen Dingen vermeiden, seiner Umgebung ein Gespräch aufzuzwingen, wenn keiner etwas hören möchte. Besonders übel sind Zeitgenossen, die für alle ein passendes Beispiel aus dem eigenen Leben haben. Ihre Ich-Bezogenheit geht so weit, daß sie nicht nur dauernd reden, sondern auch bei jeder Gelegenheit andere belehren wollen. Durch bescheidenes, zurückhaltendes Auftreten macht man Menschen viel neugieriger als durch penetrantes Dauerreden. (→ Zuhören)

ZUSPÄTKOMMEN (→ Pünktlichkeit)